博雅撷英

王晴佳 著

融汇与互动

比较史学的新视野

北京大学出版社
PEKING UNIVERSITY PRESS

图书在版编目(CIP)数据

融汇与互动：比较史学的新视野 / 王晴佳著. —北京： 北京大学出版社， 2022.11
（博雅撷英）
ISBN 978-7-301-33550-5

Ⅰ.①融… Ⅱ.①王… Ⅲ.①比较历史学—研究 Ⅳ.①K061

中国版本图书馆 CIP 数据核字（2022）第 203682 号

书　　　名	融汇与互动：比较史学的新视野 RONGHUI YU HUDONG: BIJIAO SHIXUE DE XINSHIYE
著作责任者	王晴佳　著
责 任 编 辑	修　毅　李学宜
标 准 书 号	ISBN 978-7-301-33550-5
出 版 发 行	北京大学出版社
地　　　址	北京市海淀区成府路 205 号　100871
网　　　址	http://www.pup.cn　新浪微博：@北京大学出版社
电 子 信 箱	pkuwsz@126.com
电　　　话	邮购部 010-62752015　发行部 010-62750672 编辑部 010-62752025
印 　刷 　者	北京中科印刷有限公司
经 　销 　者	新华书店
	880 毫米×1230 毫米　A5　16.5 印张　445 千字 2022 年 11 月第 1 版　2022 年 11 月第 1 次印刷
定　　　价	128.00 元

未经许可，不得以任何方式复制或抄袭本书之部分或全部内容。
版权所有，侵权必究
举报电话：010-62752024　电子信箱：fd@pup.pku.edu.cn
图书如有印装质量问题，请与出版部联系，电话：010-62756370

目 录

序 言   1

第一部分 总 论

第一章 历史思维的中国模式？
    ——一个跨文化的考察   3

第二章 论民族主义史学的兴起与缺失
    ——从全球比较史学的角度考察   16

第三章 史学史研究的性质、演变和未来
    ——一个全球的视角   44

第四章 史学史研究如何全球化？
    ——对格奥尔格·伊格尔斯先生遗产的反思   70

第五章 我们应该怎么研究史学史？
    ——格奥尔格·伊格尔斯先生去世之际的反思   94

第二部分 中西融汇

第六章 欧亚"国史"之比较研究
    ——帝国之后史学变迁一例   115

第七章 超越东西
    ——博古学、考据学以及近代早期历史学发展的全球性   153

第八章 以史解经
    ——章学诚与现代诠释学   186

第九章	白璧德与"学衡派"	
	——一个学术文化史的比较研究	207
第十章	五四运动在西方中国研究中的式微?	
	——浅析中外学术兴趣之异同	262
第十一章	钱穆的《国史大纲》与德意志历史主义	
	——一个比较史学的尝试	275
第十二章	为何美国的中国史研究新潮迭出?	
	——再析中外学术兴趣之异同	301

第三部分　中日互动

第十三章	清代考据学受惠于日本的古学?	
	——从伊藤仁斋《语孟字义》看中日学术思想的互动	325
第十四章	考据学的兴衰与中日史学近代化的异同	356
第十五章	中国近代"新史学"的日本背景	
	——清末的"史界革命"和日本的"文明史学"	374
第十六章	传统与近代的互动与折衷	
	——清代考据学与明治时期日本史学之变迁	423
第十七章	科学史学在近代日本和中国的兴起及其异同	
	——兼论中日史学的相互交流与影响	465
第十八章	记住过去,调和未来	
	——对中日共同历史研究的批判性分析	496

序　言

　　本书共收入十八篇论文,大多为笔者在最近二十年内写就,不仅主题、内容相异,而且跨越了不同的历史时期。但尽管如此,细心的读者或许还是能发现,这些篇章的写作围绕着一个共同的主题,那就是中国史学在近代的转型和变化。中国文明不仅源远流长、历史悠久,而且与其他古代文明相比,又有一个注重历史记载的鲜明传统。一般而言,出生于公元前2世纪中期的司马迁(约前145—前87)被誉为"中国史学之父",但司马迁家族不但为世袭的"史"官,而且"史"这一官职在远古时代便已出现。因此中国史学与中国文明一样源远流长、历史悠久。譬如早于司马迁好几个世纪的孔子(约前551—前479),便以整理和修改鲁国"史"官所编的《春秋》而闻于世,而作为中国古代文化经典的"五经"或"六经",明代王阳明(1472—1529)和清代章学诚(1738—1801)均有"五经皆史"或"六经皆史"的界定和论述。"六经"或"五经"为孔子所"作",由此而言,孔子显然亦是中国传统史学的一位重要奠基人。

　　中国史学有着傲人和持久的传统——孔子所修《春秋》的编年体和司马迁《史记》所创的纪传体,均在之后的两千年中,成为中国史家撰写史书所乐于采用的体裁。除此之外,中国传统史家还创建了诸如纪事本末体、纲目体、史评、史论和杂史等体裁。但毋庸讳言也无法忽视的是,这些传统的历史书写模式,已大多不见于今天中国史学的园地。笔者曾在一篇讨论中国历史书写体裁转变的文章中指出:"……与传统史学写作体裁的相对多样化相比,当代中国史家的著述,……则几乎均以章节体为基本样式。"而"中国近现代史家选择章节体写作历史,反映出一种近代史观的显著变化"。① 换言之,中国长达两千年的史学传统,自近代以来产生了明显的变化,且其影响一直持续至今。

中国史学传统自近代以来产生了显著的变化,可谓中国史学史研究者的共识,但"中国近现代史学"究竟始于何时,学界仍然存在一些分歧。这些分歧的产生,不仅与中国近代史研究和史学史研究两者之间的关系相连,而且有助于我们进一步认识和了解史学史这一学科的性质及其研究特点。对于中国近现代史学开展的系统研究,大致始于20世纪80年代。1986年,任教香港中文大学的许冠三(1924—2011)出版了《新史学九十年》上、下两册,以1900年为开端,将自那时以来在中国史坛出现的史学流派,分为七个派别做了专题研究。许氏之所谓"新史学",指的就是近现代史学。他在卷一"史学新义"开宗明义地指出:"梁启超(1873—1929)不仅是首倡'史界革命'的新史学开山,理论和实践并重的史界巨灵,而且也是才学识兼长和影响最为广泛的现代史林泰斗(着重号为笔者加)。"②在许冠三写作《新史学九十年》的差不多同时,华东师范大学的吴泽(1913—2005)及其同事也组织编写了《中国近代史学史》上、下两册,于1989年出版。两年之后,曾参与《中国近代史学史》书写的胡逢祥、张文建出版了《中国近代史学思潮与流派》一书。与许冠三的取径不同,这两本由华东师大学者撰写的中国近代史学的著作,均以19世纪中叶的鸦片战争为开端,指出了中国历史自那时开始出现的巨大变化及其对历史研究和书写的影响,强调了中国近代史与中国

---

① 王晴佳:《中国史学的西"体"中用——新式历史教科书和中国近代历史观之改变》,《北京大学学报》2014年第1期,第105页。

② 许冠三:《新史学九十年》,香港,香港中文大学出版社,1986,上册,第1页。

近代史学史之间的关联。

值得注意的是,虽然上述学者对中国近代史学始于何时看法不同,但他们都不约而同地指出,如果说中国史学自19世纪中期以来产生了显著的变化,那么其中一个重要原因是与外来思潮的激荡、交流和互动。吴泽主编的《中国近代史学史》的前言写道:中国近代社会的特点是"外来各种史学思潮纷至沓来,五光杂色"。胡逢祥、张文建的《中国近代史学思潮与流派》的"绪论"指出,两千多年来的中国史学,虽然有所发展,但直到近代社会之前,性质未变。"而在近代,史学发展的主流却第一次显示出摆脱封建传统故道而朝着资产阶级方向逐步演进的趋势。"许冠三在其《新史学九十年》的"自序"中则总结道,尽管近代以来中国史学流派纷呈,但有三大特点,而其中第一条就是"所有学派莫不因应于西潮的冲击而生"。除了上述这些专研中国近代史学的学者之外,中国古代史学史的专家如瞿林东也在其《中国史学史纲》中指出:"中国近代史学的萌生,是在中国历史经历着前所未有的大变动中出现的",而其变动的标志就是鸦片战争之后,中国与外国、传统与现代之间所发生的剧烈冲突和互动。①

正是上述这些史学史专家对中国近现代史学所形成的共识,构成了本书的主体内容。笔者将此书题名为《融汇与互动》并将之分为三大部分,目的是想凸显近代以来中国史学与禹域之外的史学传统和新潮在历史观念、治史方法和书写体裁等方面所产生的多层次、多方面的激荡和交流。粗略浏览本书的目录可见,其第二部分"中西融汇"侧重考察中国史学与西方史学的交汇,而第三部分"中日互

---

① 吴泽主编,袁英光、桂遵义著:《中国近代史学史》,南京,江苏古籍出版社,1989,上册,第1页;胡逢祥、张文建:《中国近代史学思潮与流派》,上海,华东师范大学出版社,1991,第2页;瞿林东:《中国史学史纲》,北京,北京出版社,1999,第743页。

动"则研究中国史学与其近邻日本史学的交流。其实本书的第一部分"总论"中的大部分论文,也同样对史学史的性质及其探究,从中外对比、比较的角度加以讨论。例如本书的开篇之作《历史思维的中国模式?——一个跨文化的考察》,其写作缘由是受到了德国史学理论家约恩·吕森(Jörn Rüsen)的邀请,在美国史学理论研究领域的主要刊物《历史和理论》(History and Theory)上,与中国台湾学者黄俊杰等人一同讨论中国历史思维的特质和演变。我的写作以西方读者为对象,其初衷便带有比较的视角,而且我在文中也强调,概括和总结中国的历史思维这一任务,几乎无可避免地需要采用跨文化的视角来分析和考量。同样,"总论"中收入的其他论文,也都试图从跨文化的角度、以全球的视角来考察世界各地的史学自近现代以来的转型、变迁和前景。

本书的副题为"比较史学的新视野",笔者主要想表达三个意思。首先,如同本文开头所言,中国文明以注重历史记载闻名,在两千年中形成了悠久的传统。由此缘故,近代以来外来学术思潮的震荡,并没有形成一种简单接受模式,在一片未加耕耘的园地上轻易"移植"(graft),而是与中国的史学传统形成了一种双向的互动和交流,成为当代比较史学研究的佳例。① 本书第二部分中的《超越东西——博古学、考据学以及近代早期历史学发展的全球性》和《以史解经——章学诚与现代诠释学》二文,便试图对此现象做出具体的考论。前者从史学方法论的进步着眼,比较中西史学在近代早期的

---

① 有关"比较史学"的性质和特点,近年有不少新的讨论,比如荷兰学者克里斯·洛伦茨(Chris Lorenz)便对之有一些阐述,见其《跨界:历史与哲学之间》,高思源等译,北京,北京大学出版社,2015。在中西史学思想比较方面,则可见台湾学者黄俊杰与德国学者约恩·吕森合编的 Chinese Historical Thinking: An Intercultural Discussion, Taipei, Taiwan University Press/Göttingen, V&R Unipress, 2015。

发展中所呈现的一个带有全球意义的趋势;后者则以章学诚的史学思想为出发点,比较了中西史学在理论和方法上的共性和特性。同理,《钱穆的〈国史大纲〉与德意志历史主义》一文的写作,并非试图论证作为现代史学大家钱穆的史学观念,如何有可能受到德意志史学的影响,而是更想从两者的比较来揭示历史思维的某种普遍性。

其次,本书处理的比较史学,具有多重的视角。以往的比较史学研究,大都以中国史学与西方史学的交流为重点。而本书则突破了这一传统方式,不仅在"总论"的部分有《论民族主义史学的兴起与缺失》一文,比较亚洲各国的史学革新,还在第三部分收入了多篇探讨中日史学互动的论文。从日本史学的传统来看,其中中国的影响至关重要。比如构成日本古史主干的"六国史",其中多部明显植根和延续了唐代官修正史的传统。但如同《传统与近代的互动与折衷——清代考据学与明治时期日本史学之变迁》和《科学史学在近代日本和中国的兴起及其异同》等文所示,1868年明治维新之后,日本政府立即建立了修史馆,其初始目的也是想依照朝代史的方式,为前朝修一部"正史"。但欧风美雨的激荡,让日本史家看到了史学近代化、职业化的需要。借助于欧洲史家如路德维希·里斯(Ludwig Riess, 1861 - 1928)和古斯塔夫·策尔菲(Gustav Zerffi, 1820 - 1892),日本近代史家几乎与欧美史学同步,在19世纪的晚期建立了专业历史学会和史学刊物《史学杂志》(1889)。更重要的是,如《中国近代"新史学"的日本背景》一文中所揭橥的那样,日本的史学革新又与梁启超、章太炎(1869-1936)等人在19、20世纪之交所倡导的中国"史界革命",形成了积极的互动和交流,值得我们重视。

复次,关注本土史学与外来史学的直接碰撞和接触交流,自然是从事比较史学的一种方式。但本书中的一些篇章还想讨论和说明的是,史学史研究或许还能就世界各地史学传统所呈现的历史思维及其实践所存在的"可比性"(comparability),做出某种分析和探究。

为此目的,笔者写作了收入第一部分中的《史学史研究的性质、演变和未来——一个全球的视角》和《史学史研究如何全球化——对格奥尔格·伊格尔斯先生遗产的反思》,第二部分中的《欧亚"国史"之比较研究——帝国之后史学变迁一例》与前面提到的《超越东西》和《以史解经》,以及第三部分中的《清代考据学受惠于日本的古学?——从伊藤仁斋〈语孟字义〉看中日学术思想的互动》等文,从不同的视角阐明历史意识和历史书写的形成和演变,其实在许多方面具有某种跨文化的"可比性"和"共通性"(commonality)。譬如《欧亚"国史"之比较研究——帝国之后史学变迁一例》一文指出,东亚的汉王朝和欧洲的西罗马帝国之间,虽然没有直接的交流往来,但饶有趣味的是,两大帝国衰落之后,史学传统相应产生了类似的变化,逐渐与之前以"天下"、帝国为视野的"世界史"传统有所疏离,取而代之的是以族群、民族和王国为单位的历史书写形式的出现。这一新的史学体裁影响深远:唐代史家所修的多部朝代史便是一例,而在欧洲近代蔚为史学大宗的民族国家史或国别史的写作,亦可从中见其端倪。同样,《超越东西——博古学、考据学以及近代早期历史学发展的全球性》一文观察到,近代早期中西史学虽然没有直接的交流,但两者在面对和整理过去的文化中,提炼出相似的史学方法,因此史学史的演变具有一定的"共通性"和"全球性"(globality)。而《史学史研究的性质、演变和未来——一个全球的视角》一文,则试图从世界范围历史实践的传承和转型着眼,探讨史学史这门学问诞生和演变、发展的某些共性。总之,这些尝试性的论文希求指出,人类各文明之间的历史意识和思维,具有一些值得深入探讨的"可比性";笔者在这里就此论题所做的探索和分析,尚在初级阶段,目的是抛砖引玉,以求读者方家的批评指正。

最后,我想对帮助本书写作和出版的多位人士,表示我诚挚的谢意。首先是我老师和朋友格奥尔格·伊格尔斯(Georg G. Iggers,

1926—2017)先生。1984年春天我研究生即将毕业,承蒙北大张芝联(1918—2007)先生的引荐,得以认识伊格尔斯先生。自此之后直至他五年前去世,我与他保持了三十多年的友谊,从经他推荐到美国深造到之后与他长年合作研究和出版论著,实为我此生之大幸。毫不夸张地说,如果说我在史学史研究的领域有所心得和创获,那么其中一个重要原因是我有幸与伊格尔斯先生密切互动和交流。在他逝世之后,在回顾、悼念他的学术人生之际,我将与伊格尔斯先生切磋、受他启发所形成的一些相关想法写成了文字,其中两篇见于本书第一部分的"总论"中,希望能与有意更新史学史研究的同行共同商议。本书从跨文化的比较视角,以中国史学的近代转化为中心,考察史学发展的共性和特性,深化了伊格尔斯认定历史意识存在于世界各文明中的立场。所以本书得以问世,实与我和伊格尔斯先生的深厚交谊密切相关。其次,本书收入的大部分论文,其初始的写作大多为了参加一些学术会议,因此我要感谢在过去的二十余年中,那些邀请、促成我写作的中外学者和之后帮助我修改发表的杂志主编和编辑(按姓氏字母顺序排列):把增强、陈恒、陈启能、董欣洁、古伟瀛、管琴、黄俊杰、黄克武、黄洋、黄自进、Jürgen Kocka、蒋维崧、李隆国、李明辉、潘光哲、潘清、荣维木、Jörn Rüsen、孙卫国、田卫平、童世骏、Edoardo Tortarolo、汪高鑫、王新生、杨国荣、张广智、张越、仲伟民、朱政惠。最后,本书的编辑和出版,与北大出版社的李学宜和修毅的鼓励和辛劳无法分开,同时我也感谢谭徐锋、林漫、屠含章、张一博、宗雨、杨力等人在书稿准备工作中对我提供的帮助。本书所存的错误和遗漏,则由我一人负责。

王晴佳　谨序
2022年9月14日于美国费城东郊霁光阁

第一部分
总　论

第一章　历史思维的中国模式？
——一个跨文化的考察①

一、引　言

在西方之外的许多地区，一般人都认为西方强权自18世纪以来的扩张，引发了当地人士进行深刻反省和文化反思的一个过程。对非西方人士而言，参与这一过程有双重的目的：一是寻求抵御西方入侵的路径，二是在自身的过去中，寻找任何可能的理由来解释为什么面对西方的挑战时，自己的文化表现出来的"软弱"与"不足"。然而，很少有人知道，西方开始向外扩张，与外部世界产生联系之后，类似的文化反思也同样在西方产生了，尽管是为了不同的目的。爱德华·萨义德（Edward Said）在其后期的重要著作《文化与帝国主义》一书中指出，"英国文学"这一概念并非在英国形成，而是产生于其殖民地印度——英国殖民者为了教育殖民地的印度人了解母国的文化而设计的！②

西方史学史这门学科，源自西方人想追溯历史意识在西方的兴

---

① 原文为英文，参与了美国《历史和理论》杂志的一个题为"中国和西方历史思想"的论坛。该论坛由德国史学思想家约恩·吕森组织，围绕时任台湾大学历史系黄俊杰教授一篇纵论中国历史思想文章而展开。见 History and Theory, 46（May 2007），pp. 201-209。董欣洁曾将此译成中文，题为《历史思维的中国模式存在吗？——一种跨文化的分析》，发表于《史学理论研究》2013年第3期。此处译文收入经过了作者本人的修订和改动。

② Edward Said, *Culture and Imperialism*, New York, Knop, 1993, p.42.

起,并以此来强调与非西方地区的不同。但有趣的是,最早的一本概览自古以来西方史学发展的通史性著作,由一位流亡英国、自学成才的匈牙利人乔治·G. 策尔非(George G. Zerffi, 1820—1892)所著。①但策尔非写作此书,是受了日本明治政府所建的编史馆的委托。1879年,策尔非完成了700多页的《历史科学》,这部著作不仅早于爱德华·福艾特(Eduard Fueter)的里程碑式作品《近代史学史》(*Geschichte der neueren Historiographie*),而且涵盖的内容也更为广泛和丰富。策尔非在写作之前,对日本的历史书写传统做了一点初步的研究,认为其与西方的史学实践具有本质的不同,后者的风格是科学的,而科学的史学是西方文化的特有产物。策尔非于是一直上溯到古希腊来描述科学史学在西方的流变。事实上,他有点过于耽迷于这种目的论式的研究,结果到最后没有留下多少篇幅来讲述德国/兰克史学的兴起,而其实按照他的观点,德国/兰克史学代表着科学史学这条显赫发展轨道上的一个顶点。②

---

① 可以认为,对英国文学的第一次全面考察,是路德维格·瓦赫勒(Ludwig Wachler)的 *Geschichte der historischen Forschung and Kunst: seit der Wiederherstellung der litterärischen Cultur in Europa*, 2vols. Göttingen, J. F. Rower, 1812–1820,在此我感谢约恩·吕森提供的信息。

② 《历史科学》1879年由 W. H. and L. Colingridge 在伦敦出版。大概十年后,策尔非以《通史科学》为名将之再版。参见 Thomas Keinstead, "Inventing Medieval Japan: The History and Politics of National Identity", *Medieval History Journal* 1: 1 (1998), p. 67, note 46。策尔非写作该书的情况,可参见 Numata Jirō, "Meiji shoki ni okeru seiyō shigaku no yunyü ni tsui te: Shigeno Yasutsugu to G. G. Zerffi, The Science of history", "(The Importation of Western Historiography in the Early Meiji Period: Shigeno Yasutsugu and G. G. Zerffi's The Science of History"), *Kokumin Seikatsushi Kenkyn* (*Studies of the History of National life*), ed. Itô Tasaburô (Tokyo, Yoshikawa Kobunkan 1963), Ⅲ, pp. 400–429; and Margaret Mehl, *History and the State in Nineteenth-Century Japan*, New York, St Martin's Press, 1998, pp. 74–80。关于乔治·G. 策尔非的治学生涯,可参见 Tibor Frank, *From Habsburg Agent to Victorian Scholar: G. G. Zerffi, 1820–1892*, Transl. Christopher Sullivan and Tibor Frank, Boulder, Social Science Monographs, 2000。

这个事例表明,当两种文化碰撞的时候,双方都会概括自身和对方的文化特征,而这种概括不但是现世的,而且是相关和相对的,也即一种文化的特色往往是在与另一种文化相对照之后才突显出来的。米歇尔·塞尔托(Michel de Certeau)在考察历史学的起源时提出,"文化间的相识是通过与另一方产生关系时才形成的"。① 我认为通过历史化的方式,也许能更好地展现文化交流中现世性和相关、相对性。我也将以此方式来评论黄俊杰教授这篇启人心智的论文②。换言之,我不认为我们能够假设一种内生的中国历史思维模式的存在,因为这样的假设没有考虑到构建这种历史思维模式的现世性,也即特定的情境,也没有考虑到与之做比较的另一种文化的相关点。正如上面两个例子所展示的那样,从本质上看,理解和描绘自我与认识对方的愿望,密切相连。但在另一方面,我很愿意参与讨论中国历史文化的特征,因为通过发现这些特征如何变得独特和显著,将会有利于展示比较史学研究的价值。

二、对话者的作用

在西方文化中,策尔非并不是第一个发现东西方史学实践存在明显差异的学者,更不是最后一个。例如,与他同时代的黑格尔,也把这种差异作为证据来描绘"世界精神"如何从落后的东方向先进的西方转移的过程。在黑格尔之后,很多历史学家和历史思想家亦对西方与东方之间历史思维的差异,表示了意见,其中以赫伯特·巴特菲尔德(Herbert Butterfield, 1900 – 1979)和杰克·H. 浦朗穆

---

① Michel de Certeau, *The Writing of History*, transl. Tom Conley, New York, Columbia University Press, 1988, p. 3.
② 黄俊杰:《中国历史思维的特征》,姜芃译,《史学理论研究》2013 年第 2 期。

(J. H. Plumb,1911-2001)比较典型。与黑格尔一样,巴特菲尔德和浦朗穆也把东亚的史学传统视作一种反例。他们的基本观点类似于:尽管中国建立了一种悠久的历史书写传统,但寻求道德垂训一直是其宗旨。于是,中国史学家在处理历史资料时并不具有批判的精神,他们也没有提炼出一种完全成熟的历史意识的表述形式。例如,杰克·H. 浦朗穆在他的《过去之死》一书中,认定中国人不能将"过去"与"历史"加以区分。顺便提一句,他的观点今天仍有市场:《过去之死》一书在2003年由帕尔格雷夫·麦克米兰出版社再版,并由西蒙·沙马(Simon Schama)和尼尔·弗格森(Niall Ferguson)为其作序。①

如果说,西方的历史学家至今仍未改变他们对中国史学传统乃至整个非西方地区史学传统的基本态度,中国的史学家则似乎参照西方的史学模式,对他们历史书写的遗产做了周期性的反思。于尔根·科卡(Jürgen Kocka)把这种现象称之为"不对称比较",因为一旦某种历史经验被视作和树立为某种"标准",就几乎不再要求对它做进一步的详述;更多的精力被用于解释其"反常",也即不符合这一"标准"的现象。然而,正如科卡所指出和笔者将在下面讨论的那样,这种做法其实存在着某种危险。②

20世纪之初,中国历史学家开始批判地反思中国的历史学传统。举例而言,梁启超在1902年连载了《新史学》。他在其中对作为传统中国史学主体的断代史编纂的传统,严加谴责,因其无法在国人中间提升民族主义。为了唤醒屡败于西方强国、之后又败于新近崛起的日本的国人,梁启超认为建设民族国家对于重振中国,具有决

---

① J. H. Plumb, *The Death of the Past*, London, Palgrave Macmillan, 2003.

② Jürgen Kocka, "Asymmetrical Historical Comparison: The Case of the German Sonderweg", *History and Theory*, 38(February 1999), pp. 44-50.

定性的意义。他主张,历史书写应服务于这一目的,而西方史学已经在这方面提供了榜样。随后,在20世纪20年代,出于对现代科学文化的热诚,中国史学家对其史学传统再度进行了批判。这次他们更多地集中于批评道德垂训主义,并指出这一做法影响了历史研究和书写的可信度。在这两次对中国传统史学的批评中,西方模式作为参照在背景中时隐时现,与这一模式相对照,中国的史学实践则败状明显。①

当然,在上面这两个例子中,我们也可看出,西方的史学模式其实又扮演了另一个不同的、甚至是相反的角色。在梁启超对"新史学"的热情呼吁中,他力劝中国史学家应通过其著作的写作促进民族主义的兴起,因为他们的西方同行已经这么做了。然而,梁似乎忘记和忽视了这样的事实,即尽管在内容与风格上不同,传统的断代史与民族主义史学都受困于政治干扰和意识形态的控制。也就是说,尽管其研究范围扩展了(覆盖到一个国家的进步而非仅仅有关某个皇帝的作为),民族主义史学同样受到政治利益的驱动。尽管如此,梁启超推崇以民族主义为重心的史学,是因为他当时正致力于在中国引进立宪政体和代议政府。

在20世纪20年代,毋庸置疑,中国史学家之所以推动科学史学的扩展,是因为他们服膺兰克(Leopold von Ranke, 1793-1886)及其学派所提倡的批判的和客观的历史学。而其结果是,他们忽视了兰克的宗教信仰和政治上的保守主义。中国史学家没有注意到,正如格奥尔格·伊格尔斯所简明指出的那样,兰克史学所标榜的"档案研究","处处都与以民族主义为目标的政治操作和对资

---

① Q. Edward Wang, *Inventing China through History: The May Fourth Approach to Historiography*, Albany, State University of New York Press, 2001, pp. 42-66.

产阶级社会秩序的维护,紧密相连。"①不过对中国史学家而言,这种失察与其说是一种无知,毋宁说是有意为之。他们提倡西方模式的批判史学,是因为他们试图复兴和重振清代的"考据学",后者是18世纪以来基于语义学的方法对文本和历史开展批评的一场重要的学术运动。通过复兴考据学并将之构建为一种"科学的"事业,这些现代史家希望向他们的同胞证明,现代的科学文化与中国文化传统并非格格不入。②

尽管看起来不可避免甚至颇有必要,这样一种以西方模式为"标准"而对中国传统所进行的选择性的、不对称的复兴和再现,正如科卡所指出的那样,仍然存在着一定的危险。③ 首先,它倾向于过度强调自我与他者的不同,而忽略它们的相似性。在对黄俊杰教授一文的评论中,吕森提醒黄教授和我们,"道德垂训的历史学",或者道德化的历史学实践,并不是独特的中国现象,而是世界各地几乎都存在的古老传统,也存在于前现代的西方。④ 其次,它倾向于把"标准"(西方的史学模式)偶像化和固定化,而没能注意到其内部的多样性和历史性。正如很多人所指出,不仅在前现代的时期,西方的历史学传统与世界其他地方的传统颇有相似之处,而且它所经历的现

---

① Georg Iggers, "The Professionalization of Historical Studies and the Guiding Assumptions of Modern Historical thought", in *A Companion to Western Historical Thought*, ed. Lloyd Kramer and Sarah Maza, Malden, MA, Blackwell Publishing, 2002, p. 234.

② Wang, *Inventing China through History*, pp. 1-26, 53-66. C. F. Jerome Grieder, *Hu Shih and the Chinese Renaissance: Liberalism in the Chinese Revolution, 1917-1937*, Cambridge, MA, Harvard University Press, 1970.

③ Kocka, "Asymmetrical Historical Comparison", pp. 48-50.

④ See also Jörn Rüsen, "Historical Consciousness: Narrative Structure, Moral Education and Ontogenetic Development", in *Theorizing Historical Consciousness*, ed. Peter Seixas, Toronto, University of Toronto Press, 2004, pp. 63-85.

代转化也采取了多种形式。① 最后,这种多样性不仅具有民族特征,例如,德国有兰克学派而英国史家则演化出自由主义史学,而且正如海登·怀特(Hayden White)在《元史学》中揭示的,这一多样性也受制于每位历史学家更为深层的、语言使用和写作风格上的不同偏好。②

三、形式与时间

如果前述讨论表明现代学者对一种文化传统的详细考察,例如,对历史文化的研究,往往导致一种相关的、比较的研究,那么我们有可能界定一种特定的、历史思想的中国模式并推测它的特征。一旦从比较的视野进行审视,历史意识的中国模式就显得突出和独特。尽管不是一种明确的比较研究,黄教授一文已经为我们展现了有意思的尝试。但是,在我看来,西方的经验在黄教授的论述中一直作为背景存在。由此,他在文章的一开始便强调,中国文化具有彻头彻尾的历史性,这显然是为了驳斥西方学者中被广泛接受的假设,即中国人缺乏真实的历史意识。然后他讨论了中国的时间观念,因为正如他在其他场合所详细论证的那样,正是在这一点上,中国的历史思维有其独特之处。时间观念对于西方历史思想的形成也很关键,现代西方众多哲学家对此广泛关注,其中最著名的就是马丁·海德格尔

---

① 彼得·伯克(Peter Burke)曾经提出他认为西方历史意识可以区别于世界其他地区史学实践的 10 种形式。但是伊格尔斯和其他人指出,伯克的归纳是目的论的,因为这 10 种形式大都源于现代西方历史编纂学的经验,而非源于更早的时期。参见 Jörn Rüsen ed., *Western Historical Thinking: A Intercultural Debate*, New York, Berghahn Books, 2002。

② Hayden White, *Metahistory: The Historical Imagination in Nineteenth-century Europe*, Baltimore, Johns Hopkins University Press, 1973.

(Martin Heidegger)。①

黄教授一文成功地指出了中国历史思想的一些非同寻常的特质。下面,我将通过重建这些特征形成的恰当语境来将其做历史化的分析。同时,我也将讨论一些似乎未能引起黄教授注意的特征。我的讨论会通过比较的方式进行,不过西方并不是唯一的对话者。首先,我同意黄教授把历史意识理解为对记忆过去、衡量过去及对现在的意义的一种兴趣,由此来看,这一特点的确深深内含在中国文明的历史之中。我想补充的是,更重要的是,中国的历史意识经历了一个发展的过程,其特点是阶段性的不同和在某些阶段表现出的明显的进展——换言之,中国的历史意识有其自身历史。而其最初始的形式在孔子时代(约前551—前479)便已经出现,其重点集中在保存过去的记忆,类似于希罗多德(约前480—前425)写作《历史》来记载希腊人在希波战争中获得的胜利那样的做法。尽管孔子怀念"三代之治"并尊其为理想的时代,但他也意识到时代之间的差异和混淆古今的谬误。事实上,他的怀旧之情似乎使他更清楚混淆古今的危险。例如,他敏锐地甚至痛苦地意识到,他自己所处的时代与之前的时代之间,存在着显著的差异。

虽然看似粗糙和幼稚,但这种时代不同的意识在随后的时代反复出现。例如,在公元3世纪汉朝走向衰落的时候,中国人显然意识到历史时间发生了一个根本的变化。而在11世纪的宋朝,这一历史

---

① See Chun-chieh Huang, "'Time' and 'Supertime' in Chinese Historical Thinking"; Jörn Rüsen, "Making Sense of Time: Towards a Universal Typology of Conceptual Foundations of Historical Consciousness"; and Q. Edward Wang, "Time, History and Dao: Zhang Xuecheng and Martin Heidegger"; in *Notions of Time in Chinese Historical Thinking*, ed., Chun-chieh Huang and John B. Henderson, Hong Kong, Chinese University Press, 2006, pp. 3-44, 131-156. Also see *Time and Space in Chinese Culture*, ed., Chun-chieh Huang and Erik Zurcher, Leiden, E. J. Brill, 1995.

变化的意识表现得更为明显。欧阳修(1007—1072)便在这一观念的驱使下重写前人的史著。在完成这些著作的修订之后,欧阳修直截了当地将经他之手的著作重新命名,称之为"新"的历史——《新唐书》《新五代史》。

在宋代,欧阳修绝非独一无二。那时怀疑主义盛行,代表了一种时代精神,其中司马光(1019—1086)将已有的史学著作重新汇总、整理,完成了他的皇皇巨著——《资治通鉴》。作为道德垂训史学的范本,司马光的著作在现代学者(包括中国学者)的眼里,并不见长。但不可否认的是,他的努力代表着重新整理过去的一个尝试。换言之,如果借用汉斯-格奥尔格·伽达默尔(Hans-Georg Gadamer,1900—2002)的话来形容,司马光不愿"把来自过去的声音视作神圣不可侵犯,而是对之加以反思,然后将之置于其原有的语境中来衡量它的意义和恰当的价值"。[①] 当然,司马光在他的过去中看到的"意义"显然与我们所看到的有所不同。但毫无疑问,他的努力为的是重新构建对过去的认知。

一般认为,传统的中国史学家长期受到了司马光历史书写模式的影响,甚至有点不能自拔。不过有趣的是,这种"道德垂训史学"不仅曾经在东亚文化圈盛行,而且在其他文化区域中也存在。举例而言,在10世纪到13世纪期间,一种叫"王侯之鉴"(Fürstenspiegel)的书写体裁便曾在波斯颇为盛行。[②] 无论如何,在18世纪的清代中国,一种历史学的新形式出现了,其宗旨是复兴孔子时代的经典文化,舍弃司马光等宋代学者对这一文化所做的解释。清代学者认为宋代学者(理学家)的经典诠释并不可信,因为他们生活的年代与孔

[①] 引自 Seixas, ed., *Theorizing Historical Consciousness*, pp. 8-9。

[②] Franz Rosenthal, *A History of Muslim Historiography*, Leiden, E. J. Brill, 1968, pp. 113-118.

子的时代相距甚远。因此,清代学者对古今不同有一种新的认识,更促使他们对过去提出不同的解释。①

中国历史意识的发展也表明,历史学家之整理有关过去的认知,不仅可以通过构建新的叙述形式来着手,而且还可以借用编年史和其他更加公式化的、刻板的历史记录形式。在孔子的诸多成就中,其中有一项就是修订了《春秋》,即他出生地鲁国的编年史。为了道德批判和政治谴责的需要,他精心选择了一些词汇来取代和替换原来《春秋》的表述方法。换言之,或许也是更重要的一点是,出于对传统的敬意以及可能的物质条件的限制(例如,纸的缺乏),孔子并不想重新提供一部历史记载,亦无意更改原来《春秋》所内含的基本历史信息。但是,通过替换《春秋》中的一些关键词(例如用"弑"来代替"杀"以达到对犯罪者更强烈的谴责),他仍然还是达到了一种令人满意的效果。事实上,孔子本人相当清醒地意识到并确信他作品的力量。他对弟子吐露,"知我者,其惟《春秋》乎? 罪我者,其惟《春秋》乎?"②

作为一种历史记录的体裁,编年史在全世界很多历史文化中都曾出现。但在古代中国,与传统说法相反,编年史其实并不是历史书写的唯一形式,甚至还不是主要形式。在司马迁这位或许是古代中

---

① Benjamin Elman, *From Philosophy to Philology: Intellectual and Social Aspects of Change in Late Imperial China*, Cambridge, MA, Harvard University Asia Center, 1984; On-cho Ng, "A Tension in Ch'ing Thought: 'Historicism' in Seventeenth-and-Eighteenth-Century Chinese Thought", *Journal of the History of Ideas*, 54:4 (1993), pp. 561-583; and Q. Edward Wang, "The Rise of Modern Historical Consciousness: A Cross-Cultural Comparison of Eighteenth-Century East Asia and Europe", *Journal of Ecumenical Studies*, 40: 1-2(Winter-Spring 2003), pp. 74-95.

② Quoted in On-cho Ng and Q. Edward Wang, *Mirroring the Past: The Writing and Use of History in Imperial China*, Honolulu, University of Hawaii Press, 2005, p. 24.

国最伟大的史学家开始写作其巨著《史记》的时候,编年史已经显得有点魅力不再了。而司马迁创立的历史书写体裁,则被后世的很多史学家采用。这一体裁被称作纪传体,不过其实有点误译,因为事实上它主要由许多叙述优美的传记而构成。对于司马迁的《史记》而言,编年史残存的影响就是他的叙述遵循着清晰的时间顺序。在宋朝,中国的历史书写经历了显著的变化,司马光在编著《资治通鉴》的时候,复兴了编年史。然而此时的编年史已不再像孔子时代的那样是不同历史记录的汇编,而是更像一种一以贯之的、以年代为顺序的史实记录。同样在宋代,袁枢(1131—1205)发明了一种新的史书体裁——"纪事本末体"——标志着那时人在描述过去时,出现了不同的探求。

如果说编年史仍然对中国史学家具有吸引力,那是因为它有助人们展示一种颇具特色的时间观念,也即黄教授文中讨论的一个主题。的确,如果时间在西方文化中被理解为有限的和暂时的——根据《福音书》,人类历史将在7000年内无可抗拒地走向终结,面临天国的降临——古代中国人则把时间视作无限的和永恒的。孔子站在悬崖上,观望崖下奔腾不息的江水,如同黄教授所引述的那样,发出了这样的感叹:"逝者如斯夫,不舍昼夜!"[①]换言之,与西方文化中的以人类为中心的时间观念相比,中国的时间观念永远包含自然或物质的世界,人类活动为它所控和所限。而且,对中国人来说,正是有了这种无限的、永恒的参照,人类活动的转瞬即逝、一去复返才得到了充分的展示。

这种自然与人类相关,也即天人相应的思想是在中国文明的发展中产生的。尽管中国人可能不是最早根据宇宙中的周期变化而制

---

① Confucius, *Analects*, transl. Chichung Huang, New York, Oxford University Press, 1997, p.105. 我采用的翻译与黄教授的有所不同。

作农历的人,但他们有可能最早依照相应于宇宙的四季变化记录了人类活动。① 编年史成为古代中国史家历史写作的一个自然选择,因为这一体裁能同时记录自然界与人类世界所发生的事件,并且推测它们之间的相互影响。这种思考的模式被本杰明·史华慈(Benjamin Schwartz,1916—1999)称之为"天人相应的人文宇宙哲学"(correlative anthropocosmology),②构成了中国历史思想早期发展的特点。在现代中国文化中,这一思维方式仍具影响。与此相比,希罗多德和修昔底德的著作则是以人类为中心的历史思维之佳例——他们的叙述生动地描绘出人类戏剧的展开,在功绩与失利、卓越与邪恶、壮丽与贫乏之间交替进行——但这种戏剧性的效果的获得却是以牺牲了时间的顺序和精确为代价的。③

正如中国史学家后来发展了叙述史的兴趣,在中世纪初期,西方史学家也愈益关注历史写作中的时间顺序。但是,东西两种历史陈述模式中内藏的紧张,仍然隐约存在。相较编年史和叙述史,现代史学家基本偏好后者。贝奈戴托·克罗齐(Benedetto Croce)认为,编年史是"死"历史,因为它不能在历史书写中展现思想。如果我们考虑到前述孔子修订《春秋》的史学经验,那么这一点颇可怀疑。在海

---

① Masayukl Sato, "Comparative Ideas of Chronology", *History and Theory*, October, 1991, pp. 275-301.

② Benjamin Schwartz, *The World of Thought in Ancient China*, Cambridge, MA, Belknap Press of Harvard University Press, 1985, p. 350; also John B. Henderson, *The Development and Decline of Chinese Cosmology*, New York, Columbia University Press, 1984, passim.

③ Virginia Hunter, *Past and Process in Herodotus and Thucydides*, Princeton, Princeton University Press, 1982, pp. 237-265; Donald R. Wilcox, *The Measure of Times Past: Pre-Newtonian Chronologies and the Rhetoric of Relative Time*, Chicago, University of Chicago Press, 1987, pp. 51-82. Also see Q. Edward Wang, "Time Perception in Ancient Chinese Historiography", *Storia della Storiografia*, 28(1995), pp. 69-86.

登·怀特的理论中,编年史也不如、不及叙述史,因为它不方便历史学家"设置情节"(emplotment)。① 顺便提一句,这种偏好在今日中国也很盛行:现在中国的史学著作大都以叙述史的形式出现。简言之,如果在历史编纂学中,编年史和叙述史之间曾有所争胜,那么从世界范围来看,后者在今天获得了全面的胜利。不过,正如黄教授在其文中总结的,如果中国的历史思想"在过去和现在之间穿梭以达到互济",我相信对我们来说回到过去还是有益的,其目的并不是为了复兴编年史,而是为了重新审视作为其基础的历史思维——古代中国人的时间观念及人文宇宙世界观。易言之,尽管在过去的几个世纪(我们称为现代)的阶段中,我们已经在展示人类的能动性方面取得了长足的发展,但我们仍然急需尊重自然界,而在当今这个全球变暖的时代更应如此。正如中国智慧告诫我们的那样,人类与自然相互依存,存在着一种固有和永恒的关系,而中国的历史学为我们提供了掌握这一要点的一个途径。

载《史学理论研究》2013 年第 3 期

---

① Benedetto Croce, *History: Its Theory and Practice*, New York, Harcourt, Brace and Co., 1921 and White, *Metahistory*, pp. 5-7.

第二章　论民族主义史学的兴起与缺失
——从全球比较史学的角度考察

16—17世纪以来,由于资本主义的发展,世界各个地区逐渐连成一片。历史的写作也受其影响。自那时开始,"世界史"(world history)或者"普世史"(universal history)在西方不断出现。19世纪以后,非西方地区的历史写作和历史教学,也开始表现出类似的全球观念。但是,就史学史的研究而言,迄今为止尚没有一部从比较的角度写成的全球史学史。已有的史学史著作,大都以地区为中心、以文明为单位,因此不免带有浓厚的"族群中心主义"(ethnocentrism)①的痕迹。由于西方学术在近代的霸权地位,几乎所有的史学史的著作,包括非西方学者的在内,又难免受到"西方中心论"(Eurocentrism)的影响,以西方近代史学为楷模。在中国近代史和近代史学史的研究中,中西对比、对照的模式至今仍然十分流行。② 本文的写作,试

---

① 此处将 ethnocentrism 译为"族群中心主义",而不是"种族中心主义",主要是因为中文中将 race 译为"种族",而 ethnicity 则是一个不同的概念,其构成不以人的体貌特征为主,而是以文化、宗教、习俗等为标志,因此,译成"族群"似乎更好一些。

② 史学史研究中以西方为主的现象,在最近出版的专著中,仍然可见一斑,如 Ernst Breisach, *Historiography: Ancient, Medieval and Modern*, Chicago, University of Chicago Press, 1983; Georg Iggers, *Historiography in the Twentieth Century: From Scientific Objectivity to the Postmodern Challenge*, Hanover, Wesleyan University Press, 1997; Michael Bentley, *Modern Historiography: An Introduction*, London, Routledge, 1999。至于中国史学中以中西对比的眼光写成的著作,数量繁多,兹不举例。

图挑战这一思维模式,进行一次全球比较史学的尝试。

所谓全球比较史学,必须以各文明地区之间的交流为前提,所以,其时间上限大致定在18世纪以降。在这以前,西方文明、伊斯兰文明和中国文明都已形成了历史悠久的史学传统,只不过各自之间的交流并不频繁,并不能体现全球史学的特征①。但是,这并不等于说这些史学传统到了近代以后就完全丧失了其影响力;相反,这些传统在全球史学的拓展过程中,仍然产生持久的、潜在的影响。全球史学的产生,自然与西方文化的扩张相连。而西方近代史学的主要特征,便是民族主义史学。在号称"历史学的世纪"的19世纪,西方史学家写作了大量的国别史。被誉为"科学史学鼻祖"的德国史家兰克,其学术生涯也以民族史、国别史的写作为主。受到西方史学的影响,非西方地区的史学家在改造传统史学的时候,也主要尝试写作民族史,但其目的往往是激发民族感情、抵御西方的侵略。于是,民族主义史学成为近代史学的主要形式,至今在许多地区仍然方兴未艾。然而,近年来对民族主义史学的批评也不绝于耳。本文的写作,首先将以东亚、中东和印度等地区的史学为例,探讨民族主义史学的各种表现形式,揭示全球史学近代化的多样性,也即史学的"多样现代性"(multiple-modernity in historiogra-

---

① 以全球眼光写成的史学史著作,尚不多见。不过,20世纪初年,G. P. Gooch 的 *History and Historians in the Nineteenth Century* (Boston, Beacon, 1959, re. ed.)已经将视野从纯粹的西欧扩大到东欧、俄国及埃及与两河流域等,虽然他的描述对象仍然是欧洲的史家和史著。最近的努力可见 Q. Edward Wang & Georg G. Iggers, eds., *Turning Points in Historiography: A Cross Cultural Perspective*, Rochester, University of Rochester Press, 2002; Eckhardt Fuchs & Benedikt Stuchtey, eds., *Across Cultural Borders: Historiography in Global Perspective*, Lanham MD, Rowman & Littlefield, 2002; D. R. Woolf, ed., *A Global Encyclopedia of Historical Writing*, New York, Garland, 1998。但是,这些著作大都由多人写成,其研究仍以区域为主,因此并不是专门的比较史学论著。

phy)①;其次,将借鉴后殖民主义的批评理论,分析民族主义史学的缺失,预测全球史学的未来走向。

一、民族主义、科学主义和近代化

如果从近代化的起源和发展来看,民族主义、科学主义几乎是其自然的产物。欧洲资本主义的发展,从意大利北部的几个城邦开始,逐步蔓延到西欧的西班牙、葡萄牙、荷兰和英格兰等地。通过海外贸易,商人阶级或中产阶级逐渐致富,开始与王室联手,扩张其政治权益;而王室也利用这些商人的财富,压制贵族阶层,扩大权力,为民族国家的形成打下了基础。以后,这些新兴的国家又与教皇交手,争取宗教的独立以及政治的独立。16世纪的宗教改革,便是重要的例子。经济上的强盛和需要,政治、宗教上的独立和自主,使得这些新兴的民族国家开始进行海外扩张。这些变革促成了民族主义和科学主义的起源。为了建造民族国家,培养民族主义的感情势在必行,而从事长距离海外扩张,科学知识的拓展也十分必要。此一过程,都在历史写作上有所表现。意大利文艺复兴时期,便已有史家写作了《意大利史》,以后各国的史家都有所效仿,写作了类似的国别史。而海外扩张的成功,也使得17世纪英国的史家首先尝试写作"普世史"和"世界史",以后也为其他地区的史家所纷纷仿效。

至于科学主义的兴盛,自然与科学革命有关,但又与宗教改革前后世俗主义的兴起不无联系。由于世俗主义的影响,人们开始对教

---

① 有关世界历史上"多样现代性"的讨论,可参见专辑"Multiple Modernities," *Daedalus, Journal of the American Academy of Arts and Sciences*, 129:1 (Winter 2000),其中讨论了伊斯兰、印度和东亚历史的现代化。但是,关于史学的"多样现代性"的论著,尚不多见。

会所坚持的宇宙观、世界观提出疑问；而科学革命的成功，更使得人们认识到，既然科学家能发现自然界的基本规律，研究人文世界的学者或许也能发现人类历史和社会中的规律。从另一方面来说，宗教信仰的动摇，也使得人们不再轻易相信古代、中世纪史学中所记载的各种神话传说和宗教奇迹，希求从确实的史实出发，重建真实的过去。自文艺复兴以降，人文主义的学者已经在版本考订、鉴别文献等方面取得了很大的成就。于是，历史写作自文艺复兴以来，特别是在18世纪以后，开始产生重要的变化：一是以寻求发现历史规律为目的，如当时启蒙运动思想家，都相信历史不断进步的观念，并以此来勾勒历史的走向；二是强调史料的批评和考订，力求像科学家一样，将历史研究提升到科学的水准。

值得注意的是，这一时期的科学史学，虽然推崇科学研究的客观性、经验性，但又带有明显的功利目的，其宗旨往往是为了服务于民族国家的构建。因此，民族主义与科学主义史学，重叠交叉、不可分离这一现象，在兰克史学中表现得特别明显。兰克一方面质疑他的德国同胞黑格尔的历史哲学，认为历史并不像黑格尔所描绘的那样，有着固定的演化规律；但另一方面，他又坚持认为在历史走向近代的过程中，民族国家扮演了极其重要的角色。于是，他的历史著作都围绕欧洲主要国家的兴起而写作，直到晚年才开始写作世界史，但并没能完成。以前人们关注兰克，通常只注意他史料考订的方法，将他视为"科学史学的鼻祖"。的确，兰克在柏林大学任教的时候，模仿科学家做实验的方法，采用"研究班"（seminar）的形式，师生一起围着一堆文献史料，加以考查审订，鉴别真伪，讨论其历史价值。然而，这些科学研究的做法，并不能证明从事研究的人士就能摆脱政治、宗教意识的影响。事实上，自然科学家的研究，同样不像我们想象的那样客观、中立。他们的研究，在筹措经费、发表成果等环节上，时常受到政治气候、社会氛围的左右。兰克的科学史学，显然与兰克本人的宗教观念和历史观息息相关。尽管他在《教皇史》的写作中,曾力求在天主教和新教的纷争中保持中立的态度。但这只是特例。他坚信民族国家兴起在近代历史的重要地位,在他的治史生涯中表现得十分明显。

事实上,兰克史学的这些特点,如果结合近代历史的发展来看,并不奇怪。兰克在天主教和新教的问题上能保持一定程度的中立,实际上体现了自文艺复兴以来世俗主义的影响,而他注重研究民族国家的历史,则又与那时整个的政治、社会氛围十分契合。的确,从17世纪到20世纪上半叶,民族国家的兴亡和各个国家之间的争权夺利,是世界历史的主线,直到经历了两次血腥的世界大战后,才开始有人对之检讨反省。在兰克以前,文艺复兴的人文主义史家虽然也强调文献考订,但其研究、写作的政治功利性十分明显。马基雅维里(Machiavelli)就是一个著名的例子。此后,欧洲兴起所谓"博古运动"(antiquarian movement),其目的是搜集各种材料,从文献到地下古物,以求重建过去。虽然这一博古运动貌似科学,以科学发现为其理想,但其实"博古学家"(antiquarians)在研究中都带有民族主义的目的,希望从古物的考订和鉴定中能展现自身民族的辉煌过去,以提升民族意识。[1] 在兰克以后,特别是在他所培养的弟子中,民族主义表现得更为明显。兰克的不少弟子,后来都成为"普鲁士学派"的成员。而普鲁士学派在德国走向统一的过程中,表现得十分积极,扮演了重要的角色。事实上,根据格奥尔格·伊格尔斯的观察,在整个19世纪的德国,许多历史学家都没有远离政治。他们或

---

[1] 这方面的研究可见 George Hupprt, *The Idea of Perfect History: Historical Erudition and Historical Philosophy in Renaissance France*, Urbana, University of Illinois Press, 1970; Peter N. Miller, *Peiresc's Europe: Learning and Virtue in the Seventeenth Century*, New Haven, Yale University Press, 2000。

者成为国会的议员,或者参与制定法律。但是,伊格尔斯强调,"在1830年到1871年德国走向统一的过程中,历史学家在这些关键时期所扮演的重要角色是前所未见的。如果我们对这些历史学家的角色不加重视,我们就无法写出德国的历史和德国自由主义的历史"。他同时也指出,虽然不少参与政治的历史学家是自由主义者,但"普鲁士学派"的重要成员,大都在统一的问题上并不采用自由主义的主张①。这是因为,在德国统一以前,普鲁士和奥地利最为强盛,但两者的政治体制都不是民主制。所谓"普鲁士学派",顾名思义,就是主张由普鲁士出面统一德语世界,而将奥地利排斥在外。为此目的,他们全面支持普鲁士君主,由此而牺牲1848年革命以后所取得的民主自由的成果。他们像兰克一样,认为国家的利益高于一切,而对作为英法自由主义基石的个人主义嗤之以鼻,认为个人应服从于国家。于是,几乎所有"普鲁士学派"的历史学家,在德国统一的前后,都是"铁血宰相"俾斯麦的支持者。德国科学主义史学、民族主义史学的这一例子,虽然有其独特性,但由于兰克史学在世界范围的影响,却又带上了某种普遍性,在一些非西方地区民族主义史学的发展中也有明显的表现。

二、民族主义与东亚近代史学

从发展进程来看,民族主义史学与东亚史学的近代化,也像欧洲地区一样,几乎同步进行。这里的原因,并不仅仅因为欧洲模式的影响,更因为民族主义传入东亚以后,迅速成为东亚先进知识分子用来

---

① Georg G. Iggers, *The German Conception of History: the National Tradition of Historical Thought from Herder to the Present*, Middletown CT, Wesleyan University Press, 1983, p. 91.

抵御欧美强权侵略的理论武器,可谓"以其人之道,还治其人之身"。但如此一来,东亚民族主义、科学主义史学的兴起,也自然带上欧洲近代史学的一些缺陷。具体言之,欧洲民族主义史学中所见的反自由主义的倾向,在东亚的近代史学中也显露无遗,这在明治时期的日本表现最为明显,在清末民初的中国也有清晰的表现。不过,东亚近代史学中的反自由主义倾向,并不能完全归诸于外来文化的影响,而是与东亚史学的传统也有不可忽视的关联,以下将作具体分析。

在 G. P. 古奇(G. P. Gooch,1873—1968)所著的《十九世纪的历史学与历史学家》一书中,他将最后一章题为《文明史》(History of Civilization),其中分析在 19 世纪末期出现的新的史学潮流,又称为"文化史"(Kulturgeschichte),以引入社会科学的方法,重视发现历史研究的规律为主要特征。这一新兴的史学思潮,以德国的兰普勒希特(Karl Lamprecht,1856—1915)和英国的巴克尔(Henry Buckle,1821—1862)等人为代表,他们的著作挑战了兰克史学所代表的"历史主义"的传统,期望将史家的注意力,从国家政府扩大到社会文明、文化心理。实际上,这一史学"社会科学化"的倾向,在当时代表了一种国际潮流;美国的"新史学"流派,也可视为表现之一。① 但是,这一史学新潮,或许是由于第一次世界大战的关系,在当时并没有形成足够的声势。到了战后,特别是第二次世界大战以后,史学的"社会科学化"才成为了现代史学的主潮。②

不过,在东亚史学走向近代化的过程中,这一史学潮流却捷足先登,成为当时东亚先进知识分子吸收西方史学新知的先锋。明治初期的日本,翻译西书蔚成风气,巴克尔的《英国文明史》和法国史家基佐(Francois Guizot,1787—1874)的《欧洲文明史》,都在欧洲出版

---

① Georg Iggers, *Historiography in the Twentieth Century*, pp. 31-50.
② Ibid.

不久就被译为日文,而且有多种译本。对于"civilization"一词,也有着不同的译法,除译为"文明"以外,还有人译为"开化",因此,《欧洲文明史》也被译为《泰西开化史》,《英国文明史》也被译为《英国开化史》①。以后,日本明治时期的思想家干脆将这两个词并用,"文明开化"于是成为流行的口号。更重要的是,基佐和巴克尔的著作,受到明治时期重要的启蒙思想家福泽谕吉(1835—1901)的注意,被选择用来作为他所建立的庆应义塾(今庆应大学前身)的教材。不仅如此,福泽谕吉还写了《文明论之概略》和《劝学篇》(《学问のすすめ》)等论著,批判以往中日史家以君主为中心、以道德训诲为宗旨的传统史学,宣扬历史写作必须有助于开发"民智"、推进社会进步。受到福泽谕吉的影响,田口卯吉(1855—1905)写作了《日本开化小史》和《"支那"开化小史》,模仿西方史学中的叙述体裁,创立了所谓的"史论体",也即中国近代史家所谓的"章节体"。由此,日本史学在史学观念和写作形式上,都产生了显著的变化。这一变化,可以视为日本近代史学的开端。

虽然福泽谕吉和田口卯吉所创的"文明史学"对19世纪70年代的日本明治社会影响甚大,那时出现的历史教科书都仿造了这一体裁,但他们及其追随者山路爱山(1864—1917)等人,都是所谓"新闻史家",即非专业史家,因此,其影响大都徘徊在正统史家的圈子之外。那时,自然还没有现代意义上的专业史家,但明治政府成立以后就开设修史局,聘用了由幕府时期培养的儒学人士为编修,如重野安绎(1827—1910)、久米邦武(1839—1931)等人。那时的日本儒学和日本学术,正受到中国清朝考据学的影响,对史料的考订、史实的考

---

① 小泽荣一:《日本近代史学史の研究:幕府篇》,东京,吉川弘文馆,1968,第105—106页。

证十分重视。① 所以,他们虽然也受到那时"文明开化"风气的影响,但在吸收西学新知的时候,却又自然而然地从自身的训练出发,在众多的西方史学流派中,对兰克的史料批判方法和兰克宣称的客观中立态度情有独钟,认为与考据学的手段和宗旨异曲同工。于是,兰克晚年的年轻助手路德维希·里斯,就在1887年被聘为刚成立的东京大学的历史教授。修史局后来也从政府移到了东京大学,重野安绎等人因此成了里斯在东京大学的同事。他们在1893年一起创办了日本历史学会和《历史杂志》,促成了日本历史研究的专业化。也许是为了突出兰克史学的先进性和科学性,里斯在东京大学讲授的时候,特别突出兰克史学的批判性和客观性。② 而重野安绎、久米邦武等人,也在编纂《大日本编年史》的工作中,采用史料考证的方法,发现以往史料中不少造伪、不实之处。因此,他们都认为,近代史学必须用科学的态度,摒弃道德偏见,如实直书。③

如果说日本史学的近代化结合了传统与现代,也即融会了考据

---

① 根据日本汉学家吉川幸次郎(1904—1980)的回忆,清代考据学要到明治初期,也即19世纪中叶以后才为日本学者内藤湖南(1866—1934)、狩野直喜(1868—1947)等人所热衷,"他们一方面接触了西洋的学问,认为清代学问的实证性与西洋学问相近,这更加促进了他们对清朝学问的看重"(吉川幸次郎:《我的留学记》,钱婉约译,北京,光明日报出版社,1999,第18页)。吉川幸次郎的这一说法,也能帮助我们理解重野安绎等史学家对清代学问和西方学术的看法,尽管重野安绎年龄稍大一些。对于日本明治时期的汉学研究状况,参见町田三郎:《明治の汉学者たち》,东京,研文出版社,1998。

② John Brownlee, *Japanese Historians and the National Myths, 1600-1945*, Vancouver, University of British Columbia Press, 1998, pp. 75-80.

③ 有关日本史学的近代化,可参见大久保利谦:《日本近代史学の成立》,东京,吉川弘文馆,1986;家永三郎:《日本近代の史学》,日本评论新社,1957。中文研究可参见沈仁安、宋成有:《近代日本的史学与史观》,见《日本史论文集》,北京,生活·读书·新知三联书店,1982,第417—448页;王晴佳:《科学史学在近代日本和中国的兴起及其异同:兼论中日史学的相互交流与影响》,见《中华文史论丛》第71辑,上海,上海古籍出版社,2003。亦收入本书。

学的传统和兰克批判史学的话,那么,中国近代史学也走过了类似的途径。不同的是,清代考据学的传统,在19世纪的中国已经走向式微,因此,中国史家对于兰克学派,没有像日本史家那样,在西学输入东亚的初期就加以十分重视;相反,由于清末今文经学的重新崛起,中国学者如魏源(1794—1856)、龚自珍(1792—1841)以及康有为(1858—1927)等人,对西方的进化论史学兴趣颇浓,这当然与当时中国在与西方强国交手时频频失利有关。魏源、康有为等人用今文经学中的"三世说",比附、阐释西方进化论,提倡变法的必要,呼吁变法图存。到了中日甲午战争之后,目睹日本的迅速崛起,中国学者、学生纷纷涌入日本的学校,导致在吸收西学的时候,又有转手日本的明显痕迹。例如,梁启超(1873—1929)的《新史学》发表于他在日本编辑的《新民丛报》上,其内容和宗旨与福泽谕吉的"文明史学"十分类似。而梁启超那时热衷办报,介绍新知,又与日本的"新闻史家"的做法有可比之处。总之,中国近代史学,以提倡民族主义为先声,以进化论为理论基础,在写作形式上又采用了"章节体",这些都与日本近代史学颇为相似。① 的确,清末民初出现的一大批新式历史教科书,大都转手日本学者,由留日的学生翻译;有的根本就不用翻译,如那珂通世(1851—1908)的《"支那"通史》,本来就用的是汉文,因此在中国流传甚广。②

可是,这主要是19世纪末20世纪初的事情。到了五四运动期间,随着以胡适(1891—1962)为首的留美学生的回国,中国史学的

---

① 王晴佳:《中国近代"新史学"的日本背景:清末的"史界革命"与日本的"文明史学"》,载《台大历史学报》2003年第32期。

② 该书后来又经柳诒徵改写,以《历代史略》为名在1902年出版,更助其在中国的流传。有关日本历史教科书在清末民初的流行情形,可参见胡逢祥、张文建:《中国近代史学思潮与流派》,上海,华东师范大学出版社,1991,第256—271页。

近代化又经历了一个新的转折,也即从进化史学、文明史学转移到考证史学、科学史学。① 值得注意的是,虽然这两种史学有着形式上、方法上的不同,但其实质都是民族主义史学。甚至,它们也都是科学主义史学。因为,就科学史学在西方的起源来看,兰克史学注重史料批判,它的挑战者兰普勒希特、巴克尔和美国"新史学"派的史学注重探究历史规律、历史进化,它们都是科学史学,代表了两种不同的途径和方向。从中国史学那时的发展情形来看,胡适、顾颉刚(1893—1980)强调史料的批判,经傅斯年(1896—1950)的发展,导致"史料学派"的出现,而何炳松(1890—1946)翻译美国"新史学"派的宣言——鲁滨孙(James H. Robinson, 1863—1936)的《新史学》(*The New History*),为"史观学派"的发展提供了一个发展的基础。当然,梁启超在1902年发表《新史学》,已经是"史观学派"的一个先声。有趣的是,梁启超到了20世纪20年代,又转而支持"史料学派",写作了《中国历史研究法》。像胡适一样,他希图从中国的人文传统中,发掘科学的因素。他们两人都认为,就科学方法而言,中国传统学问,如清代的考据学,并不落后于西方。从20年代至30年代,由于胡适、傅斯年、顾颉刚等人在中国学术界的领导地位,"史料学派"流行一时,那时发表的史学论著,大都是专题研究,以考据为重点。但是,就思想意识而言,"史料学派"的学者也都有强烈的民族主义情绪。他们侧重史料的发现和批判,目的是为了"整理国故,再造文明",亦即在科学的基础上重写中国的历史,这与欧美的民族主义史学如出一辙。②

不过,对日抗战的来临,使得"史料学派"逐渐丧失其吸引力。

---

① 王晴佳:《论二十世纪中国史学的方向性转折》,见《中华文史论丛》第62辑,上海,上海古籍出版社,2000。

② Q. Edward Wang, *Inventing China through History: the May Fourth Approach to Historiography*, Albany, SUNY Press, 2001.

年轻的学生不再认为埋头于故纸堆中能对抗战有多少帮助。胡适的学生、史学界新秀吴晗(1909—1969)的转向,就是一个典型的例子。① "中国社会史论战",则是"史观学派"抬头的主要标志。以后,马克思主义史学逐渐兴盛,在1949年以后,更是在学术界占据了主导地位。相比之下,"史料学派"逐渐式微,只是在五六十年代的台湾地区仍有其影响力,但不久也受到批评和挑战。② 值得注意的是,在这之前,强调考证的日本科学史学也逐渐受到批评。如久米邦武,就因为写了研究日本古代皇室的论文,对所谓日本王室的"万世一系"表示了怀疑,而失去了在东京大学的教职。他的同事重野安绎,也因为怀疑批评日本古代的历史与传说而受到冷遇。③ 总之,日本在20世纪30年代以后,追求在亚洲甚至全球的侵略扩张,历史研究也被置于这一政治空气之下。由是,日本的民族主义史学表现出特别强烈的保守性,带上了明显的反自由主义的倾向。为了在亚洲称霸、与西方争权夺利,日本史家推出"东洋史"的研究,以"东洋"对"西洋",论证日本在东洋的领导地位。④ 那时的日本历史学者,包括尊崇中国古代文化的汉学家内藤湖南⑤,都不约而同地从民族主义

---

① 参见潘光哲的《学习成为马克思主义史学家:吴晗的个案研究》(载《新史学》,第8卷,1997年第2期),李又宁的《吴晗传》(香港,明报出版社,1973)和苏双碧、王宏志的《吴晗传》(上海,上海人民出版社,1998)中的有关章节。

② 王晴佳:《台湾史学五十年(1950—2000):传承、方法、趋向》,台北,麦田出版社,2002。

③ John Brownlee, *Japanese Historians and the Nation Myths*.

④ 五井直弘:《近代日本と东洋史学》,东京,青木书店,1976;Stefan Tanaka, *Japan's Orient: Rendering Pasts into History*, Berkeley, University of California Press, 1993;陈慈玉:《案牍研究与田野调查:日本东洋史学方法之一面向》,载《"中研院"近代史研究所集刊》2003年第42期。

⑤ Joshua A. Fogel, *Politics and Sinology: the Case of Naito Konan (1866-1934)*, Cambridge, Harvard University Press, 1984.

的立场出发,为日本军国主义、扩张主义寻求和提供理论上、历史上及文化上的依据。

三、伊斯兰民族主义史学的兴起——以埃及为例

19世纪下半叶,民族主义在非西方地区形成一股普遍的潮流。其原因自然与西方殖民主义、帝国主义的扩张有关。虽然那时帝国主义的势力在全球几乎所向披靡,但它在非西方地区所引起的反弹也十分激烈,而且影响深远,至今不息。伊斯兰文明,虽然迟于东亚和欧洲,但也十分悠久,其历史写作也同样源远流长。更为重要的是,像其他地区一样,伊斯兰文明是一个笼统的概念,内部存在明显的差异性,因此无法一概而论。为此缘故,笔者只以埃及为例,拟在叙述埃及近代史学之前,略述伊斯兰史学传统的主要特点。

伊斯兰史学与基督教史学一样,具有浓厚的宗教因素,都认为历史的进程代表了一种神意,因此每一过程都有其特定的意义。另外,伊斯兰史家认为,穆罕默德的诞生及其主要事迹(如他在公元622年从麦加到麦地那的逃亡)是人类历史上的一个里程碑,由此而产生了伊斯兰纪年,成为伊斯兰史家写作历史的时间框架。因此,早期伊斯兰史学中编年史是比较重要的形式。伊斯兰教在公元7世纪兴起以后,在对外扩张上取得了不少成功,迅速建立了强大的穆斯林王朝。由此,伊斯兰史学的重点开始从宗教(为《古兰经》作注)转向了政治,以求为王朝的统治服务。因此,伊斯兰的史学传统在这一点上与西欧中世纪史学产生了不同,而与中国传统史学相近。的确,像中国传统史学一样,伊斯兰史学中的波斯史学,有"君侯镜鉴"(fürstenspiegles)这样的体裁,亦即要以历史为镜,希求鉴往知来。不过,由于伊斯兰文明处于欧、亚、非三洲交界地区,其王朝又横跨这些地区,因此似乎比中国传统史家更了解世界之博大与多样,因此在其

史学传统中有更多像司马迁那样有意"通古今之变"的人物。譬如,伊本·赫勒敦(Ibn Khaldûn,1332—1406)的《史论》(Muqaddimah)出版以后,一直备受瞩目和称赞。其实,该书是他为自己的普世史写的长篇导论;而普世史的写作,在伊斯兰史学中是一个十分普遍的现象。蒙古人在13—14世纪的快速崛起和扩张,冲击了穆斯林王朝,但一旦平息以后,又扩展加深了穆斯林史家对世界的认识,促进了普世史的写作。

当然,也有蒙古人铁蹄未到的地方;埃及就是其中之一。由此缘故,埃及渐渐成为伊斯兰文明的中心。即使以后为奥斯曼帝国所征服,埃及也还是没有改变其伊斯兰文明的性质。因此,近代史学在埃及的兴起,可以视为伊斯兰史学近代化的一个重要的例子。像其他非西方地区一样,埃及在近代受到西方殖民主义的侵略。由于其地理位置靠近欧洲,因此首当其冲,在1798年就被拿破仑率军占领,不过几年之后法国军队就退出,以后由来自阿尔巴尼亚的穆罕默德·阿里(Muhammad Ali,1769—1849)统治。穆罕默德·阿里的统治时期(1805—1848),被视为埃及走向近代化的关键时期,历史研究也在该阶段发生了很大的变化。为了描述埃及史学的这一变化,我们或许应该看一下杰巴尔迪(Abd al-Rahman al-Jabarti,1754—1825)的史学。

杰巴尔迪出身贵族,从小就接受了良好的传统教育。他的历史著作,被认为是伊斯兰传统史学的代表。但是,像清末的魏源那样,杰巴尔迪虽然用传统的体裁写作,他的著作却反映了埃及与西方的接触,因此带有较强的时代感。他有两部著作,一部是研究法国占领埃及时期的历史,另一部则是直接描述法国的社会和风俗。但他最重要的著作则是有关埃及的历史,名为《杰出人物事迹溯源》,以人物传记为中心,以时代演变为经络。杰巴尔迪曾言,历史是一种研究人及其环境的学问,用来考察社会风俗、国家政权的消亡等。为此目的,他主张以历史上重要人物的活动为主,从中获取教训,以求对时代的变迁有更好的理解。① 这些说法,表现出他力求从人的角度看待、分析历史的变化,并没有想追求历史中的宗教神意,与中国传统史家的态度有相似之处。而杰巴尔迪从人物传记出发研究历史的做法,也表现出伊斯兰传统史学与中国传统史学的相近之处。更有意思的是,伊斯兰传统史家也时常采用编年的体裁写作历史,这又与中国古代史家相似。但是,生活于埃及与西方接触的年代,杰巴尔迪也开始注意到西方史学体裁的不同,并且也在写作中有所尝试。换言之,杰巴尔迪虽然采用的纪传—编年的传统体裁,但在其中又加入了不少自己的分析和解释,特别是当他处理法国历史的时候,目的是让读者可以更准确地理解。其实,传统史家采用编年的体裁,虽然使得历史阅读显得枯燥无味,但实际上为的是真实地反映历史。而一旦采用西方的叙述体裁,历史著述的主观性就不免掺和其中。不过,虽然杰巴尔迪对史学体裁有所改造,但他还是遵循传统史学"直书""褒贬"的传统,对当时穆罕默德·阿里的统治,有直率的批评,以致他的著作一度成为禁书。总之,在杰巴尔迪的史学中,我们既能看到伊斯兰史学的传统特点,又可见其在新时代中的明显变化。

埃及近代史学的开创人物之一,是生活在19世纪的塔阅维(Rifa'ah al-Tahtawi,1801—1873)。虽然塔阅维出生那年,法国已经从埃及撤军,但法国的影响却没有减弱。在穆罕默德·阿里统治时期,法国与埃及的文化交流十分频繁。而阿里又非常重视历史教训,对译书特别是历史书籍大力提倡。塔阅维虽然出身贫穷, 但天资聪颖,使得他有机会被阿里送去法国,进行教育考察。因此,塔阅维像日本的福泽谕吉那样,得风气之先,掌握了西方文字,为他今后的事业发

---

① Jack A. Crabbs, *The Writing of History in Nineteenth-Century Egypt: A Study in National Transformation*, Cairo, The American University in Cairo Press, 1984, p.49.

展提供了优越的条件。从法国回来以后,塔闵维也像福泽谕吉、中国的梁启超那样,既涉足政坛,又开创了埃及的新闻事业,兴办报纸,编辑杂志,弘扬新知,很快就成为近代埃及文化界、新闻界、知识界和教育界的领头人物。的确,在非西方地区接受西方近代文化、走向近代的初期,我们可以发现不少经历相似、作用相同的知识界人物,他们头脑开放、渴求新知,既有语言的准备,又有充沛的精力,因此成为新旧文化交替时的领潮儿,扮演重要而又多面的角色。除了在埃及新闻界的开创之功,塔闵维还领导翻译了大量西书,又开办了新式的学校。这些活动在福泽谕吉等人的身上同样也能见到。

从许多方面来看,塔闵维是埃及第一位民族主义史家,虽然他自己的兴趣并不完全局限于历史研究。首先,他支持穆罕默德·阿里的对外开放政策,提倡输入西方文明。于是,他对阿里本人也多有称誉。这与福泽谕吉支持明治政府的态度如出一辙(在这方面,梁启超支持光绪皇帝的做法也有可比之处。但不同的是,光绪很快失去权力,没能持久地推动清朝的改革)。其次,虽然塔闵维崇敬穆罕默德·阿里,但他显然更热爱埃及;他把他的著作,呈献给埃及这个民族—国家,而不是阿里这位统治者。在他的历史著作中,他努力提升埃及的地位,认为埃及在许多方面与叙利亚、伊拉克等其他伊斯兰国家相比有明显的不同,在文化上更加优越。复次,塔闵维通过报纸、杂志的发行,努力推广阿拉伯语,使得阿拉伯语在埃及的使用比土耳其语更为普遍。这里的原因,也十分容易理解。虽然奥斯曼帝国也主要是伊斯兰国家,但毕竟是埃及的占领国,因此塔闵维不把土耳其语视为埃及的"国语"。最后,为了提高埃及人的民族自信心,塔闵维又运用考古发掘的材料,研究古代埃及,也即"前伊斯兰的埃及"(pre-Islam Egypt),以此来表明埃及不但有悠久的历史,而且有抚育了西方近代文明的埃及古代文明。易言之,塔闵维像其他民族主义史家一样,力图从历史中发现新的、光辉的"过去",以此来为构建民族—国家,提高民族地位服务。①

塔叒维的史学不但体现了明显的民族主义特征,而且在历史写作形式上也有突出的创新,标志着埃及近代史学的开始。这是因为,塔叒维尝试着突破传统的传记—编年的体裁,采用了主题优先、叙述为主的新式体裁。这一体裁的运用,显然受到了西方史学叙述体的启发。以杰克·克拉布(Jack Crabbs)所见,塔叒维的史学有三个主要特点:一是他对阿拉伯人民和文化的推崇;二是他承认法国和法国文化的先进;三是他对穆罕默德·阿里的尊崇。② 这三大特点,既体现了民族主义史学的共同性,又有其在非西方地区发展的特色。首先,就塔叒维推崇阿拉伯文化而言,这是民族主义史学的基本特征。民族主义史家都希望提升本民族的历史与文化,这在西方与非西方地区都是如此,因此毋庸赘言。其次,塔叒维承认法国文化之先进,其实也就是主张埃及需要向外开放,向西方文化靠拢。这又是非西方地区近代化的共性。在上述东亚民族主义史学兴起的过程中,我们已经见到,那时所谓先进的知识分子,都主张跟上世界潮流,大量吸收西方知识。从日本的福泽谕吉到中国的梁启超、胡适,均无例外。最后,塔叒维尊崇穆罕默德·阿里,其实也不奇怪。所有民族主义史学都有明显的政治关怀,其目的是构建民族—国家。因此,民族主义史学又时常表现出一定的政治保守性。德国的兰克史学,就是一显例。日本近代史家支持日本政府的对外扩张,也是典型的例子。总之,为了提升自身民族的地位,民族主义史家往往会采取支持集权

---

① Donald M. Reid, *Whose Pharaohs? Archaeology, Museums and Egyptian National Identity from Napoleon to World War I*, Berkeley, University of California Press, 2002, pp. 50-54,108-112.

② Jack A. Crabbs, *The Writing of History in Nineteenth-Century Egypt: A Study in National Transformation*, p. 77.

政府、专制政权的立场。

其实,塔阔维史学这些特点在当时的埃及也有典型的意义。像塔阔维一样,另一位埃及民族主义史家阿里·穆巴拉克(Ali Mubarak,1823—1893)的政治立场也与穆罕默德·阿里的政府十分一致。穆巴拉克也曾在欧洲受教育,回国以后曾担任阿里政府的教育部长,推动埃及教育的近代化。由于塔阔维、穆巴拉克等先驱的榜样作用,埃及的民族主义史学出现了所谓"王家学派"。其政治意向,顾名思义,是希图在阿里政府的领导下,推动埃及民族—国家的建设。像许多其他非西方国家一样,埃及的近代化表现为一个"自上而下"的过程,主要由王室推动。埃及教育的近代化,就是一例。埃及近代教育的主要标志——埃及大学(现开罗大学)为法阿德王子(Prince Fu'ad, r. 1923—1936)在1908年所建之私立大学,并且由他担任第一任校长。以后,法阿德王子任国王,改该大学为国立埃及大学,使之逐渐成为埃及近代学术的重要机构之一。① 随着埃及教育的近代化,历史研究也慢慢走向专业化。可是,埃及之国际、国内情势,又决定埃及的专业史家仍然受到政治因素的牵制,虽然他们不再像"王家学派"那样与王室关系那么密切。

埃及在第一次世界大战以后出现过一次革命,企图推翻英国在1882年建立的殖民统治,但并未真正成功,只是在名义上保留了自己的王室。埃及的独立,要到1952年才真正完成。由此缘故,埃及的专业史家大都受过英国和法国的教育,其主要代表有里法特(Muhammad Rif'at, ca. 1880—1950)、古尔巴(Muhammad Shafiq Ghurbal, 1894—1961)和萨比利(Muhammad Ibrahim Sabri, 1890—1978)。里法特和古尔巴曾在英国的利物浦大学与伦敦大学求学,而萨比利

---

① Donald M. Reid, *Cairo University and the Making of Modern Egypt*, Cambridge, Cambridge University Press, 1990.

则是法国著名的索邦大学的博士。他们回国以后,担任了大学的教职,写作了流行的历史教材,培养了埃及的历史人才。古尔巴是埃及大学第一位教近代史的埃及教授,其学术影响十分深远。而且,里法特和古尔巴之后又相继加入政府,担任教育部长或其他职务,因此又有政治影响力。萨比利虽然在较长的一段时间内与政府采取不合作的态度,但之后也担任了埃及国家图书馆和档案馆的馆长。他们的这些经历,与中国近代的蒋廷黻、胡适等人有许多可比之处。而且,作为民族主义史家,他们也像胡适、傅斯年等人一样,力求将研究、解释埃及历史的权利从欧洲"东方学家"(Orientalists)那里夺回来。同时,他们在西方受教育的经历,又使得他们试图采取自由主义的态度,也即从民族的立场而不是君主的立场,写作、诠释埃及历史。他们的这些做法,与胡适等人的努力也十分类似,体现了民族主义史学的一个发展。[①] 1952年埃及独立以后,历史研究更呈现变化多端的局面,其中马克思主义史学和其他左翼史学流派的兴起令人注目。这又与日本和中国史学在第二次世界大战以后的发展有相似之处。[②]

四、挑战民族主义史学——印度的"下层学派"

在非西方地区中,印度是西方殖民主义的最早的牺牲品之一。在18世纪中期,印度就已经为英国的东印度公司所统治,并成为英国用来向中国和其他远东地区殖民的据点。譬如臭名昭著的鸦片贸易,其鸦片就多在印度种植。英国在印度殖民统治的成功,在于它利

[①] Anthony Gorman, *Historians, State and Politics in Twentieth-Century Egypt*, London, Routledge/Curzon, 2003, pp. 22-28.

[②] Ibid, pp. 79-111.

用印度多文化、多语言的特点,采用分而治之的政策。东印度公司在印度一共只有几千名雇员,但却能统治印度这片次大陆,靠的是当地人士的支持和协作。换言之,像传统中国人一样,印度人在欧洲人入侵以前,并没有形成固定的民族—国家概念。他们并不认为所有生活、居住在印度的居民,应该结合成一个共同体,互相帮助、支持,以抵御外人的侵占。民族主义在中国的兴起,大致要到甲午战后才形成高潮。① 与中国相比,印度民族主义的形成要早得多。有趣的是,这与英国人的统治居然很有关系。举例来说,印度的历史著述不甚发达,其历史意识的表现主要通过长篇史诗。之后,伊斯兰文明进入印度,带来了伊斯兰史学的传统,但在英国人来到以前,并没有人以印度为单位来写作历史,也即并没有所谓"印度史"。最早的印度民族史,由英国著名史家詹姆斯·密尔(穆勒,James Stuart Mill,1773—1836)和马考莱(Thomas Macaulay, 1800—1859)完成。前者并没有到过印度,其写作靠的是东印度公司的雇员收集的史料和英国政府的档案。

密尔和马考莱写作印度历史,一方面自然是为了便利英国在那里的统治,另一方面也是为了论证英国、西方文明的优越,使英国对印度的统治合理、合法化。自18世纪以降,像密尔和马考莱那样对印度或者整个所谓"东方"感兴趣的西方人士尚有许多。因此,就有所谓的"东方学"或"东方主义"(Oriental Studies; Orientalism)。这一东方学,涵盖范围广泛,从近东的土耳其到远东的中国、日本,都包

---

① 有人指出,清朝在甲午战争中的失败,与其内部的党争颇有关系。那时不少人认为,这场战争只是李鸿章"皖派"人士的事情,因此不想给予任何帮助。那时来华的日本人,也有观察到中国人缺乏民族意识的情形。参见 Joshua A. Fogel, *The Literature of Travel in the Japanese Rediscovery of China (1862-1945)*, Stanford, Stanford University Press, 1996, pp. 66-128。

括在内。但由于印度较早为西方人统治,因此对印度的兴趣形成也比较早。那些"东方学家"通过对印度人种、历史和语言(梵文)的研究,发现早期印度文明与早期西方文明的许多共同性。譬如,北方印度人属于雅利安人种,与欧洲人同源,而雅利安人使用的梵文也与欧洲语言同一系统。同时,他们也看到印度文明在近代的停滞不前。于是,东方学家就认为,如果研究古代印度,有助于发现西方文明的早期、幼时的状况,这与那时人类学家研究原始部落、希求发现人类进化早期的情形是一样的。因此,西方人对东方的研究,都反映了进化论的影响。由此缘故,"东方"与"西方"就成为对立的两极,前者代表人类历史初期的蒙昧、幼稚,而后者象征人类历史的进化、发达。这一观念的具体阐述,在黑格尔的《历史哲学》中表现得十分典型,为人所熟知。

虽然西方的"东方学家"将印度视为人类文明停滞不前的"反面教材",但如同上述,他们的著作毕竟是印度民族史写作的样板,此后的印度历史学家纷纷加以效仿,也从印度这一文明单位来写作、解释其历史的演变。换言之,民族史的写作都具有"寻根论"或"目的论"(teleology)的特征。民族史家通常从现在的角度回顾、解释过去,也即以今律古,使历史写作符合当今的政治需要。这一特征,在近代西方和西方之外的历史研究中都有清楚的表现,几乎无一例外。当然,与西方"东方学家"相比,印度民族史家普拉萨德(Shiva Prasad,1823—1895)、拉柴杜利(H. C. Raychaudhuri, 1892—1957)等人写作印度民族史,目的是非常不同的。他们为的是提高民族自信、弘扬民族文化,争取与西方文化同等的地位。因此,印度以及其他非西方地区的民族史研究,存在一种"悖论"(paradoxical)的现象。这些民族史学一方面在观念、目的和形式上都仿照了西方民族史学的模式,但另一方面,却又想突出自身民族的特点和特长,以求在西方文化一统天下的局面中求得一个生存的位置。这后一种做法,虽然可以视为对西方文化霸权的一种挑战,但又在实际上有助于突出西方文明的优越,增强其霸权的地位(有关这一点,以下会作详解)。

在印度民族史学的发展中,这一悖论现象的表现十分明显。普拉萨德等人的印度史研究,在历史分期上将印度分为三个时期——古代印度、穆斯林印度和近代印度,与西方史学的古典、中世纪和近代的分期如出一辙。而且,他们也跟随西方东方学家的说法,强调古代印度人为雅利安人,以证明印度人在人种上的优异。在这一点上,清末的章太炎等人曾一度主张中国"人种西源说",也有可比之处。① 不过,印度民族史家又不甘承认印度在近代的落后,特别是不想承认近代印度落后,又有其文化上的原因。他们指出,在古代印度有一个笈多帝国(Gupta Empire, 320—540),其文化十分优越、先进,远胜于同期的西方文明。与西方文明相比,印度文明注重精神文明的开发,轻视对物质文明的研究。近代印度虽然看起来落后,但其文学艺术、宗教信仰和哲学思辨,都有丰富的积累和传统。因此,印度文明与西方文明的发展,只是侧重点不同,而在价值上具有同等的地位。② 这一观点,也为中国的梁漱溟(1893—1988)等人所赞同和吸收,成为东方人在精神上抗衡西方的武器之一。民国初年,印度学者泰戈尔(Rabīndranath Tagore, 1861—1941)访华,受到梁启超、徐志摩(1896—1931)等中国人的热忱欢迎,正好说明了这一现象。

由此看来,虽然亚洲的知识阶层不满西方人,也即西方的东方学

---

① Ying-shih(余英时), "Changing Perceptions of National History in Twentieth-Century China", in *Conceptions of National History*, eds. Erik Lnnroth, Karl Molin & Ragnar Björk, Berlin, Walterde Gruyter, 1994, pp. 155-174.

② Romila Thapar, "Interpretations of Ancient Indian History", *History and Theory*, 7:3 (1968), pp. 318-320; Gyan Prakash, "Writing Post-Orientalist Histories of the Third World: Perspectives from Indian Historiography", *Comparative Studies in Society and History*, 32:2(1990), pp. 388-390.

家轻视亚洲文明的做法,但他们反驳西方的办法却又与西方人并无二致。他们都接受了西方的东方学家将东、西方相互对立和对照的做法。不同的地方只是在于,西方人由此来蔑视东方的文明,而东方人则想在证明东、西方文明不同的基础上,整理旧山河,以求发现新生命。前面提到的胡适之"整理国故,再造文明"的口号,将此目的做了最明确的表述。但问题在于,如果承认甚至强调东、西方文明的对立与不同,其实也就是默认西方文明在近代的先进,因而有助于巩固西方文明在近代历史上的霸权地位。譬如,如果我们说东方人注重精神文明的培育,而西方人注重物质文明的建设,那么,在近代世界,显然物质文明的推进更为重要,于是,也就等于承认西方文明在近代历史上的领导地位。1922年,那时在美国留学的冯友兰(1895—1990),就写了《为什么中国没有科学?——中国哲学的发展及其影响的一个说明》的论文。冯的观点正反映了这样的心态——虽然中国和其他东方文明在以前有其长处,但近代则是科学当道的时代,因此西方文明就显现出优越之处。①

对于这种崇拜科学的心态(科学主义)的批判反省,正是当代印度学者对民族主义史学和西方学术霸权进行挑战的一个重要途径。现任教于美国普林斯顿大学的印裔美国学者吉安·普拉喀什(Gyan Prakash),曾在1994年12月出版的《美国历史评论》杂志上介绍由各地印度学者组成的"下层学派"(The Subaltern School)②。他本人也出版了《另一种理性》(*Another Reason*)一书,对科学在西方文化

---

① Feng You lan(冯友兰), *The Hall of Three Pines: An Account of My Life*, tr. Denis C. Mair, Honolulu, University of Hawaii Press, 2000, pp. 210-212.

② 有关"下层学派"最简要的介绍,可见 *Selected Subaltern Studies* (eds. Ranajit Guha & Gayatri C. Spivak, New York, Oxford University Press, 1988)中著名后殖民主义理论家萨义德所写的序言(pp. v-x)。

走向、征服全球的过程中所扮演的角色,作了深入的探讨。普拉喀什指出,科学主义与民族主义有不可分割的联系,"民族主义的兴起必须以重振传统为号召,也即要在选择吸收古典的文籍、发现科学传统的基础上,提炼出民族的遗产",科学因此是理性和进步的象征。印度要成为一个民族,那就必须树立科学的权威,将印度的一切,包括领土、居民和文化,都加以全面的科学整理。于是,科学不但代表了文化,也代表了权力。科学主义的普及甚至为建造民族—国家提供了重要的帮助。1947年印度的独立,正是在科学名义下完成的。[①]普拉喀什对印度民族主义与科学主义之间关系的分析,也可用来分析近代中国的历史,特别是中国的新文化运动的目的与特征。前述胡适等人"整理国故,再造文明"的工作,就是最明显的表现,此不再赘。

普拉喀什对科学主义分析的重要意义在于,他将科学主义与殖民主义、帝国主义联系了起来。西方人对世界的征服,自然反映了侵略的一面,但参与这一征服的人士中,也有不少人确实认为他们有责任将科学的发现、科学的知识传授给非西方的地区。同样,非西方地区的人士虽然痛恨西方的入侵,但却又对西方人传授的科学知识表示出一种向往和感激。普拉喀什和其他印度"下层学派"的学者,对于这种对西方既爱又恨的"心理分裂"(ambivalence)现象作了许多研究。他们的目的是想说明,虽然西方人将科学知识传播给了其他地区,但其最终目的仍然是为了提升自己的权力,巩固自己的世界霸权。易言之,他们像福柯一样,将知识视为"权力",也即西方权力走

---

① Gyan Prakash, *Another Reason: Science and Imagination of Modern India*, Princeton, Princeton University Press, 1999, pp. 6-8.

向全球的助手。① 事实上,中国学者也一直在思索帝国主义在开发近代中国经济(譬如上海的发展)的"既好又坏"的两重性。2003年,美国学者何伟亚(James Hevia)在其新著《英语课》(*English Lessons*)中,探讨了西方人输出"文明"的两重性,即一方面用武力血腥开路,另一方面又采用文化教育的手段巩固其统治。

对于"下层学派"的学者而言,他们对西方学术文化霸权的挑战,主要是针对民族—国家的建立及其对历史研究的影响。以他们为首的后殖民主义批评,与西方学术界内部兴起的后现代主义讨论,相互结合、声援,对近代以来形成的民族主义史学和科学主义史学形成有力的攻击。譬如,阿希斯·南迪(Ashis Nandy)的不少论著,主要就是挑战民族—国家的合法性和历史性。南迪本人并非历史学出身,以前曾做过精神分析师,研究过社会学。他从印度独立之后的现状出发,认为如果不检讨民族—国家的弊病,就无法真正清算英国殖民主义的遗产。因为印度虽然独立了,但新的政府在统治形式上与英国人并无二致。他们用国家的名义,镇压反对派,压制不同意见。更为重要的是,由于推崇民族主义,高唱民族利益至上,政府便能有效地漠视社会上的贫富分化和阶级矛盾。②

南迪对民族—国家的批评,注意到了其历史性,也即民族主义史学在西方形成以及向全球的推广,因此他也探究了民族主义史学本身的问题。在这方面,与他有同样兴趣的人很多,如帕沙·查特吉

---

① 中国人熟知培根"知识就是力量"这句话,但在英语中,"力量"和"权力"是同一个词(power)。福柯和后殖民主义的理论家强调的是"知识就是权力"这一概念。有关后殖民主义的理论和历史研究,参见王晴佳《后殖民主义与中国历史学》,见《中国学术》第3辑,北京,商务印书馆,2000,第255—288页。

② Ashis Nandy, *The Romance of the State: And the Fate of Dissent in the Tropics*, New Delhi, Oxford University Press, 2002; Vinay Lal, *The History of History: Politics and Scholarship in Modern India*, New Delhi, Oxford University Press, 2003.

(Partha Chatterjee)在过去的几十年里,对民族主义史学在非西方地区的形成及其影响作过深入的分析。他的主要贡献在于两个方面:其一是观察到民族主义史学一旦流传到非西方地区,便自然形成了与西方模式不同的特点。换言之,虽然东方人按照西方的模式写作历史,但其目的则往往是为了挑战西方的东方学家的观点与解释。其二是指出民族主义史学的局限性,认为过分强调民族,则无视了一个国家内部本身的多样性和多质性,以致以偏概全。[1] 查特吉的这些贡献,启发了不少重要的著作。美国芝加哥大学的中国史教授杜赞奇(Prasenjit Duara)在1995年出版了《从民族国家拯救历史》(*Rescuing History from the Nation*)一书,不但在汉学界,而且在整个西方学术界引起很大反响。杜赞奇从检讨西方近代史学入手,指出西方学界的历史主义,用线性进化的观点考察历史,又以民族—国家为单位,以致无视历史发展进程中的"双叉性"(bifurcation)。换言之,历史的行进,可能有许多走向,但如果用进化的观点着眼,则容易落入"寻根论"的窠臼,不能展现历史运动的多面性。杜赞奇用中国近代历史举例,指出近代中国人在追求"富强"的时候,并不自始至终就想建立民族—国家,而是曾尝试过不同的路径,从孙中山、毛泽东等政治人物到顾颉刚、傅斯年等学术中人,都是如此。[2]

除了杜赞奇以中国历史为例、查特吉和南迪用印度的历史和现状出发挑战西方民族主义史学,另一位"下层学派"的学者迪佩什·查克拉巴蒂(Dipesh Chakrabarty)的著作《将欧洲地方化》(*Provin-*

---

[1] Partha Chatterjee, *Nationalist Thoughts and the Colonial World: A Derivative Discourse?* London, Zed Books, 1986; *The Nation and Its Fragments: Colonial and Postcolonial Histories*, Princeton, Princeton University Press, 1993.

[2] Prasenjit Duara, *Rescuing History from the Nation: Questioning Narratives of Modern China*, Chicago, University of Chicago Press, 1995;王晴佳、古伟瀛:《后现代与历史学:中西比较》,济南,山东大学出版社,2003。

cializing Europe)则更为直接地向自近代以来学者喜欢用欧洲历史为模式观察、写作历史的做法提出质疑。如他的书名所示,他的观点就是,欧洲历史只是一种特例,而不是常例,不能像启蒙运动的思想家那样,突出、崇拜欧洲文化的普遍性,并以此作为准绳来衡量其他地区的历史和文化。① 这一观点,正是后殖民主义、后现代主义理论批评的主要矛头所在。这两种思潮的挑战对象,就是启蒙运动建立的普遍理性概念。对这些理论家而言,这一普遍理性,无非是欧洲历史和文化的延伸,显示西方人用自己的规范强加于非西方文化的企图,因此是一种学术霸权的体现。为什么"下层学派"的印度学者会对民族—国家这一重要的民族史模式采取如此批评的态度呢?这主要是因为,就印度的历史来看,民族—国家等西方概念,并不完全能解释和概括印度历史及现状的多元状况。印度被视作一个"国家",本来就是西方殖民主义的产物。而民族国家的产生,本来是欧洲历史的现象。欧洲虽然面积与中国、印度相仿,但很久以来一直处于分裂的状态,因此,民族国家在近代的建立,是一个近乎自然的结果。但在西方人向外殖民的时候,则用这种民族—国家的概念来区分非西方的地区,将印度这么一个与欧洲面积相仿的地区,视为一个浑然整体,于是,就忽视了其中的内在矛盾和多样性。但问题的复杂性就在于,这种源自西方的民族主义观念,又成为印度人、中国人和其他非西方人士抵御西方侵略的有力武器,由此而流行于全世界,甚至直至今天。但自 20 世纪中叶以来,民族—国家在非西方地区纷纷建立,西方殖民主义逐渐走向终结,世界便进入了一个"后殖民"的时代。"下层学派"的学者因而观察到民族—国家所带来的许多问题:首先是这一形式延伸了西方的文化霸权;其次是以民族—国家的形

---

① Dipesh Chakrabarty, *Provincializing Europe: Postcolonial Thought and Historical Difference*, Princeton, Princeton University Press, 2000.

式建立的政府并不能处理好国家内部的许多矛盾,如阶级冲突、宗教纷争、性别歧视等。因此,批评之声,不绝于耳。"下层学派"的质疑,只是其中一个代表,而"下层学派"的工作也并不完全局限于此。笔者此处的讨论,只是想以此为例,揭示民族主义史学的缺失。但如何在检讨民族主义史学的同时,或者超越、克服其弱点,或者干脆另辟蹊径,寻找新的路径,仍然是全球范围内历史学家应该深刻思考的问题。毫无疑问,对于这一问题的考虑,将直接影响全球史学发展的未来走向。

(本文曾在2004年4月8—10日于复旦大学举行的"21世纪的中国史学和比较历史思想"的国际学术讨论会上宣读。该讨论会由美国纽约市立大学、台湾大学、喜马拉雅基金会和复旦大学联合赞助召开。笔者对大会组织者的邀请和与会同人的评论指正,表示感谢)

载《河北学刊》2004年第4期、第5期

第三章 史学史研究的性质、演变和未来
——一个全球的视角

一、何谓"史学史"?

如果说历史研究以过去为研究对象,那么史学史的研究对象则是历史学家的过去。通俗地说,史学史就是研究历史是怎样被书写的。英文中的 historiography 一词便指历史的书写,也即"历史编纂学"。不过有时英文中也会用 history of history 来指称史学史,因为 history 一词既有"过去发生的事情"的意思,也有"书写、记录的历史"的意思——后者与 historiography 相类。近代以来的史学史研究,常以著名史家的代表性著作为主要内容。精确一点说,史学史的内涵是研究历代历史学家所发展和实践的著史观念和方法。历史学家的著述反映了某个时期人们对过去的一种态度,而同时这种态度又影响了那个时代历史的书写,重塑了史家对历史的本质、功能和方法的理解。由此,史学史需要考察和分析历史学家的著作如何保存和表达了对过去的理解及其变迁,并分析和解释这些历史著作如何与当时的文化和整个社会之间产生互动。

需要指出的是,用历史学家的作品来界定史学史的研究范围,有一个明显的局限。因为如果把历史学理解为对过去的一种知识,那么这种知识可以有多种表现形式——书面记录只是其中之一。在非洲和世界各地的其他角落,人们对过去的记忆习惯上是以口述传统

来保存的。此外,在所有包含过去知识的文体中,历史学家的文体,或者说历史书写这一形式,并不是在所有的文化中都被选择为唯一记录过去的方式,而在传递与历史有关的知识时,它也并非总是与其他文体表现得那么截然不同。例如,在古印度,人们对过去的记忆被保存在 itihasa-puranas 传统中,从现代的角度看,这一传统介于历史和文学之间。史学与文学接壤,并不奇怪,因为用歌曲、诗歌和史诗来表达对历史的记忆是古代文明中很常见的做法。如果说《摩诃婆罗多》和《罗摩衍那》是开创南亚文学的两部经典,那么《伊利亚特》和《奥德赛》则是欧洲著名的例子,中东的《吉尔伽美什史诗》和中国古代的《诗经》同样如此。

二、史学史的起源和传承

当然,古代文明中也早有用平实的语言记录历史的尝试,这就形成了一般意义上的史书体裁。在其形成的最初阶段,该体裁包括各种类型,代表了不同的传统。这一记载历史的传统最早出现在古代两河流域和古埃及,如国王的继位名单、国王的讲话和书信记录,还有各种宫廷文件,从行政命令和条约到各种宣言和声明。这些历史记录很多都被刻在石碑、石刻和其他文物上。而作为中国最早的史书之一的《尚书》,也由类似的朝廷记录组成,只是刻写在竹简和木简上。随着时间的推移和书写系统的完善,这些记录开始增添了更多的叙述内容,从而形成了传说、年纪、编年史、传记、宫廷日记等新形式。同时,由于人们提高了对时间流逝的认知,诸如编年史之类的写作也开始出现,因为编年史的一个功能,就是帮助记录王朝的兴衰和王位的继承。在缺乏大一统政体的古希腊,奥林匹亚被用来作为纪年的手段。因此,史学史的早期发展包括各种形式的关于过去人物和事件的叙述。这些叙述虽然形式各异,但往往按照一定的时间顺序来编写。

叙述内容和时间顺序这两者在历史书写中形成的关系,在古代各文明中的表现有着很大的不同。就中国而言,"史"是政府设立的一个职位,其主要职责是记录人类世界的重要事件和宇宙中观察到的奇特现象;后者于是帮助留下了人类最早的彗星和日食记录。这些记录按照四季的周期性出现被载入纪年。因为春秋两季表现出了比较明显的季节变化特征,这些编年史于是被称为《春秋》,而其中一部留存的《春秋》以后成了"五经"之一。大约到了公元前6世纪,孔子(前551—前479)和他的同代人左丘明(前556—前451)对上述史官传统做出了重大的变革。孔子修改了史官的《春秋》,通过修改个别字词来表达道德训诲,被后人誉为"春秋笔法"。左丘明本人很可能便是一个"史",他的《左传》为枯燥无味的《春秋》增添了许多生动的叙述,脍炙人口。

大约在同一时间,希腊的历史记载亦出现了一个明显的变化,导致了由米利都的贺卡泰乌(Hecataeus of Miletus,前6—前5世纪)等人所建立的"故事收集"的传统发生了明显的变革。贺卡泰乌等"故事收集家"(logographers)的书写,也结合了各种文体。希罗多德(约公元前484—前425)则选择用散文(prose)来构建他的记录。当然,他也喜欢猎奇,告诉读者他在旅行中目睹或听到的许多诱人而奇特的故事。同时,希罗多德又表现出了一个史家的良知,关注他笔下记录的事件的真实性。对希罗多德来说,"历史"(historia)是一种"探究":他在记录历史,比如希波战争之重要,同时也想如实报告他记录的历史是如何发生的。也许是由此之故,希罗多德被古罗马的西塞罗(公元前106—前43)授予"历史之父"的称号。然而,也有不少人认为这个称号其实可能最好给希罗多德的晚辈修昔底德(约公元前472—前400)。修昔底德曾是雅典的将军,他撰写了《伯罗奔尼撒战争史》(*Peloponnesian War*),描述了古希腊发生的另一场规模巨大的战争。他本人也曾亲历此役,在晚年被雅典放逐流亡时才写下了这本书。与希罗多德相比,修昔底德不仅报道了这场战争给希腊人带来的灾难,而且他还对战争的原因做出了解释。易言之,如果说历史写作对于希罗多德而言是一种"探究",那么修昔底德的著述则加入了分析,对其赋予了更为完整的含义。

希罗多德和修昔底德的著作让我们看到,对于古代史家来说,战争是一个值得铭记的重大历史书写主题。马其顿人征服希腊后,亚历山大大帝向西亚和南亚发起了远征。希腊人和波斯人之间的军事冲突,在色诺芬(前431—前354)的《希腊史》中得到了部分反映,而色诺芬写作此书,本来是想接续修昔底德的《伯罗奔尼撒战争史》和他自己之前的《长征记》。在此之后,也即当罗马人崛起成为地中海的统治者时,战争及其多方面的影响也成了古罗马史学中的一个主题,在波利比阿(Polybius,约前200—前118)、凯撒(Caesar,前100—前44)、萨鲁斯特(Sallust,前86—前35)、李维(Livy,前64/59—12/17)和塔西佗(Tacitus 约56—120)的作品中都有反映。

当欧洲目睹罗马人崛起、建立帝国的同时,中国于公元前221年由秦朝实现了统一,接着又有汉朝(前206—220)的建立。在汉代,司马迁(约前145—前86)对中国的官修史书的传统做了进一步的改造,对之后整个中华帝国的历史书写产生了典范性的影响。司马迁和他的前辈左丘明一样,也是一位史官,不过其分工更注重记录天象。但不幸的是,由于得罪了汉武帝(前141—前87),司马迁被处以宫刑。或许是这个原因,司马迁发奋著史,从天人相应的角度考察、描述人的行为;他的《史记》于是希望能"究天人之际,通古今之变,成一家之言"。司马迁《史记》的篇幅是修昔底德《伯罗奔尼撒战争》的四倍,它的写作形式或许可以被称作"集体传记法"(prosopography),以远古到汉代的各类历史人物为主角,写成了许多生动、逼真的传记。同时,司马迁又像以往的"史"那样,注意将这些叙述按年代顺序排列。由此他发明了"纪传体",也即"年纪"加上"传记"。在他之后直到20世纪初,纪传体是东亚和东南亚地区的官方历史书写中最受欢迎的形式之一。

希罗多德和修昔底德之后,有不少人接续他们的作品。司马迁的《史记》也在不久之后便有了后继者。在司马氏去世一个世纪后,班固(32—92)发誓要继承司马氏的遗志,为汉朝提供一部完整的历史。在他的《汉书》中,班固不忘列入一章,称赞前人的工作是"实录"。在他看来,司马迁的叙述"辩而不华,质而不俚,其文直、其事核,不虚美、不隐恶,故谓之实录"。同时,班固还提到了司马迁的"缺点":"其是非颇缪于圣人……此其所蔽也。"① 读到班固对司马迁的批评,大概会让我们想起普鲁塔克(46—119)对希罗多德的批评。普鲁塔克是一位生活在罗马帝国时期的多产传记作家和散文家,然而他对希罗多德颇多不满。在他的《希罗多德的恶意》一文中,普鲁塔克认为希罗多德有恶意,因为他的文章对希腊同胞多有批评,却反而"偏向"野蛮人。作为一名希腊人,他写道:"我觉得有义务捍卫我们的祖先和真理,反对他的这些文字。"普鲁塔克指责说,希罗多德的恶意表现在他的叙述"转弯抹角、迂回曲折,因为他想以此来夹叙一个人的不堪、无礼或鄙夷的行为。很明显,希罗多德津津乐道于讲坏话"。接着,他又详细列出了希罗多德记载的多处错误。与他同代的班固一样,普鲁塔克认为历史写作应该表现出公正性。② 然而,也像班固对司马迁的批评那样,普鲁塔克对希罗多德的指责其实也表

---

① 班固:《司马迁传赞》,收入雷敢选注:《中国历史要籍序论文选注》,长沙:岳麓书社,1982年,第86页。
② Plutarch, "Of Herodotus' Malice", in A. H. Clough et al., eds., *Plutarch's Essays and Miscellanies*, Boston, Little, Brown and Company, 1909, vol. IV, pp. 331-371, 引文在 pp. 331-336。

现了自己的道德立场。普鲁塔克哀叹希罗多德没有呈现"一些优良的和值得赞许的行为",而班固则不满司马迁"是非颇缪于圣人"。

普鲁塔克和班固对前人的评论,有助说明史学史如何在东方和西方起源。事实上,既然"historiography"是指历史是如何被书写的,那么对早期历史作品的评论,或者说批评和研究,就构成了史学史作为一个学术领域发展的主要素材。史学史一般从三个基本层面考察史家如何反思历史书写的发展。(1)什么是历史?它有何特点和功用?(2)历史应该如何被记录和撰写,也即什么是历史书写的方法?(3)评价前人历史著述的利弊。这些反思往往发生在史学实践经历明显转折或发生变化的时候,而这种变化又往往与那时历史的变化密切相关。举例而言,当班固着手写作《汉书》、评价司马迁之时,汉朝已经经历了一个历史的转折点,以王莽(约前45—23)的篡位为标志。普鲁塔克虽然是希腊人,但如前所述,他生活在罗马统治下,而罗马之征服希腊等地,显然开创了一个新的历史时代。

事实上,虽然古罗马的史家在一定程度上继承了希腊史学的遗产,但他们的著作在总体上也呈现了自己的特色,那就是其历史书写与政治权力之间形成了较为紧密的关系。李维(前64/59—12/17)和塔西佗(约56—120)等主要罗马史家相对接近权力中心,他们的书写也对描述、解释权力的兴衰表现出更为浓厚的兴趣。与修昔底德一样,罗马历史学家也认为人的行为,尤其是有权之士的作为,是历史变化的一个重要因素。他们在这方面的探讨是注意到历史与道德之间的联系,即关注政治领袖的道德行为是否以及如何改变历史的进程。作为一个历史学家,塔西佗写了《编年史》和《历史》,内容更像是罗马帝国早期四位皇帝的传记。而普鲁塔克除了批评希罗多德,主要以写《希腊罗马名人传》而闻名,该书将四十八对希腊和罗马的名人配对进行比较,而其中的大部分都是政界人物。塔西佗和普鲁塔克都认为,政治领袖的道德美德或恶行会影响历史的进程。

李维写了《罗马建城以来史》，视野更为宏阔，认为罗马共和国衰落的一个原因就是罗马人整体道德水准的衰降，而比李维早一个世纪、见证了罗马人崛起的波里比阿(约前200—前118)则认为，虽然罗马人挟天命而所归，但天道之轮回，则反映在人的道德行为上。波里比阿写道：

> 只要有一些经历过寡头统治弊端的人幸存下来，他们就会对目前的政府形式很满意，并对平等和言论自由给予高度评价。但是，当新的一代人产生，民主制度落入其创始人的孙辈手中时，他们已经习惯了自由和平等，以至于对它们不再珍惜，而开始追求个人的卓越，这在财富丰厚的人中特别明显。当这些人开始贪恋权力，而又不能通过自己或自己的优良品质获得权力时，他们就不惜倾家荡产，用各种可能的方式诱惑和腐蚀人民。因此，当他们对名誉的愚蠢渴求在民众中造成了对贿赂和腐败政治渐成习惯时，民主制就会被武装和暴力统治所取代。①

在他同辈的史家中，波利比阿被认为是最有哲理的人，因为他不仅描述历史，而且还有解释历史如何演化的意图。正如上面的引文所显示的那样，波里比阿认为道德影响了历史的发展。而这一认识在古代世界似乎相当普遍。司马迁在评论汉朝的兴起时，以前代王朝的更替为背景，做了如下的评论：

> 太史公曰：夏之政忠。忠之敝，小人以野，故殷人承之以敬。敬之敝，小人以鬼，故周人承之以文。文之敝，小人以僿，故救僿莫若以忠。三王之道若循环，终而复始。周秦之间，可谓文敝矣。秦政不改，反酷刑法，岂不缪乎？故汉兴，承敝易变，使人不

---

① 引自 Donald Kelley, ed., *Versions of History: From Antiquity to the Enlightenment*, New Haven, Yale University Press, 1991, p. 44。

倦,得天统矣。①

与波利比阿相似,司马迁认为历史是一循环往复的过程,表现为道德水平的起落和变更,而这些变化亦有助解释历史的变动。因此,历史著述成为古代世界道德教育的宝贵工具。更具体一点说,这一教育的目的是为了培训和训诫政治领袖,以使他们整顿自己的道德行为,成为仁君和良臣。因此,西塞罗将历史定义为"人生之师"(Magistra vitae)。一个世纪后,哈利卡纳苏斯的狄奥尼修斯(约前60—前7)则说:"历史是以事实为训的哲学。"这两句格言为后人所熟知,在西方被用来解释史学的功用。有趣的是,在地球另一端的亚洲也有类似的描述。孔子尝言:"我欲载之空言,不如见之于行事之深切著明也。"司马迁在《史记》中引用了这一说法。②

如果历史的研究和书写有这么一个功利的目的,而且为大多数史家所普遍认可,那么这一目的是否会影响历史书写的可靠、可信?换言之,古代史家在方法论层面上是否也关注历史表述的真实性?对这一问题的答案是非常肯定的:尽管传统史家大体上都希望历史为现在和未来提供有用的教训,但在评价前人作品时又都强调,如实直书是史家的美德。例如,班固尽管对司马迁的道德判断持有保留意见,但他还是对《史记》作为一本历史记载的"实录"而加以称赞。而如果说普鲁塔克指责希罗多德充满"恶意",那正是因为在他眼里,希罗多德没有做到"坦诚直率""不偏不倚"和"公正无私"。③

上述例子表明,无论中外,古代史学的传统有许多共同之处。具体言之,西方和东亚的史家大致形成了三种共识。第一,尽管他们对

---

① 司马迁:《史记·高祖本纪》,北京:中华书局,1959年,第一册,第393—394页。
② 司马迁:《史记·太史公自序》,第十册,第3297页。
③ Plutarch, "Of Herodotus' Malice", in *Plutarch's Essays and Miscellanies*, pp. 331-332. Watson, *Ssu-ma Ch'ien*, p. 68.

历史走向进步还是倒退,意见不一,但大多数人均相信历史会周期循环。第二,上述历史观念(早在古以色列的《传道书》中就有"太阳底下无新事"[Nihil novum sub sole]的谚语)让他们对历史的用途进行了界定——既然历史在未来会有一定程度的重复,那么过去的经验中便可能保留了有益的教训,可以指导人在当前的行为。在西方,西塞罗的"历史为人生之师"的说法最能概括这种思想,而在中国古代,则有《论语》中的"温故而知新"的谚语。第三,由于深信古今之间有内在的联系,他们认为历史书写是一项有意义的工作,由此古代史家觉得有必要确保史学的真实性,并就如何达到这一目标提出了各种看法。

在随后的几个世纪里,上述这三个关于史学性质和功能的三点共识,推动了历史著述进一步发展演化。但这一时期也经历了一些显著的变化,导致了观念上的一些重要改变。例如,西罗马帝国的灭亡和基督教会在西方的崛起,引入了一种新的历史变化观念。圣奥古斯丁(St. Augustine, 354—430)等基督教的教父们,不认为历史的周期循环是一个永恒的现象,而是力图阐明这样一个概念:如果历史是重复的,那只是尘世之城领域中的一种现象,在千年王国到来之时,尘世之城最终会被上帝之城所取代。虽然这种观点似乎只是针对一个不定的未来,但它有助更改人们如何看待历史,其表现是在考虑过去和现在的关系时,引入了断裂或突变的概念。同样,伊斯兰教在中东的兴起也带来了新的历史观——穆罕默德(570—632)的天启和他在622年前往麦地那的朝觐被视作一个突变,标志了一个新的历史时代的开始。

历史进程可能出现断裂或突变的概念,对历史思维产生了两方面的影响。一方面,它改变了人们对历史连续性的看法,也即对过去与现在关系的认识。如果一个人认为过去的性质与现在和未来的性质根本不同,那么过去的经验就可能变得不那么有用,甚至毫不相干。另一方面,断裂和突变的概念也促使史家重新认知和呈现历史的意义。中世纪欧洲出现的教会史或教会史就是一个典型的例子,它在近代早期的几个世纪里一直是历史书写的主流。在中东,为了记录穆罕默德的预言、功绩及其划时代的意义,导致了几种初步的历史写作形式。例如,"圣训"(hadith)记录了先知的言行,而"史记"(khabar)则描述了他和他的追随者的功绩。"传述世系"(isād)为的是证明这些传承的真实性,验证其如何以口述的形式,代代相传。当然还有外来语"塔里赫"(ta'rikh),指的是结合年代和叙述过去事件的体裁;随着时间的推移,"塔里赫"在阿拉伯语中具有了"历史/史学"的含义。

公元7世纪不但目睹了伊斯兰教在中东兴起,而在东亚,经历了汉亡后长达四个世纪分裂的中国,也获得了第二次统一。在隋、唐统治中国期间,历史写作也进入了一个黄金时期。唐代史学家为其前朝编修了多部断代史,总数约占传统中国断代史总量的三分之一。而且,这些史书大多是在官方设立的史馆里面编撰修成的。官修史书虽然在唐以前就已出现,但其制度化则在唐朝确立,在随后的几个世纪中传播到中国周边的国家,并一直延续到19世纪下半叶。这是中华文化圈的一个独特传统,不过在中东、欧洲和南亚也有官方赞助修史的例子。当然,官修史书也有其批评者,比如曾是史官的刘知幾(661—721)便写作了《史通》,对从古到今的史学书写做了总结和评价,以此角度来探讨官修史书的利弊。《史通》于是也成了世界上最早的史学史著作之一。[1]

在欧洲,至少从文化的视角来看,文艺复兴的出现表现了历史的

---

[1] Denis Twitchett, *The Writing of Official History under the T'ang*, Cambridge, Cambridge University Press, 1992; On-cho Ng & Q. Edward Wang, *Mirroring the Past: The Writing and Use of History in Imperial China*, Honolulu, University of Hawaii Press, 2005, pp.98-134; Charles Hartman & Anthony DeBlasi, "The Growth of Historical Method in Tang China", in Sarah Foot & Chase Robinson, eds., *Oxford History of Historical Writing*, Oxford, Oxford University Press, 2011, vol. 2, pp.17-36.

一个重大突破或断裂。但其原因可以追溯到庞大蒙古帝国的建立，促进了亚欧之间长途贸易的繁荣，意大利商人（如马可·波罗）大发其财，经商致富之后赞助艺术和文化，也相应扩张了政治权力。在商人的支持下，意大利半岛上城邦政治兴起，与古希腊有点类似，整个文化氛围越来越世俗化。1453年君士坦丁堡的陷落也迫使拜占庭的学者逃亡到意大利，带来了由拜占庭帝国保存的古典文化。所有这些都有助于欧洲人看到一个古典的、迥异于中世纪的过去，引发了他们的时代感以及复兴前者、超越后者的兴趣。比如被誉为"意大利文艺复兴之父"的彼特拉克（1304—1374），便十分渴望成为西塞罗、李维等古典作家的同代人。他十分鄙视中世纪，称其为"黑暗时代"。

从史学史的角度来看，文艺复兴学者对古典世界的兴趣，让他们逐步走出了图尔的格雷戈里（538—594）、可敬的比德（672/3—725）和奥托的弗莱辛（1114—1158）等史家为代表的中世纪史学传统。与那些希望在历史运动中展现天启的中世纪基督教史家相反，文艺复兴的史家像修昔底德那样，从人世的角度描绘和解释的历史的变化，于是也相对重视人的美德或恶行。当时一个更令人印象深刻的进步表现在历史方法论上：借助人文主义研究，加上博古学的研究，史家们更为认真地核实资料来源，以确保其真实可靠。从15世纪开始采用的印刷术也刺激了对精确学术的渴望；为了在手稿付印前确定其准确性，学者们使用文字学、字体学、词源学和书迹学等方法进行文本注释。所有这些都有助于将历史写作，也即之前的"历史之艺"（Ars Historica），变成了"批判之艺"（Ars Critica），即通过批判、审定史料将历史书写变成一项研究的学问。由于这种转变，历史书写也逐渐获得了自主性，摆脱了以前从属与修辞学的传统。①

文艺复兴后期,鉴于历史学科本身发生的显著变化,一些学者写作了讨论历史的性质、方法和效用/功能的著作。让-博丹(Jean Bodin, 1530—1596)的《易于认识历史的方法》就是一个很好的例证,它对历史书写的范畴提供了一个新的视角,摒弃了基督教的历史观念及其历史分期,即见诸于《但以理书》的"四大王国"说。更重要的是,基于人文主义学术的发展,博丹列举了有助保证历史书写真实性的方法和步骤。当然,博丹的著作只是在历史转折的时刻,史学出现转向的一个例子。当时出现的另一本重要著作是博丹的崇拜者朗瑟罗·拉·波佩利尼艾尔(1541/1545—1608)所著的《史学史》,堪称欧洲第一部对历代史书的综述。与博丹一样,波佩利尼艾尔也很注意改进历史方法论,反思过往的传统并展望未来的走向。他不仅讨论从古至他那个时代历史书写的各种形式和变化,而且还指出它如何在未来走向完善。他的另一本著作《完美历史的理想》对此做了详论。值得一提的是,像他的前辈一样,波佩利尼艾尔认为历史书写要为大众提供社会服务,强调了历史学有其社会功用。波佩利尼艾尔的追求可能体现了一种内在的矛盾或张力,预示了传统和现代史家所面临的一个共同挑战,那就是如何在历史书写中平衡历史学的真实性和实用性。②对古今史家来说,这是一个必须应对但十分棘手的问题。

---

① Cf. Anthony Grafton, *What Was History? The Art of History in Early Modern Europe*, Cambridge, Cambridge University Press, 2007; Joseph M. Levine, *The Autonomy of History: Truth and Method from Erasmus to Gibbon*, Chicago, University of Chicago Press, 1999.

② Cf. Donald R. Kelley, "History as a Calling: the Case of La Popelinière", in Anthony Molho & John A. Tedeschi, eds., *Renaissance Studies in Honor of Hans Baron*, Dekalb IL, Northern Illinois University Press, 1971, pp. 772-789.

三、近代以来的演变和转化

到20世纪初,史学史已成为一个成熟的领域,其标志为几部奠基之作的问世。爱德华·福艾特的《近现代史学史》写于1911年,乔治·古奇则在1913年出版了《十九世纪的历史学和历史学家》。这两部著作之后都曾几度重印,是为历史系学生讲授近现代历史学如何形成的基本教材。其后也有一些它们的竞争者出现,如詹姆斯·肖特威尔(James T. Shotwell, 1874—1965)的《史学史导论》、哈里·埃尔默·巴恩斯(Harry Elmer Barnes, 1889—1968)的《历史著作史》、詹姆斯·韦斯特福尔·汤普森(J. W. Thompson, 1869—1941)的《历史著作史》,以及到了20世纪下半叶,则有恩斯特·布赖萨赫(Ernst Breisach, 1923—2016)的《西方史学史:古代、中世纪和近代》和唐纳德·R.凯利(Donald Kelley)的三部曲——《多面的历史》《历史的命运》和《历史的前沿》。与富艾特和古奇不同的是,这些作品都有从古到今的规模,并不仅仅讲述近现代的变化。同时,它们都无视了西方之外的史学传统。

史学史成为一个研究领域,是19世纪历史学走向职业化的一个结果。由于高等教育的发展,欧洲出现了一个新现象,那就是越来越多的史书由在高校任教的教授撰写。而在这之前,也即从古代希腊、罗马一直到18世纪,主要的历史著作,如爱德华·吉本(Edward Gibbon, 1737—1794)的《罗马帝国的衰亡史》,都是由业余历史学家撰写的。当然,如前所述,不仅在东亚,而且在其他地方也曾出现过由官方出面赞助历史书写的情形。

不过,19世纪欧洲开始的历史学的职业化则有明显的不同,因为如果说有赞助的话,那么这一赞助来自史家自己成立的组织。职业化的特点包括研究方法和评价体系的标准化、从业者组织了自己的学会并出版专门的期刊等等,而上述这些大约都是在19世纪中期出现的。这些机制的设立让作为历史学会成员的史家们就什么是好的历史作品,如何写出这样的史书和运用何种方法等,通过交流意见而达成了某种共识。在上述史学史的奠基之作出版之际,也有人希图就历史方法论做了探索。古斯塔夫·德罗伊森(Gustav Droysen, 1808—1884)的《历史知识理论》(*Historik*)最初出版于1858年,是一本开创性的著作,此后多次重印。恩斯特·伯伦汉(Ernst Bernheim, 1850—1942)的《史学方法论》(*Lehrbuch der historischen Methode*)于1889年出版,朗格诺瓦(Charles-Victor Langlois, 1863—1929)和瑟诺博司(Charles Seignobos, 1854—1942)的《史学原论》(*Introduction aux études historiques*)则在1897年问世。与《历史知识理论》一样,后两部著作也广受欢迎,不仅在欧美,而且在亚洲及其他地区被用来讲授历史研究和写作方法的课程。

如果说19世纪欧洲的史学家们对研究和书写历史的标准和方法,达成了一种共识,那么利奥波德·冯·兰克在其1824年出版的《罗曼与日耳曼诸民族史》(*Geschichten der romanischen und germanischen Völker von 1494 bis 1514*)的序言中,就已经表达了这一信心。此书不但为他赢得了柏林大学的教授职位,而且有着塑造近现代史学方面的巨大影响力。兰克宣称,"人们一向认为历史学的职能在于借鉴往史,用以教育当代,嘉惠未来。本书并不企求达到如此崇高的目的,它只不过是要弄清历史事实发生的真相,如实直书(wie es eigentlich gewesen)而已"。[①] 这句看似谦虚的话实际上透露出,在兰克及其以后的时代,欧洲的史家逐渐相信,通过谨慎的史料批判,他们可以改写以前所有时代的历史,在科学的基础上重建过去。换

[①] 引自郭圣铭:《西方史学史概要》,上海,上海人民出版社,1983,第156页,译文略有改动。

句话说，至少在那个时代，兰克学派的史家们认为可以做到在史学的事实性和功用性之间获得一种平衡，成功解决曾困扰波佩利尼艾尔和其他前辈们的棘手问题。他们的做法是，强调运用原始的史料，特别是国家档案。在他们看来，由于档案和政府文件的保存，没有体现当事人的主观意图，因此更为可靠，用之可以帮助重建一个真实的过去。换言之，19世纪的欧洲史家并没有意识到，由于档案是由国家收集和提供的，因此档案材料也包含着明显而严重的偏见。他们还相当天真地认为，历史书写的客观性可以通过史料批判（Qullenkritik）来保证，而上面提到的历史方法论著作，如伯伦汉的《史学方法论》和朗格诺瓦、瑟诺博司的《史学原论》便就此提供了详细的指导。

此外，服膺于启蒙运动所提倡的人类理性普遍性的信念，19世纪的欧洲史家们相信，他们对史料的谨慎批判，既体现了理性的运用，而且将历史学改造成了一门科学。伴随着西方在全球扩张，他们也认为这一科学的研究史学的方式应该为世界各地的同行所效仿。而有点讽刺意味的是，也有不少非西方人士那时认可西方文化的优越性。明治日本的历史职业化进程就是一个例子。事实上，早期的史学史著作中，有一本即是由乔治·古斯塔夫·策尔菲于1879年撰写，题为《历史科学》。策尔菲本是匈牙利的一位革命家，后来在英国自学成才，成了一位史家。他的《历史科学》一书受日本政府的编史馆委托而写，希望能提供科学史学的一个样板。策尔菲一口气写了700多页，写完之后送往日本，由编史馆找人译成日文，题为《史学》，不过翻译没有终卷。尽管如此，编史馆邀请了兰克的年轻助手路德维希·里斯于1879年到日本任教。在东京大学任教的十五年中，里斯帮助他的日本同事们成立了日本历史学会，并在1889年出版了《历史杂志》。这本杂志的名字是德国《历史杂志》（Historische Zeitschrift）的翻版，而后者由兰克最杰出的弟子海因里希·冯·西贝尔（Heinrich von Sybel, 1817—1895）在三十年前主编出版。日本的例子表明,史学的职业化从19世纪下半叶开始,已经演化为一个全球的潮流。继德意志之后,1876年法国出版了《历史评论》,1884年有《意大利历史评论》,1886年有《英国历史评论》,而最后是1895年出版的《美国历史评论》。

从那时开始直到二战后的今天,世界上绝大多数的史书,一直由专业史家所著。他们在发表论著之前,先在国际国内的各级学术会议上提交论文,介绍、交流自己的研究成果。一旦史家完成了研究和著作,其手稿在大多数情况下会经过同行的审阅,然后才能正式发表。而这些经过同行评审之后才出版的作品,也是史家在其工作的大学或研究机构求职或升等之必要条件。

易言之,自20世纪初年以来,历史研究和书写已经出现了一种模式,直到今天仍为世界各地的大多数史家在从事研究和撰写著作时所遵循。这种模式由德国的兰克学派所代表,其实践包括了三个有机组成的部分。第一是主张在历史写作中使用原始/档案资料。第二是强调史料批判在历史研究中的首要地位;从兰克的时代起,他就将研讨会(seminar)而不是大堂授课确立为历史教学中培养未来史家的主要手段。第三是将描述民族国家的崛起确立为现代史学的主体内容。兰克本人以身作则,在出版了他的《罗曼和日耳曼诸民族史》之后,尽可能地利用档案资料,写作了一系列涵盖欧洲主要民族国家兴起的历史。兰克认为,国与国之间的关系,或大国之间的互动或竞争,勾勒了近现代历史的主线。他的弟子和再传弟子们形成了兰克学派,在德国被称为"普鲁士学派",因为他们中不少人主张普鲁士成为德国统一的领导者。兰克的影响又超越了德国的边界,产生了国际的效应。他的许多追随者模仿他的方法写作史书,以国家为单位、使用国家档案,通过描述政治家和军人在这一过程中的成就,详述民族国家建设的历程。

虽然兰克学派的影响深远,但也不乏批评者。不过批评针对的更多的是该模式背后的观念而非其实践本书。从后世的眼光来看，促使19世纪欧洲史家将历史研究和写作职业化有如下的观念：(1)通过史料批判，他们认为史学可以变成一门科学；(2)历史学的科学化，又能帮助史学更好地汲取过去的教训以指导现在，从而增强历史学的价值和功用。海因里希·冯·西贝尔在1859年为《历史杂志》创刊号所作的序言很有代表性：

> 这份期刊首先应该是一份科学期刊。因此，它的首要任务应该是代表真正的历史研究方法，并指出任何与之不符的做法。……而另一方面，我们不想出版一个博古研究的刊物。因此，我们希望最好是研究那些与当今生活有着重要关联的史料和这些史料阐明的关系。如果我们认可历史思考的首要任务是承认所有生活和经验都有其合法性和统一性，那么，最好的一个表达方式就是证明过去仍然与我们同在，并对我们的生活有着决定性的影响。①

西贝尔在这里所说的，代表了他的同行们对历史学的性质和功能的一个共识：科学史学的实践可以成功地把过去和现在统一起来。他们也认为，欧洲的崛起是世界历史演进的一个高潮——过去的所有时代都为这一历史时刻的到来做准备，其标志是民族国家在欧洲首先建立并逐渐形成为一个世界性的潮流。

然而，这种共识是短暂的。事实上，兰克学派的科学史学观念和注重民族国家史的书写，很快受到了质疑和挑战。莱比锡大学的文化史学家卡尔·兰普雷希特指出，史料的收集和批判本身并不足以使历史书写成为一种科学，国别史写作也不应该只关注少数民族英

---

① Heinrich von Sybel, "Preface: *Historische Zeitschrift*", in Fritz Stern, ed., *The Varieties of History: From Voltaire to the Present*, New York, Vintage, 1973, pp. 171-172.

雄的功绩。兰普雷希特并非孤掌难鸣,而是有人呼应。得益于心理学、社会学、经济学和地理学等社会科学的发展,兰普雷希特和他前后的同道者,如亨利·托马斯·巴克尔、弗朗索瓦·基佐(François Guizot,1787—1874)、詹姆斯·哈维·鲁滨孙和查尔斯·A.比尔德(Charles A. Beard,1874—1948)都希望拓宽历史写作的范围,以更综合的方式和更宏观的视野来考察民族历史的演变。这些史家因此对"文明"的演变产生了更多的兴趣,并希图将之取代国别史而作为历史书写的主体。这一新的方法论尝试也在西方之外的地区产生了共鸣。日本的福泽谕吉安排翻译了基佐和巴克尔的文明史,而中国的何炳松则将鲁滨孙的《新史学》译成了中文。兰普雷希特在德国对兰克学派的挑战虽然进展甚微,但他应邀在美国做了"什么是历史学?"的系列演讲,其讲稿译成英文出版,不久又出版了日文版。

1914年第一次世界大战的爆发,在很大程度上摧毁了海因里希·冯·西贝尔所认定的过去和现在之间的同质性。而具有讽刺意味的是,一战爆发的主要原因正在于民族国家的竞争和扩张。确切一点说,19世纪中叶欧洲各民族国家之间的激烈竞争引发了帝国主义的时代,而一次大战则是其灾难性的后果。此后,包括历史学家在内的西方众多知识分子质疑了民族国家在历史演变中的首要地位。例如,奥斯瓦尔德·斯宾格勒(Oswald Spengler, 1880—1936)撰写了《西方的没落》(*The Decline of the West*)一书,不仅嘲讽了上个世纪大多数历史学家习以为常的古代、中世纪和现代的历史分期,而且主张历史学家在观察历史变迁时,需要考虑文明及其兴衰,以之替代民族国家的视角。

斯宾格勒的《西方的没落》虽然是一本极具独创性和影响力的书,但并没有改变历史学家们对国别史的关注;作为一种历史书写的形式,国别史在今天世界许多地方的历史学实践中仍然占主导地位,其原因将在下面再述。同时,超越国别史的兴趣,在一战之后直到今天,也逐渐强化。1929年出版的《社会和经济史年鉴》(*Annales:*

d'histoire économique et sociale）和围绕这个杂志所兴起的法国年鉴学派,便是一个显例。从吕西安·费弗尔(1878—1956)和马克·布洛赫(1886—1944)开始的年鉴史家,主张采用社会科学方法治史,更注重研究前现代史或欧洲中世纪史,规避了兰克史学所提倡的国别史。费弗尔的弟子费尔南·布罗代尔(Fernand Braudel, 1902—1985)在这个方向上又前进了一大步。他于1949年问世的巨著《地中海与菲利普二世时代的地中海世界》(*La Méditerranée et le Monde Méditerranéen à l'époque de Philippe II*),不仅以整个地中海区域为主题,写出了一部相当于广大地区的文明史,而且通过更多地借鉴人口学、经济学、社会学等社会科学方法,重新定义了历史写作的科学方法,实践了分析历史现象的"长时段"方法。

事实上,二战后的世界不仅见证了布罗代尔《地中海》一书的出版,它可谓20世纪最伟大的历史著作,更重要的是见证了西方殖民主义的结束和世界各地民族独立运动的高潮。这些发展对历史专业产生了矛盾的影响,其进程至今仍在持续。一方面,如前所述,欧洲历史学家在19世纪确立的历史研究模式,如档案利用、史料批评和同行评审等,已经走向了全世界。非洲历史研究和书写的职业化便是一个最新的例子。二战之后,与欧洲、亚洲和中东的情况一样,非洲的历史学家(现在他们中的大多数人都在新成立的大学里任教)也组织了历史学会,并在他们同行编辑的专业期刊上发表作品。此外,尽管非西方地区传统上采用了不同的历史书写形式,但他们现在基本都采取了叙述史的风格来写作历史。最后,虽然大多数历史著作,特别是那些以民族主义为宗旨的历史教育,往往是用母语编写的,但英语已日益成为当今许多专业史家的通用语言,因为他们希望自己的作品能产生国际影响。

而在另一方面,19世纪末的历史学家们曾经拥有的共识,即认定历史学为一门科学的信念,可以通过史料批判来显示其科学性,却受到了进一步的挑战和严重质疑。在20世纪30年代,查尔斯·比尔德和卡尔·贝克尔(1873—1945)等美国历史学家已经对兰克及其追随者所标榜的客观史学提出了挑战,责备它只是一个"高尚的梦想"。二战之后,由于思想环境的显著变化,以20世纪60年代广泛的反战、女权、民权和学生运动及抗议活动为标志,历史理论家们对18世纪以来启蒙哲学家提出的进步理念和科学理性等预设形成了批判性的看法。米歇尔·福柯(Michel Foucault,1926—1984)的著作在这方面具有开创性意义,这不仅是因为他有批判的理论,还因为他的作品帮助开辟了新的领域,如研究性史、疯狂史、医疗史和后人类史学等。他怀疑启蒙运动的普遍理性观念,严厉批判了近代史学的客观性和科学性。他强调,知识生产是政治压迫的一种手段,这种压迫扩大了国家权力,同时又将西方的霸权扩展到了全世界。[①]

延续20世纪60年代思想界所产生的重大变化,70年代出现了三本影响深远的著作,为当代史学的发展指出了方向。第一本是阿尔弗雷德·克罗斯比(Alfred Crosby,1931—2018)的《哥伦布大交换:1492年以后的生物影响和文化冲击》(1972年)。克罗斯比承认克里斯托弗·哥伦布(1451—1506)从欧洲到美洲这一历史航行的重要意义,但批判地审视了它的遗产。他不认为这是世界历史上新的一页,而是认为它预示了西方殖民主义的可怕后果。克罗斯比从生物学、人口学和病毒学的角度,将这一后果描述得淋漓尽致:新发现的美洲为其他地区提供了马铃薯、番薯和玉米等高产作物,使世界的人口成倍增长,而美洲居民却遭受了一场世界末日般的灾难——由于欧洲的探险家和定居者带到美洲的疾病(如梅毒、天花和麻疹),当地人口几乎绝迹。

---

① 参见王晴佳:《米歇尔·福柯与现代史学思潮之思想渊源》,《河北学刊》2019年第4期。

第二本著作是海登·怀特(Hayden White,1928—2018)的《元史学:19世纪欧洲的历史想象》(1973)。怀特在原则上同意之前人士对兰克所代表的近代史学的那些批评,但他自己另辟蹊径,从一个崭新的方面来加以考量:他不仅考虑到政治意识形态如何影响历史的书写,而且他还认为,如果说客观的历史学不过是一个"高尚的梦想",那是因为叙述方法的使用,使得历史与文学无分轩轾,可以相提并论。承继米歇尔·福柯和罗兰·巴特(1915—1980)等后结构主义者所倡导的概念,怀特径直认为,历史书写只是"一种言语结构"(a verbal structure),并无客观性可言。[1]

第三本著作是爱德华·萨义德的《东方主义》(1978年)。受福柯对现代欧洲学术批评的启发,在中东出生和长大、年轻时经历过西方殖民主义的萨义德指出,西方对"东方"(包括书中所涉及的西亚和北非)的学术研究,其特点是将东方视作"他者",与西方加以对立和对比。萨义德举例说道,欧洲学者把东方描绘成专制压迫、停滞不前、冥顽不灵和放荡不羁的文化,而西方则是民主、自由、进步、科学和慈善的象征。一言以蔽之,东方主义或东方研究是西方殖民主义和帝国主义的一部分;它不能说是客观的,也不能说比其他知识传统更为优越。

上述三本著作的出现是思想环境变化的一个缩影。在新的环境下,史家对历史的性质、范围和方法论有了新的理解,与前代人的理解截然不同。格奥尔格·伊格尔斯在其《欧洲史学的新方向》(1975)分析了那个年代历史学的重新定位,并提出了如下看法:"在现代社会科学以及不断变化的社会和政治现实的影响下,19世纪以来指导了一大批专业历史研究的方法程序、兴趣焦点和解释观念,对

---

[1] Hayden White, *Metahistory: The Historical Imagination in Nineteenth-century Europe*, Baltimore, The Johns Hopkins University Press, 1973, pp.2-4.

于年轻一代的历史学家来说,似乎越来越不合适。"①事实上,克罗斯比、怀特、萨义德以及米歇尔·福柯的著作,都导致了历史本体论和认识论新的重要导向,而这些导向从那时起一直影响到今天的历史研究和著述。也许是受到克罗斯比和萨义德的启发,今天的史家们继续批判近代历史学含有的欧洲中心论。他们没有将西方视为一个不可替代的、令人钦佩的领袖,向世界其他地区辐射出它的典范影响力,而是质疑西方的崛起是一种历史之必然,并对其影响和后果做了许多批评。由此,史家们摒弃了启蒙运动关于人类历史单线进步的观念,倾向于将世界历史视为一个多中心、多方向的过程。近年来全球史和环境史的遍地开花就是明证。前者强调区域间、跨文化的碰触和相互联系,后者则强调西方现代性对世界的负面影响,希望超越民族国家的窠臼,以宏观的眼光看待人类历史及其与地球史、宇宙史的内在联系。

由于福柯、怀特和萨义德对史学的后结构主义批判,从20世纪90年代开始,史学界出现了"语言学转向",这通常被称为后现代主义的挑战,改变了人们对历史认识论和方法论的既定观念。对于"语言学转向"的影响,我们可以用《历史与理论》杂志的资深编辑理查德·范恩的话来形容:如果今天的历史学家认为他们的写作过程不再那么直截了当,而是觉得荆棘丛生、充满挑战,那么"我们要感谢海登·怀特"。② 换言之,当历史学家希望通过他们的努力,利用幸存的资料重建过去的时候,他们也不同程度地意识到,历史书写也是一种表征,或者说是一种话语实践,甚至是一种艺术再现,其中不

---

① Georg G. Iggers, *New Directions in European Historiography*, Middletown, CT, Wesleyan University Press, 1984 revised edition, Acknowledgments, p. ix.

② Richard T. Vann, "The Reception of Hayden White", *History and Theory*, 37 (1998), pp. 143-161; quote on p. 161.

但包含意识形态的倾向，而且不可避免地掺杂了史家个人在理性和情感层面的偏向。从 20 世纪 70 年代开始的新文化史、妇女史、性别史、家庭史、儿童史、情感史等流派的蓬勃发展，都或多或少地反映了这种认识论立场的明显变化。

四、史学史的多重未来

近一个世纪以来，历史学的重大变化在史学史的研究上得到了充分的体现。同时，这些变化也在一定程度上重塑了史学史这一研究领域。如果说 20 世纪初史学史出现了一些奠基性的著作，那么 21 世纪初也有一些新的著作出版，有助读者预测这个领域未来的发展方向。第一个明显的变化是尝试用全球的和跨文化的视角来考察世界各地历史实践的传统和变革。一个世纪之前，爱德华·福艾特的《近现代史学史》和 G. P. 古奇的《十九世纪的历史学与历史学家》专注描述欧洲史家的成就，而 20 世纪末的同类著作开始在全球范围内拓展这一领域。格奥尔格·伊格尔斯和丹尼尔·伍尔夫（Daniel Woolf）是这一尝试的先行者。伊格尔斯在 1979 年与哈罗德·帕克共同编辑了《国际历史研究手册》，这是超越福艾特、古奇等人欧洲中心主义传统的最早尝试。1998 年，伍尔夫主编了两卷本的《全球历史书写百科全书》，随后他又主编了五卷本的《牛津历史著作史》（*Oxford History of Historical Writing*），并于 2011 年撰写了《全球史学通史》。大约在同一时间，还有拉尔夫·托尔斯顿达尔（Ralf Torstendahl）主编的《二十世纪历史学评述》（*An Assessment of Twentieth-Century Historiography*）和卢兹·拉斐尔（Lutz Raphael）主编的《极端年代的历史学：1900 年以来的理论、方法和趋向》（*Geschichtswissenschaft im Zeitalter der Extreme: Theorien, Methoden, Tendenzen von 1900 bis zur Gegenwart*），都涉及了西方以外的历史学传统。而马尔库斯·福尔克尔(Markus Völkel)的《历史学的全球视角》(*Geschichtsschreibung: Eine Einführung in globaler Perspektive*)和伊格尔斯、王晴佳和苏普里娅·穆赫吉(Supriya Mukherjee)合著的《全球史学史》则包含了大量非西方地区历史实践的内容。史学史研究出现的这种"全球转向",延伸并反映了近年来全球史的蓬勃发展。如同迪佩什·查克拉巴蒂在其名著中所认为的那样,我们需要在历史思维和实践中"将欧洲地方化"。① 基于这一强劲的思潮,史学史研究的全球化将在未来继续和扩大。

史学史未来发展的第二个趋向是,许多从业者正在将自己的研究范围扩大到史家的作品之外。正如本文开头所提到的,虽然"历史学"一词主要指的是历史著作,但今天的历史学家已经不再满足于描述和分析主要历史学家的作品。作为一种兴趣,它在二战之后已经起源,并在过去几十年中日益强化。举例而言,福艾特和古奇都把重点放在伟大的个人身上———一个时代主要的史家往往是他们书中一章或一节的主角。相比之下,近来的史学研究则倾向于研究知识潮流的变化及其对历史写作的多重影响。例如,林·亨特在她的《全球时代的历史书写》中,讨论了战后以来塑造历史著作的四种意识形态范式:马克思主义、现代化、年鉴学派和身份认同政治。② 由于历史观念的变化,人们对呈现"自下而上的历史"的愿望日益强烈,对社会政治环境给予了更多的关注。在这种环境下,他们不仅考察史家如何撰写作品,而且研究历史知识如何在国家和整个社会中产生和传播。从 20 世纪 80 年代开始,妇女史的发展及其向性别史的过渡,后殖民主义理论寻求"底层"声音的举措,以及最近兴起的

---

① Dipesh Chakrabarty, *Provincializing Europe: Postcolonial Thought and Historical Difference*, Princeton, Princeton University Press, 2000.

② Lynn Hunt, *Writing History in the Global Era*, New York, W. W. Norton, 2015, p.13.

记忆研究,都有助突破史学史研究的精英模式,分析人们如何形成对过去的认知以及这一认知如何传播、接受和记忆的复杂、多样的过程。伊格尔斯、王晴佳和穆赫吉的《全球史学史》和伍尔夫的《简明历史学》(他的《全球史学通史》的修订版),都注意到了历史知识构造过程中的多种层次和不同声音。还有一些人则专门编辑了女性的和女性主义的史学史。① 扩大史学史研究范围的尝试还包括考察历史教育的形成和变革,特别是历史教科书的编写和使用、不同层次学校的历史教学等。近几十年来,世界各地的学者、历史学家和历史教师都积极地参与其内,写出了一些有价值的论著,在今后的岁月里,历史教育也必将进入史学史研究的眼帘。②

史学史上第三个显著的变化趋势是,人们开始分析未来科学技术新进展对人们对历史的认识和表述的影响。这种影响是多方面的,也可以说是前所未有的。与上一代的前辈相比,今天的历史学家在知识获取方面的手段有了很大的提升,这要归功于大量以前难以获取的史料——政府档案以及其他史料的数字化。由于这些数字化项目通常是由官方主导启动的,因此,在全球史兴起的同时,民族国

---

① Iggers, Wang and Mukherjee, *A Global History of Modern Historiography*, London: Routledge, 2017; Daniel Woolf, *A Concise History of History: Global Historiography from Antiquity to the Present*, Cambridge, Cambridge University Press, 2019; Bonnie G. Smith, *The Gender of History: Men, Women, and Historical Practice*, Cambridge MA, Harvard University Press, 1998; Mary Spongberg, Ann Curthoys and Barbara Caine, eds., *Companion to Women's Historical Writing*, New York, Palgrave Macmillan, 2005 and Julie Des Jardins, *Women and the Historical Enterprise in American: Gender, Race, and the Politics of Memory, 1880-1945*, Chapel Hill, The University of North Carolina Press, 2003.

② Cf. Laura Hein & Mark Selden, eds., *Censoring History: Citizenship and Memory in Japan, Germany and the United States*, Armonk NY, M. E. Sharpe, 2000; Rachel D. Hutchins, *Nationalism and History Education: Curricula and Textbooks in the United States and France*, London, Routledge, 2016.

家史学的书写也会得到进一步发展,与之形成一定的对抗关系。事实上,最近在世界许多地方兴起的民粹主义和民族主义政治,无疑也将加强民族国家在当代和未来历史思维中的地位。除了他们获取信息的方式发生了明显的变化,今天的史家也大大改善了他们发表研究成果的方式。虽然他们中的大多数人对数字人文这样的花哨项目还很陌生,但在大学课堂和学术会议上,他们已经越来越仰赖电脑技术的平台,演示音频和图像。此外,近来科学技术的突破,如人工智能和药理学的巨大进步,也要求历史学家在重新认识历史学的过程中预见到一种后人类的状况,即人类的活动在历史写作中并不处于中心地位。这是世界各国的历史学传统中尚未出现过的现象,但对今天和明天的史家而言,又是他们必须应对的挑战。① 总之,随着历史研究格局的变化,历史学的写作方式也相应地在发生变化。展望未来,史学史领域正在出现了三种发展中的趋势,敦促历史学从业者:(1)超越欧洲中心主义,落实全球化的视野;(2)将关注的焦点从史家的论著扩展到整个有关过去的知识;(3)检讨和应对科学技术的新进展对未来历史书写的潜在和重大的影响。

载《河北学刊》2021 年第 5 期

---

① 参见 Zoltán Simon, *History in Times of Unprecedented Change: A Theory for the Twenty-first Century*, London, Bloomsbury Academic, 2019。

第四章 史学史研究如何全球化？
——对格奥尔格·伊格尔斯先生遗产的反思

屠含章 译

在写这篇文章之前，我一直在修订《全球史学史》新版的中文译文，这是伊格尔斯老师于2017年11月26日去世之前的最后一本书。我在这里提及这本书是因为伊格尔斯老师与我和苏普里娅·穆赫吉合著了这本书。此书自问世以来，被翻译为中文、德文、希腊文与俄语。英文修订版在2017年出版，其中文新版也即将由北京大学出版社出版。伊格尔斯的全球视野是一以贯之的。他在生命的最后几年，不顾高龄，多次前往古巴，主要与哈瓦那大学的同事合作，希望促进古巴与全世界历史学家的交流。而在不同的意识形态之间搭建桥梁，这是一个伊格尔斯扮演得很好的角色：如自1960年代到1980年代，在西德与东德的历史学家之间和自从1980年代直到他生命的尾声，在西方与中国的历史学家之间。① 我与伊格尔斯老师最后一次谈话，主要是在电话上听他讲，因为他的听力退化到已经无法听到

---

① 参见 Georg and Wilma Iggers, *Two Lives in Uncertain Times: Facing the Challenges of the 20th Century as Scholars and Citizens*, New York, Berghahn Books, 2006, chap. 8 and Chen Qineng and Jiang Peng, "Georg G. Iggers and the Changes in Modern Chinese Historiography", *The Many Faces of Clio: Cross-Cultural Approaches to Historiography*, *Essays in Honor of Georg G. Iggers*, New York, Berghahn Books, 2007, pp. 233-246。

我在说什么。而这次谈话使我留下深刻印象的是，他对于自己的古巴之行以及自己也许能够为当地学术社群的历史研究带来的潜在改变非常兴奋。多亏了他所发挥的作用，2017年春，古巴举办了一次工作坊，邀请了多位来自欧美的历史学家参加了这次工作坊。遗憾的是，我没有参加这次会议，伊格尔斯老师也因年老体弱未能出席。尽管有着这些遗憾，古巴的主持者与参与者们非常感激伊格尔斯对工作坊的组织。伊格尔斯在古巴的一些朋友也提议将《全球史学史》译为西班牙语。我恳切地希望，尽管古巴与西方之间存在着重重阻隔，这一建议能够在不远的将来成为现实。

一、取舍平衡：改造历史学的领域

我之所以提《全球史学史》多种修订本与译本的另一个原因，是为了强调伊格尔斯将历史研究全球化及沟通世界各地史家的努力。这项事业绝不是一项简单的任务，对感兴趣的人来说，在今天仍是一项挑战。2011年，著名德国学术出版商Vandenhoeck and Ruprecht 向伊格尔斯表达了将《全球史学史》译为德文的兴趣。伊格尔斯对这个出版商非常了解，因为这个出版商也出版过他的其他著作，比如《20世纪的历史学：一个国际间比较的批判性回顾》(*Geschichtswissenschaft im 20. Jahrhundert: Ein kritischer Überblick im internationalen Vergleich*)和《历史的两面：动荡岁月的生活记录》(*Zwei Seiten der Geschichte: Lebensbericht aus unruhigen Zeiten*)，这是伊格尔斯与其妻威尔玛合著的自传。即便如此，就像以往出版著作一样，伊格尔斯对此事非常认真。我们三人合著的《全球史学史》于2008年出版后，学术界出现了不少关于这一主题的新的出版物，我们需要将这些内容囊括进来。比如，丹尼尔·伍尔夫(Daniel R. Woolf)于2009年在剑桥大学出版社出版了题为《史学的全球史》(*A Global History of His-*

tory)的一部综合性概述。伍尔夫也在牛津大学出版社主持了一项更雄心壮志的项目,那就是五卷本的《牛津历史著作史》。伊格尔斯与穆赫吉都参与了该书一些章节的写作,我则应邀为牛津大学出版社和编辑提供了审阅意见。当然,2008年以后还有其他相关的论著出版。因此,我们都同意在《全球史学史》译成德文的时候,修订一下非常必要,但问题是如何修订。Vandenhoeck and Ruprecht希望出版一本简明扼要的修订本,而不是增订本,这一点我们也认可。为了达成这一目标,伊格尔斯与穆赫吉很努力地工作。举例而言,为了升级扩充原本的章节,如有关后殖民主义、性别史、拉丁美洲与非洲的部分,伊格尔斯删掉了关于现代西方历史学发展的一些内容,以便留出可用于扩充的空间。在出版德文修订本之后,我们又投入到英文新版的修订工作中。为了囊括、增入更多的内容,我们再一次对原有的内容做出了删减。伊格尔斯为此付出了极大努力:他走出了自己的舒适区,也就是他的专长所在——现代德国/欧洲历史学的领域,并经过与许多同事、学者的商讨,不仅扩展了拉丁美洲与非洲的历史学的部分,而且还写了全新的章节,如俄罗斯与南非的史学。伊格尔斯的做法非常令人钦佩:在离开教授岗位二十多年之后,他不但保持了旺盛的求知欲,而且还表现出对于推进史学史研究全球化的极大兴趣。

我们三人合著的《全球史学史》也许是英文学界中第一本希图对史学研究采取全球取径的书,但它不是唯一的著作,在内容上力图取舍平衡也不仅仅是我们三个人面对的困难抉择。比如,丹尼尔·伍尔夫在1998年编辑《全球历史书写百科全书》时已经表示,对于西方读者而言,他的书囊括了"尽管知名度略低,但在其自身领域内有着不可否认的重要性的一批历史学家"。他接着又指出,更确切地说,"增入不太知名的中国历史学家,以牺牲原本分配给李维、马修·帕里斯或者卡尔·贝克尔的篇幅为代价,为的是纠正在大多数关于历史著作的可比的教科书与词典中的西方的偏见,但同时也不忽视在这类研究中的常客——比如从修昔底德到汤因比的著作。"①也就是说,伍尔夫编辑此书时需要做出一个困难的选择,尽管他的态度略显勉强。伍尔夫的《百科全书》与我们的《全球史学史》都是用英语写作的,这样的解释对其读者来说,的确有些必要。

值得注意的是,伍尔夫在他上面的解释中以"中国的历史学家"作为一例。诚然,单是增加一些中国历史学家的名字与著作并不能帮助以全球视野研究史学史;他的《百科全书》在囊括历史学家的方面做得更加全面。但据我所知,对于欧美的历史学家来说,将中国历史学的例子描绘、呈现为"他者"是比较常见的。他们这么做似乎有充足的理由。因为历史著作在西方和中国都有很悠久的传统,但这两种传统有明显的差别,促使很多西方学者给出不同的评价。早期的一些评价可以追溯到18世纪欧洲的启蒙运动,大体倾向于涉及中国文明的本质。伏尔泰与其他启蒙思想家拥护历史进步观,并都认为全世界的文化与民族会遵循一种线性的发展道路。因此,他们试图以共同的标准去评价每一个已知的文明。对于伏尔泰来说,评价的标准主要是文化成就的水平。他称赞中国广阔的幅员与城市,并相信这是中国作为一个非常高等的文明的证据,因为这使欧洲的王国与城市相形见绌。伏尔泰也提到了在中国文明历史长河中出现的几项重大的发明:丝绸、纸、印刷与火药。至于中国的历史著作,他写道:

> 中国的历史,就其总的方面来说是无可争议的,是唯一建立在天象观察的基础之上的。根据最确凿的年表,远在公元前2155年,中国就已有观测日蚀的记载。这次日蚀观测业经前几

---

① Daniel R. Woolf, *A Global Encyclopaedia of Historical Writing*, New York, Garland, 1998, vol. 1, p. xiv.

个世纪派往这个陌生国度的一些西方传教士数学家验证。……早在上述日蚀的日期之前230年,他们就已经不间断地以真实的资料把编年史一直记载到帝尧。①

伏尔泰对中国史学传统的评论也许透露出他的轻信,因为他似乎过于依赖耶稣会传教士的记述,而这些传教士出于对中国士大夫的尊敬以及与他们的友谊,将后者的话当作理所当然。随着时间的流逝,尤其是自20世纪初以来,不仅西方的历史学家还有现代中国的历史学家也质疑历史文献中关于中国文明源远流长的记述的可靠性。②不过伏尔泰称赞的有一点仍然是无可置疑的,那就是从古代直到19世纪(或者说到这一传统在现代经历翻天覆地的变化之前)的中国历史学家所留下的令人赞叹的海量的史书。现代西方学者对这些历史文献的评价相差甚远,但似乎没有人对传统中国历史学家的多产有所异议。1961年,当毕斯利(W. G. Beasley)与蒲立本(E. G. Pulleyblank)这两位当时欧美杰出的亚洲学家合编《中日史家》(这是总结亚洲历史著作传统最早尝试之一)时,他们表示:"中国生产出了一种历史文献,其优点与局限都很特别,但是在记述的产量、长度、连续性方面都是独一无二的。"③当然,我们不确定中国传统是否独一

---

① Voltaire, *An Essay on Universal History and the Manners and Spirit of Nations, from the Reign of Charlemaign to the Ages of Lewis XIV*, trans. Nugent, Edinburgh, William Creech, 1782, pp. 9-18, quote on p. 9. 这里采用梁守锵的译文,见〔法〕伏尔泰:《风俗论》,梁守锵译,北京:商务印书馆,1994年,第239—240页。

② 比如参见 Arthur Hummel, "What Chinese Historians Are Doing to Their History?", *American Historical Review*, 34, 4 (1929): 715-724; Laurence A. Schneider, *Ku Chiehkang and China's New History: Nationalism and the Quest for Alternative Traditions*, Berkeley, University of California Press, 1971。

③ *Historians of China and Japan*, ed. by William G. Beasley and Edwin G. Pulleyblank, Oxford, Oxford University Press, 1961, Introduction, 1.

无二,因为在西方史学传统当中,从古希腊、罗马到前现代时期,历史学家所书写的历史文献的数量也许同样巨大。同样,中国和西方的历史学家都发展出了悠久而丰富的历史写作的传统,这使二者成为史学史研究中值得比较的对象。

然而,近期的研究逐渐表明,在史学史研究中将目光集中在历史书写上反映出了一种内在的文化偏见。因为就我们所见,历史意识能以多种形式呈现,不一定是写作,就算是写作,也不一定要以散文的形式展现,尽管在现今全世界的历史书写中,散文已经成了一种主导的形式。伊格尔斯在他的最后一篇文章《从21世纪的视角反思20世纪的史学》中指出:"我们愈发认识到,所有文明都拥有历史意识,其中很多文明还有历史书写的传统。"[1]我们在合写的《全球史学史》中展示了世界上四种主要的历史传统:西方、中东、印度与东亚。这么做主要有三个理由:第一,它们有源远流长、始自远古的传统;第二,它们包含了宗教的组成部分,且在不同程度上引导了历史的观念与书写;第三,在不同程度上,这四个区域都存在历史作品生产的机构体系。[2]如上文所提,在此书的修订中,我们——尤其是伊格尔斯——极大地扩展了拉丁美洲与非洲的部分,希望强化我们共同的信念:"所有文明都拥有一种历史意识。"

就非洲史学而言,尽管历史书写的职业化直到战后才出现,准确地说是1960年代以后,但越来越多的学者近来主张,历史著作并不是我们衡量一个文明是否拥有历史意识的唯一标准。大约当非洲史研究与从兰克史学衍生的西方模式趋同之时,伊彦·范西纳(Jan

---

[1] Georg G. Iggers, "Reflections on the Historiography of the Twentieth Century from the Perspectiveof the Twenty-first Century", *Historein*, 16, 1-2, (2017): 149.

[2] Georg G. Iggers, Q. Edward Wang and Supriya Mukherjee, *A Global History of Modern Historiography*, London, Routledge, 2017, pp.16-18.

Vansina)写作了一本有重要影响的《作为历史的口述传统》(*Oral Tradition as History*)。他在这本书中提出,尽管大多数非洲人在欧洲人到达之前没有留下很多历史文本,但是非洲文明并非缺乏历史意识,因为他们拥有丰富的讲述历史的口头传统。范西纳认为,史诗、民谣、民间故事、目击者的叙述等与文字资料同样珍贵,因为尽管这些形式在很多方面不同,但都携带着来自过去的信息。他将口述传统定义为一个"以口头的方式一代又一代地传递下去"的过程,因此可以作为历史研究的资料,与文字资料同等重要。在一定程度上,尽管范西纳指出了口述资料的局限性,但他主张它们应该是更加珍贵的,因为"这样的资料是不可取代的",而且"来自内部"。[①]

无需多言,即使是非洲历史学的研究,口述资料也不是历史学家所依赖的唯一资料。在不同的历史时期,外来访客留下了关于非洲大陆的文献资料。这些访客包括希腊与罗马的历史学家,还有伊斯兰与阿拉伯的作家。从近代早期开始,欧洲的传教士、旅行者和商人也留下了与非洲相关的记述。但这里的关键问题是,正如博古米尔·约西维基(Bogumil Jewsiewicki)与大卫·纽布瑞(David Newbury)为他们发人深省的书《非洲的历史学:为哪个非洲书写历史》(*African Historiographies: What History for Which Africa*)[②]所取的标

[①] Jan Vansina, *Oral Tradition as History*, Madison, University of Wisconsin Press, 1985, pp. 29, 197.

[②] *African Historiographies: What History for Which Africa?*, ed. by Bogumil Jewsiewicki, David Newbury, Beverly Hills, Sage Publications, 1986. Also, Lidwien Kapteijns, *African Historiography Written by Africans ,1955-1973, the Nigerian Case*, Leiden, Afrika-studiecentrum, 1977; *African Words, African Voices: Critical Practices in Oral History*, ed. by Luise White, Stephan E. Miescher and David William Cohen, Bloomington, Indiana University Press, 2001 and *African Historiography: Essays in Honor of Jacob Ade Ajayi*, ed. by Toyin Falola, Essex, Longman, 1993.

题,如何呈现真正的来自非洲本土的关于其历史的观点,肯定是多元的、多样的。范西纳对口头传统作为历史研究资料的分析是难能可贵的,因为由此能够踏入非洲人所保存的丰富的历史记忆宝库。

在此以后,许多研究非洲的学者,包括非洲本土的与非洲外的学者,提倡并努力将非洲本土的历史与文化知识非洲化。举例来说,莱斯大学的一位已故教授肯尼亚学者阿帖诺·奥德安伯(E. S. Atieno-Odhiambo)认为,非洲史研究能够通过吸纳非洲本土的传统而变得更加丰富,表现为跨民族的主题与地方史、方言史。阿帖诺·奥德安伯希图寻找一种非洲的历史哲学,他问了如下尖锐的问题:

> 历史学只属于西方文明是一种占有霸权地位的认识,为学术界所普遍接受,而我们是否已经迎来质疑这一认识的时刻? 或者说,在非洲史的研究中非洲人能否明确表达一种非洲人自己的、独立于西方传统之外的认知? 非洲人的认知需要让西方人理解吗? 史学的研究与实践需要与高校学术机构中的历史学专业研究者捆绑在一起吗? 是否仍旧存在这样的可能性,我们这些在西方模式内工作的人当中能有人做动脉搭桥术,搭建仍能通向非洲历史宝库的上游高架桥?[①]

这些问题提给了非洲的历史学家,也提给了以全球化的视野考察史学的我们。其实,像他一样,我们不太确定能否在史学领域中避开西方的认知。但是对于史学史研究,或者说"历史知识学"(相对

---

① Eisha Stephen Atieno-Odhiambo, "Democracy and the Emergent Present in Africa: Interrogating the Assumptions", *Afrika Zamani*, 2, (1997): 31; Eisha Stephen Atieno-Odhiambo, "From African Historiographies to an African Philosophy of History", *Africanizing Knowledge: African Studies across the Disciplines*, ed. by Toyin Falola and Christian Jennings New Brunswick, Transaction Publishers, 2002, p. 39. Also, Funso Afolayan, *Historiography and Methods of African History*, Oxford Bibliographies online.

historiography，historiology 是一个更具包容性的术语，指的是历史的知识)而言，我坚信，将文字资料去中心化，使其不再成为每个文明表现历史意识的唯一场域，是一种有益的尝试。

二、历史书写一定要散文吗？

确实，如今环顾历史学的局面，我们能够清楚地看到在历史研究中，文字资料已不再拥有至高无上的地位——近几十年记忆研究的兴起及其吸引力是一个显例，证明了基于口述与其他非书写资料的历史研究的可信性。正如约尼-马蒂·库卡能(Jouni-Matti Kuukkanen)所说，即使历史学"基本上采取文字的形式"，后叙述主义历史学仍然有其需要。[①]换言之，我们应该思考的是，在历史学的领域内，散文这种构建历史叙述的主导形式是否应该仍然被视为是最合适的——如果不是唯一的——历史写作的形式。我提出这一点并不是因为我全面赞同海登·怀特说历史写作的本质是诗歌，而散文只是一种文字结构的看法，[②]而是因为几个世纪以来，在许多文明中，韵文与其他押韵的文字形式，还有对句形式的文字表达都是记载历史事件与重要人物的有效工具。回顾历史，古希腊的希罗多德、修昔底德，与司马迁以及继他之后的古代中国史家一样选择用散文的形式来书写他们的故事，这也许完全是一个巧合。当然，更凑巧的也许是，在过去的四个世纪，由于西方列强的扩张，用散文书写的叙事的历史，不加修饰的语言，逐渐被采纳为历史写作的形式。但是这并不

---

① Jouni-Matti Kuukkanen, *Postnarrativist Philosophy of History*, Houndmills, Palgrave-Macmillan, 2015, quote on p. 5.

② Hayden White, *Metahistory: The Historical Imagination in Nineteenth-Century Europe*, Baltimore, The Johns Hopkins University Press, 1973, pp. 2-4.

意味着我们今天应该理所当然地将散文视为历史写作中公认的唯一形式。

在中国的史学传统之中,司马迁所谓"无韵之离骚"的文体,影响无疑是最大、最深远的。但是在他之前和之后的历史文献当中,都有歌曲、诗歌以及其他富有诗意的语言。西方中国古代文学专家柯马丁(Martin Kern)在一篇富有洞察力的文章当中主张,尽管中国人一直渴望并追求真实的再现,但中国人在早期写作中纳入了多种形式的诗意的语言。① 在司马迁之后的五六个世纪,中国的受教育阶层在写文章的时候仍旧偏爱更花哨的文学形式,比如对句、韵文、辞赋等。刘勰(约465—532)在《文心雕龙·史传》中评价了从先秦到汉代的中国史著,可以说是中国传统中第一篇回顾史学演变的文献。刘氏用对句的形式写作,不仅上下句字数相同,而且每行表达相对或相反的含义。不过,这种表达形式似乎也并没有阻碍刘勰自由地讨论、评价以往的历史著作。比如他评价孔子修《春秋》说:"举得失以表黜陟,征存亡以标劝诫;褒见一字,贵逾轩冕;贬在片言,诛深斧钺。然睿旨幽隐,经文婉约,丘明同时,实得微言。"②可见,刘勰的文字有些雕琢,但大体上做到了词不害意。

这样的实践还在之后继续延续。从7世纪早期开始,甚至在这之前的好几个世纪就已显其端绪,中国的历史写作进入了官方体制的成熟阶段。在唐代,中国不仅实现统一,还进入了官方史学的兴盛时期。中国古代二十四史中的约三分之一都在唐代统治下第一个世

---

① Martin Kern, "Poetry and Religion: The Representation of 'Truth' in Early Chinese Historiography", *Historical Truth, Historical Criticism and Ideology: Chinese Historiography and Historical Culture from a New Comparative Perspective*, ed. by Helwig Schmidt-Glintzer, Achim Mittag and Jörn Rüsen, Leiden, Brill, 2005, pp. 53-78.

② Excerpt from: Liu Hsieh, *The Literary Mind and the Carving of Dragons*, Hong Kong, The Chinese University Press, 1983.

纪中出现了。从此以后,这一官方修史的实践也从中国扩展到中华文明圈的其他地区。中华文明圈内所产生的历史文献大多是用平实的散文书写的,但散文仍然不是唯一的形式。刘知幾在他的《史通》当中,运用了多种多样的修辞格来表达他对官方史学的评论,比如叠音、重言、拟声和排比,虽然他的文风总体上没有刘勰的《文心雕龙》华丽。

这再一次证明,散文不一定是历史写作的必然选择。如果我们把视野打开,观察西方和中国之外的史学传统,可以看到其他文明的很多历史文本采取韵文或者其他文学形式。中东和南亚的历史书写传统是很好的例子。在过去,学者倾向于不相信(甚至忽视)近代之前的穆斯林史学著作,因其"变形的句法与浮夸的措辞",认为这些"只是夸张的言辞"。①这样的言论无疑带有西方的偏见,认为平实的散文是客观叙述的保证,并没有公平地看待这种历史记录,认可其为历史意识的一种表现形式,而实际上历史意识同时存在于形式与内容中。

印度的历史文化传统则遭到了更为负面的评价。由于他们缺乏散文形式的历史文本,印度文明被贴上了没有历史的标签。最近的一篇文章仍旧声称:"从历史编纂学的标准衡量,印度人没有历史著述","他们没有记载功业(res gestae)的历史,也就是说,史学没有获得真正的政治地位"。②这样的观点再一次反映出许多学者试图以现代史学标准评判文本是否具备历史性。伊格尔斯在 20 世纪 90 年代末的一篇文章中敏锐地观察到,当西方学者在比较西方和其他文明的史学实践时,来自西方的学者通常将非西方文明与近现代西方的

---

① Bernard Lewis, *From Babel to Dragomans: Interpreting the Middle East*, Oxford, Oxford University Press, 2005, pp.418-419.

② 见 *Historical Thinking in South Asia: A Handbook of Sources from Colonial Times to the Present*, ed. by Michael Gottlob, New Delhi, Oxford University Press, 2003, p.8。

历史著作相对立,因此忽视传统的西方与非西方文明在观念和实践上的许多相似之处。① Vinay Lal 在一篇介绍印度史学发展的文章中,从比较的角度观察所有古代东西方文明,他写道:"在自称表露了作者'历史感'的所有文本之中,没有一篇显示出对历史因果的理解,也没有展现出对历史方法与证据运用规则的熟练运用。"②他也许说得太过了,不过他的观点让人注意到历史学在现代经历了一场转型。没有人会否认,许多我们所熟悉的史学实践正是这场转型的结果。这场转型发生在文艺复兴时期的欧洲。那里持续发生变化,并逐渐传布到整个现代世界。然而,在文艺复兴之前,历史书写的欧洲经验没有那么特殊。③

印度知名学者罗米拉·塔帕(Ramila Thapar)指出,尽管散文从来都不是传统印度文明的主流写作风格,但历史意识在古代印度的其他形式的写作当中是存在的。的确,塔帕发现了一种多面的文体,她称之为 itihasa-purana 传统,涵盖从吠陀时代直到 14 世纪。在这一传统之中有叙述,也有很多其他的形式,诸如史诗、仪式文本、英雄赞、系谱、编年、铭文与传记。itihasa-purana 传统不仅类型多样,而还不断演化。根据塔帕的说法,这一演化证明了历史思想的发展,从展现历史意识,到形成历史传统,再到历史书写。④总之,在古代印度,

---

① Georg G. Iggers, "What Is Uniquely Western of the Historiography of the West in Contrast to That of China ?", *Western Historical Thinking: An Intercultural Debate*, ed. by Jörn Rüsen, New York: BerghahnBooks, 2002, pp. 101-110.

② Vinay Lal, *The History of History: Politics and Scholarship in Modern India*, New Delhi, Oxford University Press, 2003, p. 50.

③ 关于在前现代欧洲历史是如何书写、转变的讨论,参见 Anthony Grafton, *What Was History? The Art of History in Early Modern Europe*, Cambridge, Cambridge University Press, 2007。

④ Romila Thapar, *The Past before Us: Historical Traditions of Early North India*, Cambridge MA, Harvard University Press, 2013, pp. 49-84, 684-685.

尽管散文不是写作的主要形式,但在其与伊斯兰的历史写作传统融合之前,显然发展出了一种自身的历史文化传统。①

三、中国如何成为"他者"?

无论是从长度还是数量来说,中国的历史书写传统都与西方相当,这使得中国史学成为一个可以作为史学比较研究的对象。除了对于一般性的历史文本之间可比性的笼统评价,也出现了不少专门研究,比如比较希罗多德与司马迁这两位从这两种传统之中产生的伟大历史学家。②但是在"历史学的世纪"——19 世纪之后,鲜有西方学者会像 18 世纪的伏尔泰那样为中国历史学家的成就而赞叹不已。有趣的是,这一态度转变的主要原因,正如在大多数作品中讨论的,是伏尔泰等人所宣传推广的启蒙的历史观念。换言之,在启蒙运动提倡人类历史的线性进步观以后,历史文化不再兼容并包,而是变得像罗米拉·塔帕所说,统一成"一种特定类别的历史学"。因此"如果从启蒙运动的观点来理解历史学,那么一个文明中是否存在历史的文化就需要重新界定了"。③但即使在这样的脉络中,还是很少人会否认中国有历史文化,不过同时,从 19 世纪以来更少的西方人认为中国的历史文化和西方的一样重要和有意义。以提倡全球史

---

① Iggers, Wang and Mukherjee, *A Global History of Modern Historiography*, pp. 32-36.

② Thomas R. Martin, *Herodotus and Sima Qian: the First Great Historians of Greece and China. A Brief History with Documents*, Boston, Bedford/St. Martins, 2010; Siep Stuurman, "Common Humanity and Cultural Difference on the Sedentary-Nomadic Frontier: Herodotus, Sima Qian, and Ibn Khaldun", *Global Intellectual History*, ed. by Samuel Moyn and Andrew Sartori, New York, Columbia University Press, 2013, pp. 33-58.

③ Ramila Thapar, "Some Reflections on Early Indian Historical Thinking", *Western Historical Thinking: An Intercultural Debate*, p. 178.

闻名的德国历史学家于尔根·奥斯特哈默(Jürgen Osterhammel)观察到:"18世纪的欧洲将亚洲与自己比较,而在19世纪则不再接受这样的比较。"①

毕斯利和蒲立本在编辑《中日史家》时提供了他们的解释:

> 另一方面来看,中国的史学传统与其文化紧密相连。它当然没有行将就木,但是由于中国文明传统作为一个整体正在被西方的影响所吞没和改变,西方史家便没有什么意愿承认中国传统史学的成就,也无意考量其作为一个不同的传统在当今的相关性,以求与西方的史学加以比较。②

值得注意的是,在《中日史家》出现的同一个十年内,剑桥大学的历史学家浦朗穆出版了一本小书《过去之死》。此书从一个更为理论化的高度以比较的视角讨论西方史学的成就,在当时是一个并不多见的例子。而浦朗穆比较的主要对象就是中国传统。正如此书题名所显示的那样,他的主要观点是,尽管所有历史学家都研究过去、书写过去,但他们对待过去持有不同的态度。在前现代,尤其是反映在历史写作的中国传统,过去被当作权威——历史学家之所以研究历史就在于他们希望将过去作为现在的指导。但是根据浦朗穆的说法,现代历史学的取径与前现代时期不同的关键,就在于看待过去的不同方式:现代西方史家不再将过去看作约束与主宰人类生活未来发展的力量,而只将过去看作考察的对象。也就是说,在他看来,需要将过去与历史加以区别。浦朗穆声称:"当历史开始从过去脱离出来之时,历史学才吸引到了最富才智的

---

① 引自 Iggers, Wang and Murkherjee, *A Global History of Modern Historiography*, p.5。

② *Historians of China and Japan*, ed. by William G. Beasley and Edwin G. Pulleyblank, *Introduction*, p.2.

人。"①从这个角度看,他认为尽管中国帝制时期的历史学家写作了大量的历史文本,质量上比同时代的西方史家质量要高,但他们的作品仍不如后者重要。

> 显然,像中国高明的圣贤一样,唐代的中国史家无疑比爱因哈德(Einhard,775—840)和奥托·弗莱兴(Otto of Freising,ca. 1114—1158)及所有中世纪的编年史家要高明许多。但尽管如此,他们的写作从未突破真正历史的最后一道藩篱——他们没有实事求是的企图,没有看到一个社会的智者所构想的社会常常与现实之间存在着冲突。中国史家追求知识的渊博,不过他们没能像西方在最近两百年中那样,发展出一种批判的史学。他们对客观地处理和理解历史,从未尝试过,更谈不上成功。②

浦朗穆的观点建立在他对中国与西方史学实践的主观的、肤浅的理解之上,存在诸多方面的问题。比如,是否将过去看作是一个遥远的实体就能够引起"最富才智的人"对历史学的兴趣是值得怀疑的,因为一个人对过去的兴趣通常出于敬意,对过去的敬意是历史意识产生并发展的起源。不论他们有着怎样的文化背景,很多伟大的历史学家写作历史,都源于他们保存过去这一愿望。

至于浦朗穆说中国从未发展出批判的历史学,这当然被证明是错误的。在浦朗穆写他的《过去之死》之前,蒲立本已经为《中日史家》贡献了一章,讨论了唐代的刘知幾与宋代的司马光所运用并发展的批判方法。③浦朗穆也许读过蒲立本的文章,因为当他表示中国没有发展出批判的史学时,他举了汉代司马迁的例子。他也谴责古

---

① John H. Plumb, *The Death of the Past*, Houndmills, Palgrave Macmillan, 2004, p.143.

② Plumb, *The Death of the Past*, pp.13-14.

③ Edwin G. Pulleyblank, "Chinese Historical Criticism: Liu Chih-chi and Ssu-ma Kuang", *Historians of China and Japan*, pp.135-166.

希腊的历史学家处理资料时的轻信,并将他们的实践与文艺复兴时期的人文主义者和语义学家相比较。但是即便是司马迁也没那么不堪一击,因为司马迁在开始他的写作之前,已游历多处历史遗迹以搜集一手信息,为的是确保资料的可信性。在这方面,司马迁是可以与古希腊被过度夸耀的"科学的"历史学家修昔底德相比的,因为后者表达了他对于真实可靠信息的兴趣,并为了写伯罗奔尼撒战争实地考察了战场。几个世纪之后,当刘知幾与司马光著书立说之时,中国的历史著作已经体系化。实际上,正如杜希德(Denis Twitchett)在他研究唐代官方史学的著作当中所描述的,当时的中国发展出了一个在运用历史文献之前开展搜集、分类与考订的复杂流程。历史的编纂也遵循着一道严密的程序:历史学家首先写出多种版本的草稿,再确定最终的叙述。①倘若中国史家缺乏获得记录与写作的真实性的欲望,他们就不会发展出如此细致的程序。

一个更宏大也更有趣的问题是:即使史家已经考订资料并确认其可信性,这就能够保证记述的真实性吗?答案也许依然是否定的。换句话说,当浦朗穆给中国人的史学实践贴上天真、稚嫩的标签之时,实际上恰好揭示出他自己在历史认识论上的天真。我们当然不必像海登·怀特那样主张历史写作不过是"纯粹的语言结构",认为史学研究应当聚集于发现历史叙述形成中的诗学的行为。②但是有一点仍然是非常清楚的:尽管可信的史料帮助我们接近历史真相,但其本身不能保证历史写作的真实性。这就像照片中的图像也许是真的(除了那些刻意伪造、展现的),但那仍旧只是部分的真实,因为那是从拍摄者选择的角度呈现出来的。再者,围绕着某个主题所收集

---

① Denis Twitchett, *The Writing of Official History under the T'ang*, Cambridge, Cambridge University Press, 1992.

② White, *Metahistory*, pp.2-4.

的材料永远都是不够的,且不可能没有包含偏见。如何组织这些不完整的、偏颇的材料从而形成一个令人信服的叙述,对于每一位历史学家来说都仍是一个挑战。总之,在 1969 年浦朗穆的《过去之死》出版之后,出现了对批判史学(通常与兰克学派相联系)更加深入的分析。这些讨论使得我们能够以批判的眼光来看待浦朗穆所褒扬的现代西方史学思想的成就。

然而,承认在历史书写中揭示历史事实的难度并不意味着我们应当放弃这一目标。这里再一次回顾一下伊格尔斯老师的例子颇有助益,因为他不仅深入分析后现代主义的兴起及其特征,还提出兰克/现代史学在后现代主义冲击之下的应对之道。伊格尔斯在写作《德意志历史观念》(此书初版于 1968 年,之后于 1983 年修订)时,已经发展出了他自己对兰克史学的总体评价。20 世纪末伊格尔斯在他的对 20 世纪历史学兴衰的反思——《二十世纪的历史学:从科学的客观性到后现代的挑战》一书中,再一次清晰地提供了他对兰克与客观史学之主张的分析:"兰克所辩护的那种'不偏不倚'(unpartheyisch)的观察事物的方式,远未表明一切价值的相对性(因而一切价值便毫无意义),事实上反倒是显示出了各种社会体制在历史发展中的伦理性质。"①但与此同时,他从未放弃对历史事实的尊重,并认为求真的目标值得所有治史者高举。在主要由伊格尔斯执笔的《全球史学史》的导言中,他这样写道:

---

① Georg G. Iggers, *Historiography in the Twentieth Century: From Scientific Objectivity to the Postmodern Challenge*, Middle Town CT, Wesleyan University Press, 2005, p. 24. See also his *The German Conception of History: The National Tradition of Historical Thought from Herder to the Present*, Middle Town CT, Wesleyan University Press, 1983, pp. 63-89. 这里采用何兆武的译文,见〔美〕伊格尔斯:《二十世纪的历史学:从科学的客观性到后现代的挑战》,何兆武译,济南,山东大学出版社,2006 年,第 27 页。

与 19 世纪专业史家的信念不同,我们深知理性探索的局限,因为我们对许多事件都无法获得完全明确的答案。我们也承认历史书写常常呈现不同的甚至对立的观点,而且这些不同和对立还无法找到确切的证据来克服。可是,虽然史家不可能明确无疑地重构过去,但他们常常有可能揭示比如为了服务于政治意识而做出的错误的历史陈述。①

这里的关键在于尽管我们承认获得历史真相的困难,但不应该放弃对真相的追求。

另一方面,破除史料批判能够确保历史事实的传达的这一迷思仍旧是有益的,因为这帮助展现出全世界不同文明、不同时代的历史学家在过去与当下所面临的挑战。也就是说,我们可以更好地理解、欣赏不同的历史著作,不论是用韵文还是用散文叙述的,还有多种形式的历史意识,不论是蕴含在内的还是外在阐发的。这么理解不是说在过去的几个世纪历史书写没有显著的进步。正如上文承认的,历史书写在欧洲从文艺复兴以来的转型是革命性的成就。但是欧洲的情况不是唯一的、单一的。尤其是比较视野下的考察表明,当新的时代来临之时,通常会出现对重新找回过往传统的记忆的兴趣。著名史学史家赫伯特·巴特菲尔德有一篇不太出名的关于历史书写起源的研究,同样比较中西,但对中国的评价比浦朗穆要高一些。他观察到,秦王朝的崩溃为之后汉王朝的一种新的历史意识的兴起铺平了道路:

> 出于某种原因,人们开始感觉到过去曾有过伟大的文化,但已经为人所遗忘,因此需要努力加以恢复。这一复古的结果就是,中国发生了与西欧的文艺复兴最接近的事情:不只是从历史

---

① Iggers, Wang and Murkherjee, *A Global History of Modern Historiography*, p. 13.

著作中学习过去的欲望,还有恢复古典文化的努力。①

然而,这不是在中国历史进程中出现这样的历史意识的唯一一次。欧洲的文艺复兴中发展出的对古典文化的兴趣引发了人文主义的兴起,人们希望复活古希腊与罗马的文化,但在中国与东亚,大概在同一时间,明亡清兴引发了各种形式的重建主义,这以考据学、古学与实学的理念与取径为代表,成为一股横扫中国、朝鲜半岛与日本的强劲的思想潮流。结果,史学与音韵、文字、训诂等学问结盟,地位得以上升,几乎与经学平起平坐。②

四、全球史——全球的视野

欧洲历史学的转型产生了世界范围内的影响,但从 18 世纪直到现在,发生在东亚前现代的思想运动只产生了地区性的影响。因此,不可否认,我们现在写作、研究历史的方式,不论地域或文化传统有何不同,几乎都遵循着欧洲的模式。这一模式最先在文艺复兴时期成形,并在十八九世纪继续发展。当不同的文明向同一种模式靠拢,其结果是,在 21 世纪初全球史的兴趣增长之前,西方的历史学家大多没有动力为了比较而去研究其他区域的历史文化。正如上文所

---

① Herbert Butterfield, *The Origins of History*, London, Eyre Methuen, 1981, p. 156.

② 见 *Antiquarianism and Intellectual Life in Europe and China*, *1500-1800*, ed. by Peter N. Miller, François Louis, Ann Arbor, The University of Michigan Press, 2012; Q. Edward Wang, "Beyond East and West: Antiquarianism, Evidential Learning and Global Trends in Historical Study", *Journal of World History*, 19, 4, (Dec. 2008), pp. 489-519; Peter Burke, "Two Traditions of Historiography", *Chinese Historical Thinking: An Intercultural Discussion*, ed. by Chun-chieh Huang and Jörn Rüsen, Taipei, V & R University Press and Tai-wan University Press, 2015, pp. 171-182。

说,当毕斯利与蒲立本于 1961 年编写《中日史家》时,这种现象已可以观察到。凑巧的是,一年以后,伯纳德·刘易斯(Bernard Lewis)与 P. M. 霍尔特(P. M. Holt)合编了《中东史家》。不过,没有人调查印度及其他国家的历史文化,因其被认为是"没有历史的文明"。这一情况的恶果到今天依旧存在,也就是西方与其他地区之间不对等的文化交流。

> 许多重要的历史著作与有关社会科学和人文学科的著作都是经由英语译成非西方语言的,法语和德语的重要著作和论文也是如此。但是,译成英语的中文、日文、韩文、波斯文、土耳其文和阿拉伯语著作却相对较少。①

这使得比较史学的研究难以进行,这一点半个世纪以前毕斯利与蒲立本已经承认,关于中国史学的情况:

> 必须承认,即使西方的历史学家非常渴望能够理解远东的历史学,还是有很多的困难。首先,极少的史学作品被翻译出来。再者,因为史学是传统儒家文化密不可分的一部分,而且受到中国社会很大的影响,所以研究者必须深深浸润到文化与社会当中才能真正地理解中国的史学。②

但遗憾的是,现在的情况差不多依旧如此。③这或许可以解释,浦朗

---

① Iggers, Wang and Mukherjee, *A Global History of Modern Historiography*, p. 312. 这里采用杨豫的译文,见〔美〕格奥尔格·伊格尔斯、王晴佳、苏普里娅·穆赫吉:《全球史学史》,北京,北京大学出版社,2011,第 389 页。

② *Historians of China and Japan*, ed. by Beasley and Pulleyblank, Introduction, p. 2.

③ 2005 年,伍安祖(On-cho Ng)与我合作撰写了 *Mirroring the Past: The Writing and Use of History in Imperial China* (Honolulu: University of Hawaii Press),此书是一个增加对中国历史书写传统认识的小的尝试。此书在学术界受到了一致好评,但因读者群体过小,现已不再发行。

穆的《过去之死》，尽管此前提及其观点偏颇，也有知识性错误，但其初版于 1969 年，到了 2003 年却出现了一个新版。新版没有任何改动，除了两位当代西方著名历史学家的热心推崇——尼尔·弗格森与西蒙·沙马。弗格森与沙玛都承认"他(浦朗穆)说了什么不如他说的方式重要"，还有他对中国史学的处理只能显示出"外行的过分自信"。虽然如此，他们还是将此书推荐给了今天的读者。①

现在让我们回到浦朗穆的主要观点，因为弗格森与沙马两人似乎都受到了这一观点的吸引。浦朗穆认为，从文艺复兴时期开始，欧洲的历史学家开始将自己从过去的束缚中解放出来，因此过去的功用被削弱了，转而成为一门研究的学科。实际上浦朗穆走得更远。他主张，在二战之后，过去(他主要指基督教徒的过去)不止被削弱了，甚至已经死去，至少病得很重，因为"在西方社会我们不再通过思索过去从而预言未来"。②浦朗穆并没有为过去之死哀叹，而是将这样的情况看作历史研究的新启程，以求形成对过去的新的认识。毋庸置疑，对历史学家来说，更新研究领域的知识并建立对过去新的理解非常必要。不只是在浦朗穆写书的时候，今天也是如此，因为现在很多事情都改变了。但有趣的是，浦朗穆没有将他的想法付诸实践。为了论证自己的观点，他再一次将中国作为反例，认为中国的历史学家仍旧处在同样的过去的束缚之中。他的这一观察忽视了中国所经历的剧变与现代中国史学所发生的翻天覆地的变化。尽管浦朗穆注意到了马克思主义的影响，但他依旧断言"王朝叙述自然保留了下来，但是相应的解释消亡了。他们拥有的既非可用的过去，亦非历史分析与解释的核心"。③

---

① Plumb, *The Death of the Past*, pp. xix, xxx.
② Ibid., p. 102.
③ Ibid., p. 110.

当然，这只是一个例子，尽管全世界的历史学在过去的几十年中经历了巨大转变，许多西方的历史学家仍然对他们舒适区之外的文明少有更新认知、理解的兴趣。浦朗穆的书在初版约四十年之后还能再版并备受赞誉，颇能说明这一现象。在其他的情况下，尽管研究者渴望用比较的视野，西方之外的历史研究写作不仅由西方学术机构完成，甚至它们覆盖的内容主要是关于西方学者是如何在他们的写作中展现这些文明的。① 这种类型的实践背后也许是这样的认识——真正的历史研究与写作是西方文明的产物，只有受西方训练的学者能够将一个文明作为选题，做出站得住脚的研究，并将他们的发现写出来。在我看来，全球化视野下的史学研究，关键在于比较全世界的历史学家如何发展出他们对历史的观点与史学实践，而不只是比较在西方各种不同的文明与历史是如何被研究、书写的。总之，借用夏德明(Dominic Sachsenmaier)一部书的题名，对于全球史与历史学，我们需要采取全球的视角。②

当然，变化还是有的，只是步子比我们乐见的慢了不少。2015年出版的九卷本《剑桥世界史》就是一个例子。此书的编写者梅里·威斯纳-汉克斯(Merry Wiesner-Hanks，主编)、杰里·本特利(Jerry Bentley, 1949—2012)、桑杰·苏布拉曼亚姆(Sanjay Subrahmanyam)、彭慕兰(Kenneth Pomeranz)等来自世界的不同区域。有的编写者原本使用英语之外的语言写作，之后才翻译为英语收入该书。这一做法体现出编者想要呈现世界历史多样观念的努力。除了写作著名的《全球史的全球视野》，夏德明还与哈佛大学的斯文·贝克特

---

① 比如参见 *Companion to Historiography*, ed. by Michael Bentley (London: Routledge, 1997) 一书中的非西方史学的章节。

② 见 Dominic Sachsenmaier, *Global Perspectives on Global History: Theories and Approaches in a Connected World*, Cambridge, Cambridge University Press, 2011。

(Sven Beckert,广受赞誉的《棉花帝国:一部资本主义全球史》的作者)早在2008年就发起了一项持续多年的题为"全球史,在全球"(Global History, Globally)的项目,该项目的论文集于2018年出版。① 参与该论文集的撰写者,包括我自己,来自全世界不同的角落。在过去的十年中,我们在各种地方、多种场合交换意见,并发现这样的交流对于突破历史研究中以欧洲为中心的传统非常富有成效。这个项目的主旨是提供对最近全球史在不同文明、不同国家兴起情形的批判性的审视,比较其特征与影响。由于篇幅有限,我只想举两个例子以说明这两个项目是如何以全球视野帮助拓宽历史研究的。《剑桥世界史》的第六卷涵盖了1400到1800年,如果从欧洲中心论的角度来看,这一时期历史发展的中心就是民族国家的兴起。但正如编者论证的,从全球范围来看,西欧民族国家的兴起并没有构成历史发展的主线,因为亚洲、中东以及其他地区扩张的帝国仍旧在这一时期切切实实地存在着。② 与此相似的是,《全球史,在全球》一书为将欧洲/西方的历史经验"地方化"提供证据,因为尽管在欧美,全球史在近期的成长已被看作是与民族史学的现代传统相对立的,但在非洲、亚洲与拉丁美洲的不同国家与地区,对于全球史的开展则显现出不同的诉求。在这些区域,全球史已经成为一个有用的领域,使得自身与世界的其他国家与地区形成更好的文化与经济联系。③

让我们回到伊格尔斯作为结尾。伊格尔斯在其生命的最后时光,不仅勤奋地修订《全球史学史》,并且还以同样的热情,与我一同

---

① *Global History, Globally: Research and Practice around the World*, ed. by Sven Beckert and Dominic Sachsenmaier, London-Oxford-New York, Bloomsbury Academic, 2018.

② *Cambridge World History*, ed. by Jerry Bentley, Sanjay Subrahmanyam and Merry Wiesner-Hanks, Cambridge, Cambridge University Press, 2015, vol. 6.

③ *Global History, Globally*, ed. by Beckert and Sachsenmaier.

主编了《马克思主义史学：一个全球的视角》。类似上文提到的两本著作，此书出版于2015年，囊括了来自不同民族国家背景的撰写人。在编写的过程中，我们也发现了与上面我讨论过的相似的益处：各种各样的作者与他们写作的内容让我们受益匪浅，使得我们更好地理解马克思主义对历史与史学的多种影响（注意其复数的形式）①，因为这些影响不仅不同，有时还有分歧、矛盾，让人印象深刻。比如，从20世纪60年代开始的西方，人们主要处在葛兰西与卢卡奇的思想脉络之中，通过现代文化批评的角度理解马克思主义，这一形式在后来对拉美、印度等地的历史实践也产生了一些影响。相比之下，在苏联与中国，这种文化形式的马克思主义几乎不存在，直到今天这两个国家的情况也大致如此。我们的书更为关注自20世纪90年代至今的情况，其发现就是，马克思主义史学在当今世界没有产生平行的发展。尽管史学中马克思主义的方法对全世界很多历史学家，仍然具有很强的启发性，但在俄罗斯、东欧甚至中国等马克思主义曾被奉为官方意识形态的国家，史学家却认为这些方法已经显得尘俗老套，甚至有点无关紧要。所有这些，在此书的标题中已经有所反映，②表明历史书写中马克思主义的遗产是极其多样化的，还需要更多深入的研究。在很大程度上，这种多样性也体现了世界范围内史学界的情况。我们铭记伊格尔斯先生，因为在历史学的领域，他以世界主义的胸怀，致力于启发我们研究历史的一种全球的取径，不但是为了了解昨天，也是为了理解今天。

载《世界历史评论》2019年第10期

---

① "多种影响"，原文为"impacts"，故作者说"注意复数形式"。——译者注
② 《马克思主义史学：一个全球观点》一书的原书名用的是复数——Marxist Historiographies。

第五章 我们应该怎么研究史学史？
——格奥尔格·伊格尔斯先生去世之际的反思

2017年11月初,笔者收到了来自英国布卢姆茨伯里(Bloomsbury Publishing)出版公司一位编辑的电邮,邀请我主编一套四卷本的《史学史要籍选读》(Historiography: Critical Readings)。那位编辑在信中说,如果你觉得有需要,也可以找一位合作者。我立即想到了格奥尔格·伊格尔斯老师。坦白地说,这套书更好的编者显然应该是他,而不是我,而且我与他合作编书、写书,在史学史的领域耕耘,已经有近二十年了。作为出版社,布卢姆茨伯里公司成立才只有三十年,但"布卢姆茨伯里"这个名字,或"布卢姆茨伯里派",许多读者也许熟悉,因为它是20世纪初一直到第二次世界大战时期,英国的一个著名的文学家、艺术家团体。他们在伦敦的布卢姆茨伯里区聚会,其中最出名的成员是维吉尼亚·伍尔夫(Virginia Woolf,1884—1941)。虽然成立不久,布卢姆茨伯里出版公司魄力十足,在近年出版了大量著作,与老牌的劳特利奇(Routledge)等出版公司竞争,声势颇大。他们已经出版了食物史和性别史的要籍选读。

但伊格尔斯老师一年之前脑溢血,之后就无法操控电脑。我们虽然还有电话联系,但他已经很久没有与我通电邮了。显然,他已经再也不能像以前那样,与我和其他人一同研究、写作了。可幸、可慰的是,去年我们一同修订了合著的《全球史学史》,出版社动作也快,今年春天新版就出来了,所以伊格尔斯看到了自己辛勤劳动的成果。(顺便一提,北大出版社已经获得了新版的中文版权,我会在近期修改译文,尽快让其与中国读者见面)。

　　由于不能像以往那样,向伊格尔斯老师请益、商讨,我最近一直在认真思考本文标题提出的问题,而伊格尔斯老师 2017 年 11 月 26 日去世之后,更让我觉得这个问题的重要。我想的不但是如何编好这套《史学史要籍选读》,而且想在老师离世之际,好好回顾、总结一下伊格尔斯在史学史研究上面的成就、特点和遗产。伊格尔斯老师出生于 1926 年 12 月 7 日;如果他能多活十天,便能庆祝他 91 岁的生日。他如此高寿,在我之前,已经与不少人合作,出版过著作。但从合作的时间跨度和合作的次数而言,伊格尔斯无疑与我还是最长、最多的。在他的追悼会上,他的儿子和其他亲属也频频过来对我说,伊格尔斯在世的时候,常常与我们谈起你。① 下面我想就我与伊格尔斯老师的长期合作,主要从两个方面谈一下我对如何开展史学史研究的体会和反思。

一、全球着眼、克服偏见

　　现在想来,我有如此荣幸,当然与伊格尔斯老师有心提携、帮助我有关。而在另一方面,其实也反映了伊格尔斯在史学史研究中提倡、坚持的一种立场,值得我自己在主编《史学史要籍选读》的时候,发扬光大。那就是如何在史学史的研究中,突破西方中心论的藩篱,努力将世界各地的历史意识及其表现形式,平等看待并恰当处理。

　　但这并不容易。史学史作为一门专门的学问,起源于西方,其性质是对如何写作历史,在理论、方法等方面加以系统的探讨和总结。

---

① 有关伊格尔斯先生追悼会的情景,有兴趣的读者可以参见王晴佳:《差一点未念的悼词:追念伊格尔斯先生》,载《澎湃新闻·上海书评》,https://www.thepaper.cn/newsDetail_forward_1889458,2020-4-28。

毫无疑问，以中国史学传统之久，中国史家也有总结历史书写传统的论著，唐代刘知幾的《史通》和之前刘勰的《文心雕龙·史传》篇，都是著名的例子。从内容上来说，《史通》显然更为广博，而《文心雕龙·史传》则更像是对史学传统的一个简要的回顾。在中东史学的传统中，也出现了一些精湛的史学理论著作。不过，这些类似现代"史学史"的研究，均没有成为专门、系统的学问。

西方的第一部冠名史学史的著作，应该是法兰西人朗瑟罗·拉·波佩利尼艾尔（Lancelot Voisin de la Popelinière，1541—1608）的《史学史》（*L'histoire des histoires*）。他的同胞让·博丹，也在差不多同时写出了《理解历史的方法》（*Methodus ad facilem historiarum cognitionem*），探究了历史研究和书写的方法。他们所处的 16 世纪，属于文艺复兴的晚期，也正是西方史学走向近代化的初期阶段。其后的 17 世纪，欧洲经历了科学革命，导致其一跃而起，在科技发展等领域迅速超越了许多古老的文明。受到牛顿、伽利略等自然科学家的激励，18 世纪的启蒙思想家开始思索人类历史的发展规律。他们的论述各个不同，不过其总体倾向是认为经历了科技长足发展的欧洲文明，将会引领其他文明共同进步。黑格尔的《历史哲学》主张理性的扩张是人类历史进步的动因，而理性在世界历史上最终会由德意志民族所代表和体现。马克思在《资本论》德文版第一版的序言中也指出："问题本身并不在于资本主义生产的自然规律所引起的社会对抗的发展程度的高低。问题在于这些规律本身，在于这些以铁的必然性发生作用并且正在实现的趋势。工业较发达的国家向工业较不发达的国家所显示的，只是后者未来的景象。"[①]这也就是说，西方工业文明代表了世界历史的走向。

的确，到了 19 世纪，黑格尔、马克思在总结历史发展的动因和规

---

① 马克思、恩格斯：《马克思恩格斯全集》第二十三卷，"第一版序言"。

律的时候,西方文明称霸、引领全球似乎已经不言而喻了,因为它已经轻松击败了包括中国在内的许多传统文明。马克思、恩格斯那时着重考虑的是,揭示和预测资本主义世界走向灭亡的原因,以及资本主义社会如何将为未来的社会主义和共产主义社会所替代,而其他历史哲学家则满足于论证和解释西方文明能在 16 世纪之后一马当先、领导世界的原因和过程。与哲学家不同,近代史学之父利奥波德·冯·兰克提倡"如实直书",也即用经过考订的史料如实地重构历史演化的过程。这句貌似谦逊的口号,其实反映了兰克对近代史家运用科学考证的方法,重构历史的巨大信心。同时兰克的这句表态,也映照了西方人对自己的文明引领世界潮流的自信,认为这一过程已经不证自明,只要"如实直书"就明白无疑了。于是,19 世纪成了"历史学的世纪",大量历史著作出版,用以揭橥西方近代民族国家的起源、发展和特点。如同中国唐代的官修史学影响了朝鲜半岛、越南和日本一样,近代西方的史学写作模式也为其他地区所效仿。

而且,随着西方强权在整个世界的进一步扩张,西方近代史学的写作形式——叙述体也逐渐成为今天世界各地史家模仿、采纳的对象。到了 19 世纪与 20 世纪之交,系统的史学史著作也不断出现,目的是归纳、总结近代史家的作品及其成就。乔治·古奇的《十九世纪的历史学与历史学家》于 1913 年问世,顾名思义,便是那时出版的多部史学史著作中,比较典型的总结 19 世纪史学成就的一部作品。重要的是,虽然古奇为其掌握的语言所限,无法照顾到世界各地的历史研究,但此书概况的内容,仍然是十分广泛和及时的。古奇不但以当代史学的发展为起始,而且其视角不以西欧、美国为限,也评价和讨论了东欧、北欧、南欧地区的史学作品。这其实反映了一种立场和态度,就是认为西方的历史观念和方法,有"放之四海而皆准"的效应。换言之,西方中心论思维的背后,是启蒙运动的普遍主义理念。正是在这一理念的驱使下,西方学界在叙述自身文明历史的同时,也努力研究非西方,也即所谓"东方"的文明。爱德华·萨义德的《东方主义》一书,便从批判的角度为我们描述了西方近代学术中"东方学"的起源和特点。

在史学史的领域,我们也看到类似的普遍主义尝试。赫伯特·巴特菲尔德是在古奇之后,专门研究史学史的英国史家,其成名作《历史的辉格解释》(*The Whig Interpretation of History*)出版于1931年,让他名闻遐迩。巴特菲尔德之后著述很多,大多讨论西方历史学的起源、特点、与基督教的关系及社会功用。但他在1955年出版了《人心中的过去:史学史的研究》(*Man on His Past: The Study of the History of Historical Scholarship*),其中就将视角移到了中国的史学传统。之后在1969年,与巴特菲尔德一样也在剑桥大学任教多年的浦朗穆出版了《过去之死》,用更大的篇幅将西方史学与中国和其他地区史学在观念和方法上做了比较。

巴特菲尔德和浦朗穆都不是汉学家;浦朗穆更不专门研究史学史。但他们关注中国史学,首先是因为中国有着历史悠久的史书编纂传统,很难被忽视。而另一点则是,他们的心态和做法,与萨义德笔下的西方"东方学家"类似,试图在与中国史学的比较中,突显西方史学的优越和高明。在浦朗穆《过去之死》一书中,这一特点的表现特别明显。此书根据作者1968年在美国纽约城市大学的系列讲座讲稿写成,其主旨是强调在那时的世界,也即战后的世界,历史研究为何仍然重要。由此,浦朗穆几乎必须涉及一下中国史学编纂的悠久传统,因为中国古代对历史记载的重视,已经是一种常识。他在导言中承认其成就但又评论道:

> 显然,像中国高明的圣贤一样,唐代的中国史家无疑比爱因哈德(Einhard, 775—840)和奥托·弗莱兴(Otto of Freising, ca. 1114—1158)及所有中世纪的编年史家要高明许多。但尽管如

此,他们的写作从未突破达到真正历史的最后一道藩篱——他们没有实事求是的企图,没有看到一个社会的智者所构想的社会常常与现实之间存在着冲突。中国史家追求知识的渊博,不过他们没能像西方在最近两百年中那样,发展出一种批判的史学。他们对客观地处理和理解历史,从未尝试过,更谈不上成功。①

浦朗穆认为,问题的关键在于,中国、西方和其他文明中的传统史家,都为"过去"所困,无法从现在的立场来看待、研究过去。他的书分为三章:(1)作为权威的过去,(2)作为命运的过去,(3)历史学的作用。浦朗穆认为,在近代西方出现新的历史观念之前,中西伟大史家,如希罗多德、李维、塔西佗、司马迁、司马光等人,都服从于过去,希望保留有关过去的知识。其中修昔底德或许是唯一的例外,因为修昔底德希望如实地重构过去,不过浦朗穆指出,修昔底德所追求的是人类的普遍真理(人的本性、善与恶、历史的机遇等等),而不是具体的历史事实,所以他会用许多无法核实的对话,也即现在看来掺杂了想象的写作方法。然后他笔锋一转,说到了他称之为"古代中国最伟大的史家司马迁"。他说司马迁的写作,继承了父亲司马谈的遗志,不但他自己的语言重述了古代的典籍,而且也基本相信了那些文献所述的史实。所以总体而言,司马迁的《史记》"是为官吏写的一本有关过去的知识手册。司马迁的著作传递了大量的信息,展现了道德生活的理想状态和实际历史之间的互动。但没有展现我们所熟知的历史批评——没有试图在过去与现在不同这一立场上理解过去"。②

---

① J. H. Plumb, *The Death of the Past*, pp. 13, 14.
② Ibid., pp. 20-21.

浦朗穆对司马迁史学和整个中国史学的看法,显然有明显的偏颇之处,我们将在下面详论。值得注意的是,他的《过去之死》将西方与中国史学对立起来,突出前者的优越和先进,这种明显的"东方主义"的做法,在今天仍然保留着一定的影响。浦朗穆的《过去之死》在1969年出版之后,几次重印,后来在2003年又由英国的帕尔格雷夫-麦克米兰公司出版了第二版。更有甚者,这个版本由当今两位著名史家推荐:哥伦比亚大学的讲座教授西蒙·沙马为之作序、哈佛大学的讲座教授尼尔·弗格森为之写了导言。他们两人都是英国人,前者曾在剑桥大学求学,与浦朗穆有点师生渊源。但无论如何,他们出面为浦朗穆推荐此书,不会完全是出于师生情谊,而是显然也认同浦朗穆的史学观点。还有必要一提的是,浦朗穆在剑桥大学的研究和教学,颇为多样,并无专攻,但他的著作,除了《过去之死》,其他也在后来结集重印。浦朗穆及其史学,因此值得我们进一步研究,或许有助我们了解英国乃至英语世界史学的传统和特点。

像文化传统一样,历史观念一旦形成,无法很快改变。史家杜维运(1928—2012)在其出版于1981年的《与西方史家论中国史学》中,对浦朗穆有专门的介绍,并对浦朗穆所谓中国传统史家的写作"从未突破达到真正历史的最后一道藩篱",做了专门的反驳。① 但杜的著作用中文写就,没有为西方学界注意。1983年史家许冠三(1924—2011)针对浦朗穆和其他西方史家对中国史学传统的批评,在英国的《历史杂志》上用英文发表了《中国的批判传统》,举例说明中国传统史家对史料的谨慎、批判意识和手段。② 可惜此篇文章也

---

① 杜维运:《与西方史家论中国史学》,台北,东大图书公司,1981,第13—16、61—75页。

② 见 Hsu Kwan-san(许冠三), "The Chinese Critical Tradition", *The Historical Journal*, 26:2 (June 1983), pp.431-446。

没有引起多少人的注意,至少的西蒙·沙马和尼尔·弗格森未加采纳。西方有句俗语,你无法叫醒一个假寐的人。其实在浦朗穆写作《过去之死》之前,他剑桥大学的同事、汉学家蒲立本就发表了《中国的历史批评:刘知幾和司马光》一文,指出了中国史家对史料的批判手段和意识。① 或许蒲立本此文对浦朗穆的影响仅仅是,后者主要批评了司马迁缺乏史料批判意识,而没有针对司马光。

由此而言,我们特别需要指出和怀念伊格尔斯先生的胸怀和贡献。伊格尔斯生于德国汉堡,十二岁的时候与父母逃离了德国,幸免希特勒领导下的纳粹德国对犹太人的大规模屠杀。但他在大学主修是法语和西班牙语,到了硕士阶段进入芝加哥大学才转而进修德语。不过他于1951年完成的博士论文,仍然以法国思想为主题,并出版了第一本著作《崇信权威:圣西门派的政治哲学》。他的第二本著作《德意志历史观念:赫尔德以来的历史思想之民族传统》,确定了伊格尔斯在德国史学史上的地位。他之后发表的《欧洲史学的新方向》一书,更让他成为欧洲现代史学的专家。也就在差不多同时,他与时任杜克大学的哈罗德·帕克尔(Harold T. Parker)一起主编了《国际历史研究手册:当代的研究和理论》(1979)一书,其视角就几乎遍及全球。比如有关中国的史学,他便邀请了在他之后几天过世的汉学家阿里夫·德里克(Arif Dirlik,1940—2017)撰写。《国际历史研究手册》是英语世界中,较早一本力图平等地处理各地区史学发展的著作,出版之后颇有影响。不过,伊格尔斯在写作《二十世纪的历史学:从科学的客观性到后现代的挑战》时还主要以欧美史学的发展为线索。此书缘起于伊格尔斯受邀在一个哲学会议上的发

---

① E. G. Pulleyblank, "Chinese Historical Criticism: Liu Chih-chi and Ssu-ma Kuang", in *Historians of China and Japan*, eds. W. G. Beasley & E. G. Pulleyblank, Oxford, Oxford University Press, 1965, pp. 135-166.

言,谈启蒙运动的理性主义及其受到的挑战,由此而发展成书,先在德国出版,之后经他自己修改补充,于1997年出版了英文版,广受好评(此书已经被译成了十多种文字)。

伊格尔斯老师在写作《二十世纪的历史学》时,已经多次与我商讨如何从全球的角度,考察和研究近代史学的变迁。伊格尔斯那时收到了英国老牌的朗曼(Longman)出版公司(也即出版乔治·古奇的《十九世纪的历史学和历史学家》的公司,现已经并入罗德里奇出版公司)的书约,写一部近代史学史。他与出版商商量,邀请我为合著者,将此书的范围从西方扩展到全球,也即以《全球史学史》为标题。这一合作,也促使我自己扩大研究的视角,从中国史学与西方的互动及在近现代的转化,转向考察和比较东亚史学近代化的异同。而为了写作《全球史学史》,我不但负责东亚和东南亚,而且还研究和写就了中东地区的史学传统及其近代转化的章节,让我受益匪浅。[①] 之后我们又邀请了伊格尔斯的印度学生苏普里娅·穆赫吉加入,由她负责印度和女性主义史学的部分。《全球史学史》出版之后,广受好评,除了翻译成中文,还有了俄文版、德文版和希腊文版。伊格尔斯先生作为西方史学史领域全世界公认的权威,不以其专长为限,而是努力突破西方中心论的束缚,推动史学史研究的全球视角,功劳卓著、殊为难得。这不但是他晚年治学的一个亮点,也为史学史的研究,指出了一个新方向,后人无法忽视。

与伊格尔斯老师合作《全球史学史》和其他著作,不但是我的莫大荣幸,同时也让我有机会反思以往史学史研究的偏狭之处。除了

---

① 我曾侧重中日史学近代化路径的异同,写过多篇文章,分别载于《史学理论研究》和《中华文史论丛》等刊物。最近的一篇题为《传统与近代的互动与折衷:清代考据学与明治时期日本史学之变迁》,见黄自进、潘光哲主编:《近代中日关系史新论》,台北,稻乡出版社,2017,第339—388页,亦收入本书。

本文已经谈论很多的西方中心论,我觉得中国史家也需要检讨自己的偏见。我们虽然不满西方中心论,但却又在某种程度上认同西方史家对其他文明的轻视。这一偏见的主要表现是将文字记载的史实视为历史学的主体。我们提及中国传统史学,便常常用汗牛充栋这样的字眼,形容中国史书的丰富,并为之感到骄傲。但如果希望用平等的观点看待所有的文明,认为各地区的人类团体都有历史意识,只是表现形式不同,那么就需要承认,我们的史学史研究,不能仅仅以史家的历史书写为唯一的对象,更不能仅仅以现代意义上的论说文风格写作的史书为基础,否则我们就无法真正走出西方历史观念的藩篱。因为在西方人的眼里,史书需要用"散文"而不是"韵文"(verse)的形式出现。但在其他许多文明(如中东和印度)中,人们用诗性的、韵文的形式记录和反映他们对自身历史的理解和叙述,还有如非洲和其他传统文明的历史意识,甚至采取了口述的、诗歌的形式。毫无疑问,这些以韵文和诗歌形式记载的历史意识,似乎让人感觉不够实证,因为出于押韵、咏唱等需要,词句的选择和表达上受到了一定的限制,似乎无法如作者所愿陈述史实。但其实如后现代主义、后结构主义所指出和强调的那样,即使用论说文形式写作的史书,作者也无法完全做到"我手写我心",完全超然无误地写作,因为语言并不透明;历史书写会有意无意地反映语言的内部结构以及作者本身对文体的偏好。① 因此就本质而言,论说文所陈述的史实与其他文体写作或记录的史实,并没有根本的区别。我们在上面提到的刘勰的《文心雕龙·史传》和刘知幾的《史通》,都用的是骈体文,

---

① 海登·怀特的《元史学》就希图揭橥历史书写在语言层面的"深层结构",对现代史学的影响颇大。怀特认为史家写作受到语言结构和文体的限制,因此历史书写与文学创作无异,显然走得过远,但他揭示语言本身的深层结构及其对写作的限制,却有启发之处。

也即韵文,所以克服将论说文视为历史书写最佳体裁的偏见,不但有助我们从平等的角度看待世界各文明的历史意识及其表现,而且也能让我们充分认识中国传统史学的特点和价值。

二、时代感和批评意识

2017年我与北大李隆国合著了《外国史学史》,我们在序言中强调:以往的经验、事例证明,史学史研究之所以重要,"因为史学史著作的出现,通常是在历史研究经历重大转向之后的产物"。① 这里我觉得有必要重述一下相关的立场。比如刘勰的《文心雕龙·史传》虽然简短,但却勾勒、评价了从先秦到汉代中国史学的起源和成就,认为《春秋》《左传》《史记》和《汉书》奠定了这一历史书写的传统,而在汉代之后,这一史学传统已经走向衰落,于是他有"至于后汉纪传,发源《东观》。袁、张所制,偏驳不伦。薛、谢之作,疏谬少信。若司马彪之详实,华峤之准当,则其冠也"的说法。而到了三国时代,除了陈寿的《三国志》,刘勰对其他著作,更多批评:"至于晋代之书,系乎著作。陆机肇始而未备,王韶续末而不终,干宝述《纪》,以审正得序;孙盛《阳秋》,以约举为能。按《春秋经传》,举例发凡;自《史》《汉》以下,莫有准的。"② 有了这一负面的观察之后,刘勰在《史传》中对历史书写,提出了种种评价和建议,此处不赘。刘勰的《文心雕龙·史传》之所以重要,是因为它在汉代灭亡之后的魏晋南北朝这一历史转折的时期,转而总结、评价了自先秦至汉代的中国早期史学的成就。

同样,刘知幾的《史通》也批评回顾了从先秦到唐代的史学传

---

① 王晴佳、李隆国:《外国史学史》,北京,北京大学出版社,2017,第1页。
② 刘勰:《文心雕龙注释》,周振甫注,北京,人民文学出版社,1981,第170—171页。

统,然后对今后的历史写作,提出了许多建言。与刘勰一样,刘知幾生活的年代,也是一个历史变迁、文化转向的时刻。如果说前者经历了汉亡之后,华北所经受的包括所谓"五胡乱华"的剧变,而后者则目睹和经历了中国历史的一个盛世。从史学史的角度来看,由于唐代皇帝的支持,中国官方史书编纂进入了一个黄金时代——现今流传下来的"二十四史"中有三分之一是由唐代史家编纂的。这一官方修史的传统,在隋唐之后一直为历代朝廷所坚持和发扬光大。而从更为宏观的角度着眼,唐代所建立的官方修史传统,还形塑了朝鲜半岛、越南和日本的历史编纂传统,形成了前近代东亚史学的一大特色。由此来看,刘知幾的《史通》也是在历史转变的重大时刻,对史书编纂的传统加以总结、批评和鉴定的一部出色的著作。

西方的史学史研究,同样如此。上面我们提到的法兰西人朗瑟罗·拉·波佩利尼艾尔和让·博丹的史学史、史学方法的研究,也出现在文艺复兴这个后人视为近代历史开端的时刻。中外史学史的这些先例表明,史学史的研究需要体现时代感,在历史转向的时刻,对以往的史学成就,做出批评性的评价,以助其将来的健康发展。换言之,史学史的研究,不是仅仅为了歌颂和赞扬以往的史学成就,以名家名作为对象。至少研究名家名作,重述他们的功绩,不应该是史学史家的唯一任务,因为这样的研究成果,往往不能有效地帮助读者(历史专业的年轻学生)看到以往史学研究的不足,促进他们批判性的思考,反而会让他们望而却步,觉得自己只能高山仰止、景行行止,在前人的成果面前叹为观止、亦步亦趋,而无法看到自己的机会,以求发挥自己的潜能,在吸收以往成果的基础上,求得进一步的突破,从而促进史学的新的进步。

伊格尔斯老师的治学,在这方面为我们提供了一个很好的例子,可以作为参考。上面已经提到,虽然德语是他的母语,他12岁移民美国之后一直在家里使用德语,而且还掌握了与德国人一样的阅读、写作水平，但他从大学时代起就选择研究拉丁语系的语言和文学，到了研究生阶段也同样如此，他的博士论文以法国圣西门派的哲学思想为题。伊格尔斯之研究圣西门派的思想，与他自博士候选人阶段开始，支持、参与和领导美国南方小石城的民权运动，显然有明显的联系。在伊格尔斯的追悼会上，他的孙女对我讲了她对祖父的一个印象，那就是伊格尔斯从来不愿去美国垄断企业如麦当劳和沃尔玛这些地方购买食品和日用品，因为他与这些垄断资本家，没有共同的立场。伊格尔斯一生，都是一个西方社会主义者，与他博士论文的主题一致。顺便提一下，2016 年的美国总统大选，他曾坚定地支持伯尼·桑德斯（Bernie Sanders），不但是因为桑德斯像他一样，曾是民权运动的积极分子，而且也因为桑德斯的竞选方案，有不少社会主义的因素（如提出美国州立大学应该免除学费等）。

  伊格尔斯的《德意志历史观念》一书，让他名闻遐迩，确立了他在史学史领域的领先地位。此书的写作，不仅是为了解释德国的兰克史学及其弟子，如何为近代科学职业史学奠基，称颂他们的伟大功绩。其实，伊格尔斯此书的写作及其之后对兰克史学的研究和出版，都采取了一种十分明确的批评立场。像二战之后许多年轻一代的德国史家如汉斯-乌尔里希·维勒（Hans-Ulrich Wehler，1931—2014）、于尔根·科卡、约恩·吕森一样，伊格尔斯希图检讨德意志民族的文化传统及其在 1871 年的统一，如何影响了德国在 20 世纪的一系列作为，比如发动了两次世界大战等。维勒和科卡从社会、政治等角度着手，检讨德意志民族走向近代的历程和特点，而伊格尔斯从史学思想的角度，为战后德国人如何看待自己的过去，提供了一个思考的途径。换言之，伊格尔斯的写作，反映出十分明确的时代感，批判性地分析了近代德意志人向来引以为傲的史学传统。《德意志历史观念》在美国出版之后，学界评价很高，但在其之后不久出版的德文版，则让伊格尔斯在德国声誉卓著，名声更大。他逝世之后，德国的各大媒体,都登载了较大篇幅的讣告。本文写作的时候,德国的史家们正在筹备一系列对他的纪念活动。

伊格尔斯之后的著作,同样充满了时代感和批判意识。他在1975年出版的《欧洲史学的新方向》,批判性地总结了战后欧洲史学的新发展,也即在兰克史学之后的种种新气象。顾名思义,《欧洲史学的新方向》以指出和分析欧洲史学的"新"方向为题,而伊格尔斯认为,这一新方向以法国的年鉴学派、德国的历史社会学(抑或"历史的社会科学")派和英国的马克思主义史学为代表。他的这一见解,为学界所认可。而他在1997年写作的《二十世纪的历史学:从科学的客观性到后现代的挑战》一书,不但在20和21世纪之交写作,以求总结20世纪历史学的发展轨迹,更想针对后现代主义对近代史学的批评和冲击,做出批判性的分析。伊格尔斯与海登·怀特认识多年,私交不错,但他不认同怀特贬低启蒙运动的理性主义,将史学与文学相提并论的做法。此书的结尾,伊格尔斯这样写道:

> 后现代主义思想对当代史学做出了实质性的贡献,有助人们警惕乌托邦式的空想和对进步观念的轻信。但是这一贡献不是让我们丢弃甚至摈斥启蒙运动的遗产,而是要对其做批判的反思。本书所考察的新社会史和新文化史的开展,大致来说也是为了这个目的。启蒙运动可以批判,但如果将之摈弃,则会走向野蛮主义。①

由上可见,伊格尔斯对于后现代主义这一新思潮的出现,有着清

---

① Georg G. Iggers, *Historiography in the Twentieth Century: From Scientific Objectivity to the Postmodern Challenge*, Hanover, Wesleyan University Press, 1997, p. 147. 此段结语由笔者所译,读者也可参考此书的中译本,见格奥尔格·伊格尔斯:《二十世纪的历史学:从科学的客观性到后现代的挑战》,何兆武译,沈阳,辽宁教育出版社,2002,第169页。

醒的认识,虽然看到其产生的缘由及其益处,但在总体上抱持一种批评的态度,无意追捧时髦,人云亦云。后来伊格尔斯在与我和苏普里娅·穆赫吉合作的《全球史学史》中,又重申了这一立场,希望此书的写作既能从全球的视角展现历史意识和实践的异同,又能有助当代史家在后现代主义的冲击下,仍然保持着清醒的头脑,不会因为后现代主义对史学客观性的批评而让人放弃对历史真相的追求。该书的导言基本由他起草,在其结尾的地方,伊格尔斯老师这样写道:

> 与19世纪专业史家的信念不同,我们深知理性探索的局限,因为我们对许多事件都无法获得完全明确的答案。我们也承认历史书写常常呈现不同的甚至对立的观点,而且这些不同和对立还无法找到确切的证据来克服。可是,虽然史家不可能明确无疑地重构过去,但他们常常有可能揭示比如为了服务于政治意识而做出的错误的历史陈述。[1]

据我所知,这是伊格尔斯晚年一贯坚持的立场,也在其他场合多次重申了这一看法。总之,从伊格尔斯一生对史学史领域的耕耘,让我们看到史学史的研究,需要重视时代变迁对历史书写的影响,不断更新史学史的内容,而与此同时,对于史学界出现的新思潮、新现象、新流派,又需要从批判的立场加以考察、分析和鉴定。

在本文结束之前,让我们再回到浦朗穆的《过去之死》一书。中国有句成语:开卷有益。浦朗穆对中国传统史学的批评,显然很不中听,表现出对中国传统史学的一种无知和偏见。但从他写作的主旨来看,比较中西史学乃至贬低中国史学,其实并不是他的主要目的。而此书在出版之后再版,到2003年又重印,也主要不是因为西方学

---

[1] Georg G. Iggers, Q. Edward Wang & Supriya Mukherjee, *A Global History of Modern Historiography*, London, Routledge, 2017, p. 15.

界认为浦朗穆做的比较史学,有多少值得借鉴之处。其实,浦朗穆在20世纪60年代末应邀到美国纽约城市大学开系列讲座,其目的是希望重振历史学家的信心,因为历史研究在战后的时代,特别是在风起云涌的20世纪60年代,经历了重大的变迁,受到了有力的挑战。但对浦朗穆而言,这些挑战没有动摇近代史学的基础。所以此书的写作,也在一定程度上体现了一种时代感。当今史家推荐和出版家愿意重新出版此书,更多是因为此书体现了浦朗穆对史学在那个变动的时代所做的一系列思考,对今天的读者或许有某种启发性。

但是,浦朗穆《过去之死》整本书的写作及其论点的展开,却陷入了一种似是而非的悖论。从书的论旨和结构而言,浦朗穆希望史家能走出过去的束缚,认识到过去与现在的不同,从而不盲目崇信过去的权威和经验,然后在现在的立场上重新审视过去,用批判史料的手段写作历史,重构过去。这一立场与他的同胞爱德华·卡尔(Edward H. Carr, 1892—1982)在《历史是什么?》一书中所说历史是"过去与现在永无止境的对话"的立场相似。同时,浦朗穆认为近代史学的优点就是能从今天的立场重写历史,也与古奇在《十九世纪的历史学与历史学家》中对当时的史家如巴拓德·尼布尔(Barthold Niebuhr, 1776—1831)、兰克等人成就的评价,十分相似。尼布尔用新的史料,重新写作罗马史,不再拘泥于罗马史家李维、塔西佗的论说,而兰克以民族国家为单位写作历史,也体现和代表了19世纪史学的一个特色。所以浦朗穆对西方近代史学的认识及由此出发对中国传统史学的批评,都显得有点老调重弹,重复了前人的见解,缺乏新意。更有甚者,他论点的似是而非主要表现在,如果一个史家从现在的立场检查、重构过去,那么即使引用严格考证过的史料,其著述显然还是无法像浦朗穆所说的那样,客观无误地重现历史的真相。这里的道理很简单,从现在的立场出发写作历史,本身就代表了一种主观的意图,史料的使用是否经过批判、考证,并无法保证其历史书写毫无偏见。如同一个人用相机摄影,其照片上反映的人物和事件当然准确无误(故意造假的不在讨论之内),但摄影师的取景角度和选择的对象,都自然会反映出某种无法克服的偏见。

浦朗穆对中国传统史学的批评,认为中国史家过于尊崇过去,由此而无法企及客观和批判的史学,并无道理。如果我们根据他的思路,承认历史研究和书写是过去与现在永无止境的对话,那么中国的史学传统,向来强调鉴往知来,也即从过去的经验中汲取有益的教训来嘉惠现在、指导将来。所以,现在的立场在中国传统史学的观念和实践中,扮演了相当重要的角色;中国史家的做法,与西方及其他文明的历史实践,因而没有本质的区别。浦朗穆的历史反思表现在:他指出历史研究应该从现在的立场出发,回顾过去、重构过去,由此而企图复兴历史的社会功用。这一观点其实与兰克表彰的"如实直书"立场,已经有了明显的不同,因为一般人对"如实直书"的理解,是希望史家能实事求是、为历史而历史来写作。但浦朗穆在批评中国史学的时候,又俨然以近代客观、批判史学的面目出现,指责中国史家无法达到西方近代史学那么高的成就。其实,如果像他说的那样,中国传统史家十分尊崇过去,那么这一尊崇心理会让他们更为关注史料的确证和史实的可靠,丝毫不想有损过去的真实。而西方近代史学从现在的立场研究过去,则显然更容易将历史为我所用,从而歪曲了历史。

中国还有一句成语:兼听则明。浦朗穆对中国传统史学的批评,存在偏见和漏洞。但正如我们在本节中指出的那样,史学史的研究需要采取一种批评的立场,从而为今天的史家指出改进其研究和写作的可能。浦朗穆对司马迁的批评,虽然有所偏颇,但司马迁作为生活在两千多年前的古代史家,其治史方法、观念和立场与今天有了诸多不同,对之有所批评,本身并不是一件坏事。如果做得得体,这些批评能展现现代史家希图进一步改进历史研究的期望和信心。举例而言,司马迁创立的纪传体,为后代史家所继承,在唐代更被确立为官方修史的正统体裁。但这一长达二千多年的历史书写体裁,在20世纪《清史稿》的编纂之后,便退出了中国史学的舞台。可惜,如同我在一篇文章中已经指出的那样,我们的史学史研究和司马迁研究,都没有对纪传体的得失和司马迁史学对今天的相关意义,做出深入、细致和平实的讨论和分析。① 相反,我们似乎仍然守着"为尊者讳"的传统,提到司马迁便推崇备至,唯恐称颂、赞美不及。这种做法,并不利于今天的中国史家继承和扬弃过去的遗产,推动中国历史研究的进一步发展。以上的意见,草率成文,还望得到读者、方家批评指正。

载《史学史研究》2018年第1期

---

① 参见王晴佳:《中国史学的西"体"中用——新式历史教科书和中国近代历史观之改变》,《北京大学学报》2014年第1期。

第二部分
中西融汇

第六章　欧亚"国史"之比较研究
——帝国之后史学变迁一例

比较研究在历史研究中十分常见。当今全球史的蓬勃开展,更是将文明、地区之间的比较,推向了一个新的高度。比较研究既可以运用在历史研究中,也可以用来考察历史写作和编纂的异同。本文的写作就是一个尝试。就比较史学(comparative historiography)的开展而言,中文学界对中西两大文明中的史学传统的比较,已经出现了不少论著。杜维运先生的《与西方史家论中国史学》便是较早的探索,其他学者的相关成果也不时出现。在已经出现的中西比较史学的论著中,不少人倾向比较两位"史学之父",即西方古希腊的希罗多德和中国汉代的司马迁。但笔者以为,虽然希罗多德和司马迁对中西两大史学传统的起源和发展做出了杰出的贡献,但他们两人所处的时代、学术的背景及其著述本身,其实并没有太多可比之处。况且就中国史学的起源而言,孔子的作用不可小觑——司马迁本人也承认他之写作《史记》,在很大程度上是希求继承和发扬孔子的榜样。

与前人的研究不同,本文的写作试图转换一下视角,比较中国汉帝国和欧洲西罗马帝国衰亡之后史学写作的领域所出现的一系列变化。笔者这样做主要出于两个原因,首先是汉帝国和罗马帝国作为中西古代文明的两大中心,其兴衰变迁,尤其是它们衰亡之后对亚洲和欧洲的影响,颇有不少相似、可比之处。其次是比较研究罗马帝国和汉帝国的历史著作,在西方和中国都已经有人尝试,但似乎少人具体探讨、比较两大帝国之后史学传统变化的异同。依笔者管见,帝国之后欧亚史学编撰的变化,主要表现在以下几个方面。首先,帝国衰亡之后,大一统的局面不复存在,促使史家尝试用新的、不同的角度考察历史的变动。其次,以往帝国的影响或阴影,则又时时和持久地存在,逼使史家在写作中更多地考虑历史的过去与现在的问题。复次,以上这些变动造成历史著述的相对繁荣,其史书数量相较以往的阶段有明显的增加。最后也是颇为值得讨论的是,上述这些情形下形成的史学,其现实的功用,特别是与政治的关系,相较以往的史著表现得更为明显。总之,从中西两大史学传统的发展、演变而言,汉帝国与西罗马帝国之后的历史编纂和著述,形成了一个新的范式和传统,不但与前代相较出现明显的差异,而且形成之后对此后的史学研究也产生了显著的影响。对于上述的变化,本文将选择从中国乃至亚洲的"国史"和欧洲的"民族史"(national history)或"蛮族史"(barbarian history)入手,比较它们的异同,详细讨论此类史书写作的缘起、特点及其所反映的历史观念、史学方法和功用等方面的变化,并强调它们如何有效地形塑了后世的历史著述。笔者认为,虽然名称略有差异,但亚洲的"国史"和欧洲中世纪以单个民族为主的王国史写作,具有不少共同的特点——后者亦可以用"国史"来称呼。

一、"国史"——史书抑或官职?

让我们先从中国史学的变化说起。中国人一般对自己悠久的史学传统,十分自豪。但如果将司马迁视为中国"史学之父",那么其长度与西方相较,则未免相形见绌,因为希罗多德生活的年代,比司马迁要早上几个世纪。如果我们将西方文明的源头追溯至埃及和两河流域,那么其长度则又要加长不少。当然,笔者并无意仅以长度来比较中西史学的成就。我想指出的是,在司马迁之前,中国的历史写作已经出现了一个相对独特而又影响深远的特征,那就是史官的出现。我们将中国史学与其他文明的历史写作相比较,似乎必须从这一点入手。中国古代文献中很早就出现了"史",其含义并不十分明确,但学者大都理解为一种官职,其职事颇为宽泛,大凡世上甚至天上发生的种种现象,都在"史"记载的范围。于是,用现代语言理解"史"的职事,或许以记载史实和起草文件的文书比较合适。到了周代,政府职能扩大,史官的功用显得更为重要,出现了内史、外史、御史、大史和小史,各有职守,亦有等级之分。这些史官的名称,在周代及其之后,出现了一些变化,如司马迁所任的太史,便是由汉代皇帝设置的,其职责以记载天象为主。

与本文研究相关的则是"国史"这一称呼的出现,如《孔丛子》一书有"古者人君,外朝则有国史,内朝则有女史。举则左史书之,言则右史书之"之句。[①] 但《孔丛子》是否成书于汉代及其是否为孔子八世孙孔鲋所撰,都为后世所疑,一般估计是汉代之后、唐代之前的作品。另外一个记载见于《后汉书》:"既而有人上书显宗告固私改作国史者……"此事牵涉史家班固,因此让人颇为熟知。[②] 这两个记载让人看到,"国史"名称的出现大致是汉代之后的事情,包括了双重的含义:既指官职,又指史书。国史作为官职,也出现在汉代之后的另一本史书《三国志》中,如吴国就设立了"左国史"和"右国史",其具体负责的职事像先秦文献就出现的左史和右史一样,并不十分明确。但这一问题的存在并不妨碍我们讨论"国史"出现在史学史上的重要性。无论指的是官职或史书,所谓"国史"均有以"国"为限的意思。这一意思自然让我们联想到《国语》和《战国策》,因为这两本书处理的对象,不是"普天之下,莫非王土"的"天下",而是周王朝

---

① 见孔鲋:《孔丛子》卷六,《四部丛刊》景明翻宋本。
② 范晔:《后汉书·班固传》卷四十上。

之下的邦国。而把邦国而不是天下作为写作的对象,反映的是周王朝后期王权衰落的状况。以《国语》而言,其书的基础出于周代各诸侯国史官的记录,但此书在战国时期独立成书,显然是当时列国纷争的一个写照。而《战国策》的内容,更反映了当时邦国林立、相互争霸,诸侯、策士纵横捭阖、争权夺利的局面。回溯周代的史学,魏晋的刘勰有"诸侯建邦,各有国史,彰善瘅恶,树之风声"的说法。这里的"国史",大致指的是以邦国为对象编写的史书。

公元前221年,秦国征服了其他各国,统一了天下,但其功业很快为继起的汉朝所继承。大一统天下的重建,使得史家的眼光从邦国再次放大到整个帝国。换言之,司马迁在汉代的出现,并非偶然。笔者虽然注重孔子对鲁国国史的改造及其《春秋》对中国史学发展的普遍意义,但不得不承认,处于周室衰微、礼崩乐坏时代的孔子,即使有回天之志,他还是无法想象自己能"究天人之际,通古今之变"的。的确,孔子不太谈天,这一方面表现了他的敬畏之情,另一方面也显现他对天是否一定关照人世,信心不足。司马迁对此有一段生动的记述:

> 鲁哀公十四年春,狩大野。叔孙氏车子鉏商获兽,以为不祥。仲尼视之,曰:"麟也。"取之。曰:"河不出图,洛不出书,吾已矣夫!"颜渊死,孔子曰:"天丧予!"及西狩见麟,曰:"吾道穷矣!"喟然叹曰:"莫知我夫!"子贡曰:"何为莫知子?"子曰:"不怨天,不尤人,下学而上达,知我者其天乎!"①

据说在获麟之后,孔子便绝笔了。与此相对照,司马迁经历了奇耻大辱,还立志"成一家之言",并举前人的例子激励自己说,所有以往的名篇,"大抵贤圣发愤之所为作也。此人皆意有所郁结,不得通

---

① 司马迁:《史记·孔子世家》,北京,中华书局,1959,第六册,第1942页。

其道也,故述往事,思来者"。其实如上所述,司马迁继承其父司马谈担任的太史一职,以记录天象为主,并不一定有写作史书的任务。据牛润珍的研究,史官与天官的职责在汉代逐渐分道扬镳。① 换言之,作为天官,"究天人之际"或许是本分的工作,而"通古今之变,成一家之言"则大抵可以视为司马谈、司马迁父子个人的行为。上述班固被人以私改作国史而告发入狱,也可以理解为从先秦至汉代,至少在汉明帝(28—75)设兰台令史之前,撰写历史大都是私人的行为——史官的主要任务是记载事实。因此唐代刘知幾有如下的分析:

> 书事记言,出自当时之简;勒成删定,归于后来之笔。然则当时草创者,资乎博闻实录,若董狐、南史是也。后来经始者,贵于隽识通才,若班固、陈寿是也。必论其事业,前后不同。然相须而成,其归一揆。②

由此我们也许可以更好地理解为什么司马迁在写出《史记》之后,并不指望公诸于世,而是希望藏之名山;而班固在班彪记录的基础上,希图展现自己的"隽识通才",却受人指责入狱的缘故了。这或许是因为中国古代史官的主要职责是"书事记言",并不是"勒成删定"——后者是留给后人的工作,而司马迁和班固,当然还有其他的同代人,却希图"越位",私下利用已成的史料撰写史书了。当然司马迁和班固之间的差别还是明显的,《史记》的写作虽然以汉代为重,却也概括了前代的历史,而《汉书》则如题目所示,径以汉代的历史为对象。可幸的是,班固的行为,最后得到了皇帝的认可,于是他后来得以公开继续撰写。从这一点来看,班固专注写作汉代历史的

---

① 牛润珍:《汉至唐初史官制度的演变》,石家庄,河北教育出版社,1999,第39—41页。
② 刘知幾撰:《史通通释》,浦起龙释,上海,上海古籍出版社,1978,第325页。

选择,也许还体现了皇帝的意志。

班固所做的《汉书》,现在称为断代史,而在范晔笔下,则是"国史"。因此如果将国史理解为史书,那么还有其特定的含义,那就是有关当代、当朝的历史。从这一点上来理解意为官职的"国史",也就是负责记录当朝历史的史官了。《华阳国志》的作者常璩(约291—361)在解释他写作目的时说:

> 古者国无大小,必有记事之史,表成著败,以明惩劝。稽之前式,州部宜然。自刘氏祚替而金德当阳,天下文明,不及曩世,逮以多故。族祖武平府君,汉嘉杜府君,并作《蜀后志》,书其大同,及其丧乱。然逮在李氏,未相条贯。又其始末,(或)有不详。第璩往在蜀,枥沐艰难,备谙诸事,故更叙次,显挺年号,上以彰明德,下以志违乱,庶几万分有益国史之广识焉。①

简单说来,他决定编写《华阳国志》,目的是增进当朝的国史有关某个地方(四川)的历史知识。在常璩所处的年代,国史的写作看来已经成了一个流行的史学实践,其表现为"国史"一词的频繁使用,不但指官职,也指该官负责编写的史书。如沈约的《宋书》记载了汉代之后史书编写的变迁:

> 东京图书在东观。晋武帝以秘书并中书,省监,谓丞为中书秘书丞。惠帝复置著作郎一人,佐郎八人,掌国史。周世左史记事,右史记言,即其任也。汉东京图籍在东观,故使名儒硕学,著作东观,撰述国史。②

由上可见,国史抑或当朝史的编纂,还有其他官员负责。如东汉

---

① 常璩:《华阳国志》卷八《大同志》,见《二十五别史·华阳国志》,济南,齐鲁书社,1998,第100页。

② 沈约:《宋书·百官下》,北京,中华书局,1974,第1246页。

便曾设著作或著作郎一职,负责当朝史书的编纂。三国时期的魏蜀吴继续保留了这一位置,有的还在此后加设著作佐郎,担任其副手。著作郎和著作佐郎的工作就是编纂国史这样的史书。

在魏晋南北朝时期,鉴于编写国史需求的增长,不少王朝将国史定为一个官职。与南朝沿袭汉代史官的传统相对,这一现象在北方王朝中似乎更为明显。如魏收(507—572)的《魏书》在其列传第二十四讲叙李顺及其家族时,有如下的记载:

> 熙族孙同轨。体貌魁岸,腰带十围。学综诸经,多所治诵,兼读释氏,又好医术。年二十二,举秀才,射策,除奉朝请,领国子助教。转著作郎,典仪注,修国史。迁国子博士,加征虏将军。①

此处的"修国史"便是新设的官名。相似的记载还见《魏书》列传第三十一:

> (房)景先,字光胄。幼孤贫,无资从师,其母自授《毛诗》《曲礼》。……昼则樵苏,夜诵经史,自是精勤……时太常刘芳、侍中崔光当世儒宗,叹其精博,光遂奏兼著作佐郎,修国史。寻除司徒祭酒、员外郎。侍中穆绍又启景先撰《世宗起居注》。②

隋朝统一中国之后,其君主也重视国史的编纂,但因为王朝存在的时期短暂,所以成果无可称道。但国史的编纂在之后的唐代出现了更为长足的发展。如果"二十四史"是中国传统史学傲人的成果,那么由唐代史家修撰的就占了八部,达三分之一之多。唐代史家所撰的前代国史中,如李百药(564—648)的《北齐书》记载在北齐朝,也出现了"修国史"这样的官职,如其卷二十四、列传第十六杜弼条称他次子杜台卿"字少山,历中书、黄门侍郎,兼大著作,修国史"。

---

① 魏收:《魏书·李顺传》,北京,中华书局,1974,第848页。
② 《魏书·房法寿传》,第978页。

另,卷三十五、列传第二十七有陆卬"除中书侍郎、修国史"的记载。唐代史家房玄龄等人所撰的《晋书》,也有国史为官职的记载:

> 中兴草创,未置史官,中书监王导上疏曰:"夫帝王之迹,莫不必书,著为令典,垂之无穷。宣皇帝廓定四海,武皇帝受禅于魏,至德大勋,等踪上圣,而纪传不存于王府,德音未被乎管弦。陛下圣明,当中兴之盛,宜建立国史,撰集帝纪,上敷祖宗之烈,下纪佐命之勋,务以实录,为后代之准,厌率土之望,悦人神之心,斯诚雍熙之至美,王者之弘基也。宜备史官,敕佐著作郎干宝等渐就撰集。"元帝纳焉。宝于是始领国史。①

同时,《晋书》其他地方也将国史释为史书。如晋朝重臣徐广,就曾被举荐承担编写国史的工作:

> 尚书奏:"左史述言,右官书事,《乘》《志》显于晋郑,《春秋》著乎鲁史。自圣代有造《中兴记》者,道风帝典,焕乎史策。而太和以降,世历三朝,玄风圣迹,倏为畴古。臣等参详,宜敕著作郎徐广撰成国史。"于是敕广撰集焉。②

国史由专任的官职负责,显然表现了其重要性。唐代在这方面尤其突出,因为国史的编纂在那时多由宰相负责,于是唐朝的史官又有了新的称呼——"监修国史"或"兼修国史"。《旧唐书·职官》中的"史馆"条这样描述:

> 历代史官,隶秘书省著作局,皆著作郎掌修国史。武德因隋旧制。贞观三年闰十二月,始移史馆于禁中,在门下省北,宰相监修国史,自是著作郎始罢史职。及大明宫初成,置史馆于门下

---

① 房玄龄等:《晋书·干宝传》,第2149页。
② 《晋书·徐广传》,第2158页。

省之南。馆门下东西有枣树七十四株,无杂树。开元二十五年三月,右相李林甫以中书地切枢密,记事者官宜附近,史官尹愔奏移史馆于中书省北,以旧尚药院充馆也。①

同时,《旧唐书》还有宰相任"兼修国史"的记载,如"夏四月壬午,以朝议大夫、守太常卿、兼修国史杨绾为中书侍郎,尚书礼部郎、集贤院学士常衮为门下侍郎,并同中书门下平章事"及"绍少子圉师,有器干,博涉艺文,举进士。显庆二年,累迁黄门侍郎、同中书门下三品,兼修国史"。② 有的时候,兼修国史还由其他官员担任,如唐太宗器重的大臣张公谨(594—632)之子大素,《旧唐书》记为:"(张)大素,龙朔中历位东台舍人,兼修国史,卒于怀州长史,撰《后魏书》一百卷、《隋书》三十卷。"③

笔者在上面不厌其烦地详述国史作为官职的创设及其演变,目的是指出国史编纂在汉代之后、也即汉唐之间的不断发展及其走向繁荣。的确,除了李延寿的《南史》和《北史》,唐代史家编修的多是国史,抑或西方史家所谓的"state history"或"national history",以单个政权的兴衰为对象。这一取径,显然与司马迁的做法颇为不同。或许有人会说,这一传统始自班固的《汉书》,这当然没有错。但如上所述,班固之专注汉代的历史,有着一些偶然的因素,如皇帝的干预等。更重要的是,班固写作的初衷是接续司马迁,因此他没有描述汉代之前的历史,似乎情有可原,甚至理所当然。④

---

① 刘昫等:《旧唐书·职官二》,北京,中华书局,1975,第1852页。
② 《旧唐书·代宗纪》,311页;《旧唐书·许绍传》,第2330页。
③ 《旧唐书·张公瑾传》,第2507页。
④ 笔者在2015年6月北大的"断裂与转型"的会议上,曾用英文发表了此论文的一些初步构想,与会者、普林斯顿高等研究院的狄宇宙(Nicola Di Cosmo)曾提问,询我如何考虑班固对于国史写作的影响。此处的相关讨论既是对他发问的回答,也想表达我对他提问、促我思考的谢忱。

易言之,班固尽管是中国史学中断代史的鼻祖,但写作断代史、王朝史传统的真正建立,却是在汉代之后,也即从魏晋南北朝至唐代的阶段中形成一个传统的。这一定式的确立,反映的是历史编纂与政府国家的紧密关系,也即中国历史著述官方化过程及其结果,对此笔者将在下面再讨论。在此有必要指出的是,唐代史家刘知幾对官修历史颇有批评,此点也为学界所熟知。但重要的是,刘知幾在比较司马迁和班固的时候,却明确贬前者而褒后者。而有趣的是,刘知幾对司马迁的不满,却正是其他许多人称赞司马迁的地方,那就是司马迁宏阔的视野和通史的实践:

> 寻《史记》疆宇辽阔,年月遐长,而分以纪传,散以书表。每论家国一政,而胡、越相悬;叙君臣一时,而参、商是隔,此其为体之失者也。兼其所载,多聚旧记,谓采《国语》《世本》《国策》等。时采杂言,故使览之者事罕异闻,而语饶重出,此撰录之烦者也。①

换言之,刘知幾认为司马迁虽然有贯通古今的想法,但其作品呈现的史实却并不连贯,而且由于他希图概述前代的历史,因此所用史料不免道听途说。与之相较,刘知幾指出班固开创的当代史写作,是后代修史的楷模:

> 历观自古,史之所载也,《尚书》记周事,终秦缪;《春秋》述鲁文,止哀公;《纪年》不逮于魏亡,《史记》唯论于汉始。如《汉书》者,究西都之首末,穷刘氏之废兴,包举一代,撰成一书,言皆精练,事甚该密。故学者寻讨,易为其功,自尔迄今,无改斯道。②

---

① 《史通通释·六家》,第19页。
② 同上,第22页。

作为唐代官修史书的参与和批评者,刘知幾对司马迁的批评和对班固的称赞,更让人看到国史作为一种史书体裁在汉代之后的流行,若有无可阻挡之势。

二、"民族史"在欧洲的出现

上面已经指出,就中西史学传统的发轫而言,其可比性并不很多。古代希腊史学之源头,来自诗歌和史诗,而诗歌作为文化的最初形式,在古代文明中比较常见。如中国的《诗经》,也常被视作"六经"之首。但《诗经》虽然有史料价值,但不是史学写作。同样《荷马史诗》也非史学作品。古代希腊的初始的史学作品,出自一批所谓"纪事家"或"故事收集者"(logographer)之手,其中贺卡泰乌最为重要。他们的作品有三大特点,一是对希腊神话的摈弃,二是对同期波斯文化的关注和吸收,三是他们作品所采用的散文而不是诗歌的形式。在20世纪初年,英国剑桥的钦定史家约翰·伯里(John Bury,1861—1927)强调指出,贺卡泰乌等"故事收集家"使用散文来写作,为历史学的诞生创造了条件。① 他的意思是说作者采用了散文而不是诗歌能在写作中更好地保存和展现史实。伯里的这种态度现在看来含有一定的偏见,因为就保存历史意识而言,诗歌同样有效。但伯里的看法,却让中西古代史学有了可比之处,因为古代中国的史书如《春秋》和《左传》,也采用了散文而不是韵文或诗歌的形式。

不过,上述也许就是中西古代史学的最大可比之处了。与古代中国不同的是,古希腊没有史官,史学基本是史家个人所为。由此古

---

① John Bury, *The Ancient Greek Historians*, New York, Macmillan Company, 1909, pp. 16-17.

代希腊史家不像古代中国的史官那样,以"书事记言"为主要工作。相反,他们不但需要记载历史事件,又必须"勒成删定",建构历史的叙述。如希腊史学之父希罗多德,其作品出自他在广场上面对听众的大声宣读,因此呈现故事的生动性和连贯性为其必须。① 生动性让希罗多德注意讲好故事,而连贯性促使他对事件的来龙去脉加以探究。因此"历史"一词在希腊文中的含义是"通过调查获取的知识"。换言之,与以前的"故事收集者"不同,希罗多德不仅只是采集一些传言,而且想将其贯通起来,构成历史叙述,于是他被誉为西方"史学之父"。之后的修昔底德则又进了一步,其所著的《伯罗奔尼撒战争史》不但主题更为集中,而且更努力地探求历史的因果关系,为此他也更注意历史事件发生的时间关系。② 于是,古希腊和之后古罗马的史家,均是语法家(grammarians)、演说家或修辞家(rhetors),十分注意修辞造句,也即不但运用散文,而且希望写出美文。而商周时代的史官主要是文书(scribes, clerk),其记录未免流于固定的程式,由此而引起孔子的不满,以致他修改鲁国的《春秋》,属辞比事,创造了"春秋笔法"。③ 古希腊史学与先秦史学的重大差异,在此可见一斑。

但罗马帝国的建立,则让其史学写作与中国汉代的史学,呈现出

---

① 有关古希腊史家将之作品于广场上宣读的研究,详见 Angelos Chaniotis, *Historie und Historiker in den griechischen Inschriften: epigraphische Beiträge zur griechischen Historiographie*, Stuttgart, Steiner Verlag Wiesbaden, 1988。

② 参见 Thomas F. Scanlon, *Greek Historiography*, Malden, Wiley Blackwell, 2015, pp. 10-11。

③ 孔子尝言:"文胜质则史,质胜文则野,文质彬彬,然后君子。"这里的"史",现在常将之视为过于斯文,其实不通。孔子第一句的意思其实指的是史官的风格,而"文胜质则史"指的不是写作过于浮华,而是指史官的记录,常常流于形式,不能很好地呈现事物的本质。笔者对这句话的理解,曾就教于已故的庞朴先生,特此申明。

较多的可比之处。首先，虽然古罗马没有专设史官，但史家如李维、塔西佗和苏维托尼乌斯(Suetonius，约69—122)，均曾在帝国供职，不但与当权者有互动和关联，而且还能接触和利用宫廷的档案。另外一些史家如凯撒、萨鲁斯特和阿匹安，则出身官僚世家，本人又曾任重要的官职，对诸种政事及其变迁有深入其内的知识。而且，虽然现存罗马史学的作品，残缺不全，也许只是冰上一角，但还是能反映出罗马共和，特别是帝国时期史学的发达。有人把罗马史学作品分为两类：一类为编年史，另一类是叙述史，但其实其中的界限并不明显，比如塔西佗就既著有《编年史》，又写有《历史》。不过编年史的编修，在某种程度上或许可以与中国古代史官"书事记言"的传统相比仿。其次，正因为罗马人很早就有将史事编年记载的传统，所以罗马史家相对古希腊史家，具有更多连贯发展的视野，也即通史的眼光。而罗马在地中海地区乃至欧洲南部大一统地位的建立——Pax Romana——为其史家尝试写作通史乃至世界史，亦创造了前所未有的条件。罗马时代不仅出现了多部"通古今之变"的著作，如波里比阿的《通史》、李维的《建城以来史》，而且还有狄奥多鲁和通古斯·庞培的多卷本《世界史》，颇有司马迁"究天人之际"的宏阔眼光，描述和呈现他们的所知世界(oikoumene)。复次，与古希腊史学相比，罗马史学显然更具"官方色彩"，因此其史家更为重视史学的政治镜戒功用和道德训诲功能。这一点与班固"究西都之首末，穷刘氏之废兴"以及"纬六经，缀道纲，总百氏，赞篇章，函雅故，通古今"的企图，颇能相比。① 最后，除了历史悠久的编年记载的传统，罗马史学还有注重人物传记的特点，苏维托尼乌斯和普鲁塔克均以此体裁的

---

① 前句引刘知幾"六家"，后句出自班固《汉书》"叙传"下。此段对罗马史学的概括，亦可参考王晴佳《西方的历史观念：从古希腊到现在》(北京，北京师范大学出版社，2013)，第三章。

作品而闻名于世。或许在一个不同的程度上,我们也可将之与纪传体在汉代的兴起相比较。① 毋庸赘言,纪传体在此之后成了中国史学的正统体裁,而传记类的史书写作,也在罗马帝国灭亡之后,仍然在中世纪和近现代欧洲大行其道。

如上这些罗马史学的特点,与持久而又庞大的罗马帝国的建立和扩张,显然有着密切的关系。但需要指出的是,西罗马帝国于476年灭亡之后,这些特点并没有都成为明日黄花,随着帝国的消失而荡然无存。相反,其中不少仍然对中世纪欧洲的历史著述,产生了明显的影响。但无论如何,从"3世纪危机"开始到7世纪,也即在所谓的"古典晚期"(late antiquity),欧洲史学在总体上逐渐出现了种种新的现象,导致古典史学走向终结。用布莱恩·克罗克(Brian Croke)的话来形容,那就是"对于历史的读者和作者而言,那时不但有一个转变,而且还有一个中止、断裂和衰降。在史学史的意义上,人们必须重新回顾和形塑过去,使其成为变化的诱因"。② 对于这一欧洲史学史新时期的到来,人们可以从多个方面加以描述,比如基督教观念如何影响、推动了世界史、普世史的编纂,而这类普世史的出现,又如何采用、遵循和阐述基督教的纪年方法,将人类历史的发展看做一个有始有终的过程。而本文的重点,则在考察罗马衰落、灭亡之后民族史或蛮族史在欧洲的出现及其意义。笔者同意美国史学史名家唐纳德·凯利的观察,"正当西罗马帝国为来自北方和东方的入侵所削弱并逐渐衰亡之际,西方史学的主体也为这些入侵者所改造。

---

① 周一良先生已经指出罗马史家普鲁塔克等人的纪传体,与司马迁在汉代创建纪传体有一些可比之处。见《周一良学术论著自选集》,北京,首都师范大学出版社,1995,第280页。

② 见 Brian Croke, "Late Antique Historiography, 250-650 CE", in *A Companion to Greek and Roman Historiography*, ed. John Marincola, Malden, Blackwell, 2007, p.573.

这些蛮族部落进入了往日罗马帝国的疆域,带来了自己独特的经验和实力,并有建立在一半神话、一半历史基础上自身的文化认同和传统"。①

具体而言,自410年罗马城陷落之后,帝国的西部疆域战火不断。帝国的皇位虽然多次易主,但难阻颓势。这些来自北方和东方的蛮族部落,在军事征服的过程中,模仿了罗马帝国的治理机构,推举出自己的国王,先后建立了自己的政权,如西哥特王国、勃艮第王国、汪达尔王国、苏维汇王国、法兰克王国、东哥特王国以及盎格鲁—撒克逊诸王国等。这些蛮族王国如汉代之后出现的诸多王朝一样,短命的远多于长命的,更遑论与罗马帝国相比了。但也有如西哥特王国和法兰克王国,历时好几个世纪。也许正因为许多王国骤兴骤亡,为了总结历史经验,一些史家撰述了以这些蛮族王国为题材的史书。一般而言,后人认为有以下几部著作大致代表了欧洲蛮族史或民族史的写作,它们按时间先后分别是约达尼斯(Jordanes,约500—554)的《哥特史》(*De origine actibusque Getarum*,简称为 Getica)、都尔的主教格雷戈里(Gregory of Tours,约538—592)的《历史十书》(*Libri Historiae X*,俗称为《法兰克人史》)、塞维利亚的伊西多尔(Isidore of Seville,约560—636)的《编年史》(*Chronica*)和《哥特、汪达尔和苏维汇史》(*Historia de regibus Gothorum, Vandalorum et Suevorum*)、圣·比德(St. Bede,672/673—735)的《英吉利教会史》(*Historia ecclesiastica gentis Anglorum*)和主祭保罗(Paul the Deacon,约720—799)的《伦巴第史》(*Historia Langobardorum*)。笔者认为这些史书可以被称为欧洲的"国史",与中国汉唐之间的国史或王朝史(断代史)的编纂,在视角、时段、内容、功用及

---

① Donald Kelley, *Faces of History: Historical Inquiry from Herodotus to Herder*, New Haven, Yale University Press, 1998, p.104.

其影响等方面都颇有可比之处。①

依照唐纳德·凯利的看法,上述这些史书的作者,是"欧洲第一代的史家"。② 他的意思是说这些人的作品,首次将游离于罗马史学之外的欧洲其他地方,当做考察和写作的对象。换言之,虽然罗马史学有着世界史写作的传统,但其视野所及,仍然只是罗马人的世界,即 Pax Romana。其他史家则指出这些史家作品的另一个特点,那就是以单个民族或族群,也即罗马人贬称的"蛮族"为叙述对象,因此是一种民族史(Volksgeschichte)或族群史(ethnic history)。笔者想强调的还有一点,那就是这些作品还以王国的兴衰而不是天下为对象,反映了帝国倒塌、天下崩裂之后的情形。易言之,它们是国史(state history),其写作不但注重当代的事例,还有明确的政治目的和道德关怀。

值得一提的是,虽然上述这些史书,抑或欧洲的国史有一些显著的共同性,但我们同时也应该承认,对这些共同性的认识,不免带有后见之明的视角。譬如美国中世纪史专家沃尔特·葛法特(Walter Goffart)撰有《蛮族史家》(*The Narrators of Barbarian History*)的专著,将约丹尼斯、格雷戈里、圣·比德和主祭保罗称为"中世纪欧洲的第一代杰出史家",但他在书中也用细致的笔调,指出这四位"蛮族史家"之间的许多不同。同样,约钦·马蒂纳斯·皮萨罗(Joaquín Martínez Pizarro)为黛博拉·茂斯科夫·德里雅尼(Deborah Mauskopf Deliyannis)所编的《中世纪的史学》(*Historiography in the Middle Ages*)一书撰有

---

① Charles West 在他撰写的"王朝史"一章中,也认为与中国史学的王朝史(断代史)相较,约丹尼斯、比德和主祭保罗等人的著作均可称为西方的"王朝史"(dynastic history)。见 Charles West, "Dynastic Historical Writing", in *Oxford History of Historical Writing*, eds. Sarah Foot & Chase Robinson, Oxford, Oxford University Press, 2012, p. 498。

② Donald Kelley, *Faces of History: Historical Inquiry from Herodotus to Herder*, p. 106.

"族群和民族史,约 500—1000 年"(Ethnic and National History)一章,其中他也告诫读者不能简单地将这些史家视为族群史或民族史的先驱。笔者以为,上述这些史家所表现的审慎绝对必要,因为如同上述,在古典世界随着西罗马帝国灭亡走向终结的时候,史学写作在欧洲经历了一个很大的转折,而这一转折绝不仅仅表现在一个方面。比如罗马帝国的一统天下虽然崩裂,但在它的废墟上则渐渐出现了不断走向整合、统一的基督教会。在一定程度上,蛮族进入罗马帝国的疆域所建立的一系列王国,均经历了一个"基督教化"的过程。于是古典晚期和中世纪早期的史书写作,似乎始终存在着一种"分"与"合"的张力,即使在这些以蛮族人及其王国为对象的史书中也有明显的表现。

约丹尼斯大约从 551 年开始写作《哥特史》,该书是现存唯一的有关哥特人的史书。据约丹尼斯自己说,他的写作主要依据卡西奥多卢斯(Cassiodorus)的同名著作,也参考了拜占庭史学家普利斯库斯编写的《拜占庭与阿提拉的历史》以及阿布拉比乌斯(Ablabius)编写的一部有关哥特人的史书。约丹尼斯本人应是贵族出身的哥特人,并曾任军队的书记官。他的《哥特史》以描述当时世界的一般状况(他所称谓的大洋及其岛屿)开始,然后转至日耳曼人的发源地斯堪德扎岛(今斯堪的纳维亚)的地理环境。第一部分的第 4 章开始描述哥特人如何离开斯堪德扎岛,南下迁徙到东欧平原,与罗马人交往互动,逐步建立自己的领地和家园的各类活动。书的第二部分讲授哥特人与罗马帝国的来往,是一个大致和平共处的过程。第三部分开始出现了大的变动,因为哥特人受到来自远东的匈人的攻击,为此他们向罗马人求援,获得了一定的支持。但好景不长,哥特人又借机攻击罗马人,并横扫意大利,攻陷了罗马城。第四部分的内容更加戏剧化,描述的是匈人在阿提拉(Attila,406—453)的领导下,再度向罗马帝国发起有力的攻击,并最终导致其灭亡。最后的第五部分讨论哥特人如何在西罗马帝国的废墟上,建立自己的王国,与其他蛮族及东罗马帝国、也即拜占庭帝国争权夺利的历史。由上的简单概括可以看到约丹尼斯《哥特史》的史料价值——它的存在让后人能一窥哥特人的起源及其扩张,并从中了解其对手罗马帝国如何走向衰亡的细节。

如果说约丹尼斯叙述的重点是从一个角度交代罗马世界的分崩离析,那么格雷戈里的《法兰克人史》则提供了另一部蛮族王国起源和壮大的历史。但与约丹尼斯不同,格雷戈里有着宏阔的视野;他将法兰克人的兴衰,置于人类史的大框架下来叙述和分析。其实,格雷戈里的著作,原名为《历史十书》,共有十卷,第一卷从创世纪开始一直讲到391年,第二卷从391年到511年,描述法兰克人早期的历史,直至克洛维国王之死。第三卷从511年到547年,之后的各卷描述愈加详细,涵括的年份从几年一卷到一年一卷,最后的第十卷终于591年,也即格雷戈里去世的前一年。一般认为,格雷戈里于575年,也即他担任都尔主教之后第二年开始著述《法兰克人史》,所以这部著作虽然从上帝创世开始,似乎是一部世界通史,但其实还是一部族群史和当代史——从第三卷中间开始,格雷戈里便可以参照他的亲身经历了。于是唐纳德·凯利这样评论,虽然格雷戈里看起来继承了优西比乌、哲罗姆和奥罗修斯写作世界编年史的传统,但他其实对此仅仅敷衍了事而已。"他对《圣经》的历史之简要概述,只是表面文章,之后便很快转入他自己经历过的那个小小的高卢的历史;其书十分之六的内容都是当代史。"①

以对优西比乌、哲罗姆和奥罗修斯等人著作的态度来看,伊西多尔应该比格雷戈里显得更为认真。他是一位饱学之士,像格雷戈里一样担任过主教,并以编纂了《词源学》(*Etymologiae*) 这本百科全

---

① Donald Kelley, *Faces of History: Historical Inquiry from Herodotus to Herder*, p. 108.

书式的作品而闻世。从许多方面来看，伊西多尔在学术文化上的成就，让他成为沟通古典晚期和中世纪早期文化的重要人物，或"古典世界的最末一位学者"。伊西多尔所著的《哥特、汪达尔和苏维汇史》，有许多地方参考和利用了优西比乌、哲罗姆和奥罗修斯等人的著作，并在大体上采用了编年史的体裁。但在590年之后的史实则主要由伊西多尔自己撰写，所以此书是现存有关西哥特人的重要史书。同时，伊西多尔还有两篇附录，简约地记载了汪达尔人和苏维汇人的历史。但伊西多尔虽然受到了哲罗姆、奥罗修斯等人的影响，但究其实质来看，他的作品让他成为一位"蛮族史家"。伊西多尔的《哥特、汪达尔和苏维汇史》有前史的部分，但像格雷戈里的《法兰克人史》一样，此书还是以当代史的叙述为主。更重要的是，他对哥特人及其成就，充满自豪。他的《哥特、汪达尔和苏维汇史》有一"引子"(prologue)，描述了西班牙的地理环境，赞其为"最美丽的地方"，因为那是西哥特人主要活动的场所。伊西多尔转引了前人的编年史记录，其目的显然是为了光大西哥特人的历史。所以菲力斯·利夫士茨(Felice Lifshitz)指出，伊西多尔是首位将哥特人的王国视为独立的政治主体，不再将之从属于(东)罗马帝国的中世纪史家。由此他对西哥特人最终将东罗马帝国军队赶出西班牙的事迹，称赞有加。①

圣·比德的《英吉利教会史》，顾名思义，其主要内容是不列颠人和撒克逊人如何在传教士奥古斯丁(St. Augustine of Canterbury, ? —604)的帮助下，皈依基督教的过程。像上述几位史家一样，比德的学问为当时人所钦敬，在他死后不久就有"可敬的比德"的美称。他留下的《英吉利教会史》也让他获得"英国史学之父"的美誉。

---

① Sarah Foot & Chase Robinson eds., *Oxford History of Historical Writing*, vol. 2, p. 378.

他的著作从不列颠列岛的自然环境讲起,然后描述罗马人的入侵和统治,再转到盎格鲁—撒克逊人如何进入不列颠及其之后的纷争,最后终于731年,也即比德去世之前四年。因此此书也有相当一部分的内容属于当代史。而此书的史料价值,则在于比德叙述了不列颠自古以来的历史,以不列颠的立场来构建其历史演化。在比德的笔下,这一演化自然是在基督教会教化为主线展开的。他为之颇费笔墨,记载了大量的"神迹",即基督教传教士和皈依了教会的国王如何显示神力、制造奇迹的事迹。但同时需要注意的是,比德看起来似乎在歌颂基督教会的神圣光辉如何普照到了不列颠,但他其实注重的是如何从政权的递嬗入手,构建一部以国王为中心的不列颠民族史。因此利夫士茨甚至称他的书带有王权主义(royalism)的特点。[1] 换言之,与伊西多尔类似,比德笔下的历史是站在不列颠各民族的立场上写就的。

如果比德的《英吉利教会史》是在教会史的面罩下呈现的英吉利民族史,那么主祭保罗的《伦巴第史》则更为直接地展现其民族史的立场。保罗出身高贵,幼年受过良好的教育,成年之后又以其学问之精湛进入伦巴第国王的宫廷,并成为其女儿的塾师。保罗之后又有机会拜见查理曼,后者也为其学问所折服。保罗之写作《伦巴第史》,在一定程度上得到了查理曼的鼓励。保罗在8世纪晚期写作,参考和模仿了我们上述提到的约丹尼斯、伊西多尔、格雷戈里和比德等人的著作,因此其作品的民族史特点格外明显。他的著作从追溯伦巴第人在斯堪的纳维亚的起源开始,一直写到他所处的时代,主题集中,不枝不蔓,将伦巴第人视作一个独立的政治主体。饶有趣味的是,在主祭保罗写作的时候,伦巴第王国已经为查理曼所击溃和征

---

[1] Sarah Foot & Chase Robinson eds., *Oxford History of Historical Writing*, vol. 2, p. 380.

服,因此他的《伦巴第史》有一个独特的视角。作为伦巴第人的后代,保罗显然热爱他的民族,有意为之树碑立传,但他又为其征服者查理曼写作,所以未免又有一些矛盾的心理。他的《伦巴第史》终于伦巴第二代国王利乌特普兰德(Liudprand,712—744在位)的时代,不知是否有意为之,因为利乌特普兰德堪称伦巴第人最伟大的统治者。在他之后,伦巴第王国每况愈下,三十年后便落入了法兰克王国的统治之下。与前面的几部著作相比,《伦巴第史》作为一部民族史、抑或国史的特点最为明显,因为它几乎勾勒了一个民族、王国的起源、兴起和衰降的整个过程。

三、欧亚"国史"的异同及其意义

上面已经提到,中国唐代史学著述十分发达,修撰了二十四部正史中的三分之一,在中国史学史上形成了一个高峰。其实,这一高峰的出现有其预备期,并非无源之水、无本之木。从长程的眼光来看,汉代司马迁、班固等人的著述,代表了中国史学史上的奠基时代,而汉代之后则开始步入了一个逐步发展、走向繁荣的阶段,为唐代史学的高峰做了准备和铺垫。已故北大周一良先生是魏晋南北朝史研究的名家,他对那一时期的史学有着精到的观察。周先生指出,魏晋南北朝时期不但史部著作走向独立、史官制度逐渐固定,而且"比起前一时期,史部著作数目骤增,性质复杂多样,门类异彩纷呈"。另外,周先生还认为在魏晋南北朝的时代,中国的史书编纂尚有纪传体与编年体并行发展的特点。① 饶有趣味的是,周先生概括的汉代之后

---

① 见周一良:《魏晋南北朝史学发展的特点》,见《周一良学术论著自选集》,第270—289页,引文见第276页。相关论著还可见邱敏的《六朝史学》(南京,南京出版社,2003)和郝润华的《六朝史籍与史学》(北京,中华书局,2005)。

中国史学的特点,颇能与欧洲西罗马帝国之后的史学发展做些比较。当然,比较不是生搬硬套,用一个模式来比照另一个模式,因为每一种文明都有其自身生成、发展的独特环境。譬如西方史学之走向独立,从修辞学分支的地位中走出来要到文艺复兴时期才渐渐完成,而类似于中国古代的史官制度在整个欧洲历史上都几乎付诸阙如。但在罗马帝国衰亡之后,史书数量和种类则有明显增多的趋向。而且中世纪欧洲史学也有编年史与纪传体史书(除了皇帝、国王的传记众多,还有圣徒传的盛行)并行发展的主体趋向。

笔者以下的讨论,还想尝试换一个角度,在史学思想变迁的层面,从四个方面比较、探究欧亚帝国之后国史撰述的一些异同。首先是帝国消亡之后,史家对历史的看法,也即他们历史观、世界观之改变。概括而言,那就是有一个从帝国到王国,从天下到国家,从大一统到各族群、各民族的过程。当然,这一过程本身在中西方的表现有着明显的差异。以中世纪西方而言,这一族群意识的表现各有千秋。如同上述,约达尼斯、伊西多尔、格雷戈里、圣·比德和主祭保罗等人著作的取径,各有特色。在族群意识的表现上,约达尼斯和主祭保罗似乎颇为显著。如约达尼斯的《哥特史》以他所了解的世界开始,指出哥特人发源地斯堪的纳维亚之重要,然后以赞美的笔调,讲述了这一"光荣的种族"如何从北欧起步,逐步向南迁徙,与罗马帝国接触、互动和交流(当然也包括冲突),然后如何成功地建立自己的王国。他认为自己的祖先属于这个种族,并自豪地写道,在罗马时代,"哥特人比其他所有野蛮人都要有教养,几乎可以与希腊人相提并论……哥特人的名气是如此之大,以至于人们传说,被诗人们赞颂为战神的玛尔斯(Mars)就是在他们那里诞生的"。[①] 伊西多尔对"美丽的西班牙"的赞美,主要是因为这是哥特人建功立业的所在。他说

[①] 约达尼斯:《哥特史》,罗三洋译,北京,商务印书馆,2012,第31—32页。

道:"从西方到印度,所有的土地上,唯有西班牙最为美丽。啊! 西班牙,你神圣的土地上孕育了不少领袖和民族。而你现在是各个领地中的女王,其光辉从西方一直普照到东方。你代表了世界的光荣和美丽,是地球上最富庶的地方,在这里哥特人休养生息、繁荣发展,建立了丰功伟绩。"①

同样,主祭保罗的《伦巴第史》虽然在伦巴第王国被征服之后写就,而且他对征服者查理曼颇为友善,但他还是坚持为伦巴第人写史,以身为伦巴第人的立场,称颂他们的丰功伟绩。现存保罗的《伦巴第史》以伦巴第国王利乌特普兰德之死为结束。对于这位国王,他充满赞语,指出他"充满智慧、信仰宗教和热爱和平。他还擅长谋略、英勇骁战,却又有仁慈之心,圣洁、谦虚、虔诚和乐善好施。他虽然不通文墨,却足以与哲学家相比;他爱护臣民且又依法治国"等等。② 保罗对利乌特普兰德国王如此称赞有加,让许多人都看出,"他显然对自己的民族(伦巴第人)充满感情。与他对查理曼大帝的好感相比,只多不少"。③

与他们相比,格雷戈里和圣·比德的族群意识表现相对隐晦一些,因为他们的著作在表面上似乎超出了民族史的规模。格雷戈里将之与人类史相关联,也远没有像主祭保罗那样,对法兰克王国的诸多国王抱持肯定乃至赞美的态度,而是多有批评和指责。但此书的结构安排还是让人将之视为一部民族史,足以使后人将他所记载的史实抽绎出来重构法兰克人的早期历史。在比德的笔下,至少有七

---

① *Isidore of Seville's History of the Goths, Vandals and Suevi*, trans. & intro. Guido Donini & Gordon Ford, Jr., Leiden, Brill, 1970, p. 1.

② Paul the Deacon, *History of the Lombards*, trans. William Dudley Foulke, Philadelphia, University of Pennsylvania Press, 2007, p. 306.

③ 见 Edward Peters 为《伦巴第史》英译本所写的导言,上引书,p. xv。

个民族的活动在不同程度上形塑了不列颠列岛的历史,他本人也显然对诺森布里亚王国有着特殊的好感。但他在写作中还是毫不迟疑地将所有这些民族都糅合在一起,从而构建了一部统一的英吉利早期史。

汉帝国灭亡之后,在三国时代,中国史家的族群意识表现尚不明显。但西晋在4世纪初遭受五胡乱华之后,北方异族入侵中原,建立了自己的王国。史家的族群、民族意识即刻开始表现,而且呈现出与原来的夷夏观念不同的景象。崔鸿(478—525)的《十六国春秋》堪称最早记录这些北方民族的史书,其中对各地胡人的起源及其演变,做了平实的描述。如现存该书有关前赵的创建者刘渊(249/253—310),有如下的描述:"刘渊字元海,新兴匈奴人。先夏后氏之苗裔,曰淳维,世居北狄。千有余岁至冒顿,袭破东胡,西走月氏,服丁零,内侵燕代,控弦四十万。汉祖患之,使刘敬奉公主以妻冒顿,约为兄弟,故子孙遂冒姓为刘氏。"而对后赵的建立者石勒(274—333),也记载他为羯族:"石勒字世龙,上党武乡羯人。父周曷朱,勒生时赤光满室,白气自天属于庭中。长而壮健,有胆力,雄武好骑射。"①有关中原王朝邻国的记载,在司马迁、班固的史书中已经出现,如前者有《南越传》《东越传》《朝鲜传》《西南夷传》和《大宛传》,后者则有所简化,将有关汉代四夷归为《匈奴传》《西南夷两粤朝鲜传》《西域传》三传而已。但自崔鸿开始,魏晋南北朝的史家的族群意识明显强化,其表现是他们史书中出现了许多族群,对他们的描述更为细化。

南朝史家沈约的《宋书》,称占据北方的王国为"索虏",为之列传之外,又加上活跃于西北的鲜卑和吐谷浑(合为一传),再为北方的氐胡和南方的夷蛮分别列传,共有四传。同为南朝史家萧子显的

---

① 崔鸿:《十六国春秋》,《丛书集成初编》本,上海,商务印书馆,1937。

《南齐书》除了将北朝称为"魏虏",还记录了蛮东、南夷、芮芮(柔然)、氐、羌等民族。相较之下,魏收的《魏书》则要详细得多。《魏书》除了泛称南朝诸国为"岛夷"之外,对北方和南方其他民族多有描述,称谓也多达二十余种:"匈奴、羯胡、铁弗、徒何、氐、羌、鲜卑、高句丽、百济、勿吉、失韦、豆莫娄、地豆于、库莫奚、契丹、乌洛侯、吐谷浑、高昌、邓至、蛮、獠、蠕蠕(柔然)"等,以致《魏书》有关各个族裔的列传,有八卷之多。《魏书》所收的民族,以北方居多。这与北魏身居北方,与这些民族多有接触有关。

除了上述有关这些众多族群的记载以外,魏晋南北朝时期族群意识的明确表述,或许以南朝、北朝的对立为一显例。但这一对立,又不像原来的夷夏观念那样固定。如同上述,南朝史家喜用"索虏"来称呼北朝诸国,而北朝史家则将南朝蔑称为"岛夷"。此类例子,不胜枚举,表明在各族混合的状态下,原来的夷夏观已经受到了很大的冲击。①下面这个例子颇能说明问题。北魏开国时期担任大臣的汉人王肃(464—501),到了北方之后,开始仍然坚持自己的饮食方式,为其他人所不解。北魏杨衒之的《洛阳伽蓝记》中有一段生动的记载:

> 肃初入国,不食羊肉及酪浆等物,常饭鲫鱼羹,渴饮茗汁。京师士子道肃一饮一斗,号为漏卮。经数年已后,肃与高祖(拓跋宏,467—499)殿会,食羊肉酪粥甚多。高祖怪之,谓肃曰:"卿中国之味也。羊肉何如鱼羹?茗饮何如酪浆?"肃对曰:"羊者是陆产之最,鱼者乃水族之长。所好不同,并各称珍。以味言

---

① 据郝润华统计,南朝的史书如《晋书》《宋书》《南齐书》《梁书》和《陈书》中,称北方王朝"索虏"的达140次,而《魏书》和《隋书》也蔑称南人"岛夷"18次。见氏著《六朝史籍与史学》,第233页。王志刚《家国、夷夏与天人:十六国北朝史学探研》(北京,北京师范大学出版社,2013)一书中也提及魏晋时期夷夏观的变化,但语焉不详,未能充分展开。

之,甚是优劣。羊比齐鲁大邦,鱼比邾莒小国。唯茗不中与酪作奴。"高祖大笑。①

上面的例子,似乎是一个南北调和、皆大欢喜的结局。但在实际的历史中,冲突显然大于融合。作为汉人的王肃和身为鲜卑的北魏高祖拓跋宏,认为他们的生活方式虽然迥异,但都代表了"中国"。唐朝建立之后,大一统天下得以重建。鉴于魏晋时期南北史家相互攻评,唐代史家李延寿积三十年之功另撰了《南史》和《北史》,希求摆脱这种相互对立。但他分别撰述南朝和北朝的历史,可见在李延寿眼里,虽然有隋唐的统一,但汉代之后南北文化之间的分野,仍然存在。

本节讨论的第二个方面有关欧亚国史的撰述与前代帝国之间的复杂关系。换言之,虽然帝国消亡了,史学写作出现了明显的变化,呈现出种类繁多、体裁多元的倾向,但帝国的阴影还在。美国汉学家查尔斯·霍尔孔姆(Charles Holcomb)曾著有一本研究南朝思想和社会的专著,题为《在汉帝国的阴影下》②,而本次会议的参加者沃尔特·普尔(Walter Pohl)也以"帝国的阴影之下"(In the Shadow of Empire)为题,组织了有关罗马帝国灭亡之后欧洲历史变迁的国际会议,并正以此题目编辑论文集。的确,虽然帝国的一统天下不再存在,但后世的政权在很多方面仍然必须与之联系。史学著述似乎更是如此。以中国史学而言,汉代的灭亡引发了后代史家必须面临的"正统论"的问题。这个问题自东晋的习凿齿(?—383)首先提出之后,各方的讨论愈演愈烈;在唐代略有收敛,而到了宋代则又死灰复燃,经久不息。习凿齿的《汉晋春秋》,质疑陈寿《三国

---

① 杨衒之:《洛阳伽蓝记校释》,北京,中华书局,1963,第125—126页。

② 参见 Charles Holcomb, *In the Shadow of the Han: Literati Thought and Society at the Beginning of the Southern Dynasties*, Honolulu, University of Hawaii Press, 1994。

志》视曹魏承袭汉室的观点,认为蜀国才能接续汉祚。他之指责陈寿有着深远的含义,即在汉代之后,如果一个继起的政权未能控制中国的南方,是否还能继承汉祚,获得正统的地位。如上所述,魏晋时期南朝的史家均以"索虏"称呼北朝,视其为入侵者,希图褫夺他们正统王朝的地位。但北朝的史家不甘落后,也将南朝政权贬为"岛夷",其含义是对方已经丧失了中原,退居了海上,根本无法代表"中国"了。

魏收在编纂《魏书》中,全以"中国"自居,贬东晋为"僭晋",在列传第八十四中对东晋皇帝司马睿(276—323)有如下的叙述:

> 平文帝初,叡自称晋王,改元建武,立宗庙、社稷,置百官,立子绍为太子。叡以晋王而祀南郊。其年,叡僭即大位,改为大兴元年。其朝廷之仪,都邑之制,皆准模王者,拟议中国。遂都于丹阳,因孙权之旧所,即禹贡扬州之地,去洛二千七百里。地多山水,阳鸟攸居,厥土惟涂泥,厥田惟下下,所谓"岛夷卉服"者也。《周礼》,职方氏掌天下之地,辨其邦国都鄙,四夷、八蛮、七闽、九貉、五戎、六狄之人民与其财用、九谷、六畜之数要,周知其利害。东南曰扬州,其山镇曰会稽,其薮泽曰具区,其川三江,其浸五湖,其利金锡竹箭,其民二男五女,其畜宜鸟兽,其谷宜稻。春秋时为吴越之地。吴越僭号称王,僻远一隅,不闻华土。楚申公巫臣窃妻以奔,教其军阵,然后乃知战伐。由是晚与中国交通。俗气轻急,不识礼教,盛饰子女以招游客,此其土风也。战国时则并于楚。故地远恃险,世乱则先叛,世治则后服。秦末,项羽起江南,故衡山王吴芮从百越之兵,越王无诸身率闽中之众以从,灭秦。汉初,封芮为长沙王,无诸为闽越王,又封吴王濞于朱方。逆乱相寻,亟见夷灭。汉末大乱,孙权遂与刘备分据吴

蜀。权阻长江,殆天地所以限内外也。①

可见在北魏君臣眼里,已经退居江南的东晋"权阻长江,殆天地所以限内外也",到了中国之外,无法代表正统了。在《魏书》的另一处记载,北魏高祖欲讨伐江南,大臣高闾(?—502)对之劝说道:"汉之名臣,皆不以江南为中国。且三代之境,亦不能远。"高祖曰:"淮海惟扬州,荆及衡阳惟荆州,此非近中国乎?"②高闾对皇帝的劝说虽然看来没有成功,但他们之间的对话则表达了同样的观点,也即中国南方的政权不能接续汉代的正统。

南朝的史家如沈约自然不愿也不会承认北朝为正统,所以其《宋书》记载道,自汉朝之后,中国北方逐渐"胡化",不复"汉土"了:

> 晋武帝泰始后,中国相尚用胡床、貊盘,及为羌煮、貊炙。贵人富室,必置其器,吉享嘉会,皆此为先。太康中,天下又以氈为絈头及络带、衿口,百姓相戏曰,中国必为胡所破也。氈产于胡,而天下以为絈头带身、衿口,胡既三制之矣,能无败乎。干宝曰:"元康中,氐、羌反,至于永嘉,刘渊、石勒遂有中都。自后四夷迭据华土,是其应也。"③

换言之,中国北方在永嘉之乱、五胡乱华之前,已经开始渐渐胡化,失去其政治和文化上的正统地位了。

中国史学的正统论讨论,牵涉诸多王朝,争论激烈和持久。④ 与之相较,西方中世纪史学与罗马帝国的关系,亦十分复杂和持久,其中牵涉两个方面。第一自然是与罗马帝国,特别是仍然存在的东罗

---

① 《魏书·司马睿传》,第 2092 页。
② 《魏书·高闾传》,第 1208 页。
③ 《宋书·五行一》,第 867 页。
④ 引瞿林东、江湄等人的论著。

马帝国的关系,第二则是与逐渐兴起和扩展、希图在精神上统一欧洲的罗马教廷的关系。如果比附中国文化并用中文来表述,也就是前者代表了政统,而后者代表了道统。

约达尼斯的《哥特史》写于东罗马帝国皇帝查士丁尼南征北讨的时候。他一方面称颂查士丁尼对汪达尔人的征服:"这个光荣的族群臣服于一位更加光荣的君主,一位更加英勇的领袖,获得胜利而凯旋的查士丁尼皇帝和贝利撒留执政官将被称为汪达尔人的征服者、非洲人的征服者、哥特人的征服者……即便如此我也不会将所有关于他们(哥特人)的记载写出来,也不会把他们的业绩说得和他们的征服者一样光荣。"[1]但另一方面他又充分保留了对哥特人的同情,希望罗马人和哥特人能友好相处,不要你争我斗。与此相较,伊西多尔在其写作中,虽然采用了罗马皇帝的纪年,却对查士丁尼没有表露什么好感。他在455年记载道:哥特国王阿塔那吉尔德(Athanagild)为了争夺王位,引狼入室,求查士丁尼派军队进入西班牙,最后搬起石头砸自己的脚,阿塔那吉尔德之后一直与罗马军队作战,希望将他们赶走,但劳而无功。不过,在哥特国王苏因希拉(Suinthila)的领导下,哥特人终于在625年将东罗马帝国赶出了西班牙,他的哥特史叙述也在此终卷。[2]

如果让约达尼斯、伊西多尔有所为难的是政统的问题,那么格雷戈里、圣·比德著作反映的则是道统,即蛮族王国与基督教关系之错综。从表面上看,他们两人都在宣扬基督教对蛮族王国的教化作用,但如同上面已经指出的那样,其实他们更关心的是自身民族的历史。李隆国在多年前发表的一篇论文中提请读者注意,格雷戈里的《法兰克人史》开始以罗马帝国的纪年叙述,但在456年之后,也即在西

---

[1] 约达尼斯:《哥特史》,第187页。

[2] *Isidore of Seville's History of the Goths, Vandals and Suevi*, pp. 22, 29.

罗马帝国灭亡之前便放弃了这一纪年方式,而是改为采用法兰克国王的纪年了。《法兰克人史》之后的篇章中也出现了几位东罗马皇帝,不过只是在他们与法兰克的历史相关的时候才提及。一言以蔽之,格雷戈里用法兰克王国接续了罗马帝国的历史——"皇帝的历史变成了国王的历史"。① 同样,比德的《英吉利教会史》为基督教普及欧洲诸王国提供了一个案例,但如同利夫士茨所指出的那样,在比德的笔下,基督教传教士奥古斯丁等人的成功,似乎大多仰赖于不列颠诸岛国王(包括一些女王)的恩惠。②

本节讨论的第三方面,或许也是帝国之后欧亚史学变化最突出的方面,那就是历史与政治和道德之间出现的愈益紧密的联系。此处"愈益"两字比较重要,因为在帝国统治的时代,抑或说在史学诞生之时,其政治说教、道德训诲的作用就为人所熟知。但一统帝国衰亡之后,王国兴亡频仍,让其统治者更为注意史学编修,不但希图通过历史著述来论证其统治的合法和合理,而且还想吸取历史教训,以求维持、加固自己的政权。如上所述,帝国灭亡之后,史书的数量和种类在欧洲和亚洲都增加了不少。这一增加显然与统治者重视史学有关。在中国史学史上,唐太宗将历史比为镜戒的例子十分有名。《旧唐书·魏徵传》中记载魏徵殁后,唐太宗感叹道:"夫以铜为镜,可以正衣冠;以古为镜,可以知兴替;以人为镜,可以明得失。朕常保此三镜,以防己过。今魏徵殂逝,遂亡一镜矣!"这一将历史视为明镜的比喻,也在13世纪的欧洲出现了。多明我会的学者博韦的樊尚(Vincent of Beauvais,约1190—1264)编有一本百科全书,题为《通镜》(*Speculum Maius*),包含三个部分,其中"历史之镜"(Speculum

---

① 李隆国:《认识西罗马帝国灭亡》,见《北大史学》第17辑,北京,北京大学出版社,2013,第224—226页。

② Oxford History of Historical Writing, vol. 2, p. 380.

Historiale)最为著名。那是一部在编写宗旨和规模上,颇能与司马光的《资治通鉴》匹敌的著作。唐纳德·凯利在其西方史学史的专著中,于是以"中世纪镜下的史学"为题讨论古典世界终结之后的欧洲史学。

以西方史学而言,本文所举的几部著作自然无法全面反映中世纪史学与政治、政权之间的紧密联系。但窥一斑见全豹,这些所谓的"蛮族史家"都在不同程度上与其王国的统治者有关,而且他们大多也对自己为何写史的目的毫不隐晦,那就是为自己的民族留下哪怕是草率粗糙、吉光片羽的记录。约达尼斯在《哥特史》的前言中自谦,自己虽然以卡西奥多罗斯的作品为底本,但只有三天时间通读,加上自己的"表达水准无疑存在着缺陷",又无法获取相应的许多史料,所以无法完美地完成为哥特人写史的"宏大任务"。① 而格雷戈里的序言更为直率,其中写道:"尽管言辞粗鄙,我也要把往事的记忆留传后世,决不使那些邪恶的人和正直的人之间的斗争湮没无闻。"②这些自谦话语的背后,都反映了一个相当崇高的目的,那就是通过历史著述不仅为后人留下历史记录,而且还要通过历史叙述的展开揭橥政治信条、道德观念和宗教信仰。由此沃尔特·葛法特说道,在一定的程度上,这些作者的历史著述可以被视为是"政治宣传品",当然他承认这一说法略有些夸张。③

具体而言,格雷戈里和比德都相信历史的惩戒作用,也即善有善报、恶有恶报的理念。比德将自己的《英吉利教会史》虔诚地奉献给诺森伯里亚的国王,并写下了如下的文字:

> 上一次我曾欣喜地遵照陛下的意愿,把我新近写出的那本

---

① 约达尼斯《哥特史》,第13页。
② 格雷戈里:《法兰克人史》,寿纪瑜、戚国淦译,北京,商务印书馆,1981,第1页。
③ Goffart, *The Narrators of Barbarian History*, p. 433.

有关英吉利教会历史的书呈奉给陛下过目审阅;现在我再度把它呈交陛下,以便您能制作一份副本,供公余时更加仔细地披览。您不仅热衷于聆听《圣经》的训导,而且还十分关注您以往时代的特别是我们国家的那些高尚人物所做的事情。对您这种真诚的热情,我只能表示高度钦仰。因为,不管怎样,如果一部历史著作记载了善人善行,那么细心的人听到这些故事后就会深受感动而且仿效他们;如果一部历史著作记载了恶人恶行,那么它同样可以使忠诚善良的读者或听众避免那些对灵魂有害的东西而更加自觉地追求他知道是合天主意的善事。您出于对公众利益的尊重,仔细考虑了这一事实,为了教诲您自己也为了教诲那些天主授权您管理的其他人,意欲更大量地发行上述历史著作。①

在他笔下,诺森伯里亚的国王颇能与唐太宗相比,不但高度认可历史的价值,而且还鼓励比德著述,并帮助其著作的传布。同时,这段话也反映了比德自己的坚定信仰,那就是历史能劝善惩恶,有助国家的长治久安。他和格雷戈里的书中都列举事例,揭橥恶人、恶行遭到天谴、报应的事例。由于篇幅所限,本文就不再一一举例了。

中国自古以来就有的史官制度,让人清晰地看出历史写作与政治、道德之间的联系,在中国文化中源远流长。不过在魏晋南北朝之前,中国王朝虽有史官,但尚未建立史馆,所以没有集体修史的制度。而从魏晋南北朝到唐代,中国史学出现了从史官到史馆、从私史到官史的逐步演变。与唐代史馆修史的做法相比,中国史学奉为楷模的"前四史",也即司马迁的《史记》、班固的《汉书》、范晔的《后汉书》和陈寿的《三国志》,都在不同程度上可以被看作是"私史",因为它

---

① 比德:《英吉利教会史》,陈维振、周清民译,北京,商务印书馆,1991,第18页。

们的修撰,起始于个人的意欲而不是政府的指令。本文第一节经过史料耙梳,探讨"国史"一词的出现及其含义之变迁,目的是借此来帮助勾勒上述的过程。易言之,"国史"从指称一种史书到成为专门负责这类史书编修的官职——"修国史""监修国史"等——反映了汉代以后,史馆集体修史制度的建立及其逐步走向完善。当然,由于这一史馆修史制度的系统化,"国史"也作为一种特定的史书体裁而成为官方修史的核心部分了。唐代史馆修史,呈现了一个循序渐进的程序,从起居注、时政记到日历和列传,然后整合成实录和国史,最后纂修成正史。上述这些不同的历史记录名称,在魏晋南北朝时期均已出现过,所以唐代官修史书,继承和发扬了汉代之后中国史学演化的成果。唐代史馆的建立和操作,使得此类作品的制作,在每一步都有专人负责,而一步完成之后亦有合适的交接,形成了一套十分有效的系统作业。在这一貌似机械的程序化、制度化的背后,又蕴含和遵循着十分坚定的信念,那就是让史家"努力专注于撰写富有教育意义的历史;不仅在其最广泛的意义上,历史当体现出往昔所应提供给全体士人的道德伦理教训;而且在一个更狭隘的意义上,为那些参与治国的人士提供大量丰富的先例与榜样"。[①] 从这一意义上来看,唐太宗对史书编写的重视,唐代史书之络绎不绝,绝非偶然。

本节讨论的第四,也是最后的部分,希望简略地分析帝国之后,欧亚史学这些围绕"国史"写作所出现的变化,对后世的史学著述产生了多大和怎样的影响。以西方史学而言,这些古典晚期、中世纪早期史家的影响似乎不言而喻;如果这些人不能胜任唐纳德·凯利之谓"欧洲第一代史家"的美誉,他们至少像沃尔特·葛法特所说的那

[①] 引自杜希德(Denis Twitchett):《唐代官修史籍考》,黄宝华译,上海,上海古籍出版社,2010,第73页。有关唐代史学的中文论著很多,但杜希德此书却是在研究唐代史馆制度上最为专门的著作。

样,"为近代民族国家史的写作提供了养料"。① 换言之,这些史家留下的作品,不但是近代民族史家重构法国史、英国史、德国史等国别史的主要依据,而且他们的观念和实践,也在不同程度上影响了后人的写作。举例来说,德国19世纪的史家利奥波德·冯·兰克向来被视为民族国家史写作的奠基者。兰克的成名作《拉丁与日耳曼民族史1494—1514》重新勾勒了欧洲文艺复兴以来主要民族的形成和变迁,建立了以后民族国家史写作的模式,不但兰克本人之后努力实践,而且也让之后好几代的欧洲史家趋之若鹜、争相效仿。用心的读者翻开兰克这部名作,便会发现他的叙述风格和重心,与本文讨论的史家的作品大致相似,唯一的不同是在兰克的叙述中,读者几乎见不到神迹的描写。②

除了剔除了神迹,近代民族史家的作品在许多方面,还是与约达尼斯、伊西多尔、格雷戈里、圣·比德和主祭保罗的民族史,存在显著差别。从他们生活的时代到18、19世纪,也即民族国家史盛行的年代,中间相隔了约有一千年,期间的欧洲历史出现了众多的变迁甚至新的断裂。即使以中世纪史学的传统而言,民族史、族群史只是其中的一支。除此之外,始自优西比乌、哲罗姆等人的世界编年史的编纂,在中世纪的各个时代均后继有人,俨然代表了中世纪史学的主流。而就民族史写作的传统而言,自格雷戈里、比德之后,虽然带有传人,其中也发生了明显的变化。一个比较明显的不同就是约达尼斯、伊西多尔等人的写作,与政权和教权之间都有一定程度的联系,但他们作品所关注的是他们自身民族的早期历史,因此他们成为民族史、族群史写作的先驱。不过主祭保罗的《伦巴第史》已经表明,

---

① Goffart, *The Narrators of Barbarian History*, p. 8.
② 兰克此书已有中文版:《拉丁与日耳曼民族史1494—1514》,付欣等译,桂林,广西师范大学出版社,2015。

伦巴第人是从北方和东方进入欧洲南部的最后一支日耳曼蛮族,而在保罗写作的时候,伦巴第王国也已经被征服了。于是在主祭保罗之后的类似著作,基本以王国的兴衰为主题,因此更确切的称呼应该是王朝史(dynastic history)了。从民族史到王朝史,强化了我们上面讨论的史学与政治的关联,也让西方中古史学与中国中古史学之间,显现出了更多的可比之处。

在比德的《英吉利教会史》之后,但不知确切何时,有关不列颠诸岛王国的历史开始被记录在《盎格鲁撒克逊编年史》中了。这些记录提供了有关各王国统治者以及他们所作所为的重要资料。而在12世纪《盎格鲁撒克逊编年史》大致停止的时候,英伦诸岛出现了几位比德的追随者,写作了一些以国王以及他们的王朝为中心的史著。而在法兰克王国,格雷戈里的效仿者也不绝如缕。在查理曼的时代,加洛林王朝编写了《法兰克王朝纪年》(*Annales regni Francorum*)。而到了12世纪初年,还有《法兰西大纪年史》(*Les Grandes Chroniques de France*)的编纂。像《盎格鲁撒克逊编年史》一样,这些纪年或编年史主要记述了国王及其王朝的事迹,与中国汉代之后的史家编写《实录》有些类似。

中世纪后期到文艺复兴时期,王朝史的写作在欧洲出现了一个繁荣期。其中的一个主要原因是王权的增长,使得王朝史的写作日益显出其政治实用性。15世纪的时候,法国宫廷设置了"国王史家",担任其职的多是当时法国的著名学者。类似的官方史家也出现在西班牙。意大利的一些富庶城市,其首领也常常出资聘用史家为其政权写作历史。英法之间的百年战争(1337—1453)促进了民族主义情绪的增长,而在那时,其表现往往与自身王朝的命运相连。这一阶段王朝史的发达,还有一个重要的文化上的原因,文艺复兴孕育的人文主义研究,加上印刷术的采用,让学者觉得有必要整理、考订和修正前代所修的历史,并在采用它们的基础上,运用自己民族的语言(而不是拉丁语),重新写作和构建历史。文艺复兴和宗教改革之后,民族国家逐渐在欧洲兴起和建立,上述这些王朝史的作品成为史家追溯其国家历史渊源的基础和材料。18、19世纪的史家写作的历史,基本都是政治史、军事史和外交史。它们像王朝史一样,以政治和社会的精英人物为历史叙述的中心。这一史学传统的改变,大致要在第二次世界大战之后才逐渐开始。

唐代以后,中国的国史、王朝史(断代史)的编纂,成了历史著述的正宗。遵循唐代的模式,历代修史成了一种必需,直到最后一个王朝——清王朝于1911年被推翻之后,仍然得以继续。中华民国初年《清史稿》的编纂,便是一个例证。更值得一提的是,这一官方修史传统的影响,不但时间久远,而且在空间上颇有扩展。唐朝的文化对周边的亚洲各国,均产生了深远的影响。以历史编纂为例,朝鲜、越南和日本,都参照唐代的模式,逐渐建立了王朝官方修史的传统。[①]以日本为例,其早期的历史记载被称为"国史",由《日本书纪》《续日本纪》《日本后纪》《续日本后纪》《日本文德天皇实录》和《日本三代实录》构成,统称为"六国史"。从"六国史"的名称和内容来看,均可视为唐代官方史学的翻版,或者尚未成型的翻版,因为根据唐代史馆修史的步骤,"实录"是为"国史"编写的材料而已。不过这些日本史书的留存,也为我们保存了一些唐代史学的风貌,因为唐代的实录留存至今的极少。

唐朝灭亡之后,中国对周边的影响明显削弱。以日本而言,国史的编纂不再继续。但中国的一些史学观念和实践,仍然施展着影响。8世纪之后,日本出现了不少以"镜"命名的史书类作品,如13、14世纪著名的《吾妻镜》,可见将历史视作镜子的比喻,在日本影响深远。

[①] 参见孙卫国:《中国史学对东亚史学的影响与交流》,《历史教学问题》2012年第4期,第53—59页。

而在朝鲜王朝于14世纪建立之后,逐渐建立了详备的官方修史制度。越南的官方修史虽然时断时续,但也为时久远。越南和朝鲜的官方修史,都延续到了19世纪。更值得一提的是,日本1868年明治维新之后,翌年明治天皇便诏令修史,强调其必要:

> 修史乃万世不朽之大典,祖宗之盛举,但自三代实录以后绝而未续,岂非一大缺憾?今已革除镰仓以来武门专权之弊,振兴政务,故开史局,欲继祖宗之绪余,广施文教于天下。任总裁之职,须速正君臣名分之谊,明华夷内外之辨,以树立天下之纲常。①

这个诏令的重要之处在于,明治天皇希望日本史家接续"六国史"的传统。虽然这一计划的实施历尽曲折,最后似乎以夭折告终。但为之设立的国史编纂处,以后虽屡次改名,但至今仍作为东京大学的一个机构而存在。

最后回到现代中国。《清史稿》之后,官方修史的传统正式告一段落。中国当代史家对清朝史和民国史的研究和撰述,基本都在大学或研究所里进行。但值得一提的是2002年由中国人民大学清史研究所戴逸先生发起、中共中央和国务院批准的《清史》编纂工程,其组织者和政府都毫不讳言,《清史》工程的宗旨、规模和编纂都是为了承续中国官方修史的传统。根据百度"清史(学术性文化工程)"的介绍:"《清史》主体将多达92卷,约3000多万字。当这个浩大工程完成的时候,距离二十四史《明史》的成书之日正好是275年。"戴逸先生对这个工程的发起,亦有如下的解释,权作本文的结尾:

---

① 坂本太郎:《日本的修史与史学》,沈仁安、林铁森译,北京,北京大学出版社,1991,第166页。

这样规模的工程,人员可能动用二三百人,用款可能达到几个亿。几个亿在文化方面显得很大,但在整个经济建设上是个小数,对清代的整个文化遗产进行抢救,是很值得的。江泽民主席讲社会科学和自然科学有四个同等重要,但是我们现在缺乏标志性的文化工程。清史编纂如果按照这样的规模进行,可以称得上名副其实的国家行为、国家工程,是新世纪标志性的文化工程,意义重大,影响深远。它的实现依靠全体编纂委员和整个学术界的共同努力来完成。我相信全体编纂委员愿意承担这样艰巨、宏大的任务,积极地投入这项巨大的文化工程。这项工程时间很长,难度大,工作复杂,但我相信有党中央国务院强有力的支持,有文化部领导的协助,我们和广大历史学者团结一致、积极努力、开拓创新、与时俱进,一定能够完成党中央国务院和全国人民委托给我们的编纂清史的任务。①

载《世界历史评论》第 2 卷第 2 期,
上海,上海人民出版社,2017

---

① 戴逸:《在清史编纂体裁体例座谈会上的讲话》,《社会科学战线》2003 年第 2 期。

第七章 超越东西
——博古学、考据学以及近代早期历史学发展的全球性*

屠含章 译

1917年,在美国哥伦比亚大学留学的胡适以这样一段文字开始了他的博士论文:"哲学是受其方法制约的,也就是说,哲学的发展依赖于逻辑方法的进步。这一点在东西方的哲学史中都可以找到大量的例证。"① 1910年,胡适获得庚子赔款资助来到美国,之后成为了第一个从美国学术机构获得博士学位的中国人。回国后,他为导师杜威安排了在中国为期两年的巡回讲座,以宣传杜威的实用主义哲学,因为在他看来实用主义哲学是对西方现代科学文化的一个简明的介绍。② 与此同时,胡适还发表了几篇关于中国传统学术的文

---

* 本文原标题为"Beyond East and West: Antiquarianism, Evidential Learning, and Global Trends in Historical Study",刊于 *Journal of World History*, Vol. 19, No. 4 (Dec., 2008), pp. 489-519。作者在此感谢余英时、格奥尔格·伊格尔斯、本杰明·艾尔曼(Benjamin Elman)、理查德·范恩(Richard Vann)、伍安祖、丹尼尔·伍尔夫、乔伊·威尔滕堡(Joy Wiltenburg)、斯考特·莫治瓦泽尔(Scott Morschauser)、詹姆斯·海因森(James Heinzen)与杰里·本特利对本文的修改所提出的建议。

① Hu Shi (Shih), *The Development of the Logical Method in Ancient China*, New York, Paragon, rep. 1963, introduction, 1.

② John Dewey, *Lectures in China, 1919-1920*, tr. Robert W. Clopton & Tsuin-chen Ou, Honolulu, University of Hawaii Press, 1973; Barry Keenan, *The Dewey Experiment in China: Educational Reform and Political Power in the Early Republic*, Cambridge, Harvard University Press, 1977.

章,特别是在 18 世纪的清代经典注释中占据主流的考据学的方法论。胡适重申了前述论断,他认为尽管东西方的文化与历史迥异,但也存在一些共通之处,例如学者理解过去的方式。换言之,虽然清代学者没有察觉到现代科学的来临,但在对经典进行考证的过程中,他们发展出了一套精细的程序和一系列复杂的方法,而这些从本质上而言是科学的。①

显然,受过现代学术训练的胡适对现代科学的价值与效用深信不疑。②但是,为什么他如此确信在探寻科学知识的过程中,中国人会从对文化传统的重新审视中获益良多?中国文化中有没有现代科学实践的先例,是否存在一条可以区分传统与现代的界限?如果恰如胡适所言,清代的考据学确实包含科学元素,那么这些元素在多大程度上可以与现代科学相比或兼容?③ 如果恰恰相反,现代科学是

---

① 胡适:《清代考据学的治学方法》,收入葛懋春、李兴芝编:《胡适哲学思想资料选》,上海,华东师范大学出版社,1981,第一卷,第 184—211 页。

② 关于胡适的英文著作,见 Jerome Grieder, *Hu Shih and the Chinese Renaissance: Liberalism in the Chinese Revolution, 1917—1937* (Cambridge, Harvard University Press, 1970)与 Chou Min-chih, *Hu Shih and Intellectual Choice in Modern China* (Ann Arbor, University of Michigan Press, 1984)。关于胡适及其在中国思想史上的地位的中文著作有很多,比如余英时的《中国近代思想史上的胡适》(台北,联经出版事业公司,1984)与《重寻胡适历程》(台北,联经出版事业公司,2004)。

③ Joseph Needham, et al. *Science and Civilization in China*, Cambridge, Cambridge University Press, 1954—2000. 近年对李约瑟著作的超越,见 Morris F. Low, ed. *Beyond Joseph Needham: Science, Technology and Medicine in East and Southeast Asia*, Chicago, University of Chicago Press, 1999。关于耶稣会传教士将西方科学引介到中国的努力,见 Benjamin Elman, *From Philosophy to Philology: Intellectual and Social Aspects of Change in Late Imperial China* (Los Angeles, UCLA Asian Pacific Monograph Series, 2001, re. ed.), pp. 116—120 以及 *On Their Own Terms: Science in China, 1550—1900* (Cambridge, Harvard University Press, 2005); Joanna Waley-Cohen, "China and Western Technology in the Late Eighteenth Century," *American Historical Review*, 98:5 (1993), pp. 1525—1544;(转下页)

西方独有的贡献,那么是否还需要像最近部分学者提出的那样,将欧洲的经验"地方化"并重新考虑其普遍性?①现代西方文化对现代世界的塑造产生了显而易见的影响,这是无可厚非的。然而,还有一个问题不甚明了:西方的现代文化和科学的范式是被简单地移植到非西方地区的土壤中,还是被移植到这些地区既有的文化传统之中?如果在西方以外的文化传统中有科学文化的先例,那么非西方地区的学者在适应、学习和接受西方文化的过程中,这些因素又对他们造成了怎样的影响呢?本文通过梳理清代考据学的兴起、发展及特点,以期能对以上这些问题进行一些初步的回应,并尝试以比较史学的研究方式对欧洲近代早期与中国帝制晚期的现代历史学起源加以考察,由此拓展由欧美学者目前界定与主导的史学史领域②。

(接上页) Du Shi-ran & Han Qi, "The Contribution of French Jesuits to Chinese Science in the 17th and 18th centuries," *Impact of Science on Society*, 42:3 (Fall 1992), pp. 265 - 276; D. E. Mungello, *The Great Encounter of China and West, 1500 - 1800* (Lanham, Rowman and Littlefield, 1999)。至于介绍耶稣会的科学项目的概况,可参见 Mordechai Feingold, ed., *Jesuit Science and the Republic of Letters*, Cambridge, Harvard University Press, 2003。关于中国经典注释的传统,见 Ching-I Tu, ed., *Classics and Interpretations: The Hermeneutic Traditions in Chinese Culture* (New Brunswick, Transaction, 2000) 与林庆彰:《明代考据学研究》(台北,学生书局,1986)。

① 参见 Dipesh Chakrabarty, *Provincializing Europe: Postcolonial Thought and Historical Difference* (Princeton, Princeton University Press, 2000) and R. Bin Wong, *China Transformed: Historical Change and the Limits of European Experience* (Ithaca, Cornell University Press, 1997)。

② 史学史领域当中大多数知名的著作,几乎都是以西方传统为中心的。比如 Eduard Fueter, *Geschichte der neueren Historiographie* (Munich, Oldenbourg, re. ed. 1936); G. Gooch, *History and Historians in the Nineteenth Century* (Boston, Beacon, 1959, re. ed.); James W. Thompson, *A History of Historical Writing* (New York, MacMillan, 1962), 2 vols.; Ernst Breisach, *Historiography: Ancient, Medieval and Modern* (Chicago, University of Chicago Press, 1983), Georg G. Iggers, *Historiography in the 20th Century* (Hanover, Wesleyan University Press, 1997) 以及 Michael Bentley, *Modern Historiography: An Introduction* (转下页)

就西方现代历史学的起源而言,似乎没有必要在现代历史学的诞生早于世界历史上现代时期的来临这一点上多费口舌。通过阿纳尔多·莫米利亚诺(Arnaldo Momigliano)、波考克(J. G. A. Pocock)、安东尼·格拉夫顿(Anthony Grafton)、唐纳德·凯利、约瑟夫·莱文(Joseph M. Levine)和杰里·本特利的研究可以很好地了解到,我们所界定的现代史学研究的理论和实践的诸多特征,其实萌生于文艺复兴时期的人文主义者与17、18世纪的博古学家的作品之中。①以19世纪欧美历史学家的作品为代表的西方现代历史学的成熟形式,有两大特点:一是对人类历史的意义的信仰与对概括、呈现

(接上页)(London, Routledge, 1999)。谈及非西方史学(特别是中国史学)的著作,大多都将中国想象成西方史学模范的"他者",比如巴特菲尔德的 Man on His Past: The Study of the History of Historical Scholarship (London, 1955) 与浦朗穆的 The Death of the Past (New York, Palgrave, re. ed. 2003)。不少著作提供了对世界范围内的历史学的介绍,比如 Geoffrey Barraclough, Main Trends in History (New York, Holmes & Meier, 1979); Georg G. Iggers & Harold T. Parker, eds., International Handbook of Historical Studies: Contemporary Research and Theory (Westport, Greenwood, 1979); Daniel Woolf, ed., A Global Encyclopedia of Historical Writing (New York, Garland, 1998), 2 vols.; Rolf Torstendahl, ed., Assessment of 20th Century Historiography (Stockholm, Royal Academy, 2000), 但这些著作本身并非比较史学的研究。

① 见 Arnaldo Momigliano, Studies in Historiography (London, Weidenfeld and Nicolson, 1966) 与 The Classical Foundation of Modern Historiography (Berkeley, University of California Press, 1990); J. G. A. Pocock, Barbarism and Religion (Cambridge, Cambridge University Press, 1999), 3 vols.; Donald Kelley, Foundations of Modern Historical Scholarship: Language, Law, and History in French Renaissance (New York, Columbia University Press, 1970); Anthony Grafton, Defenders of the Text: The Traditions of Scholarship in An Age of Science, 1450–1800 (Cambridge, Harvard University Press, 1991) and Bring Out Your Dead: The Past as Revelation (Cambridge, Harvard University Press, 2001); Joseph M. Levine, Humanism and History: Origins of Modern English Historiography (Ithaca, Cornell University Press, 1987); Jerry H. Bentley, Humanists and Holy Writ: New Testament Scholarship in the Renaissance (Princeton, Princeton University Press, 1983)。

历史发展规律的宏大叙述的兴趣,二是强调在记录与叙述历史演进时对史料的批判与考订,从而发展出了一套历史学特有的方法论。更具体地说,由于大多数19世纪的西方历史学家都主张必须坚持一种不偏不倚的客观的立场,他们相信历史的意义可以通过民族国家范式的历史叙述得到最好的阐释。被誉为西方现代"科学史学之父"的利奥波德·冯·兰克认为,民族国家的兴起预示着现代世界历史的发展方向,这就要求历史学家在可靠的史料来源的基础之上,以详细而客观的叙述来记录其进程。兰克倡导史料批判是历史写作的先决条件,并致力于欧洲主要国家的民族史写作。

这两种兴趣本身并不一定是现代所独有的。过去各个文明圈的历史学家也都试图在历史中寻找意义并记录他们的发现。但在19世纪之前,还没有出现将它们融入历史写作的严肃尝试。在古希腊,保存对于历史事件的记忆的兴趣有助于将历史研究确立为一种被认可的学问形式。但是,由于希腊的历史学家大体上把他们的叙述局限于当代的事件,他们对历史真实性的主张(如修昔底德的调查方法)也是有限的。一旦他们像希罗多德和其他一些人那样贸然进入早期阶段,他们的叙述就暴露出方法论上的幼稚。①在罗马时期以及中世纪的大部分时期,历史叙述都出现了新的发展,历史学家开始归纳历史的发展趋势,并对历史的意义做出了推论。但在方法论层面,仍然存在类似程度的轻信,因为传说和奇迹被轻易地纳入历史叙述之中。事实上,即便在文艺复兴时期,当马基雅维利(Machiavelli)和

---

① Arnaldo Momigliano, *Essays in Ancient and Modern Historiography* (Middletown, Wesleyan University Press, 1977), pp. 9-24 and *Studies in Historiography*, pp. 127-142. 值得注意的是,近年学界以更为积极的态度看待古代史家。参见 John Van Seters, *In Search of History: Historiography in the Ancient World and the Origins of Biblical History* (New Haven, Yale University Press, 1983) 与 Baruch Halpern, *The First Historians: the Hebrew Bible and History* (San Francisco, Harper & Row, 1988)。

圭恰尔迪尼(Guicciardini)等人文主义历史学家为复兴与仿效古典史学的传统而书写历史时,他们的主要兴趣仍然集中在展示历史在当代政治中的应用,而非提高其史料来源的准确度。尽管如此,文艺复兴对现代史学的发展仍旧具有重要的意义,因为它不仅使历史学家对古典希腊和罗马文化产生了兴趣,也使公众对其产生了兴趣。正如许多研究所表明的那样,这种兴趣有助于促进现代历史学科的观念与方法的发展。①

一、古学的复兴:欧洲与中国

回过头来看,欧洲文艺复兴之中复古的兴趣并不是那么特殊,因为人类对于过去某段时间的好奇心几乎是普遍存在的。有趣的是,文艺复兴时期的人文主义学者是如何在所谓"漫长的中世纪"之后复兴希腊和罗马文化的。虽然中世纪决不是破坏古典文化的"黑暗时代",但对致力于寻找和恢复古典文本(既有来自于古希腊和罗马时代的世俗文本,也有《旧约》和《新约》等宗教文本)原貌的人文学者而言,几乎长达一千年的隔阂无疑造成了极大的挑战。人文主义者不遗余力地创作出各种各样的拉丁文本的合注本,并用经过精心研究之后所撰写的注释和评论点缀其中,希望能够清晰地呈现出一部古典作品的原貌,不再依赖之前的各种摹本和译作。他们的兴趣

---

① 见 Peter Burke, *The Renaissance Sense of the Past* (London, Edward Arnold, 1969); Nancy Struever, *The Language of History in the Renaissance: Rhetoric and Historical Consciousness in Florentine Humanism* (Princeton, Princeton University Press, 1970); Eric Cochrane, *Historians and Historiography in the Italian Renaissance* (Chicago, University of Chicago Press, 1981) 与 Kelley, *Foundations of Modern Historical Scholarship*。

和努力引发了博古运动,从文艺复兴晚期一直延续到 19 世纪初。①与人文主义者对古典文化的热忱一样,博古学家不仅研究拉丁文与希腊文的文本,还寻找钱币、盔甲、铭文和勋章等各种物质遗迹。得益于印刷技术的发展,这些博古学家能够出版作品并与同行交流研究成果。因此,正如阿纳尔多·莫米利亚诺和安东尼·格拉夫顿令人信服的研究所证明的那样,他们形成了一个横跨欧洲的文人圈,将牛津和剑桥的宏伟建筑与莱顿和巴黎嘈杂的街道连接了起来。无论是研究文本还是古物的学者,正是在这一文人圈之中,磨炼并完善了他们的文本批评与历史批评的技能。当然,这些对于历史学家的工作而言都是至关重要的。②

然而,历史学家和博古学家在对过去的兴趣方面存在着差异。莫米利亚诺对于博古学家有一个敏锐的观察,他说:"我一生都对一种人特别好奇:他们与我的职业相近,我可以清楚地知道他们的志趣,也能分享他们的热诚,可他们的最终目标又让我感到神秘莫测。这种人对历史的事实充满兴趣,但对历史学却兴味索然。"③尽管博古学家对于叙述历史并不感兴趣,但他们对历史思维的改变做出了重要的贡献。由于他们的工作集中在修复古代文物与证

---

① 博古学的传统一直延续到 19 世纪的英国。见 Philippa Levine, *The Amateur and the Professional: Antiquarians, Historians and Archaeologists in Victorian England, 1838-1886*, Cambridge, Cambridge University Press, 1986。

② 除了前文所引格拉夫顿与莫米利亚诺的作品以外,近年有关文人圈的研究还有 Anne Goldgar, *Impolite Learning: Conduct and Community in the Republic of Letters, 1680-1750* (New Haven, Yale University Press, 1995) and Peter N. Miller, *Peiresc's Europe: Learning and Virtue in the Seventeenth Century* (New Haven, Yale University Press, 2000)等。

③ Momigliano, *Classical Foundation*, p. 54. 对莫米利亚诺观点的进一步发展,可见于 Pocock 的 *Barbarism and Religion*, vol. 2 与 D. R. Woolf 的 *The Idea of History in Early Stuart England* (Toronto, University of Toronto Press, 1990)。

明它们的价值上,所以他们最终开始动摇古代史家作品之中对于过去的叙述的权威性。因为博古学家在研究中往往发现古代史家(比如李维与塔西佗)的说法与实物证据存在许多不一致的地方。①考虑到古代历史学家在方法论上的缺陷,这一结果几乎必然会发生。博古学者所试图证明的是他们的作品的优越性,而不一定想嘲笑古代的史家。但是对于一个现代历史学家来说,他们的发现开始塑造出一种现代史学实践的观念:不断地研究过去并重写历史,以超越并取代此前出现的作品,包括那些曾经受人崇敬的古典作家的作品。巴拓德·尼布尔就是一个很好的例子,他成功地确立了自己在罗马历史研究中的权威,即使不能取代李维,也能与之相抗衡。②

换言之,博古学家向历史学家叙述的真实性提出了挑战:哪一种作品对于过去的讲述最具权威性?是一篇后世被精心修饰的文本,还是一件保存完好的实物材料?这一观念不仅是欧洲文艺复兴时期的学者的工作特点,而且正如艾尔曼所说,也体现在清代考据学者的"实事求是"的努力当中。格拉夫顿注意到,尽管这两种文化在空间

---

① 莫米利亚诺引用了一位17世纪的学者的话,颇具启发性:"比起引用一位作者来说,引用一枚勋章要保险得多,因为这样一来你不需要求助于斯维陀尼乌斯(Suetonius)或兰普雷底斯(Lampridius),而是求助于皇帝本身或者整个罗马元老院。"见其 Studies in Historiography, pp. 14–15。亦可参见 Grafton, Bring Out Your Dead; Kelley, Modern Historical Scholarship; Joseph M. Levine, The Autonomy of History: Truth and Method from Erasmus to Gibbon (Chicago, University of Chicago Press, 1999)与 Humanism and History。Daniel Woolf 的 The Social Circulation of the Past: English Historical Culture, 1500–1730 (Oxford, Oxford University Press, 2003)就博古学者如何消解古典作家的权威性介绍了一些具体的例子。(斯维陀尼乌斯与兰普雷底斯皆为古罗马历史学家。——译者注)

② 关于尼布尔在现代历史学中的重要性的讨论,见 G. Gooch, History and Historians in the Nineteenth Century, pp. 14–23。

和时间上存在距离,但二者有着一种相似的思想趋向:最初是为了寻找古代的道德典范,而需要进行文本和历史批评的工作,结果则变成"一种更高的思想自身的召唤",亦即确认事实与寻求真理。①余英时还指出,18世纪的中国倾向于经验主义的经典研究与历史研究的文化环境,与19世纪欧洲的实证主义的风气有相通之处,尽管二者发生在不同的时期。②这些研究者有着不同的学术背景和研究兴趣,但他们似乎都认同胡适的观点——在清代的古学研究当中出现了与欧洲近代早期相似的文化发展。此外,这一发展似乎对于近代中国人从19世纪开始如何吸收西方文化影响的方式也发挥了关键作用。

为了呈现这一文化传统是如何在清朝形成的,笔者将直接从11世纪的宋代开始展开叙述。这一时期见证了儒学的复兴,因为从3世纪开始,中国的文化风貌发生了显著的转型,这一转变表现为儒家经典文化的衰落、佛教的入侵和道教或新道教的出现。在与强势的佛教和道教做斗争时,宋代的儒学家采取了双重策略。一方面,他们鼓励"智识主义"(intellectualism),希望通过训诂学和知识的获取来探求儒家经典的意义。另一方面,他们也提倡"反智主义"(anti-intellectualism),承认即便不修习经典也有通过内省来培养道德的可

---

① Grafton, *Defenders of the Text*, pp. 44-46. 狄培理在其"Neo-Confucian Cultivation and the Seventeenth-century 'Enlightenment'"一文中也比较了欧洲史学与东亚史学相似的发展轨迹。见 *The Unfolding of Neo-Confucianism*, ed. Wm. Theodore de Bary, New York, Columbia University Press, 1975, pp. 141-216。

② 余英时:《论戴震与章学诚》,香港,龙门书店,1976,第197-242页。余英时:《〈历史与思想〉序》,台北,联经出版事业公司,1976,第1-14页。

能性,从而指示了通往道的另一种取径。①也就是说,宋儒也受到了佛教实践的影响。到了明代,同样反智的王阳明(1472—1529)心学追随者众多,进一步扩大了佛教的影响。明朝学者并不提倡以历史的态度研究经典,而是宣扬通过内省致圣的信仰。②这种反历史的倾向奠定了晚明的总体文化氛围,而在这种氛围之中的学者并不认为研究经典是必要的。

明末清初之际,出现了对王阳明学派的批判。因此,钟摆开始朝着智识主义的方向摆动。当时的大儒顾炎武(1613—1682)加入复社,开始倡导重新研究经典。他周游中国,不仅是为了寻找文献和获取知识,还为了了解世界,寻求解决社会问题的方法,这与王阳明学派的方法形成了鲜明的对比。此外,与王学中人声称可以在顿悟的瞬间凭借直觉致圣的说法不同,顾氏提倡一种更为谦逊的方法。他强调在古代圣人面前应当谦逊,并认为要提升品性,就必须对经典心怀敬意并认真加以研习。顾炎武在对经典的研究之中重视通过音韵学的方法来确定古文中的字音,并研究其音变的历史轨迹。虽然顾氏不是第一位使用音韵学的学者,但是他开创了清朝复古主义的风气,主张绕过宋学与明学直接阅读汉代的儒学经典。③

---

① 余英时:《历史与思想》,第 87-120 页。关于宋代儒学的复兴及其对明清历史的影响,可参见狄培理的诸多著作,亦可参考本杰明·艾尔曼关于这一问题的讨论: Benjamin Elman, "Rethinking 'Confucianism' and 'Neo-Confucianism' in Modern Chinese History," *Rethinking Confucianism: Past and Present in China, Japan, Korea, and Vietnam*, eds. Benjamin Elman, John Duncan and Herman Ooms, Los Angeles, UCLA Asian Pacific Monograph Series, 2002, pp. 518-554。

② On-cho Ng, "A Tension in Ch'ing Thought: 'Historicism' in Seventeenth-and-Eighteenth-Century Chinese Thought," *The Journal of the History of Ideas*, 54:4 (1993), pp. 561-583.

③ 明代学者如陈第(1541-1617)对音韵学的提倡先于顾炎武。关于开清代考据学先河之明代考据学,见林庆彰:《明代考据学研究》。

为了复兴古典儒学,顾氏的追随者们对音韵学的方法进行了改进。此外,他们还采用了一系列其他的方法,包括文字学、训诂学,以及地理学、历史学、金石学与天文学。①他们的目的是避开形而上学的思辨和宗教的直觉,通过对经典做出扎实的基于语义的解释,从经典中获得真正的意义。这便是"实事求是"。清学重证据,这一点标志着其与明学的分离。清学被认为是实学,其实用性不仅体现在学术上,还体现在广泛的社会、政治和经济意义上。②清学也被称为"朴学",因其内容主要涉及文本和历史批评,而非如之前那样希望探讨本体论的问题,比如解释"礼"与"道"等。清代学者显然有这些治学取向,但"清学"并不是他们自己命名的,而是由后世的日本和中国的追随者们所给予的。③相反,出于对复古主义的兴趣,他们认为自身承继汉学,并将汉学与宋学加以区分。

通过对汉学(准确地说是对汉代以及汉代之前的古典儒学)与宋学的区分,清代学者表现出了一种历史意识,而这种历史意识在以

---

① 参见漆永祥:《乾嘉考据学研究》(北京,中国社会科学出版社,1998),黄永平:《朴学与清代社会》(石家庄,河北人民出版社,2003),滨口富士雄:《清代考据学の思想史的研究》(东京,国书刊行会,1994),木下铁矢:《"清代考证学"とその时代》(东京,创文社,1996)以及 Elman, *From Philosophy to Philology*。

② 关于这一文化趋势之兴衰,可参见陈鼓应等所编《明清史学简史》(北京,社会科学文献出版社,1994)以及 *Principle and Practicality: Essays in Neo-Confucianism and Practical Learning*, eds. Wm. Theodore de Bary & Irene Bloom (New York, Columbia University Press, 1979)。理查德·史密斯(Richard J. Smith)与狄培理都认为"实学"是清代文化最重要的特征之一,见 Richard J. Smith, *China's Cultural Heritage: The Ch'ing Dynasty, 1644-1911*, Boulder, Westview, 1994, p. 139; Wm. Theodore de Bary, "Some Common Tendencies in Neo-Confucianism," *Confucianism in Action*, eds. David Nivison & Arthur Wright, Stanford, Stanford University Press, 1959, pp. 25-49。

③ 太田锦城等日本学者使用"清学"这一术语勾勒中国学术从汉代经过宋代直到清代的变化,见中山久四郎的《考证学概说》,收入氏著《近世日本の儒学》(东京,岩波书店,1939),第1-2页。

前从未被如此明确地表达过。①这体现出一种对"古今不同"(anachronism)的认识,一种对历史变化的感觉,既是理论意义上的,也是方法意义上的。在理论层面上,这种历史意识为清代学者挑战受佛教影响的明代儒学提供了武器,因为它揭示了汉学与宋学之间的时间差异与距离。这段距离帮助他们认识到,尽管宋儒与明儒被尊为儒学的权威,但他们所生活的年代比儒家经典最初被编纂和研究的年代要晚得多。清代的学者凭借这种历史主义的视角,不仅冲击了宋儒与明儒解读儒家经典的权威地位,并且把这些经典简单地视为古代的历史记录或文献,从而达到了"历史化"与"去神圣化"的目的。②在方法论的层面上,这种对时间变化的认知呼吁采取新的方法来研究经典。顾炎武等人被吸引到音韵学和古文字学的研究当中,因为这有助于他们发现语言和发音是历时性的,是随着时间的推移而变化的。为了证明这一变化,清代学者最终转向历史研究。③

中国的儒学由汉至宋,又从清到汉的"回归",这一看似循环的发展,显示了清代学者对中国思想发展的三阶段的划分。这一阶段划分很容易让我们想起文艺复兴时期的人文主义者在构建他们的过去之时类似的历史认知:从古希腊和罗马、中世纪到他们自己的时代。与清代学者一样,人文主义者也清楚地意识到了古代世界与基督教世界的阶段性差异。但他们同样不确定自己生活在一个怎样的

---

① Ng, "A Tension in Ch'ing Thought," p. 567f.

② 见 Benjamin Elman, "The Historicization of Classical Learning in Ming-Ch'ing China," *Turning Points in Historiography: A Cross-Cultural Perspective*, eds. Q. Edward Wang & Georg Iggers, Rochester, University of Rochester Press, 2002, pp. 101-146, and Elman, *From Philosophy to Philology*, pp. 69-70。

③ 滨口富士雄:《清代考据学的思想史的研究》,第 72 页以下。滨口认为顾炎武对音韵学与训诂学的研究推动了清代历史意识的发展。在唐纳德·凯利看来,洛伦佐·瓦拉对于欧洲的历史意识的发展也起到了相似的作用。

时代。"古今之争"(Querelle des anciens et des modernes)与17、18世纪法国、英国的"书之战"(the Battle of the Books)表明,文艺复兴时期的人文主义者与博古学家从未完全克服在面对古代世界时的文化自卑感。尽管如此,欧洲的人文主义者与清朝的考据学家都确信,他们可以比以往的学者表现得更好。这种自信源自于他们高超的考据功夫,他们对经典的真实性进行细致的考核,从而从古籍中剔除伪造的部分而留下真实可信的部分。

洛伦佐·瓦拉(Lorenzo Valla, 1406—1457)对《君士坦丁的赠礼》(Donation of Constantine)的辨伪是一个众所周知的例子。瓦拉的论证揭示了教会对《君士坦丁的赠礼》的捏造,不仅冲击了天主教的权威地位,而且破坏了整个中世纪文化的权威,从而预示着古典文化的复兴。清初阎若璩(1636—1704)的《尚书古文疏证》也产生了类似的重要影响。阎氏对《尚书》的兴趣,受到了宋儒朱熹(1130—1200)的启发。同时,也在一定程度上回应了主动以朱子学代替明代儒学的清廷。①但阎氏也显然受到顾炎武所提出的新的方法的影响。阎若璩研究经典时严谨的治学态度与顾氏不相上下,他不仅尽可能地搜集并比较不同时代今文经与古文经所产生的各种《尚书》文本,而且改进了顾炎武的音韵学与文字学的取径,从而帮助他批判性地研究这些文本,尤其是今文经与古文经的差异。通过考查不同版本的《尚书》的句式、修辞与文法,他发现古文经是不符合时代的,某些篇章的书写年代并没有古文经学家所声称的那么久远。由于这

---

① 关于清廷对"回归"程朱理学的推崇,见陈祖武:《清初学术思辨录》,北京,中国社会科学出版社,1992,第295-296页;On-cho Ng, *Cheng-Zhu Confucianism in the Early Qing: Li Guangdi (1642-1718) and Qing Learning*, Albany, State University of New York Press, 2001;高翔:《近代的初曙:18世纪中国观念变迁与社会发展》,北京,社会科学文献出版社,2000。

些篇章包含了一些宋儒为支持其对儒学的形而上的解读而经常征引的段落,阎若璩对古文经的否定对宋儒学说的合法性构成了严重的打击。①这说明,朱熹及其追随者所建立并且拥有清廷支持的经典阐释体系,其实建立在一个并不坚实的基础之上。这对于最初欣赏朱熹学说的阎若璩来说,也许是出乎他本人的意料的。

尽管阎若璩对《尚书》的辨伪直到 18 世纪中叶才广泛流传,但这预示着清代考据学的发展对宋明遗产的挑战及其"实事求是"的努力。如果阎氏的成功在于他的博学与勤奋,那么这正是证明清代"智识主义"兴起的一个显例。18 世纪初,吴派学者惠栋(1697—1758)以其博学而闻名于世,其毕生精力倾注于《易经》的研究。他汇集了大量的《易经》注本(其中以汉代的注本居多),并且对其真实性与价值进行了核查。在此基础上,他不仅勾稽了汉代各大易学名家思想之来源,并考察各家学说在随后的时代是如何演变的。借用安东尼·格拉夫顿对文艺复兴时期人文主义者作品的描述,可以说,惠栋在其典范性的研究中展示了"一本现存的手稿是其他所有文本的父母"。此外,这种"严格的历史推理",激发了人文学者寻找原始的古代文本,并确认其在后代的衍生文本。②尽管当时普遍存在着对汉学的偏见,但惠栋认为实际上汉代学者对经典的注释水准较高,因为汉代早于宋代,所以更接近于古代的文献。

惠栋主张汉学优于宋学,其原因在于其对于儒家思想的历史主义的理解。在这种历史主义的鼓舞下,惠栋在苏州聚集了一批学生,开始了复兴汉学的工程,从而为清学开辟了新的天地。惠栋及其门

---

① Benjamin Elman, "The Search for Evidence from China: Qing Learning and Kōshōgaku in Tokugawa Japan," *Sagacious Monks and Bloodthirsty Warriors: Chinese Views of Japan in the Ming-Qing Period*, ed. Joshua Fogel, Norwalk, Eastbridge, 2002, pp. 166-171.

② Grafton, *Defenders of the Text*, p. 9.

人为了证明汉学的优越性,在内容和方法上都扩大了他们的研究范围。方法上,他们沿袭了顾炎武的学说,包括音韵学、文字学与训诂学(这些被宋儒归为"小学"),并认为它们对于经典的理解而言是必不可少的。他们发现,由于中国古代的书写系统尚未成熟,在古代文本中存在着大量假借字,也就是说,一些文字由于发音相似而被用来代替其他字形较为复杂的文字。然而,过去的学者由于缺乏足够的音韵学的知识,根据古文字的字形而不是发音为这些假借字赋予了意义。惠栋及其弟子为了揭示这些错误,收集了大量不同时期的文本,并证明某些汉字在古代由于发音相似而能够互换,但后来这些汉字的发音又发生了变化。①他们的取径表明,尽管其出发点是崇尚汉学,但不可避免地引发对儒家学术传统的彻底变革。

由于他们的博学和勤奋,惠栋及其弟子不仅恢复了汉学,并且明确了汉宋之分。有清一代的学者对于儒学研究中的汉学与宋学有着不同的偏好与立场。从某种程度上说,此后江藩(1761—1831)正式确立的这场汉宋之争,与欧洲的古今之争大致同时出现,而且有着相似的规模和重要性。②然而,两者之间的差异也相当明显。如果说在古今之争中,当时似乎任何一方都不能说服另一方,那么最终成为赢家的是后者,正如19世纪科学主义的盛行所显示的那样。相比之下,汉宋之分的结果似乎与此相反:汉学(古)的复兴是以宋学(今)为代价实现的,尽管这并不意味着后者已经完全失去了吸引力。正如我们下面要提到的,作为一种思想运动的考据学在19世纪初逐渐

---

① 比如惠栋总结出了古音研究的一条重要原则:"时有古今,不可以中古音误作上古音。"李开:《惠栋评传》,南京,南京大学出版社,1997,第67页。

② 关于欧洲的古今之争,约瑟夫·莱文做了一系列的研究,包括 *The Battle of the Books: History and Literature in the Augustan Age* (Ithaca, Cornell University Press, 1991), *Between the Ancients and the Moderns: Baroque Culture in Restoration England* (New Haven, Yale University Press, 1999) 与 *Humanism and History*。

式微,至少在中国是如此。但在18世纪,以阎若璩和惠栋的作品为代表的以音韵学为基础的对经典的注释,却成功地触及了宋儒学说的致命弱点:如果宋代儒家思想建立在对伪书以及对经典的误读之上,那么他们的解释何以获得权威呢? 换言之,古典主义在汉宋之争、古今之争中发挥了重要作用。最后,我们发现在古今之争中,一种当下主义取得了上风。而这种当下主义也以一种较为潜在的形式体现了清代考据学的特点。虽然他们的研究或多或少是汉学的复活,但也表明了他们与既定的传统争论的信心,而这种自信来自于他们的博学。事实上,清代考据学者在复兴汉学的兴趣的激发之下,不断地努力对整个古代世界做出更好、更全面的理解。文艺复兴时期以及此后的欧洲的人文主义者和博古学者的努力与此相仿,他们也超越了波里比阿、李维和塔西佗的作品,希望对整个古典世界有一个更全面的了解。① 1757年,惠栋结识了比他年轻三十岁的青年才俊戴震(1724—1777),戴震不仅支持他对汉学的研究,还将汉学的研究提升到了一个新的水平,充分展现了清代考据学的广博与全面。在此次会晤之后,戴震转而推崇惠栋,与其说是支持惠栋对汉学的推崇,不如说是支持惠栋认为训诂应当是理解圣人教义的关键。如果对惠栋及其追随者来说,以训诂为中心的古典研究意味着专注于研究比较汉代以及之后的学者的注解与诠释,并挖掘这些学说的流变,那么戴震的目标更为远大,并发展了一种更为复杂的研究方法。他倾向于把小学的方法,以及他自己和其他同时代的学者发展出的史学方法,更多地看作是发现儒家经典中的"义理"的手段。也就是说,戴震还保留着一种形而上学的兴趣,而这种兴趣常常体现在宋儒

---

① Grafton, *Bring out Your Dead*, pp. 115-116.

的作品当中。①私淑于戴震的焦循(1763—1820)认为,戴震的方法不同于惠栋的复古主义,即古典主义,因为后者有其固有的问题。由于惠栋只想恢复汉代学者对儒家经典的解释而不是恢复经典本身,他的治学旨趣对于复古主义产生了负面的影响。也就是说,惠栋将汉代作品等同于经典的主张是错误的,他并没有考虑到汉代学者与孔子也相隔了几百年。②焦循对惠栋的批评,突显了清代考据学从惠栋的"求汉"到戴震的"求实"的重大发展,尽管这一发展并没有削弱清代考据学者对经典的尊崇。

二、博古学家与历史学家之间的张力

约瑟夫·莱文在评论英国的博古学家的工作时说:"显然,所有这些人都吸取了古典学的第一个教训:对过去的正确理解取决于对过去语言的掌握,而这种语言本身是历史性的,只能在它的背景中被理解。"③也就是说,语文学是最重要的,历史意识是在语文学的基础上产生的。这一观察也预示着清代考据学运动的轨迹。作为惠栋的支持者,戴震以如下议论而闻名:"经之至者道也,所以明道者其词也,所以成词者,未有能外小学文字者也。由文字以通乎语言,由语言以通乎古圣贤之心志。"④

---

① 见余英时:《论戴震与章学诚》《历史与思想》以及滨口富士雄:《清代考据学的思想史的研究》)。

② 见郑吉雄:《清儒名著述评》,台北,大安出版社,2011,第 268 页;Elman, *From Philosophy to Philology*, p. 95。

③ Joseph Levine, *Humanism and History*, p. 90. 唐纳德·凯利在其 *Modern Historical Scholarship* 中亦有相同的观察。

④ 戴震:《古经解钩沉序》,《戴震文集》卷十,北京,中华书局,1980,第 146 页。——译者注

戴震的小学研究与惠栋的有所不同而且有所改进。戴震抛开了惠栋对汉学近乎固执的偏爱，试图通过重建历史语境，分析儒家经典在后世注释与阐发的过程中所发生的变化，来检验经典的可靠性。①博学多识的他将惠栋的研究推进了一步：由于古代某些元音和辅音的发音不同，假借的汉字比日后多得多。如果不知道这种差异，就无法理解古代文本中文字的假借。戴震接着发展了一种新的语音理论，系统地重建了历代元音和音节不断演变的发音。戴震以及此后段玉裁、王念孙、王引之等学者的努力，使得音韵学的研究成为清代考据学的标志。②如果在 18 世纪的欧洲，博古学家的研究使得"历史文献学从婢女变成了女王"，那么音韵学与文字学在清代的地位变化也是如此。③

但戴震的研究并没有停留在这里，清代的考据学运动也没有就此止步。戴震在回顾惠栋的学术遗产之时又做出了一个重要论断："训诂明则古经明，古经明则贤人圣人之理义明，而我心之所同然者乃因之而明。贤人圣人之理义非他，存乎典章制度者是也。"④在戴震生命的最后一年（1777），他再次强调了这一点。这一次，他表达得更为清晰："非求之六经孔孟不得，非从事于字义、制度、名物，无由以通其语言。"⑤戴震认为，历史研究不仅是对文献学研究的补充，

---

① 关于中国文化中的经典注释的传统，见 Tu, *Classics and Interpretations*；John B. Henderson, *Scripture, Canon, and Commentary: A Comparison of Confucian and Western Exegesis*, Princeton, Princeton University Press, 1991。

② 这是滨口富士雄在《清代考据学の思想史の研究》中的一个主要观点，尽管其他学者也注意到了清代考据学中音韵学的重要性，比如漆永祥在其《乾嘉考据学》中。

③ 这一格言出自于保罗·哈泽德（Paul Hazard），笔者引自 Kelley, *Faces of History*, p. 210.

④ 戴震：《题惠定宇先生授经图》，《戴震全书》第六卷，第 505 页。

⑤ 滨口富士雄：《清代考据学の思想史の研究》，第 194 页。

也使文献学研究变得完整。①

有两个问题值得考虑。第一，戴震强调训诂的重要性。他认为，通过训诂人们能够理解经典，并希望通过训诂来探究圣贤之"义理"。第二，他为这一研究增加了一个新的维度，因为他相信"义理"也存在于古代的典章制度之中。第一个问题是清代考据学的"终极关怀"，它不仅是考据学重要的思想背景，而且实际上也是清代考据学产生的前提。②第二个问题指向清学的历史维度。"道"的提出是以实际的历史为基础的。戴震指出古代的典章制度遵循着圣贤之"义理"，从而将复古主义对考据学的影响从文本校勘扩展到了历史批评，并且他对此十分坚定。③戴震认为可以在历史中定位"道"的观点，似乎先于兰克史学在认识论上的假设。这一观念以过去和当下人类思想的共通性为前提，作为历史认识的基础。在戴震的例子中，他相信人类恒久不变的思想使得过去的圣人能够启发今人。兰克批

---

① 戴震等清代考据学者在阐释经典之时对历史主义取径的提倡，在一定程度上与3-4世纪的基督教释经传统中的安提阿学派有相似之处。而王阳明学派的取径则与安提阿学派的对手亚历山大学派类似，后者主张对《圣经》文本进行寓意性的、神秘主义的解读。见 Biblical Interpretation in the Early Church, ed. & tr. Karfried Froelich (Philadelphia, Fortress Press, 1984); Peter R. L. Brown, The Rise of Christendom: Triumph and Diversity, 200-1000 (Malden, Blackwell, 2003) 与 Late Antiquity (Cambridge, Harvard University Press, 1998); 以及 Henderson, Scripture, Canon, and Commentary。

② 见钱穆的《中国近三百年学术史》(上海，商务印书馆，1937)，余英时的《论戴震与章学诚》与《历史与思想》，滨口富士雄的《清代考据学の思想史的研究》以及 On-cho Ng, "The Epochal Concept of 'Early Modernity' and the Intellectual History of Late Imperial China," Journal of World History, 14:1 (Jan. 2003), pp. 37-61。

③ 有关章学诚在"六经皆史也"中所表现出的将经典研究史学化的倾向，见章学诚:《答邵二云书》，仓修良编:《文史通义新编》，上海，上海古籍出版社，1993，第553—555页。亦可参见李开:《戴震评传》，南京，南京大学出版社，1992，第415页以下。也许最具表现力的是 Elman, "The Historicization of Classical Learning in Ming-Ch'ing China," Turning Points in Historiography, pp. 101-103。

评黑格尔将世界历史进程哲学化的傲慢态度,强调历史学家应当采取更为谦逊的态度而仅仅描述历史,因为尽管历史学家无法探究上帝对人类历史的宏伟设计,但他可以通过移情和感通(Ahnung)来描述和理解那些生活在过去的人的行为与思想。①

戴震通过引入古代典章制度研究的必要性,放大了清代考据学所蕴含的历史主义。这种历史主义体现在其座右铭"实事求是"中,要求进行规模上前所未有的广泛的研究。由于"事"也有"物"的意思,因此"实事"也可以理解为"具体的事物""实际的事物"以及"真实的器物"。实际上,考据学是一场博古运动,旨在研究任何古代世界存在的具体事物。他们所追求的研究广度在后人提到他们的作品时使用的另一对术语中有所表现,那就是"典章"与"名物"。"典章"是"典"(经典)与"章"(制度)的结合体,因此指的是那些受人推崇的文本。"名物"这个词,结合了"名"(名称)与"物"(事物)两个字,包含广泛的含义,基本上可以指称世界上的任何事物,其字面意思是"名字及其指示对象",因此研究"名物"意味着要确定世界上的事物并且判断它们的指称是否准确。②因此,"实事求是"意味着清代考据学不仅研究文献,还研究实物。为了有效地进行这两项研究,他们必须将二者置于合适的历史语境之中。因此,18世纪中期以来考

---

① 兰克认为,历史学家应当"以人类可理解的形式,在事件的整体、完整性当中把握事件本身",并且应当"观察(历史事件)",以"形成对历史事件的理解"。同属于唯心主义哲学传统的洪堡(Wilhelm von Humboldt)则表达得更清楚,他认为人类预先被赋予了这种认知能力:"当两个人之间存在巨大的鸿沟,他们之间没有沟通的桥梁。从某种意义上说,为了理解彼此,他们必须已经理解了彼此。"Leopold von Ranke,*The Theory and Practice of History*, eds. Georg G. Iggers and Konrad von Moltke, New York, Irvington Publishers, 1973, pp. 138, 100 & 16.

② 有关校勘学中的名物研究的简单讨论,见 Elman, *From Philosophy to Philology*, pp. 80-81。关于名物的定义及其对于清代学术的潜在影响的讨论,见蒋秋华编:《乾嘉学者的治经方法》第二卷,台北,"中研院",2000,第 1035—1036 页。

据学研究的成熟,带来了历史研究的蓬勃发展。

尽管戴震非常博学,对历史研究的重要性有着清晰的认识,但在当时,大多数人并不认为他是一名历史学家,他本人也没有将主要精力倾注在历史研究上。①这一荣誉属于王鸣盛(1722—1798)与钱大昕(1728—1804)。王鸣盛与钱大昕同样拥有当时成功的考据学者的所有特征,他们的研究遍及训诂学、音韵学、文字学以及金石学等领域,钱大昕还通晓蒙古文。②此外,他们还研究历史并出版了相关著作,包括王鸣盛的《十七史商榷》与钱大昕的《廿二史考异》等。王鸣盛与钱大昕都认同戴震的观点,即经学不可避免地需要史学,在某种程度上,无论是从方法论还是认识论上说,经学实际上都是史学。

事实上,由于史学在经学中变得不可或缺,18世纪中叶起,学者们开始重新考虑二者之间的关系。例如,卢文昭(1718—1795)注意到,在古代并不存在这种差异。③钱大昕在赵翼(1727—1814)的《廿二史札记》的序言中也说:"经与史岂有二学哉?昔宣尼赞修《六经》,而《尚书》《春秋》实为史家之权舆。"换言之,就社会政治功能而言,史与经拥有同等的地位。④王鸣盛赞成钱大昕的观点,开始着手比较历史与经典在认识论上的共性。王氏强调,在研究经典时,不应该沉溺于空洞的、形而上学的讨论,历史研究同样不应对寻求规律和教训高谈阔论,以及将道德判断作为唯一的目的。相反,史学应该确保事件和记录的真

---

① 戴震参与过地方志的修纂,他同时利用实物材料与书面材料,从而落实了他作为博古学家的兴趣。见李开:《戴震评传》,第245—278页。

② 杜维运注意到了钱大昕通晓蒙古文,见其《清代史学与史家》,北京,中华书局,1988,第300页。

③ 见 Elman, *From Philosophy to Philology*, p. 109。

④ 钱大昕强调孔子编定六经之时经史无别,而经史之别是到了后世才逐渐发展形成的,造成了"说经者日多,治史者日少"的局面。见钱大昕:《〈廿二史札记〉序》,收入赵翼:《廿二史札记》,上海,商务印书馆,1937,第1—2页。

实性,以便找出真相。因此对于王鸣盛而言,经学和史学是相似的。①当王鸣盛指出,在历史学家的工作中,历史真实性的确立应优先于其道德义务时,他所表达的原则与一百余年后兰克所做的相同。兰克因他批判文艺复兴时期史学的道德关怀时的著名格言"如实直书",后来被现代历史学家誉为"历史科学之父"。他的宗教、政治和哲学倾向被忽视了。②王鸣盛在他所生活的时代并没有得到这样的荣誉,尽管他的意见决不是一个孤立的声音。钱大昕在评论以往的历史时,也附和了王的观点:"史家纪事唯在不虚美,不隐恶,据事直书,是非自见。各若出新意,掉弄一两字以为褒贬,是治丝而棼之也。"③在这里,他明确地表达了在历史书写的过程中应当优先考虑真实性而不是道德的观点。

这是否意味着为了知识本身而求知?④答案并非如此,因为清代学者以及兰克关于这一问题的表述,仅仅是源于对改进研究方法以及为博古学与历史学研究寻求更为自主的地位的兴趣,但研究仍然有其目的。⑤比如,凭借通过这种改进的方法,洛伦佐·瓦拉能够通

---

① 王鸣盛关于史学如何补充经学的讨论,见其《〈十七史商榷〉序》,收入《续修四库全书》卷452,上海,上海古籍出版社,1995,第138页。

② Georg G. Iggers, "The Image of Ranke in American and German Historical Thought," *History and Theory*, 2 (1962), pp. 17-40.

③ 钱大昕:《唐书直笔新例》,收入《钱大昕全集》卷7,南京,江苏古籍出版社,1997,第350页。

④ George Huppert, *The Idea of Perfect History: Historical Erudition and Historical Philosophy in Renaissance France*, Urbana, University of Illinois Press, 1970; Lenore O'Boyle, "Learning for Its Own Sake: The German University as Nineteenth-century Model," *Comparative Studies in Society and History*, 25:1 (1983), pp. 3-25.

⑤ 关于博古运动如何为史学在西方获得学科独立性铺平道路,约瑟夫·莱文在其《史学的独立性》(*The Autonomy of History*)中有很好的讨论。有关史学在中国传统中所扮演的角色的总体讨论,见 On-cho Ng & Q. Edward Wang, *Mirroring the Past: the Writing and Use of History in Imperial China*, Honolulu, University of Hawaii Press, 2005。

过揭露《君士坦丁的赠礼》文本之中的时代错乱,在与教皇的领土争端中支持那不勒斯国王。至于兰克,正如伊格尔斯所指出的,兰克强调将讲述真实发生的事情作为历史学家的任务,其实是基于他的宗教观念,即历史中存在着"客观的秩序"或"更高的实在"。这一"客观的秩序"或"更高的实在",由上帝亲手设计,要求历史学家恪守其职责,也就是准确记录历史的发展进程,而不是沉溺于猜测。①这似乎与王鸣盛和钱大昕关于历史学的自主性的讨论有些许相似之处,因为后者也相信,如果史家能准确地记录历史,那么"道"或者中国宇宙观中的更高秩序将会自然地显现出来。②

王鸣盛的《十七史商榷》与钱大昕的《廿二史考异》都是对历代王朝史的研究。他们的著作本身并非历史记录,但无疑是历史研究的结果。二人都对某些朝代的史书质量表示不满,比如他们所看不起的明代学者编纂的《元史》。钱大昕凭借对蒙文的了解,搜集了比明代的编纂者更多的各种资料,完成了《元史稿》,旨在取代明代官修的《元史》。尽管这本书并没有完整地保留下来③,惟有《元史艺文志》与《元史氏族表》传世,但至少表明钱大昕的兴趣并不局限于纠正和评论以往的史书,而是有着重写历史的学术旨趣。在这一过程之中,考据学的研究是为了通过史料考核更加牢固地夯实基础。

---

① Georg G. Iggers, *The German Conception of History: The National Tradition of Historical Thought from Herder to the Present*, Middletown, Wesleyan University Press, 1983, pp. 76-80.

② 参见 Michael Quirin, "Scholarship, Value, Method, and Hermeneutics in Kaozheng: Some Reflections on Cui Shu (1740-1816) and the Confucian Classics," *History and Theory*, 35:4 (Dec. 1996), pp. 34-53。

③ 据说日本学者岛田翰曾访得钱大昕的《元史稿》残本。王俊义、黄爱平:《清代学术文化史论》,台北,文津出版社,1999,第 207—208 页。

钱大昕的治学兴趣并不是孤例,也有不少同时代的其他学者有志于重写历代史书。①他们常常用"新"来命名自己的作品,以示与以往的作品之不同。② 与欧洲博古学者相似的是,钱大昕、王鸣盛等清代学者都深信他们所做的事情本身是有价值的,因此愿意为此付出时间和精力。③艾尔曼注意到一个现象:许多清朝的考据学者"一到能够退休的年龄就退休了"④,如钱大昕在47岁时就退休了。如果这些拥有科举名分的人将学术生涯比政治生命看得更为重要,那么那些没有在科举考试中获得成功的人就有充足的理由致力于学术研究。因为当时的中国出现了一个文人圈,这些人不仅可以在书院中找到教职,还可以通过科举考试体系之外的学术成就建立声誉。惠栋与戴震等重要学者的经历都是值得注意的例子。⑤

这一文人圈之所以存在的另一个事实是,优秀的考据学者不仅可以在许多书院中找到教职,通过私人信件与出版物互相交流想法,⑥而且他们还可以加入官方或半官方资助的研究项目以施展

---

① 比如,钱大昕鼓励其友人邵晋涵重写宋史特别是南宋史。见张舜徽:《清儒学记》,济南,齐鲁书社,1991,第272—274页;Ng & Wang, *Mirroring the Past*, pp. 243-244。

② 梁启超对清代学者史学著作的概论,见氏著《中国近三百年学术史》(北京,中国书店,1985),第270—296页。

③ 王鸣盛在其《〈十七史商榷〉序》中生动地表达了其考史的乐趣,见王鸣盛:《〈十七史商榷〉序》,收入《续修四库全书》卷452,第138页。

④ Elman, *From Philosophy to Philology*, pp. 132-133.

⑤ 关于考据学者的社会起源,以及他们的研究是如何从学者型官僚如阮元(1764-1849)那里获得官方资助等问题,艾尔曼以及他提到的一些日本学者,已有大量的研究成果。

⑥ 关于中国帝制晚期印刷业的发展与书籍文化,见 Kai-wing Chow, *Publishing, Culture and Power in Early Modern China* (Stanford, Stanford University Press, 2004), *Printing and Book Culture in Late Imperial China*, eds. Cynthia Brokaw & Kai-wing Chow (Berkeley, University of California Press, 2005) 以及井上进:《中国出版文化史:书物世界と知の风景》(名古屋,名古屋大学出版会,2002)。

他们的才能,并获得可观的薪酬。尽管戴震最初在科举考试中失败了,但他还是被政府招募来协助编写庞大的《四库全书》。这个雄心勃勃的项目由皇帝钦定,作为对民众进行思想控制的一种方式,旨在对整个帝国认为"合适"的现存作品进行分类与归纳。其参与者,特别是被认为是学术领袖的戴震,对中国传统典籍进行了严格的校勘与考订,从而将文本中的讹误剔除出去。① 这个项目让人想起了欧洲近代早期的一个类似的博古学项目,比如威廉·卡姆登(William Camden)的《大英百科全书》(*Britannia*)和皮埃尔·贝耶尔(Pierre Bayle)的《历史与批评词典》(*Dictionnaire Historique et Critique*),尽管欧洲的博古学者经常自己私下里编辑作品(一些清代学者也曾有这样的尝试②)。到了《四库全书》的项目开始之时,音韵学、文字学、训诂学已经成为清代文人圈中主流的治学方法,同时也成为他们学术话语中的通用语言。《四库全书》的参与者运用史料批评来确定文本的真实性,并将这种方法作为对文本进行批评与评价的主要标准③。

清代学者对古代的探寻已经超越了文字资料,深入到了物质遗存。考据学运动的先驱顾炎武在金石学研究的传统上进行了拓展,后来钱大昕等人在这一领域取得了卓越的成就。顾炎武发现,先秦时期的青铜铭文往往能够证实史书(比如《春秋》)中的记载。这种发现促使他进一步寻找实物证据以加深对过去的了解。他对钱币学

---

① 关于这一项目的简要讨论,见 R. Kent Guy, *The Emperor's Four Treasures: Scholars and the State in the Late Ch'ien-lung Era*, Cambridge, Harvard University Press, 1987。

② 梁启超在《中国近三百年学术史》中提到了大量清代学者单独出版的金石学、音韵学、训诂学、方志学、史学等著作,第 176—264 页。

③ 当然,还有用来评估文本的其他标准,包括它是否讨论了"义理"。但是,文本是否真实仍然是该项目的主要关注点。见 Elman, *From Philosophy to Philology*, p. 101。安妮·古德加(Anne Goldgar)在其 *Impolite Learning* 当中也指出,在欧洲文人圈中也出现了一种博古学家治学与交流的统一模式。

也产生了兴趣,并指出,钱币的制造或销毁不仅能反映出经济变动的时期,也反映了历史上的政治动荡。①钱大昕在其历史研究中,更为仔细地从金石材料中寻找实物证据。他认为这是最可靠的史料考核的方法,因为简帛上的文字往往随着竹简与帛书的腐化而消逝,木简或木牍的情况稍好,但还是不如刻在青铜器和石头上的铭文保存得完整。因此,金石学对于历史研究而言是不可或缺的。钱大昕曾在其研究金石的诸多文章中表达他看到一份文献记载被铭文与碑刻证实或修正的喜悦。②钱大昕的金石研究在他的作品中占有很大的比重,不过更令人印象深刻的是翁方纲(1733—1818),他搜集了大量汉代的金石碑刻资料。

由于清代学者深信史料考核的重要性,他们开始进一步发展既存的注释传统。正如欧洲的博古学者那样,脚注成了他们展示研究成果的最喜好的工具。③钱大昕的《廿二史考异》与王鸣盛的《十七史商榷》是很好的例子,因为他们的这两部作品其实都是历代史书的脚注。实际上,从顾炎武、王鸣盛到章学诚等学者都强调了在学术著作中提供脚注的必要性和适当引用的重要性。顾氏强调,一旦引用了一条材料,就应该注明该材料最原始的出处而非间接的来源。王鸣盛的观点更为具体,他指出,脚注应当不仅包括文献所出自的书籍的标题,还包括该书的卷数和页数。他们都强调了一个关键点,即在

---

① 顾炎武:《春秋时月并书》,《日知录》第 2 卷,台北,商务印书馆,1968,第 35 页;《黄金》,同上书第 4 卷,第 75—78 页。

② 钱大昕:《郭允伯〈金石史〉序》,《钱大昕全集》第 9 卷,第 395 页;《特勤当从石刻》,同上书第 6 卷,第 256-257 页;《法门寺塔庙记》,同上书第 7 卷,第 178 页。

③ Anthony Grafton, *The Footnote: A Curious History*, Cambridge, Harvard University Press, 1997.

引用文献时,必须核查其原始的出处。①

三、现代性的条件

如果借用欧洲当代史家唐纳德·凯利关于"源"(source)与"流"(stream)的说法,那么,清代的文化环境明确地主张回到"源"而非"流"。②与此同时,正如格拉夫顿那本简明的小册子所指出的,在欧洲,脚注作为学术出版物的一个必要的组成部分而开始固定下来。③尽管脚注是为了引用和评论,在欧洲和中国的学术实践中皆是如此,但脚注在近代早期欧洲流行的另一个重要原因,在清朝似乎并不存在。这一原因不仅源于欧洲人渴望保持其历史叙述的流动性,而且也源自从17世纪开始就出现的一种需求,即在叙述中融入对不断扩大的世界观的新的理解。④也就是说,欧洲的历史学家除了利用脚注来追求和呈现知识之外,仍然对"历史是生活之师"(ars historica a magistra vitae)保有兴趣,希望从历史上的事例中获得哲学教益。这一点延续了希腊的历史叙事传统与犹太-基督教传统中对历史的连贯性以及宏大叙事的关注。18世纪,当博古学达到鼎盛之时,这种兴趣也并没有减弱。由于西方世界发生了一系列的变化,这一兴趣又被注入新的活力。第一,所谓的大发现时代大大拓宽了欧洲人

---

① 顾炎武:《经义论策》,《日知录》第6卷,第42—46页。王鸣盛:《十七史商榷》第453卷,第172页。

② Donald R. Kelley, *Faces of History: Historical Inquiry from Herodotus to Herder*, New Haven, Yale University Press, 1998, p. 207. (唐纳德·凯利认为西方史学存在"源"与"流"的张力,"源"是指史料来源,"流"则指叙述[narrative]。——译者注)

③ Grafton, *The Footnote*, passim.

④ 根据波考克的说法,由于宗教与政治等因素,叙述型的历史在18世纪欧洲学者的著作中占有主要位置,见其 *Barbarism and Religion*, vol. 2。

的世界观。一些史家不断证明这一变化对史学的影响,如英国的沃尔特·雷利(Walter Raleigh)和法国的波舒哀主教(Bishop Bossuet)等历史学家书写普遍历史(universal history)。第二,科学革命产生了多方面的影响。从方法论上来讲,科学革命似乎对史学并没有产生很大的影响,因为博古学者已经表达了基于对事实的验证和归纳进行精确研究的愿望。然而,科学革命在发现宇宙中普遍规律方面所取得的成功,确实激发了历史学家在人类历史中寻求普遍规律,于是传统上对宏大叙述的兴趣得到了进一步的加强。第三,近代早期的欧洲见证了民族国家的崛起,历史学家认为这是一个时代的历史性的现象。博古学者的工作既受到民族主义情绪的刺激,也受到了限制。尽管出现了一些"国际性"的著作,如皮埃尔·贝耶尔的《历史与批判词典》与狄德罗(Diderot)和达朗贝尔(D'Alembert)编撰的《百科全书》(*Encyclopédie*),但当时许多博古学者研究的目标是通过历史书写和考古发掘来弘扬英国、法国或意大利的民族传统。正如埃里克·霍布斯鲍姆(Eric Hobsbawm)和本尼迪克特·安德森(Benedict Anderson)所观察到的那样,民族主义浪潮的兴起也导致了一个几乎不可避免的后果:当历史学家从过去中寻找增强民族自豪感和自信心的方法时,他们看似冷静的研究不可避免地夹杂着发明和想象。①事实上,尽管在 18 世纪的欧洲"源"是最主要的,但"流"也从未完全被忽视,而这不仅限于启蒙时期的哲学研究之中。此外,如果博古研究和历史叙事之间存在着明显的张力,那么在上述变化的刺激下,现在

---

① 关于博古主义与民族主义之间的关联,乔治·胡伯特(George Huppert)的《完美历史的观念》(*The Idea of Perfect History*)提供了一个法国的个案研究。至于欧洲的民族主义是如何构建的,见 Eric Hobsbawm & Terence Ranger, eds., *The Invention of Tradition* (Cambridge, Cambridge University Press, 1988) 与 Benedict Anderson, *Imagined Communities: Reflections on the Origins and Spread of Nationalism* (London, Verso, 1991)。

开始出现一种将两者融合为一体的尝试。爱德华·吉本（Edward Gibbon）对罗马帝国衰落这一问题所做的努力获得了赞誉。吉本在流畅的叙述中，用脚注来表示让他受益的既有的学术研究。尽管吉本广泛地征引文献，但他主要是想提供关于罗马历史的想法，而不是一堆关于罗马历史的资料。①博古学遗产的更好的继承人在其他地方，首先在哥廷根大学，后来在柏林大学。德国人将之转化为一个科学史学的规范，尽管德国的历史主义者从不排斥历史的宏大叙述。②

让我们回到清代。考据学的兴起发生在乾嘉时期，当时的中国经济发达，政治稳定，代表了王朝统治的繁盛时期，可谓盛世。当然，也有来自外部的挑战，例如耶稣会的传教活动以及英国对商业贸易不断的要求。然而，尽管这些表明了中国以外世界的存在，但却没有动摇当时大多数中国人所持有的以中国为中心的传统的世界观。随着满族的统治者越来越多地成为中华文化传统的捍卫者，对于汉族的士大夫而言，他们只要能克制住对满族统治的仇恨，就没有必要冒险从过去吸取历史教训来告诫当下。相反，这似乎是学者开始寻找并验证古代的史实和文物的最佳时机。如果说脚注为欧洲人提供了博古研究与历史叙述之间的桥梁，那么它在清代学术中并没有发挥同等的

---

① Levine, *Humanism and History*, pp. 101-106, 178-189 and *Autonomy of History*, p. 157f; Momigliano, *Studies in Historiography*, pp. 40-55; Grafton, *The Footnote*, pp. 95-98.

② 霍斯特·沃尔特·布朗克（Horst Walter Blanke）在其巨著 *Historiographiegeschichte als Historik* (Stuttgart, Frommann-Holzboog, 1991) 中详细讨论了德国学者在回应启蒙思想的同时如何将博古学家的事业改造成现代历史学研究的。

作用,因为当时并不存在对于一种新的历史宏大叙述的需求。①

然而,这一切即将改变。从19世纪开始,伴随着资本主义在中国的扩张而来临的是新的世界观,这使中国的思想界受到巨大的冲击。考据学运动也失去其动力,因为考据学过分强调文本与史料的考订而忽视对经典做出富有活力的阐释,这一模式逐渐走向僵化。②18、19世纪今文经学的复兴标志着一种新的文化潮流的来临。③ 19世纪末,康有为等儒家学者在今文经学复兴的潮流之下重新赋予了孔子作为一名具有前瞻性的思想家的形象以应对西方的入侵,从而形成了一套达尔文主义的历史观。康氏的目标是为他的改革运动提供理论基础。④

---

① 彭慕兰(Kenneth Pomeranz)与王国斌(R. Bin Wong)都指出18世纪中国与欧洲之间的差异,并解释了这些差异是如何导致这两个地区此后历史的不同走向的,尽管他们的关注点不同。见 Pomeranz, *The Great Divergence: China, Europe, and the Making of the Modern World Economy* (Princeton, Princeton University Press, 2000); Wong, *China Transformed* 以及 Andre Gunder Frank, *ReOrient: The Silver Age in Asia and the World Economy* (Berkeley, University of California Press, 1998)。他们与批评者之间的辩论,见 *Journal of Asian Studies*, 61:2 (May 2002)。伍安祖的"Epochal Concept of 'Early Modernity'"从思想史的角度指出了欧洲近代早期与中国史不同的轨迹。

② 见 *Classics and Interpretations: The Hermeneutic Traditions in Chinese Culture, Imagining Boundaries: Changing Confucian Doctrines, Texts, and Hermeneutics*, eds. Kai-wing Chow, On-cho Ng and John Henderson (Albany, State University of New York Press, 1999) 与 Daniel Gardner, "Confucian Commentary and Chinese Intellectual History," *Journal of Asian Studies*, 57:2 (1988), pp. 397–422。

③ 艾尔曼认为今文经学不仅从现实出发提供了一种对经典更具吸引力的解释,而且获得了清廷的支持。见其 *Classicism, Politics, and Kinship: The Ch'ang-chou School of New Text Confucianism in Late Imperial China*, Berkeley, University of California Press, 1990。

④ Hsiao Kung-chuan, *A Modern China and a New World: K'ang Yu-wei, Reformer and Utopian, 1858–1927*, Seattle, University of Washington Press, 1975。

不过，儒家传统中的智识主义也很快恢复了生机。进入20世纪以后，在民族主义的高潮之中，中国的知识分子为了寻找用以构建现代民族国家的有用资源，有效地抵御西方的扩张，走上了改造传统的道路。在反儒家传统思想的鼓舞之下，章太炎、梁启超和胡适，开始寻找另一种传统。他们希望通过"重新发现"清代"科学的"考据学，将其与西方普遍流行的科学主义和实证主义，尤其是兰克及其弟子的史料批判相结合。他们希望通过这样的方式，把历史研究转化为一门现代学科。①如果说"学科"（discipline）一词不仅意味着教导学生（disciples），也意味着在这种教学之中确立了一种方法，②那么胡适等人在清代考证学中所寻找的正是这种方法，他们认为这种方法是科学的，因而与兰克史学中的史料批判（Quellenkritik）相兼容。受到这一科学史学的启迪，梁启超重新发现了戴震。为了使戴震免于被遗忘，梁于1923年组织了一次庆祝戴震诞辰二百周年的会议。胡适不仅参加了梁启超"挽救"戴震的活动，还对章学诚的作品很感兴

---

① 关于这一"重新发现"的尝试，傅佛果（Joshua Fogel）在其案例研究中有所分析。"On the 'Rediscovery' of the Chinese Past: Ts'ui Shu and Related Cases," *Perspectives in a Changing China*, eds. Joshua Fogel & William Rowe（Boulder, Westview, 1979）, pp. 219-235; Laurence Schneider, *Ku Chieh-kang and China's New History: Nationalism and the Quest for Alternative Traditions*（Berkeley, University of California Press, 1971）. 更具比较视野的研究，见 Q. Edward Wang, *Inventing China through History: the May Fourth Approach to Historiography*（Albany, State University of New York Press, 2001）。这样的经历也发生在其他地区。吉安·普拉卡什（Gyan Prakash）的 *Another Reason: Science and the Imagination of Modern India*（Princeton, Princeton University Press, 1999）揭示了印度的知识分子如何试图在印度的历史中重新发现"科学的"传统，这一点与中国的知识分子非常相似。

② 见 Donald Kelley, "The Problem of Knowledge and the Concept of Discipline," *History and the Disciplines: The Reclassification of Knowledge in Early Modern Europe*, ed. Donald Kelley, Rochester, University of Rochester Press, 1997, p. 16。

趣。章学诚是清学中较为复杂的人物,他以对考据学的评论、对文献考订的精通以及敏锐的史学洞察力而闻名。胡适希望通过对章学诚生平的研究再现清代学者的方法,并证明考据学的科学性。何炳松之所以推崇章学诚,是因为后者不仅提出了脚注等技术性的建议,而且还表现出对历史事实与历史书写、历史与史学之间的区别的认识,而这些对他来说是现代史学的根本问题。①

  博学而富有学术热情的梁启超渴望更多。梁启超在重构明清文化转型的过程之中,把明清文化转型描绘成一场思想与文化的"革命",这与胡适和何炳松的文章之中的基本观点大体一致。清代学者对"实学"的重视以及清初学者的反满观点,也启发了马克思主义历史学家侯外庐将明清的转型描绘成一场启蒙运动。②值得注意的是,这种以考据学为中心的对清代学术的"再发现"也带有国际性的意味。不仅日本的著名汉学家内藤湖南帮助"发现"了章学诚,法国汉学家戴密微(Paul Demiéville)与美国哲学家倪德卫(David Nivison)也对他产生了兴趣。③浦立本更喜欢赵翼,因为赵翼比起同辈学

---

  ① 见胡适:《戴东原的哲学》(上海,商务印书馆,1932)与《章实斋年谱》(上海,商务印书馆,1922);何炳松:《何炳松论文集》,北京,商务印书馆,1990,第 27—50、89-119、132—146 页。关于戴震在现代中国的"复活",见丘为君:《戴震学的形成》,台北,联经出版事业公司,2004。

  ② 侯外庐:《中国早期启蒙思想史》,北京,人民出版社,1956。侯外庐的论述也是受到了梁启超的启发,尽管前者是马克思主义史家。见梁启超:《清代学术史概论》,收入《梁启超史学论著三种》(香港,三联书店,1980),第 207—209 页。滨口富士雄亦将清学与启蒙运动的思想和方法进行了比较,见滨口富士雄:《清代考据学の思想史的研究》,第 240—241 页。狄培理在"Neo-Confucian Cultivation and the Seventeenth-century 'Enlightenment'"中同样如此。

  ③ David Nivison, *The Life and Thought of Chang Hsüeh-ch'eng (1738-1801)*, Stanford, Stanford University Press, 1966.

者钱大昕与王鸣盛等人更喜欢思考中国历史的大问题。①

经过这些20世纪初学者的再发现,清代考据学运动的确获得了重生,或者说被赋予了一种新的历史意义,这也许是清代学者从未想过的。不过,他们所受到的关注和赞誉可以说是当之无愧。因为在中国现代史学发展的过程中,他们的遗产不仅得到了极大的赏识,而且也为现代的中国知识分子重构本国历史以适应现代世界铺平了道路。几乎所有20世纪中国的重要史家,都立足于对清代考据学遗产的模仿、扩展和批判,并将其与西方的史学风格相结合,即便他们受到过西方的影响,甚至接受过西方的教育。后毛泽东时代,新的领导人邓小平(1904-1997)用"实事求是"的口号对毛泽东革命遗产加以完善。从20世纪90年代开始,随着马克思主义史学官方实践对历史写作的态度更加开放,对考据学的兴趣再次在中国年轻一代的历史学家之中产生,并成为他们著作的特点。②因此,考据学的持续吸引力不仅呈现了中国近代历史与历史学的发展,并且突显了全球各地史学实践的复杂性与多样性。

载《兰州大学学报》2019年第5期

---

① E. G. Pulleyblank, "Chinese Historical Criticism," *Historians of China and Japan*, eds. W. G. Beasley & E. G. Pulleyblank, Oxford, Oxford University Press, 1961, pp. 159-160. 杜维运在于剑桥讲学时的同事蒲立本的启发下,完成了《赵翼传》(台北,时报文化出版事业有限公司,1983)以及《史学与史家》中有关赵翼的一章,见杜维运:《史学与史家》,第369—390页。

② 考据学对现代中国的影响,体现在20世纪著名史家的学术生涯当中,比如梁启超、胡适、顾颉刚、傅斯年、陈寅恪(1890—1969)等,见 Wang Fan-sen, *Fu Ssu-nien: A Life in Chinese History and Politics*, Cambridge, Cambridge University Press, 2000;Schneider, *Ku Chieh-kang and China's New History*;Wang, *Inventing China through History*;汪荣祖:《史家陈寅恪传》,台北,联经出版事业有限公司,1997。关于近年实证主义的思潮在中国史学中的复兴,见侯云灏:《20世纪中国的四次实证史学思潮》,《史学月刊》2004年第7期,第70—80页;王学典:《近五十年的中国历史学》,《历史研究》2004年第1期,第165—190页。

第八章 以史解经
——章学诚与现代诠释学

章学诚的"六经皆史"一说,在近代中国的学术史上,影响极其深远。这一理论为我们掌握中国思想学术从古代到近代的发展,提供了一个重要的线索。从康有为开始,中国近代学人对中国文化传统的诠释和改造,都或多或少地与章学诚的史学、经学研究以及章所继承和归纳的清乾嘉以来的学术精神,产生一种紧密的联系。当然,根据钱钟书等人的考证,章并不是第一个提出"六经皆史"的人,但章学诚毫无疑问是将这一观点加以深入阐发和系统整理的集大成者。[①] 章学诚的"六经皆史"说不但要求对六经作一历史的解读,而且希望通过这一历史的理解,对经典本身的含义及其所阐述的"道"作出一种诠释。

对章学诚的"六经皆史"理论,我们可以从两个方面加以理解。一方面,"六经皆史"的提出代表了一个将史学与经学加以结合的企图。这一企图虽然在以前出现过,但却是在清代的乾嘉学术中,得到了充分的强调。章学诚的说法与乾嘉学派的传统有关,因此有人将

---

① 有关钱钟书等人对"六经皆史"的研究,仓修良的《章学诚和〈文史通义〉》(北京,中华书局,1984)有比较详细的评述,第101—131页。仓修良还和叶建华合著有《章学诚评传》(南京,南京大学出版社,1996),又与其女儿仓晓梅合著有《章学诚评传:独树一帜的史学评论家》(南宁,广西教育出版社,1996)。

章视为清代学术的"殿军"。① 在章以后,中国的近代学人如清末国粹学派的代表人物章太炎等人和民初五四的领导者胡适等人,都希望通过对古代经典的历史的解读,重新认识中国的文化传统。如此看来,章学诚又是现代中国思想史上的一个先启者。

另一方面,除了上面的思想史的观察,我们还可以就章"六经皆史"说本身及其对古代文化的理解与诠释,做个别的专题研究。比如美国学者倪文孙(David Nivison)的《章学诚的生平与思想》(The Life and Thought of Chang Hsüeh-cheng)一书,就是一例。这种专题研究,有助于我们认识章认识和诠释中国思想传统的独特性。本文的写作,就是想从经典诠释的角度出发,将章学诚对中国古代经典的解读,与西方现代诠释学理论的发展,做一个比较研究的尝试。

这一比较的基础在于两个方面。第一,章学诚的"六经皆史"说,从本质上是对古代经典的一种解释,与西方诠释学的起源,有明显的相似之处。第二,章学诚解读经典的方法,也与西方诠释学家如海德格和伽德默提出的诠释学理论,有思想一致的地方。这一相同之处就在于他们都希图将经典的含义,加以历史的理解和处理。这里的所谓"历史"在西方语言文字中,也可以作"context"的理解。

一、经与史、道与器

首先,章学诚对古代文化及其表现形式——六经,做了一种近似二元的区分,但同时又强调它们之间的联系。这一做法,表现在他所使用的一系列相辅相成的概念中,如"道"与"器"、"博"与"约"、"经"与"史"、"质"与"文"、"事"与"理"等。自然,这些互相对照而

---

① 仓修良在《章学诚和〈文史通义〉》中称章为"浙东学派"的"殿军"(第五章),但其实章的学术渊源与整个清代学术都有联系。

又相互联系的概念,在宋明理学中已经有所阐发,章学诚的阐释,以前人的工作为基础,并非独创。但是,章学诚对它们有一种新颖的理解,使得他的"六经皆史"说,有与众不同的特点。

这些对应概念的存在,在诠释学上有重要的意义,是诠释所以能成立的前提。在章学诚眼里,任何事物都有表和里这两面,而问题的关键是如何掌握这两面之间的联系。虽然他没有明言,但显然,为了掌握"经"与"史"和"道"与"器"之间的关系,需要依赖诠释的工作。

事实上,章学诚本人提出和分析这些对应的概念,就已经是一种诠释。比如他引《易经》"形而上者谓之道,形而下者谓之器",来分析"道"与"器"之间的关系。他的基本态度是,既然"道"是形而上的,因此"道"就不会存在于某一经典或几部经典中,而必然是人所无法轻易掌握的。他说:

> 故可形其形而名其名者,皆道之故,而非道也。道者,万事万物之所以然,而非万事万物之当然也。人可得见者,则其当然而已矣。①

他甚至认为,如果一味追求"道",企图觅得"道"之真谛,其结果往往适得其反。他所谓"不知道而道存,见谓道而道亡。大道之隐也,不隐于庸愚,而隐于贤智之伦者纷纷有见也"②,就是企图说明这个道理。

有了这个前提,章学诚才提出"六经皆史""六经皆器"的说法。他认为不但后人所谈的"道"离开了"道"本身,而且在遥远的古代,也没有专论"道"的著作。因此他对"六经"便下一个不同的定义,称它们为"史"或者"器"。用他自己的话来说:"六经皆史也。古人不

---

① 《原道上》,章学诚:《文史通义校注》,叶瑛校注,北京,中华书局,1985,第120页。
② 《原道中》,同上,第132—133页。

著书,古人未尝离事而言理,六经皆先王之政典也。"①在另一处,他又将"六经"比作"器","后世服夫子之教者自六经,以谓六经载道之书也,而不知六经皆器也。"其实,章学诚指出,孔子本人也并不这样认为六经能载道:"夫子述六经以训后世,亦谓先圣先王之道不可见,六经皆其器之可见也。"②既然六经并非阐述"道"的经典,那么人们如何认识"道",就必须通过诠释,必须通过理解。

前面已经说过,上述这些有关"道"的说法,本身即是章学诚对经典文化所作的一种解释。通过这种解释,章学诚对他所提出的道之无形或"理无定形"的说法做了论证。这一论证,是通过发掘六经的"历史性"(historicity)而获得的。我们可以从几个方面来看章学诚对经典所作的历史诠释。

第一,章学诚认为在未有"经"以前,"史"已经存在。他在致友人的书中说:

> 愚之所见,以为盈天地间,凡涉著作之林,皆是史学,六经特圣人取此六种之史以垂训者耳。子集诸家,其源皆出于史,末流忘所自出,自生分别,故于天地之间,别为一种不可收拾、不可部次之物,不得不分四种门户矣。③

他在这里所谓的"史",当然指的是史学,但究竟是史学著述还是史料,其含义并不十分清楚,因此引起后人的揣测。④ 但有一点是十分清楚的,那就是"经"的名称,是以后才出现的。

---

① 《易教上》,同上,第1页。
② 《原道中》,同上,第132页。
③ 《报孙渊如书》,《文史通义·外篇三》,引自余英时:《清代学术思想史重要概念通释》,见《中国思想传统的现代诠释》,第470页。
④ 有关章学诚"六经皆史"中的"史"之理解的不同,可参见朱敬武:《章学诚的历史文化哲学》,台北,文津出版社,1996,第136—144页。

第二,对于"经"的实质内容,也必须加以历史的分析。在章学诚看来,所谓经典无非是古代的典章制度,是当时人治世用的,没有传述"道"的意思。他说:

> 古之所谓经,乃三代盛时,典章法度,见于政教行事之实,而非圣人有意作为文字以传后世也。①

相似的论述,也见于其他地方:

> 六经之名,起于后世,然而亦有所本也。……六经之文,皆周公之旧典,以其出于官守,而皆为宪章,故述之无所用作。以其官守失传,而师儒之习业,故尊奉而称经。②

在这里,章学诚不但说明了"经"的实质内容,而且分析了"经"的"历史性",即把"经"之产生,置于不断演变的历史中加以考察,指出了"经"产生的社会、政治和思想的渊源。

第三,在上面分析的基础上,章学诚又将"经"等同于史。这里的"史"主要指的是历史,并不是史学。换言之,章学诚认为"经"只是早期历史的一部分,即在三代官与师尚未区分的时候的一些政典,因此他说:

> 夫道备于六经,义蕴之匿于前者,章句训诂足以发明之;事变之出于后者,六经不能言,固贵约六经之旨而随时撰述,以究大道也。③

由此我们可以说章学诚所谓的"大道",即是不断变动、发展的历史本身。更确切一点说,是蕴涵在历史之中的一种形上的、超验的精神

---

① 《经解上》,《文史通义校注》,第94页。
② 《校雠通义,汉志六艺第十三》,《文史通义校注》,第1021页。
③ 《原道下》,同上,第139页。

或理念。如果想窥其涯,必须通过文史的研究,而不能固守于一经,所谓"夫六艺并重,非可止守一经也;经旨闳深,非可限于隅曲也;而诸儒专攻一经之隅曲,必倍古人兼通六艺之功能,则去圣久远,于事固无足怪也"。① 易言之,后人离开六经的时代已经相当久远,无法对当时的历史状况有深入的、触类旁通的知识,因此不可能从研读一经中获得对"道"的认识。

于是,章学诚把对经典的诠释与认识,等同于一种历史的研究。但是,所有的历史研究,都只能依赖间接的材料,因为历史学家也无法让时间倒转,回到过去来体验古人的生活。章学诚的历史研究,就变成一种寻求文史之中的"通义"的研究。这里的"通义",与他所阐述的"道",应该是同义的。

对文史之中的"道"的追寻,必须要在训诂、考据之上,也就是要在古代经典的阅读之中,竭力在文字的背后,领悟其隐含的精神。因此章学诚说:"训诂章句,疏解义理,考求名物,皆不足以言道也。取三者而兼用之,则以萃聚之力,补遥溯之功,或可庶几耳。"② 由此看来,清代乾嘉以来的考据之学,在章学诚眼里,只是历史研究和经典诠释的一个工具。所谓"训诂明而后义理明"的说法,显然是片面的,因为"训诂明"还只是章学诚诠释学的一个初步阶段。通常的训诂,都集中在几部古代的经典上,而"义理"或"道"则远在这些经典之上。

有关章学诚的"道"的概念,已经有不少人作了论述,在此不想重复他人的论述。我们将在最后一节中,用比较的方式,将章学诚的"道"的观念,再作讨论。我在这里只想引一段余英时的文章,来概括一下有关章学诚"道"的观念的研究,为以后的论述做个准备:

---

① 《原道下》,同上,第138页。
② 同上。

实斋"六经皆史"之论是和他对"道"的新观念分不开的。戴密微(P. DemieVille)谓实斋之"道"即存乎具体的历史实际中;倪文孙(David S. Nivison)亦言实斋所谓"道"是人性中企求文明生活的一种基本潜能,而在历史中逐渐展现者。总之,实斋的"道"具有历史的性质,是在不断发展中的。正因如此,实斋看重当前的现实过于以往的陈迹,主通今而不尚泥古。我们可以说,实斋所以最重视"道"正由于他把"道"看作一种"活的现在"(living present),而不仅是像多数考证学者一样,把"道"当作"古典的过去"(classical past)也。①

在章学诚对"道"的追寻中,历史研究因此成为一个核心的部分。他提出"六经皆史",以史来解经,成为中国经典诠释的传统中独特和重要的思想遗产。

二、诠释学在现代西方的转折发展

章学诚的经典诠释方法,特别是他的以史解经的做法,与诠释学在西方的发展似乎有相合之处。经典诠释,也就是对宗教经典的解释在西方已经有很长的历史,其中至少产生了三次比较重大的事件。第一次是在希腊的古典时代,学者对荷马史诗的渊源和作者所进行的讨论。第二次是在公元1世纪基督教兴起的时候,教会人士有关教义的论争。这一论争的结果产生了不少基督教的经典著作,如著名神学家奥古斯丁的《上帝之城》等,都在西方的思想史上,垂诸久远。第三次则是宗教改革时代由于教会的分裂

---

① 余英时:《论戴震与章学诚:清代中期学术思想史研究》,台北,华世出版社,1977,第49—50页。

所激起的有关基督教教义的剧烈争论,其中也包括将《圣经》译成各种文字的工作。

但是,经典诠释作为一门学问,则要在18世纪才真正成立,其中德国神学家、语言学家施莱尔马赫(F. E. D. Schleiermacher)对诠释理论的探索,有奠基之功。施莱尔马赫对诠释学理论的研究,受到了康德哲学的影响,他希图从种种诠释活动的背后,寻找一种形上的东西。他的诠释研究因此便颠倒了顺序,不再从经典开始,而是从诠释开始,即将诠释本身视为研究的对象。

有趣的是,像章学诚一样,施莱尔马赫在构筑他的诠释学理论时,也采取了一种二分法,即将对文字的训诂处理与理解文章本身的内在含义视为诠释工作的两个部分。对施莱尔马赫来说,诠释学因而包括了两个部分,第一是语言学的研究。研究者从训诂文字、专研语法出发,不但求得对经典的逐字逐句的理解,也了解了经典的内在含义。但诠释学的第二部分则是所谓"心理学的解释",即要通过对经典的反复钻研,求得一种"贯通",达到一种"神意"的体会,真正理解经典的作者的原创性和个别性。如果用章学诚的话来说,就是想求得对"道"的认识。施莱尔马赫所谓的"神意"(divinatory),与章学诚对"道"的强调,并无二致。于是施莱尔马赫有点大言不惭地说:诠释者"不但了解作者,而且其了解更甚于作者本人"。[①]

在施莱尔马赫以后,诠释学的理论为德国历史学家兰克及其弟子德罗伊森所采用并做了进一步的补充,由此可见,历史研究在西方诠释学的发展中,扮演了一个重要的角色。由于兰克等人的研究,诠

[①] 此处讨论及引文见 John B. Thompson, *Critical Hermeneutics: A Study in the Thought of Paul Ricoeur and Jürgen Habermas*, New York, Cambridge University Press, 1984, p. 37。

释学不再将几部经典孤立起来解释,而是把它们视为人类历史的一个记录。诠释经典因此必须带有一种历史的眼光,将经典置于历史的长河中去理解。这与我们上面讨论的章学诚的以史解经理论,有更多的相似之处。在兰克眼里,历史背后有上帝的意志。历史学家只有"如实直书"才能将其丝毫不遗地展现出来。① 而章学诚认为"经"只是"史"的一部分,即"史"大于"经";"史"是"道"的展现,也表达了同样的意思。

在章学诚对经典的解释中,"道"显然是一种形上的存在。经典诠释的目的是为了揭示和理解"道"。这种揭示和理解,必须通过历史而获得。如果从这一角度出发,我们可以进一步将章学诚的诠释学,与西方诠释学在现代的发展做比较分析。在施莱尔马赫以后,狄尔泰对西方诠释学的发展有一定的贡献。他的主要论点是,人们认识活动的主体内容并不是所谓客观的自然界,而是人们自己,也即人类的历史活动。换言之,人们要想认识的,正是他们自己本身的活动,如思想观念的形成和影响、个别人物的丰功伟业、精美绝伦的艺术作品等。因此所谓诠释,就是要在自然界中发现人们自己;从所谓"客体"中发现"主体"。于是,西方诠释学的基本出发点便开始有所转变。原来的主体、客体之间的截然区分,不再明显,也不再必要。诠释的目的开始从认识外在世界,转而认识自身。狄尔泰的哲学理论,是西方诠释学上的一个过渡阶段。我们将在这一过渡阶段完成之后,再来探讨、分析其意义。

胡塞尔的现象学诠释,循着狄尔泰的方向更进了一步。他想追寻的是一种超验的现象,希图在对这一现象的分析中找出客体的含义。但为了做到这一点,胡塞尔认为只有在认识的过程中排除一切

---

① 有关兰克的历史观念,可参见王晴佳《西方的历史观念:从古希腊到现代》,台北,允晨文化,1998,第207—210页。

先有的概念才能做到。这些先有的概念也包括近代西方哲学中的主、客体之分。但是，虽然排除了这些先有的概念，但人们的认识活动，在胡塞尔看来，仍然离不开一种固有的意识。这一意识将人们所想认识的世界，置于其范围之内。因此，人们的认识只是一种对外在世界的现象学的"化约"（reduction）。在这化约以后所存在的，只是一种纯粹的意识活动。这一意识活动像溪流一样，不断流动，将所见到和接触到的事物与其他事物作同质和异质的比较，以确定它的性质。像狄尔泰一样，胡塞尔将人们对外在世界的认识，转化为一种内心的意识活动。诠释的工作不再是主体对客体的认识，而是主体本身的活动，即在"超验的主体性"（transcedental subjectivity）的范围内对外在世界的现象学的重新构造。

但是，胡塞尔的现象学虽然反对把人们的认识活动视为一种对外在世界的反映，可他仍然没有真正摆脱近代西方哲学的"二元论"，即把世界分为主体与客体的取径。易言之，他提出"超验的主体性"，是为了让主体来涵盖客体、承载客体、化约客体，但没有完全否认客体的存在。不过，从狄尔泰到胡塞尔，西方诠释学已经明显地走上了与笛卡儿的"二元论"观念相反的道路。如所周知，诠释世界的最终目的是为了认识世界的本原。因此诠释学自然带有一种本体论或存在论（ontology）的倾向。但这里的问题是，探究世界的本原的这种存在论，可以以外在世界为研究的重点，也可以将其重点移到人自身这一存在上面来。狄尔泰以后的西方诠释学，就朝着这一方向发展，而在这一方面成就最大的是海德格尔。

海德格尔的主要贡献在于，他不但将存在论即本体论引入了诠释学，而且对存在论本身做了一种革命性的改革，从根本上抛弃了自笛卡儿、康德以来主、客观二分的哲学传统。因此，诠释学原来的基础动摇了，有人甚至认为海德格尔的诠释理论根本就是对诠释学的否定。① 这一说法,正好表明海德格尔的诠释学理论有其独特之处。而众所周知,海德格尔是现代西方哲学家中唯一一个对中国古典哲学有浓厚兴趣的人物,他的诠释学理论与章学诚对"道"的解释,便更有许多可比之处。

首先,我们需要对海德格尔的哲学思想作一简单评述。对海德格尔而言,离开主体的客体没有任何意义,任何客体都是相对主体而言的,因此没有认识论意义上的客体。世界只有一个,而这世界都是围绕主体,即人而言的。既然海德格尔想突破原有的主、客体二分法,他就不愿使用原来的哲学名词。他于是提出"此在"(Dasein)这一概念。② 这一"此在",代表了哲学意义上的人,是一个存在者。存在论的目的是讨论、分析存在,而存在总首先是存在者的存在,于是便必须由存在者出发。但是,在所有世界上的存在者中,只有人才思考、探究自己的存在,于是哲学存在论必须从人出发。换言之,存在之所以成为存在,是由于人们对之思索的缘故。存在通过人而展开,哲学家所关心的也就是人的存在,这就是所谓"此在"。现在让我们来看一下海德格尔自己的说法:

> 此在是一种存在者,但并不仅仅是置于众存在者之中的一种存在者。从存在者状态上来看,这个存在者的与众不同之处在于:这个存在者为它的存在本身而存在。于是乎,此在的这一存在建构中就包含有:这个此在在它的存在中总以某种方式、某

---

① 参见陈嘉映:《海德格尔哲学概论》,北京,生活·读书·新知三联书店,1995,第222—232页,特别是第225页。另参见海德格尔:《存在与时间》,王庆节、陈嘉映译,台北,久大与桂冠,1990,第206—221页。有关海德格尔对诠释学发展的"革命性"影响,见 Gerald L. Bruns, "On the Radical Turn in Hermeneutics", *Hermeneutics Ancient and Modern*, New Haven, Yale University Press,1992, pp. 213-228。

② 有关 Dasein 的译法有许多种,如"亲在""缘在"等。此处采用陈嘉映的译法,陈的解释详见氏著:《海德格尔哲学概论》,第56—62页。

种明确性领会着自身。这种存在者的情况是：它的存在是随着它的存在并通过它的存在而对它本身开展出来的。对存在的领悟本身就是此在的存在规定。此在作为存在者的与众不同之处在于：它存在论地存在。①

由上所见，海德格尔对"此在"的界定，是基于这样一个前提，那就是人对存在的"领会"，而照一般人的理解，领会正是诠释的目的和结果。因此，海德格尔的学说对诠释学的发展自然有影响。从表面上看，海德格尔对"此在"的解释与笛卡儿的"我思故我在"十分类似，都希望从人的认识行为出发来说明存在及其性质。但是在笛卡儿那里，作为人的存在之证明的"我思"，主要是对物质世界的一种"思"，而海德格尔的"领会"，则是有关"此在"在世界中的位置的"思"。用约翰·汤普森(John B. Thompson)的话来说就是：

> 理解不仅仅是一种认知的方法，甚至也不是人文学科所特有的一种研究手段。相反，理解就是此在存在于世界中的一个存在论的特质。海德格尔的最基本的论点就是，理解就是要理解人在存在中的位置；这种理解就是设想一种最利于自己的存在位置的可能性。②

因此，领会或理解就是要寻求如何存在、怎样存在，即存在的潜在可能性，而不是对所谓客观世界或外在之物的认识。诠释学在海德格尔那里，完成了朝存在论方向的革命性转变。在现代诠释学大师利科(Paul Ricoeur)看来，这一"哥白尼式的革命"，并不会帮助完善经典解读的方法，而是将诠释学引上了一个新的道路。这一新道路的

---

① 海德格尔：《存在与时间》，第17页。
② John B. Thompson, *Critical Hermeneutics: A Study in the Thought of Paul Ricoeur and Jürgen Habermas*, p.40.

标志是,诠释的工作不再问"我们怎样认知"那样的问题,而是问"什么是存在于理解中的那个存在的存在方式"这样的问题。①

这一转变,自然遵循着西方哲学发展的轨迹,是西方哲学从近代到现代演变发展的结果,因此在中国学术史上无法寻见。但这一转变的结果,却使得中西文化的思维方式逐渐靠拢,而不是分离,因为在中国思想史上,本来就没有对主、客观的绝对划分;天、人之间本来就有着密不可分的有机联系。中国古代有所谓"天视自我民视,天听自我民听"的说法,就表明了天人之间的那种水乳交融的存在论关系。

有关诠释目的和对象的分析,我们将在下节详谈,现在还是回到海德格尔的诠释学说上来。海德格尔的"此在",将诠释工作的重点从认识外在世界转向认识人自身在此时、此刻的位置,因此就使得原来就存在于诠释学中的时间性和历史性,显得格外重要。如所周知,诠释经典的工作离不开历史的研究,而历史研究的目的就是为了确证经典的时间性。在狄尔泰的诠释学理论中,这一历史性和时间性都有所强调。诠释工作的重心就在于如何正确地将经典定位在历史的某个时刻,而为此目的,诠释学家必须找出经典的历史相关性(Zussammenhang)。诠释经典与解释历史便在狄尔泰那里得到了统一。这一统一的基础来自这样一种信念,认为人类历史有其内在的一致性。狄尔泰的学说因此成为德国历史主义思想传统的重要组成部分。②

---

① Paul Ricoeur, *Hermeneutics and the Human Sciences: Essays on Language, Action and interpretation*, ed., trans. & intro. John B. Thompson, London, Cambridge University Press, 1981, p. 54.

② 有关德国历史主义的最近著作,可见 Friedrlch Jaeger & Jörn Rüsen, *Geschichte des Historismus*, Munchen, 1992。中文可参见王晴佳:《西方的历史观念》,第 194—209、240—246 页。有关现代诠释学与历史学之间的关系,可见 wolfhart Pannenberg, "Hermeneutics and Universal History", in *Hermeneutics and Modem Philosophy*, ed. Brice Wachterhauser (Albany, NY, SUNY Press,1986), pp. 111-146。

虽然海德格尔年轻时追随胡塞尔,但他受狄尔泰的影响甚大,狄尔泰为其崇敬之人。在写作《存在与时间》时,海德格尔把自己对历史的研究视为狄尔泰工作的继续,而他对现代诠释学的认识,也主要通过狄尔泰的著作。① 因此,海德格尔的诠释学重视历史与时间,似乎理所当然。在海德格尔的诠释学理论中,历史至少有三层重要意义。第一,"此在"在时间的延续中展开,呈现一个历史的过程。虽然"此在"是"暂存"的,但却有着深厚的历史性(人们之所以能认识事物的暂时性,正因为历史作为其参照框架)。第二,"此在"不但自身是历史的存在,而且将与之有关的实体都做了历史性的处理。换言之,所有的存在都是历史的存在。第三,"此在"的历史性使得人们得以沟通过去与现在,进而认识存在。②

历史研究、历史认识因此成为诠释工作的基础。从存在论的观点出发,海德格尔认为人们在诠释之前,已经对被诠释的事物或文本有了某种领会,如果再将这种领会上升为概念,那就是海德格尔所谓的理解。于是,海德格尔将诠释的过程颠倒了过来:人们不是通过理解而获得领会,而是由领会达致理解。这是因为,海德格尔的诠释学是建立在存在论基础之上的。作为生存着的人,自然对其生存世界中的位置有所领会,即海德格尔所说的"在世界之中存在"。让我们引一段海德格尔本人的话来作进一步说明:

> 领会的筹划活动具有造就自身的本己可能性。我们把领会的造就自身的活动称为解释。领会在解释中有所领会地具有它所领会的东西。领会在解释中并不成为别的东西,而是成为它自身。在生存论上,解释植根于领会,而不是领会生自解释。解

---

① 见陈嘉映:《海德格尔哲学概论》,第 224 页。
② 此处讨论可见海德格尔《存在与时间》,第 493—532 页。另参 John B. Thompson, *Critical Hermeneutics: A Study in the Thought of Paul Ricoeur and Jürgen Habermas*, p. 40。

释并非要对被领会的东西有所认知,而是把领会中所筹划的可能性整理出来。①

为什么领会能先于理解,就是因为"此在"的历史性,使得人们有一种"先行具有"(Vorhabe)的能力。实际上,领会本身就是这一"先行具有"能力的集中表现。换言之,人们生活在这个世界中,自然而然地对自己所处的位置有所领悟,并有一种改善这一位置的愿望,因此人们在认识和解释世界时,便会将那种改善生存的愿望投射到诠释过程中。解释因此就是把这一存在论的愿望概念化而已。

三、历史在诠释学中的意义

海德格尔的诠释学理论,并不仅仅想证明诠释的过程只不过是主观意识的投射。他的诠释学理论无法用主观主义这样的术语来概括,这与他哲学的宗旨不符。在他对"此在"的论述中,我们已经可以发现他希求超越主观与客观的分野。《存在与时间》的译者陈嘉映对此有比较清晰的分析。他认为,海德格尔会这样说明:"人从其特定的历史环境来领会其存在,这是生存的实情,既不主观也无所谓客观。……有时我们辩不过某些如簧之舌或持刀的辩士,会说:'随你怎样解释,事情还是那么一回事情。'海德格尔指的就是这类现实。"②

所谓"人从其特定的历史环境来领会其存在",也就是"此在"的含义。因此,海德格尔的存在论既包含历史的过程,又特指时间上的某一点;既有历史性,又有时间性。这种存在论或以存在论为基础的

---

① 海德格尔:《存在与时间》,第206页。
② 陈嘉映:《海德格尔哲学概论》,第228页。

诠释学理论,与中国人对世界和自身的认识有异曲同工之处。在章学诚对经典的诠释中,我们无法找到西方诠释学那种从认识论到存在论的转变。正确地说,在章学诚的著作中,两者是有机地组成在一起的。在一方面,章学诚的认识论有一种"二分"的趋向,如他对"道"和"器"的划分等,这与海德格尔以前的西方诠释学相一致。但在另一方面,章学诚又显然有一种存在论的诠释方式,具体表现在他对"道"的阐述上。章学诚的"道",并不完全是一个超验的客观精神之类的存在,而是活生生地生存在人的历史之中的。用他的话来说:

> 人生有道,人不自知;三人居室,则必朝暮启闭其门户,饔飧取给于樵汲,既非一身,则必有分任者矣。或各司其事,或番易其班,所谓不得不然之势也,而均平秩序之义出矣。又恐交委而互争焉,则必推年之长者持其平,亦不得不然之势也,而长幼尊卑之别形矣。至于什伍千百,部别班分,亦必各长其什伍,而积至于千百,则人众而赖于干济,必推才之杰者理其繁,势纷而须于率俾,必推德之懋者司其化,是亦不得不然之势也;而作君作师,画野分州,井田封建学校之意著矣。故道者,非圣人智力之所能为,皆其事势自然,渐形渐著,不得已而出之,故曰天也。①

"道"因此便是所谓的"不得不然之势",是人们生活在社会上、世界中所不得不遵循的自然法则,并非某个圣人特意制定或想象出来的。章学诚对"道"的这种存在论的解释,与海德格尔的理论,有很明显的类似之处。

换言之,章学诚的"道",有其深厚的生存论基础,并非仅是朱熹的"理一分殊"的概念,把"道"的实质与"道"的表现相分离。对章学诚来说,"道"就是生活,"道"就是存在。研究章学诚的美国学者

---

① 《原道上》,《文史通义校注》,第119页。

倪文孙对此有比较透彻的分析。他说：

> 章学诚的"道"因此是人性中一种最基本的、向往一种有秩序的和文明的生活的潜能。这一潜能慢慢在历史中展现出来，并在人所公认的对和真中实现自己。"道"来自于天。但"天"对章学诚来说其实是一种自然的秩序，为人所遵守。因此他的"道"尽管不是超自然的，却概括了一个宗教神的所有功能。他强调说"道"在其自身必须与它在历史中的表现，即"器"相分别，但是他又说没有这些"器"，"道"便无从知晓。由此可见，章学诚虽然对人的道德秩序有一种宗教般的虔诚，但在同时他却又认为这一道德秩序完全是逐步演化的和自然而然的。①

这一分析，更让我们看出章学诚的思想与海德格尔的相似之处。如上所述，海德格尔提出所谓理解就是人的理想的投射，是为了实现"此在"的"潜能"，而倪文孙在这里所用的"潜能"（potential; potentiality），正是同一个词。章学诚所谓"人生有道，人不自知"，就指的是这样一种"潜能"的存在。这一"潜能"只有在历史的演化中，由于生活的自然需要，慢慢为人们所认识。于是，人们就慢慢接近了"道"，所谓"滥觞积而渐为江河，培积而至于山岳……法其道之渐形渐著者也"②。因此"道"是逐渐在人类历史中展现出来的。

正是章学诚"道"的历史性，使得他的学说与程朱理学相异。倪文孙指出，程颐（1033—1107）将"道"作一种形上的理解，认为"道"在物质世界之前和之上，但章学诚却认为无法与实际的事物和制度机构相分离，即所谓"古人未尝离事而言理，六经皆先王之政典也"；

---

① David Nivison, *The Life and Thought of Chang Hsüeh-Ch'eng (1738-1801)*, Stanford, Stanford University Press, 1966, p. 141。

② 《原道上》，《文史通义校注》，第120页。

或"则夫子所言,必取征于事物,而非徒托空言,以为明道也"①。在章学诚那里,"道"不可能是抽象的,而是不断变化的,以适应变化中的历史的存在。余英时由此提出,章学诚对经典的认识还与当时的考证家,特别是戴震的"因事见理"的观念也大相迥异。因为戴震的"事"是"具有经常性与普遍性的",而章学诚的"事"则是"历史性的"。② 一言以蔽之,对章学诚来说,"显然,没有一种道德规范是绝对的,但是人类价值的总体揭示了人性中的'道'"③。换言之,人类历史才是"道"展开的场所。

因此,"道"可以说是历史的一种自然延续和发展。章学诚说:"孰为近道?曰:不知其然而然,即道也。"这显然是一种存在论的解释。他举例说道:"周公以天纵生知之圣,而适当积古留传,道法大备之时,是以经纶制作,集千古之大成,则亦时会使然,非周公之圣智能使之然也。"同样,孔子与周公相比,"无从得制作之权",因而无法集大成,"非孔子之圣,逊于周公也,时会使然"④。既然圣贤如周公、孔子,都依赖历史的变化——"时会"才能揭橥"道",那么后人要想仅仅通过解读经典来获得对"道"的认识,脱离了经典产生的历史背景,可不正是在企求无本之木?

对"道"作这样一种历史的理解,也就是要有时间性的观念,因为历史正是人类活动在时间上的延续、变化。这里并不是说"道"本身有其时间性,而是说"道"的展现通过历史的时间而为人所觉察和认识清楚,所谓"时会使然"或"渐形渐著者也"。章学诚对历史的时间性,也即时代之间的不同、过去与现在的差异,有深刻的分析。比

---

① 《易教上》《原道下》,同上,第1、140页。
② 余英时:《论戴震与章学诚》,第50—51页。
③ David Nivison, *The Life and Thought of Chang Hsüeh-Ch'eng(1738-1801)*, p. 142.
④ 《原道上》,《文史通义校注》,第120—121页。

如,他借讨论学问之道的发展,来揭示时代的演变。他指出:"今人不学,不能同于古人,非才不相及也,势使然也。"具体说来,有三处不同。第一,古代官师合一,而后代两分,造成教育方法的差异。第二,这一差异又导致道器之间的分离。第三,后人对古书的理解,由于失去了师承,无法与古人尽同。因此,章学诚总结道:"天时人事,今古不可强同,非人智力所能为也。"①近代史学家何炳松注意到了章学诚的这一观念,认为章具有历史进化论的思想。②

历史时代的不同和演化,自然会反映到人对"道"的认识上来。章学诚之所以不认为"训诂明而义理明",就是因为"道"是活生生的,是人类历史的总体,而不是某一阶段的产物,更无法强制性地分割。"道本无吾,而人自吾之,以谓庶几别于非道之道也。而不知各吾其吾,犹三军之众,可称我军,对敌国而我之也;非临敌国,三军又各有其我也。"③章学诚用这个例子说明,"道"并不存在于一部或几部经典中。后人如儒家单单专注一部经典的解读,忽视经典的历史性,不是求"道"的正途。因为"人自率道而行,道非人之所能据而有也"④。

由上所述,我们可以说章学诚对"道"的诠释,采取的是一种存在论的取径,与海德格尔有神似之处,而与中国传统的诠释学传统甚至清代的学术思想,都有显著的差别。他的以史解经的诠释手段,代表了清代学术史的一个新方向,不但让人从一个新的角度看待经,也使人对历史的研究,有一个新的认识。难怪中国近代的学者如胡适、

---

① 《博约下》,同上,第165页。
② 何炳松:《章学诚史学管窥》,见刘寅生等编校:《何炳松论文集》,北京,商务印书馆,1990,第89—119页。
③ 《原道下》,《文史通义校注》,第138页。
④ 《原道中》,同上,第133页。

何炳松等人,都不约而同地对章学诚产生了浓厚的兴趣。① 于是,从历史的角度研究中国的文化传统,成为勾勒中国近代学术的一个重要方面。比如在五四一代的学者中,都希求从历史研究出发,来批判和整理中国的文化传统,以求与现代世界进行更广泛的交流。②

但是,就诠释学而言,章学诚所开辟的这一存在论取径,却在很长一段时间内,没有成为近代中国学术的主流。胡适和顾颉刚等人对中国的学术文化的诠释,虽然不可避免地带有一种存在论的关怀(如他们对如何让中国文化传统与现代世界的衔接问题的关注),但在方法论上,却是主要继承了乾嘉学派的传统,也即章学诚所想纠正的、强调训诂而不重视人生体验的方法。当然,在那时也有一些明显的例外,如钱穆对中国历史和经典的认识,就与胡适等人大相径庭。钱穆的取径,在1960年代以后兴起的海外新儒学中,为不少人所进一步继承和发扬。不过,对新儒家诠释方法的评价,已经超过了本文的讨论范围,应当另文处理。

虽然我们说章学诚的诠释学方法,代表了清代学术的一个新的取向,但就古代中国人对"道"的认识而言,章学诚的解释自有其过人之处。换言之,古代中国人对"道"的追求,根据张祥龙的比较研究,的确靠的是一种存在论的方式,加以体认和领会。只是到了后来(始自荀子、韩非),人们才慢慢将天人、主客、道器和理境逐步区分开来。张祥龙因此认为,"我们可以区分开中国古代本土思想的两个大阶段:天道流行的阶段(自商周之际迄于战国)与道之理化的阶段(自战国后期以降)"。但是,与西方的哲学传统相比,天道在中国

---

① 有关胡适和何炳松对章学诚的研究,可见王睛佳:《胡适与何炳松比较研究》,《史学理论研究》1996年第2期,第63—72页。

② 我在我的英文著作 *Inventing China through History: The May Fourth Approach to Historiography* (Albany, SUNY Press, 2001)中,对这一现象做了专题研究。

人心目中,仍然是活生生的、活泼泼的。它既不是完全形而上的、超验的,又不是代表了人的欲望、意志和理想的人格化了的神,而是体现在饱满的人世生活,即历史活动之中。① 要想对"道"有充分的理解,只有进入一种历史和生活当中,经过深刻的人生体验,才能取得一种出神入化的领会。

章学诚和海德格尔虽然负有几乎完全不同的思想承载,但却表达了一种类似的向往。他们所追求的是一种存在论的思维方式,其过程没有终点,其思考也无所谓终极问题。只是一种不断变化的人生经验,无法用任何观念术语来表达或概括——"天何言哉,天何言哉!四时行焉,百物生焉!……"

见《思想与文化》第二辑,上海,华东师范大学出版社,2002

---

① 张祥龙:《海德格尔思想与中国天道:终极视域的开启与交融》,北京,生活·读书·新知三联书店,1996,第263、353页。

第九章 白璧德与"学衡派"
——一个学术文化史的比较研究①

五四时期新文化运动的兴起,虽然与清末思想界的潮流(如今古文之争)有衔接之处,但在当时还显然是一场轩然大波。其主要原因是,以胡适、陈独秀和傅斯年等人为代表的科学派学者,以西方科学主义为武器,以"整理国故、再造文明"为口号,对中国的文化传统提出了一种新的、全面的解释,引起了不少学术中人的担忧。饶有兴味的是,对这一科学派加以强烈质疑的人中间,不但有旧学背景的人士,更有一批与胡适等人有相似文化和教育背景的学者,如吴宓、梅光迪和汤用彤等。他们从"新人文主义"的角度出发,以东南大学为教育基地,以《学衡》杂志为基本园地,对中国古代文明的现代价值提出了完全不同的估量与解读,其态度与上述科学派的学者几乎针锋相对。

为什么这些有相同教育背景、又处于相同时代的学者,能对传统与现代的转化这一同样的问题,采取如此南辕北辙的态度呢?近几十年来,为了解答这一问题,中外学者已经对"学衡派"做了一些研究。而最近几年,随着对20世纪"新儒家"的重视,有关兴趣变得愈

---

① 作者曾应邀在2001年7月11日于台北"中研院"近代史研究所就有关问题座谈,获益良多,在此特向该所思想文化史研究组的张寿安、黄克武、沈松侨等人致谢。在本文的修改过程中,作者又获益于近史所集刊两位审稿人的细心阅读和中肯意见,特此致谢。

益浓厚。① 可是,就现有的研究状况来看,似乎比较侧重于传统思想史的研究,重视"学衡派"与科学派在思想和观念上的对立,而对于其思想渊源及学术背景,也即这些对立产生的原因和背景,尚未充分注意。

本文的写作目的,是想从文化比较的角度,对"学衡派"人士的教育背景,特别是他们在美国留学期间接受老师欧文·白璧德的"新人文主义"的经历以及"新人文主义"在美国的产生和影响,做一较为细致的爬梳和整理,由此来窥视"学衡派"所持"昌明国粹,融化新知"的态度之动机与原因。为此目的,本文写作的重点,不在详论"学衡派"的学术思想,而在探究这些学术思想产生的原因与背景。这一研究包括两个方面,一是想了解白璧德提倡"新人文主义"的背景及其影响;二是想解释梅光迪等人推崇"新人文主义"的动因以及他们在中国宣扬"新人文主义"的成败之原因。

一、白璧德其人其事

对于美国文学评论家、哈佛大学教授白璧德对东方文化爱好以及与其中国弟子,也即"学衡派"之间的联系,已经是中美知识界的

---

① 有关"学衡派"的主要论著有 Richard B. Rosen, "The National Heritage Opposition to the New Culture and Literary Movements of China in the 1920's", PhD. diss., UCBerkeley, 1969;林丽月:《梅光迪与新文化运动》,见汪荣祖编:《五四研究论文集》,台北,联经出版公司,1979,第 383—402 页;Chien Hou(侯健),"Irving Babbitt in China," PhD diss., SUNY/StonyBrook, 1980;沈松侨:《学衡派与五四时期的反新文化运动》,台北,台湾大学出版委员会,1984;张文建:《学衡派的史学研究》,《史学史研究》1994 年第 2 期,第 35—41 页。侯健的《从文学革命到革命文学》(台北,中外文学月刊社,1974)对学衡派与梅光迪的关系,也有论述,但与其英文博士论文大致相同。沈卫威的《回眸学衡派:文化保守主义的现代命运》(台北,立绪文化,2000)反映了当代中文世界对"学衡派"人物的再度兴趣。类似的著作,特别是随着《吴宓日记》刊行以来的传记等,更是层出不穷。因为许多作品并非学术著作,所以不再罗列。

一种常识。但是其中的究竟,却仍然不是十分清楚,特别是有关白璧德本人在20世纪初年美国学术界、文学界的地位及其影响,在研究"学衡派"的中文著作中,比较笼统,而在西方学术界,则对白璧德与东方文化的关系,语焉不详。① 中国有些学者认为白璧德"贵"为美国高等教育之龙头——哈佛大学的教授,他在美国文学评论界乃至美国学术界之主流地位,自然毫无疑问。② 而也有一些学者提出,虽然"学衡派"的主要成员都是白璧德的弟子,但他们对中国文化的保守态度,则早已在留学美国以前便已成型,"新人文主义不过是为他们的文化保守主义提供了一套更具现代色彩的理论依据而已"。③ 这两种拔高或者轻视白璧德与"学衡派"之关系的做法,自然都有其缺陷。以后一种看法来说,有其合理的一面,白璧德的学说的确为"学衡派"提供了理论论争的依据与手段。但若要说吴宓、梅光迪等人以20岁左右的年纪,在赴美留学之前便已经决定抱持文化保守主义的态度,则似乎很难让人信服。正如胡适与杜威"实验主义"的紧密关系,"学衡派"的主将对新人文主义,也并非一种简单的"利用"而已。如果说胡适一生都没有跳出杜威科学主义哲学的藩篱,那么

---

① 英文有关白璧德的著作不断出现,但对于白璧德与中国、东方文化的关系,则只有他的一些中国弟子所写的零星文章,如下面会提到的梅光迪的一些英文文章和Hsin-hai Chang(张歆海),"Irving Babbitt and Oriental Thought", *Michigan Quarterly Review*, 4(October1965), pp. 234-244。Rosen 的博士论文"The National Heritage Opposition",以梅光迪为主要研究对象,对白璧德的研究也较简略,只有十几页而已。侯健的博士论文"Irving Babbitt in China"以白璧德为专题,对白璧德"新人文主义"与中国文化的关系,从思想观念上做了一些比较,见第64—118页,但似乎不及张歆海的文章深入。

② 中文学术界对白璧德在美国学术界之地位的认识,主要基于梅光迪等人的溢美之词,很少深究。一般人喜用"新人文主义大师"这一称呼,并不能真正反映白璧德的学术影响。

③ 胡逢祥:《社会变革与文化传统:中国近代文化保守主义思潮研究》,上海,上海人民出版社,2000,第140页。

"学衡派"主将对白璧德的崇敬,则更有甚者。据理查德·柔森(Richard B. Rosen)的研究,梅光迪对于白璧德之崇拜,可以说是五体投地、始终不渝。他甚至视哈佛和白璧德为他的"庇荫和营养"(shelter and sustenance),寄托了所有的希望。一直到白璧德去世后3年,才郁郁不欢地回到了中国。①

如果我们承认白璧德对"学衡派"有重要的影响,那么就必须将白璧德和他的学说,置于当时的时代,做深入的研究。首先,我们要看一下欧文·白璧德的生平与学术。白璧德1865年生于俄亥俄(Ohio)州的德顿(Dayton)市,以后他家又搬到了东部的纽约和新泽西。白璧德的父亲是一位自封的医生,热心科学和教育,又热衷社会公益,兴趣十分广泛,母亲则在白璧德还只有11岁的时候便去世了。虽然他父亲热心公益,但对子女并不特别关心。在妻子死后,他就将白璧德和他的兄弟姐妹送到了俄亥俄州的亲戚家。父亲的做法,自然对年幼的白璧德有不少影响,但就总体而言,主要是一种反面的影响。白璧德长大以后所从事的一切,似乎都与其父在唱反调:他的新人文主义虽然有宗教的一面,但他却不愿像他父亲那样成为教徒。他父亲崇拜科学,热衷科学实验,而白璧德却对这种科学主义十分鄙视。甚至,他之不读博士,据他的弟子、以后成为哈佛大学白璧德讲座教授哈利·列文(Harry Levin)的猜测,也与他父亲自封"医学博士"(M.D.)的做法截然相反。② 因此,白璧德之提倡新人文主义,与

---

① 有关胡适一生未改其科学信仰和治学方法,参见唐德刚:《胡适杂忆》,第145—153页,北京,华文出版社,1992。有关梅光迪对白璧德的崇信与依赖,见 Rosen, "The National Heritage Opposition", pp. 100-109,引语见 p. 107。

② 参见哈利·列文就任白璧德讲座教授的讲演, *Irving Babbitt and the Teaching of Literature*, Cambridge, MA, Harvard University Press, 1961, pp. 12-13。列文甚至认为白璧德父亲的 M.D. 不是 doctor of medicine,而是 doctor of magnetism,后者可以指催眠师,类似中国的江湖郎中。

他幼时的生长环境有关。在白璧德幼年期间,他不但远离父亲,还经常在夏天去外地度假,有段时间还在堪称美国大西北的怀俄明(Wyoming)州跟他叔叔一起放牧,体验了一阵牛仔的生活。白璧德这种丰富但又艰辛的生活经历,在他的为人处世上留下了痕迹,使他性格倔强,不愿轻易流露感情,但又十分执着,有百折不挠的精神。① 这些个性对白璧德一生之宣扬和坚持新人文主义,显然有很明显的影响。甚至,他的中国学生如吴宓与梅光迪,在为人处世上,也带上了乃师的风格:不苟言笑、执着专致和严肃认真。②

白璧德在高中成绩优秀,毕业时作为毕业生的代表在典礼上发言。但毕业之后,却没有马上上大学。直到他20岁的那年,才由他的叔叔资助,去了哈佛念大学。在哈佛期间,白璧德的思想便逐渐成型,以后也没有多少改变。这与他在那时培养的学术兴趣有关。③与当时的风气不一样,白璧德虽然对欧洲语言感兴趣,也学了法语、德语和意大利语,但他真正的兴趣则在古代语言,对拉丁和希腊语用

---

① 有关白璧德的父亲及白璧德与父亲之关系,详见 Stephen C. Brennan & Stephen R. Yarbrough, *Irving Babbitt*, Boston, Twayne Publishers, 1987, pp. 2-10。还可参见 Thomas R. Nevin, *Irving Babbitt: An Intellectual Study*, Chapel Hill, University of North Carolina Press,1984, pp. 5-6; J. David Hoeveler, Jr., *The New Humanism: A Critique of Modern America*, 1900-1940, Charlottesville, University Press of Virginia, 1977, p. 5。

② 有关吴宓的性格,在《吴宓与陈寅恪》(北京,清华大学出版社,1992)一书出版以来,已经有不少论著可参考,《吴宓日记》也自然是有价值的资料之一。但当事人的描写,更为生动,如发表于1930年代上海杂志《人间世》的译作《吴宓(号雨生)》(温源宁原作,林语堂译),就写吴宓道"容貌非常端肃,对事非常认真,守己非常严正"。见蔡元培等:《未能忘却的忆念》,上海,上海古籍出版社,1999,第118—120页,引语见118页。有关梅光迪的认真性格,可见 Rosen, "The National Heritage Opposition", p. 102,及该页的注13和14。另可见《梅光迪文录》所收的回忆、悼念文章,如顾立雅称梅"严厉而又令人敬佩",贺昌群称梅"高华"和"狷洁"等,见该书第15、23页,台北,联合出版中心,1968。

③ 见 Nevin, *Irving Babbitt: An Intellectual Study*, p. 6。

力甚深。同时,他也开始对东方文化与语言产生了兴趣,特别是佛教和儒教。但他真正开始认真学习东方文化,则在大学毕业以后。白璧德去了蒙大拿(Montana)州的一所大学教希腊和拉丁语,积攒了一些钱,然后到了巴黎,随列维(Sylvain Levi)学梵文和巴利文。一年之后,他回到哈佛上研究生院,又随蓝曼(Charles R. Lanman)继续学梵文与巴利文。白璧德一生都没有放弃对东方文化的研究,而到了晚年,更是认真。他在1927年曾撰有《佛祖与西方》(*Buddha and the Occident*)一文,而他的最后一部著作是将佛教的《法句经》(*Dhammapada*)从巴利文译成了英文,由他妻子整理在1936年他身后出版。他妻子写道,该译著的出版是"欧文·白璧德毕生研究佛教的结果",可见白璧德对佛教之浓厚和长远的兴趣。① 对儒教,白璧德也同样很有兴趣,只是由于条件的限制,未能学习中文。因此他对儒家的了解,主要通过法国汉学家的著作和《论语》《孟子》的译本。对此,他也有所遗憾。白璧德曾经对他的弟子梅光迪表示,如果能年轻30岁,就会学习中文。② 由此看来,白璧德的学术兴趣,主要集中在东西古典文化,以希腊、罗马为主,辅之以印度的佛教和中国的儒教。这一学术兴趣,是他立学的根基,也是他提倡新人文主义的主因。

白璧德的兴趣,与当时美国学术界的主流倾向不符。以哈佛大学来说,艾略特(Charles William Eliot)担任校长以后,对课程要求进行了重要的改革,建立了"选科制"(elective system),让学生自由选课,不再硬性要求他们修传统的基础课程。这一改革的结果是,原来

---

① 见 Loeveler, *The New Humanism: A Critique of Modern America, 1900-1940*, p. 23。
② 见梅光迪的回忆,收入 Frederick Manchester & Odell Shepard, eds., *Irving Babbitt: Man and Teacher*, New York, G. P. Putnam's Sons, 1941, pp. 120-121。

一些被认为是经典的课程成了选修课;学生可以根据自己的兴趣设计大学的生活。在白璧德到哈佛以后不久的1883年,外语的必修课仅剩下法语和德语。古典语言如希腊语和拉丁语也就很少有人问津。① 对于这一类的教育改革,大多数学生非常欢迎,但白璧德则十分反感。因此他虽然上了哈佛的研究生院,但却不屑于攻读博士学位。他在研究生院时的好友、另一位新人文主义的代表人物穆尔(Paul Elmer More),也对博士学位没有兴趣。大卫·霍弗勒尔(David Hoeveler)写道:"白璧德在哈佛学习了足够的时间,使他获得了硕士学位。但他决定不念博士。这是他对公认的学术规范所做的长期反抗的一个最初表现。"②这一"反抗"的具体表现是,白璧德选择不读博士,而是去了巴黎,学习梵文与巴利文。③ 有趣的是,白璧德的所有中国学生如吴宓、梅光迪和汤用彤,除了张歆海,也都以获得硕士学位为满足,而没有攻读博士学位。而梅光迪之不念博士,还违背了其留学美国的初衷和他父亲的愿望,可见其受白璧德影响之深。④ 曾经上过白璧德的课,并像白璧德一样在哈佛随蓝曼学梵文与巴利文的陈寅恪,甚至对硕士学位都没有表示出兴趣。"学衡派"中的刘伯明,其博士学位来自美国的西北大学。而另一位博士胡先骕,虽然哈佛毕业,但他的专业是植物学。张歆海是随白璧德念的博

---

① Nevin, *Irving Babbitt: An Intellectual Study*, p. 84.

② Hoeveler, *The New Humanism: A Critique of Modern America, 1900-1940*, p. 8. 在该书的第11页还说道:"像白璧德一样,穆尔在哈佛也拒绝上博士课程。"

③ Frank J. Mather, Jr. 的回忆,见 Frederick Manchester & Odell Shepard, eds., *Irving Babbitt: Man and Teacher*, p. 42。

④ 梅光迪之父在梅留美期间,曾写信嘱咐梅"得一博士",见《梅光迪文录》附录《梅先生尊翁教子书》,第4页。梅光迪初到美国时,也"意欲俟三五年后大学卒业,得有博士硕士等学位",但从学白璧德之后,便"已绝意于博士衔",见梅光迪在留美期间致胡适的信,收入耿云志编:《胡适遗稿及秘藏书信》第33册,合肥,黄山书社,1994,第325、472页。

士,起初也与梅光迪、吴宓等人志同道合,但他在回国以后就与胡适接近,并没有为《学衡》写稿。① 梅光迪、吴宓对学位的看法,与胡适有很大的不同。吴宓尝言:"吾国留学欧美之学生,有专鹜学位,而国中之人抑或盲敬之。吾则视之为欺世盗名,以为此种心理,与昔之科第功名何异哉! 故常谓,吾辈取人,但当究其实在之蕴蓄,而不必问其有无学位可也。"②吴宓此言,也许有感而发,因为在他与胡适争辩时,胡适尚未拿到博士学位,但在其成名作《中国哲学史大纲》上,已经署名胡适博士了。③ 而吴宓的老师白璧德之选择不读博士,与他提倡新人文主义,有直接的联系。我们下节会详谈。

白璧德这种我行我素、逆流而行的态度,对他早期学术生涯的发展,没有带来任何好处。从巴黎回国以后,他于1893年在哈佛获得了硕士学位,然后又在威廉姆斯学院(Williams College)教了一年法语。1894年哈佛法语系的一位教授学术休假,白璧德的老师想到了他,让他来临时顶替,使他开始了在哈佛的教书生涯。但是,白璧德的真正兴趣是教授古典语言,复兴古典文化,但他的这一志愿,终其一生都没有达到。其中的主要原因是,艾略特校长改革教程以后,古典语言已经不再是必修课,需求自然减少。于是,白璧德只能在罗曼语言系,教低年级大班的法语,批改学生的作文,这使他兴味索然。

---

① 张歆海与白璧德关系,似乎在师友之间。他对白璧德的佛教研究,就有批评,白璧德也有回应。见 Chang Hsin-hai, "Irving Babbitt and Oriental Thought", *Michigan Quarterly Review*, 4(Oct. 1965):234-244。白璧德的回应可见他的"Buddha and the Occident",收入 George A. Panichas, ed. *Irving Babbitt: Representative Writings*, Lincoln, University of Nebraska Press, 1981, pp. 224-270,特别是第 227—228 页。

② 吴宓:《论新文化运动》,转引自孙尚扬、郭兰芳编:《国故新知论:学衡派文化论著辑要》,北京,中国广播电视出版社,1995,第 91—92 页。

③ 胡适要迟至1927年才真正得到哥伦比亚大学的博士学位。详情请参见唐德刚:《胡适杂忆》,第 71—76 页。

对他这位以复兴古典文化为己任的新人文主义者来说,要他在罗曼语言系教法国语言、研究法国文学,简直是一种折磨。以他倔强的性格,自然不能忍受。他有次居然对系主任说:"法语是拉丁语的一个廉价和蹩脚的变种。"①他这样的做法,使他在系里十分孤立。从1894年到1902年的八年中,白璧德在哈佛一直是一位讲师,而且还有拿不到下一年聘书的威胁。②

白璧德与他同事的不和,除了他的性格以外,更主要的原因是他们治学态度和方法的不同。受到德国学术的影响,19世纪末的美国大学教育与学术研究开始走向专业化,推崇专门的学问和提倡运用训诂学—比较语言学的方法(comparative philology),对事实进行考证和批判。顺便一提的是,这一风气以后由胡适、傅斯年带到了中国,成为1920年代和1930年代学术研究的主流。③ 而"学衡派"诸公,则追随其师,与之唱反调。因此有了胡适等人与学衡派的争论。依孙尚扬的说法,他们的争论是"在南京谱写了白(璧德)杜(威)辩论的中国版"④。由此看来,虽然学衡派以文化保守主义著称,以申扬中国文化为己任,但他们的学术观点,与胡适等人一样,仍然与西方学术紧紧相连。对此我们将在下面详论。

1900年开始,经过不断抗争,白璧德终于能在系里开高年级和研究生的课,因此也就让他着手建立自己的学术体系。他也慢慢有了几位追随者,包括以后成为新人文主义干将的薛曼(Stuart P. Sher-

---

① William F. Giese 的回忆,见 Frederick Manchester & Odell Shepard eds., *Irving Babbitt: Man and Teacher*, p. 22。

② Brennan & Yarbrough, *Irving Babbitt*, pp. 20-21。

③ 参见王晴佳:《中国史学的科学化——专科化与跨学科》,见罗志田主编:《二十世纪的中国:学术与社会·史学卷》下卷,济南,山东人民出版社,2001,第602—628页。

④ 孙尚扬:《在启蒙与学术之间:重估〈学衡〉》,见孙尚扬、郭兰芳编:《国故新知论》,第7页。

man)。这些学生人数虽少,但他们的好评还是为白璧德在 1902 年晋升助理教授带来了好处。① 但是,在他以后要求升等,并提出获得终身职的申请时,又遭到麻烦。甚至在他于 1908 年出版了第一部著作《文学与美国大学》(Literature and the American College)以后,也没有改善他的处境。那时他已经 43 岁了,在哈佛也已经教了 14 年书,但仍旧是一位助理教授,而他的同龄同事,则大都已经升等了。为此,他只能通过他的学生、已经在伊利诺大学任教的薛曼为他争取一张聘书,用来与哈佛协商,又加上几个朋友的帮助,特别是已经在文学评论界崭露头角的穆尔的写信支持,才在 1912 年拿到了终身教职,并晋升为正教授。② 此时,他已经 47 岁,出版了第二本书《新拉奥孔》(New Laokoon),而且也已经在哈佛教了 18 个年头的书了。不过,虽然白璧德的治学没有被学术界的主流接受,但他上课的精彩、知识的渊博和他提倡新人文主义的热忱,也使他名声在外。这也是他最后得以在哈佛立足的原因。③

白璧德在哈佛的这些不快的经历,使得他一生的论著都充满了论争的色彩,似乎永远在与人争辩、反抗。这也影响了他的中国学生。《学衡》杂志的文章,大致上也充当了一种反对派的角色,与主流思潮相对抗。不过,从那时中国和美国思想界的情况来看,白璧德与《学衡》的主张,也的确代表了一种少数派的立场,因此也就多少

---

① Stuart Sherman 对白璧德的学问十分佩服,认为他东西皆通。见 Frederick Manchester & Odell Shepard eds., *Irving Babbitt: Man and Teacher*, pp. 89-90。当时与他接近的穆尔认为,白璧德的这些学生对他在哈佛的地位有所帮助,不然的话,他有可能就会失去他的位置了。见前书第 330 页。

② 有关白璧德在哈佛晋升的曲折经历,详见 Brennan & Yarbrough, *Irving Babbitt*, pp. 22-24。

③ 参见 Nevin, *Irving Babbitt: An Intellectual Study*, pp. 3-24; Hoeveler, *The New Humanism: A Critique of Modern America, 1900-1940*, p. 9。

影响了他们写作的风格。

白璧德在哈佛当然也有愉快的经历,其中之一就是他在那时的女校、拉德克利夫学院(Radcliffe College,现已属哈佛)教书时,遇到了出生于中国、父母都是传教士的朵拉(Dora Drew)。在毕业以后,他们于1900年结婚,那时白璧德已经有35岁,而朵拉只有23岁。白璧德的婚姻,似乎也与他的中国学生有不少类似之处。梅光迪的夫人,也是他以前的学生,而吴宓之倾慕、追求其女弟子,则在1930年代和1940年代的中国学术界,十分出名,现在更有吴宓的日记为证。白璧德有这位出生中国的夫人,自然也会增加他对中国以及东方文化的兴趣。比如,他的书房里,就挂了不少中国的山水画(有些可能是他中国学生所赠)。他还对旁人说,这些画不仅表现山水,还展现了人的心境和情绪。①

虽然白璧德在哈佛经历,特别是最初的阶段,不太顺利,但到了1910年代中期,也就是在他与他的大部分中国弟子接触的时候,他的处境已经有了改善。那时选他课的人数,相对还是比较少,总在十人以内,因此白璧德可以让他们围成一桌,而他自己也坐着上课。② 以后他的名声愈来愈大,上课的人数甚至有几百人,但他还是习惯坐着上课。他通常带一个鼓鼓囊囊的书包到教室,然后把一大堆书往桌上一放,书里夹有大量的便条和笔记。然后他似乎随意地把其中的一本书打开,读上其中一段,然后就开始海阔天空地讲起来。白璧德最乐意做的是,引证不少意味深长的警

---

① 见 Frank J. Mather, Jr. 和 Gordon K. Chalmers 的回忆,见 Frederick Manchester & Odell Shepard eds., *Irving Babbitt: Man and Teacher*, pp. 50, 294-295。

② 据白璧德的学生 William F. Maag, Jr., Stuart Sherman 和 T. S. Eliot 的回忆,那时选他课的人,大都在4人左右。见 Frederick Manchester & Odell Shepard eds., *Irving Babbitt: Man and Teacher*, pp. 61, 89, 101。

语，用来不断重复论证他的观点。他的做法，显然与当时强调逻辑论证、逐步推理的学术风气不同，但有意思的是，他还是能经常回到他的论点，让人产生深刻的印象。可是，这样的做法，用来上课还可以，但轮到写作，效果就差了。白璧德的学生和朋友一致认为，他写作的手法不行，常常在那里兜圈子，不断重复循环，无法引人入胜。① 不过，白璧德的这种论述方法，与东方学问的传统有点类似。我们将在第三节再论。

饶有兴味的是，白璧德在哈佛地位的上升期，正好是他的中国弟子追随他的时候，如梅光迪就在1915年开始随他上课，以后则有吴宓、张歆海和汤用彤等。但事情也许是相反相成的。白璧德的名声，也显然是在哈佛之外，甚至在美国之外。因此，他能受到他的东方学生的景仰，也是他影响逐渐扩大的原因之一。梅光迪甚至说，东方学生是最早推崇白璧德学问的。② 总之，在1920年以后，随白璧德上课的人已经愈来愈多，无法像以前那样充分讨论了。白璧德甚至对梅光迪这样说："我的学生太多，已经使我穷于应付了。"③而在这些学生中间，显然有不少是来自其他地区，特别是亚洲的学生。在他于1923年在法国讲学的时候，身边就围着不少来自中国、日本、朝鲜和印度的学生。他的朋友穆尔这样评论："在我们那时，白璧德也许是唯一一位被东方人认为是智者的美国学者，他也知道如何用恰当的方式接受他们这种对老师的崇敬。"④除了亚洲，白璧德也在欧洲，特

---

① 有关白璧德的上课方式和写作风格，散见于他学生、朋友的回忆，见 Frederick Manchester & Odell Shepard eds., *Irving Babbitt: Man and Teacher*。

② K. T. Mei, "Humanism and Modern China", *The Bookman*, 1931(6), p. 365.

③ Henry W. Taeusch 和梅光迪的回忆，见 Frederick Manchester & Odell Shepard eds., *Irving Babbitt: Man and Teacher*, pp. 167, 116。

④ Marcus S. Goldman 的回忆，见 Ibid., p. 238。

别是法国颇有影响。这在他还初露头角的时候,就已经如此。① 而到了 20 世纪 20 年代,则有了这样的说法:"白璧德的名声早已离开了剑桥(哈佛所在地名),而走向了全世界。"②

白璧德名声的扩大,除了他自己不断著述出版之外,与他的传业授道关系甚大。他早期的弟子薛曼,就是新人文主义的有力推广者之一。薛曼不但帮助白璧德在哈佛立足,自 1917 年以后,他还出版了不少著作,不但阐述新人文主义的理论,而且还以之为武器,联系当时文学评论界的状况,加以评论,扩大其影响,因此人们开始对白璧德和他的朋友穆尔注意起来。白璧德的另一些学生、当时已在大学任教的福尔斯特(Norman Foerster)、艾理奥特(G. R. Elliot)和以后成为英国著名诗人的艾略特(T. S. Eliot),都在当时为推广新人文主义,做出了不小的贡献。③

白璧德在哈佛的年轻同事梅西耶(Louis J. A. Mercier),也在 1921 年开始用法文和英文介绍白璧德的新人文主义。马西尔的《白璧德之人文主义》(L' Humanisme Positiviste d' Irving Babbit)一文在法国出版以后,反响甚好,也是对新人文主义的一篇全面介绍。他的文章在出版以前,也经白璧德过目。④ 而新人文主义在中国的传播,这篇文章也有作用。1923 年吴宓将该文译出,由《学衡》发表,并解释说,该文的发表,使得法国人"皆知有白璧德,皆知有人文主义。吾人从旁逖听,益深景慕之思矣。且其叙述阐明赅括,故不嫌明日黄

---

① William F. Maag, Jr. 的回忆,见 Ibid., p. 60。
② G. R. Elliot 的回忆,见 Ibid., p. 159。
③ 详见 Brennan & Yarbrough, *Irving Babbitt*, pp. 60-61; Hoeveler, *The New Humanism: A Critique of Modern America, 1900-1940*, pp. 12-17。
④ Louis Mercier 的回忆,见 Frederick Manchester & Odell Shepard eds., *Irving Babbitt: Man and Teacher*, p. 193。Mercier 也知道他的文章被译成中文发表,见该书第 94 页。

花,特为译出"①。以后,马西尔又写了不少有关新人文主义的评论,并将新人文主义称之为一个"运动"。②

到了20世纪20年代中期,白璧德已经在美国文学评论界占有一席之地了。③ 当然,这并不代表他能从此一帆风顺,像他的崇拜者梅光迪、胡先骕在1922年就称呼的那样,成为"美国文学批评家之山斗"④。相反,白璧德尽管有了不少追随者,但也有不少反对者,甚至他以前的朋友和学生中间,也有人开始与他分道扬镳,如薛曼和穆尔。薛曼不满白璧德对民主和教育的精英主义看法,而穆尔则愈来愈对宗教产生兴趣,而白璧德的新人文主义尽管与宗教有联系,但他本人还是强调其实证、经验的一面。⑤ 虽然如此,就总体而言,新人文主义在20世纪20年代处于一个鼎盛的阶段。白璧德本人于1926年成为法兰西学院的通信院士,这在美国学者中并不多见。1930年他也成为美国人文学院的院士。

1930年5月,受他学生的怂恿,白璧德在纽约的卡内基音乐厅,与他的批评者做了一场公开的辩论,观众达三千人。这可以说是新人文主义走向顶峰的一个标志。可惜的是,由于白璧德

---

① 见《白璧德之人文主义》吴宓之按语,见孙尚扬、郭兰芳编:《国故新知论》,第1页。

② Louis Mercier 的有关著作是 *Mouvement Humaniste aux Etats-Unis*(1929)和 *The Challenge of Humanism*(1933)。他从法文的原意出发,称新人文主义为一"运动"(mouvement)。

③ 在当时出版的 *Criticism in America: Its Function and Status*(NewYork, Harcourt, Braceand Company, 1924)一书中,就收集了白璧德和当时美国著名文学评论界领袖人物的论文。

④ 见梅光迪《现今西洋人文主义》和胡先骕所译《白璧德中西人文教育说》之按语,见孙尚扬、郭兰芳编:《国故新知论》,第36、39页。

⑤ 参见 Brenann & Yarbrough, *Irving Babbitt*, pp. 71-78; Hoeveler, *The New Humanism: A Critique of Modern America,1900-1940*, pp. 19-27。

在演讲时习惯低头看稿,也就无法面对观众,加上扩音器又不好,效果于是不佳。而他的对手则侃侃而谈,显然更胜一筹。白璧德自我解嘲说:"虽然那天很热,但当时的情景却像经历了一场霜冻。"①换言之,观众对他的演说没有表现出热情。白璧德演讲喜欢旁征博引,时而拉丁,时而希腊,对于听众来说,过于高深,也是他失利的一个原因。② 那年,他的弟子福尔斯特还编了一本《美国的人文主义》(Humanism in America),由白璧德的追随者撰稿,白璧德本人也提供了一篇。但出版之后,批评之声,却不绝于耳。③ 由此看来,虽然新人文主义在那时已经为人所广泛注意,但也常常成为攻评的对象。3年之后的1933年,白璧德便过世了。

虽然新人文主义在1930年达到了一个顶峰期,但物极必反,很快就衰落了,可谓昙花一现。白璧德和穆尔在1933年和1937年的先后去世,也是原因之一。但更主要的原因是,1929年经济大衰退,使得人们对于新人文主义的精英主义态度,不再有什么兴趣了。他们需要的是更为实际的学说和理论,而新人文主义则过于阳春白雪、过于理想主义了。与之相对,杜威的乐观主义、科学主义则显得更为切合实际。因此,白璧德与杜威的争辩,最后由经济社会的因素而决出了胜负。④

---

① Theodore Spencer 的回忆,Frederick Manchester & Odell Shepard eds. , *Irving Babbitt: Man and Teacher*, p. 283。

② HenryW. Taeusch 的回忆,Ibid. , p. 177。

③ 参见 Brennan & Yarbrough, *Irving Babbitt*, pp. 75-78; Hoeveler, *The New Humanism: A Critique of Modern America, 1900-1940*, pp. 25-27。

④ 参见 George A. Panichas, ed. *Irving Babbitt: Representative Writings*, p. ix; Hoeveler, *The New Humanism: A Critique of Modern America, 1900-1940*, p. 27;参见 Brooks Otis的回忆,见 Frederick Manchester & Odell Shepard eds. , *Irving Babbitt: Man and Teacher*, pp. 310-311。

虽然新人文主义作为一个运动在美国学术界已经绝迹,但白璧德的影响却仍然存在。二次大战以后,有关白璧德的论著不断出现,而在1970年代和1980年代,更是有多部传记、论著出现。迟至1999年,我们还见到研究白璧德的论著。从那些研究者的政治背景来看,以保守派占多数。他们欣赏白璧德对美国政治、教育、文化和社会的分析,也赞成他所提倡的人文教育,以求提高美国人的精神品质和道德素养。如乔治·潘尼查斯(George A. Panichas)就这样说道:"在后现代的世界,虚无主义和无政府主义泛滥,因此道德品质低下的问题特别明显。在这样的世界里,白璧德的思想遗产能起一种有影响的和补救的作用。"①

二、新人文主义的缘起与要旨

对新人文主义的认识,可以从两个方面来着手。第一是从实际的层面,也即从白璧德对美国教育和文化的反省和批判入手,来检视他思想的渊源和起点。第二是考察新人文主义的理论层面,也即他的学术理念、政治见解和宗教因素。在这一部分,必然要涉及白璧德本人对东方文化和信仰的态度和认识。但因为在第三节,我们还要讨论"学衡派"与白璧德之间的关系,因此必然涉及他与东方文化,特别是中国文化的关系,因此这里就会将其尽量简略处理,而着重研究新人文主义与欧美学术思想传统的联系。

---

① George A. Panichas, *The Critical Legacy of Irving Babbitt: An Appreciation*, Wilmington DE: Intercollegiate Studies Institute, 1999, p. 4. 另外一些近年出版但上面没有引到的著作有 George A. Panichas & Claes G. Ryn eds., *Irving Babbitt in Our Time*, Washington D. C., The Catholic University of America, 1986; Milton Hindus, *Irving Babbitt, Literature, and the Democratic Culture*, New Brunswick NJ, Transaction Publishers, 1994。

如果从实际的方面来检视新人文主义,我们就必须从白璧德本人的学术训练开始。如上所述,白璧德在上大学期间,受到了严格而又多样的语言训练,他不但懂得多种现代语言,能用法语讲课①,而且还学习了不少东西方的古代语言。从他个人的偏好来说,他对后者更为重视,他毕生的追求,就是力图在现代文化中,强调古典文化的重要性,希望现代的学生都像以前一样,经历古典教育的熏陶,继承以往的人文传统。这是新人文主义之所以得名的主要原因。换言之,白璧德的所作所为,与文艺复兴时期的人文主义者,有不少相似之处。他们都以复兴古典文化为己任,认为古典的希腊、罗马文化代表了人类文明的一个高峰,是值得永远推崇和捍卫的。不过,白璧德的目的,并不是想简单重复文艺复兴时期人文主义者的成就。事实上,他对文艺复兴的整体评价,并不看好。这在后面将要再论。他把自己的学说,称为"新"人文主义,突出了两者之间的不同,是有原因的。

这一不同,主要来自所处时代的不同。文艺复兴时期的人文主义者希望复兴古典文化,有一个原因是他们对中世纪文化的不满。而白璧德提倡新人文主义,也是对他所处时代的不满所致。由此看来,我们就必须对白璧德那个时代的文化、教育思潮以及他个人的经历,做一个更为详细的考察。19世纪末,也即白璧德上大学的年代,美国的学术界和教育界正处在一个转换期。美国虽然在1776年就获得了独立,但从文化教育上来看,还主要受到英国的影响。大学教

---

① 他1923年在巴黎讲课,就用的是法语,虽然有些美国口音,但听众反响良好,参见 Chesley M. Hutchings, Clara Longworth de Chambrun 和 Marcus S. Goldman 的回忆,见 Frederick Manchester & Odell Shepard eds., *Irving Babbitt: Man and Teacher*, pp. 227-243。

育的目的是培养所谓绅士(或君子人,gentleman)①,具有文化道德修养,继承自由主义的传统。但到了19世纪的最后20年,科学主义的进一步普及,使得人文教育也受到了影响。而在人文教育中采用科学方法,重视科学训练,则由德国开其先。德国自19世纪初年以来,以1824年创办的柏林大学为基地,便开始用科学方法训练研究人才。所谓人文教育中的"科学方法",就是用文字学的手段,对文献史料做严格的审订,鉴别其真伪,核定其价值。这一方法的采用,自然以历史学为重,但其他学科也受到其影响。德国著名的历史学家兰克,不但自己身体力行,用原始的档案材料写作历史,而且还在他任教的柏林大学,用讨论班(seminar)的形式,像开作坊、带徒弟那样,训练学生用训诂学来对文献史料进行批判和考订。这一兰克学派的传统,不但在历史学界影响深远,而且还为人文学科研究的科学化、专业化树立了榜样。有人甚至将其视为一个新的"范式"的建立。②

这一新的榜样或"范式"对教育界的影响,十分重大。第一是改变了教育的目的,从原来培养自由思想、文化修养的绅士,转移到培养专门的研究人才,因此博士学位就渐渐成为一种必需。第二是改变了教育的内容,从原来的欣赏评价,转变到批判考订。换言之,人

---

① "君子人"为徐震堮的译法,见《白璧德释人文主义》,见孙尚扬、郭兰芳编:《国故新知论》,第28页。

② Georg G. Iggers 在 *Historiography in the Twentieth Century: From Scientific Objectivity to the Post modern Challenge* (Hanover, Wesleyan University Press, 1997) 一书中,简略而又扼要地分析了兰克及其弟子对历史研究所产生的影响,见第24—26页。更详细的分析可见其 *The German Conception of History: The National Tradition of Historical Thought from Herder to the Present* (Middletown, Wesleyan University Press, 1983) 一书。Jörn Rüsen 和 Friedrich Jaeger 则认为兰克学派在人文学科中建立了一个科学研究的范式,见 *Geschichte des Historismus* (Munchen, 1992)。

文学者也开始采用了科学家那种客观的态度,不想在研究中掺入个人的好恶,而是把文献、文本纯粹视为研究的对象或工具。虽然兰克本人自有其宗教信仰和政治偏见,但他想重建历史事实的一句"如实直书"(wie es eigentlich gewesen),则让后人把他抬高到"科学史学鼻祖"的位置。① 19世纪下半叶,这一始自德国的人文学科科学化、专业化的运动,开始在欧美各国流行起来。以美国而言,那时人文学者大都在当地获得学士和硕士学位以后,去德国攻读博士,以求掌握运用训诂学来进行文献批判的方法。1872年,约翰·霍普金斯大学首先在历史系设立了博士学位,以后哈佛、耶鲁等校也纷纷效仿,因此美国学者也开始在本国读博士了。但他们虽然不再去德国,但其研究手段则完全以德国为模式。换言之,美国学校开始自己设立博士学位,只是表明德国模式在美国已经深入普及了。同时,人文学科的研究也逐渐走向专业化,各个专业学会纷纷成立,专业刊物也纷纷刊行。② 学科专业化的结果是,出版物经过同行的审查,因此能控制质量,提高研究的水平,不断开拓课题,向尖端突破。但另一个结果是,为了通过同行的审查,研究人员的出版物,以同行为主要阅读对象,不再关心社会,因而慢慢与大众社会相脱离。即使一般大众有心阅读他们的作品,也往往因为其内容的僻奥、艰深,文字的呆板、平淡和作者那种故作客观、不偏不倚的态度而感到无味。

在白璧德上大学的1880年代后期,正是这一"德国模式"在美

---

① 有关兰克的个人信仰和后人对他的理解和误解,可见 Georg G. Iggers, "The Image of Ranke in American and German Historical Thought", *History and Theory*, 1962(2)。中文可见王晴佳:《简论朗克(兰克)与朗克学派》,《历史研究》1986年第3期。

② 有关美国社会科学的专业化,可见 Dorothy Ross, *The Origins of American Social Science*, Cambridge, Cambridge University Press, 1991。有关19世纪末、20世纪初德国史学对美国史学界的影响,可见 Jurgen Herbst, *The German Historical School in American Scholarship: A Study in the Transfer of Culture*, Ithaca, Cornell University Press, 1965。

国逐步上升的时期。应该说,他起初对这一模式并没有马上采取拒绝的态度。他在语言上所花的功夫,特别是学习梵文和巴利文,都可以视为例证。因为训诂学的要求,就是要从语言出发,来考订史料和文献。因此掌握多种语言,是一个重要的前提。① 白璧德穷其一生,将佛教《法句经》从巴利文翻译成英文,也可见他在语言训诂上所受的训练。事实上,白璧德对东方文化的兴趣,也与他的语言学、训诂学的训练有关。在他的那个时代所培养的西方汉学家如伯希和等人,都由学习语言开始而研究东方学问。他们大致上都像白璧德一样,先学几门欧洲语言,然后转而学亚洲语言,再转而研究东方文化。由是,我们可以猜想,如果白璧德在后来没有忙于宣扬新人文主义,他也可能成为一位印度学家甚至汉学家。

但是,在上大学以前已经有较丰富人生经历的白璧德,却无法忘怀于社会而专心于文献的考订。他对古代希腊、罗马文化的极度赞赏,也使他无法眼睁睁地看着它们在美国的大学里被慢慢淘汰。而且,那些注重训诂学研究的教授,对他这位用功的学生,也有所怠慢。白璧德在大学期间,成绩十分优秀,可就是在上莎士比亚课的时候,得了个 C-。其原因是该课的老师在上课的时候,并不分析莎士比亚文笔的优美和剧情构造的曲折,而是专注于几个形容词、名词和介词的分析,使得白璧德兴味索然。② 也许,这个倒霉的分数,是白璧德向当时学术界的潮流挑战的最早的契机。

白璧德在大学毕业以后,还没有放弃学习语言。但是,他的目的已经有所不同了。他在巴黎随列维学梵文和巴利文,在即将结束的时候,他写信给在哈佛任教的蓝曼,希望随他继续学习。白璧德在给

---

① 白璧德与训诂学家的关系,Brennan & Yarbrough 的 *Irving Babbitt* 有所涉及,见第 15—18 页。

② Ibid., pp. 14-15.

蓝曼的信中说："我对梵文的兴趣，是想通过它来研究比较文学和比较宗教，而不是比较语言学（也即训诂学）。我所以要想在这方面继续学习，一是为了使我对古典梵文有相当程度的了解，二是为了能阅读巴利文的佛教经典。"①可见，白璧德此时的学习语言，已经不仅仅是为了训诂而已。但是，他的这一想法，还没有与那些印度学家和汉学家有截然的分别，因为那些人也往往通过语言的研究，来了解东方文化。

真正使得白璧德决心走与训诂学派相对立的道路的原因，还是后者在他任教哈佛之初对他的压制。如前所述，白璧德能到哈佛任教，完全出于一种偶然，因为法语系急需一位代课老师。在以后的十余年中，他为了在哈佛立足，忍受了很大的精神压力，其中有多次饭碗几乎不保。以后他虽然在哈佛站稳了脚跟，但却一直未能在他喜欢的古典语言系授课，而只能在罗曼语言系和比较文学系。这里的主要原因有二，一是因为他的治学方法与训诂研究的主流不符，因而不为前辈学者所喜。他有一次对他的朋友穆尔抱怨说，如果他们再这样压迫几年，"我也许就愤而辞职，走出校园，在一个废弃的农庄种田算了"②。二是因为校长艾略特改革教程之后，古典语言不再是必修课，因此教师的需求相应减少。

但是，以白璧德倔强的性格，他却不想如此轻易地放弃他的志向。相反的，他摆出了向学术界主流公开挑战的姿态。1908年他出版的第一本书，题名为《文学与美国大学》，就是新人文主义的一本宣言书，其中的主要内容白璧德一生都信守不变。他在其中，针对美国大学教育中忽视古典文化、轻视道德人格的培养和推崇所谓科学研究，加以严厉的批评，由此为出发点来号召新人文主义。在他出版

---

① Brenann & Yarbrough, *Irving Babbitt*, p. 16.
② Ibid., p. 21.

该书的时候,白璧德还只是一位讲师,也没有终身教职,尚处在仰人鼻息的逆境之中。因此,出版该书需要很大的勇气。虽然美国大学强调出版的重要性,但像白璧德立足未稳,却写出一本挑战那时学术界主流的作品,还是很少见的。显然,他有那种孤注一掷的胆量。虽然在出版该书以后,他的处境没有改善,甚至有所恶化,但《文学与美国大学》一书却为新人文主义运动,提供了重要的蓝本。

我们在前面已经提到,白璧德在哈佛念研究所期间,没有选择攻读博士,因为那时的博士训练,其目的是为了培养专家。博士研究生必须选择一个狭窄的课题,用训诂学的方法,对文献资料做详细的考订,然后写出专题论文。白璧德认为,这种以培养专家为目的的作法,使得年轻人过早地收缩自己的知识范围,因而对文化的传承,不甚了了,不利于人格的培养和学业的进步。但是,以他个人来说,没有博士学位,自然对他在哈佛的立足,造成了困难。也许因为这一点,他在以后经常规劝他的学生,还是要拿一个博士学位。白璧德的理由是:"如果你想跟他们玩游戏,就必须遵守游戏的规则,直到你有那改变规则的权威。"在他晚年,则这样劝道:"你要学会向神进香。我那时逃过去了,但今天就逃不过去了。"①

可是,白璧德虽然知道这一点,但他在《文学与美国大学》一书中,却专辟一章,批评美国大学中博士培养的制度。而他批评的对象,正是那些提倡训诂方法研究的人。白璧德的批评主要集中在两点。第一,虽然训诂的方法本身很有价值,但如果过分强调文献的考订,会无视作品本身的价值。第二,他也不满研究者那种专事考订、

---

① 见 Henry W. Taeusch, James L. Adams 和 J. Bryan Allin 的回忆,收入 Frederick Manchester & Odell Shepard eds., *Irving Babbitt: Man and Teacher*, p. 273。Harry Levin 也认为,白璧德没有博士学位,对他在哈佛的晋升不利,见 *Irving Babbitt and the Teaching of Literature*, pp. 3-4。

不关世事的态度,认为教育的宗旨是为了让学生懂得"恒久的人类社会的价值",也即要对研究的作品和作者做出道德的评价。白璧德举例说,在文学史上,彼得拉克与但丁地位相埒,但从人格上看,但丁则高出一头。白璧德更为不满的是,由于过分强调对文献的训诂研究,那些主持中世纪和近代早期文学的博士论文答辩,都纠缠于几个语词的用法和作品在历史上的流传,而很少提问有关但丁、乔叟、彼得拉克和薄伽丘作品的重要性。[1]

白璧德指出,过分强调训诂研究的弊病,通过那时博士的培养而集中表现了出来。为了在博士论文中表现出"原创性"(originality),博士生只能将本来可以用来广泛阅读作品的时间用来选择一个少人涉及的题目,进行专题研究来准备论文。这一制度的结果是,那些知识面广泛、人格成熟的学生不受赞扬,而受到赞扬的则是那些有所谓研究能力的人。于是,文学的研究就变得非人化(dehumanize)了;作品与思想之间的关系遭到了忽略。这一偏向,正是由于美国学者崇拜德国学术所致。为了纠正这一偏差,白璧德认为必须用一个新的学位来取代博士学位。[2] 这一新的学位,可以模仿英国的牛津和剑桥大学所实行的优等生制度,不管是在学士还是硕士的阶段,如果成绩优等,都可以多修一年,以获得这样的优等学士或硕士学位。这些优等学位的获取,不需要写作论文,因此学生能有充分的时间广泛阅读来充实自己的知识并提高道德素养。[3]

其实,白璧德对博士制度的批评,其目的正如《文学与美国大学》的副标题所示,是为了捍卫人文学科的研究。换言之,他想在当

---

[1] Irving Babbitt, *Literature and American College: Essays in Defense of the Humanities*, Boston, Houghton, Mifflin and Company, 1908, pp. 118-149.

[2] Ibid., pp. 132-149.

[3] 白璧德在书中多处谈到他的这一建议,Ibid., pp. 79-80,138-149。

时培养专家的风气底下,继续强调通才教育的重要性。虽然他以后劝说他的学生也攻读博士学位,以便能在大学和研究机构安身立足,但他并没有改变他的基本观点,也即在现代社会中,人们还是必须对文化的传统有一种整体的了解。1926年,也即在他出版《文学与美国大学》的18年之后,他应邀到布朗大学演讲。白璧德选择的演讲题目是《人文主义者和专家》,其中他对博士制度,仍然嘲讽了一番,认为它对学生的人格培养、道德素质和知识结构,有害无利。①

由上所见,白璧德之提倡新人文主义,并非出于一种纯粹学术的考虑,而是有一种十分现实的关怀。这一关怀主要出自他对当时美国教育制度发展前景的忧虑,但其中也掺杂了他个人由于经历坎坷而产生的愤愤不平的心理。就白璧德的知识面来看,的确在当时的美国学界堪称翘楚。他不仅掌握了欧洲古代和现代的多种语言,而且还懂得梵文和巴利文,并对东方文化颇有心得。与他相比,那些戴有博士头衔的教授们,由于提倡专攻,因此很少能像他那样博学。在白璧德在哈佛随蓝曼学亚洲语言的时候,他只有一个同学,那就是以后成为他朋友的穆尔②,可见在美国学界能学兼东西的,也很稀有。而到了现在,由于学科的进一步专门化,能走出自己的领域的人也就更少了。举例来说,几十年来,尽管有不少美国学者研究白璧德,但能讨论白璧德与东方思想关系的人,几乎没有。只有中国人对此才有研究,除了中文论述以外,其中一位用英文写作的是白璧德的学生张歆海。张曾任光华大学副校长和中华民国驻外大使,1949年以后又在美国大学任教。为了纪念白璧德诞生百年,张在1965年发表了

---

① 见 Irving Babbitt, *Huamnist and Specialist*, Providence, Brown University, 1926。
② 见 Brennan & Yarbrough, *Irving Babbitt*, p. 18。

一篇《白璧德与东方思想》的论文。① 从这点上来看,白璧德在20世纪初对美国大学教育狭隘化的批评,确有先见之明。

可是,以白璧德之博学,却一直为同事所轻视和压制,自然使他不满。他不平而鸣,因而有倡导新人文主义一事。相比之下,白璧德的中国学生,虽然回国以后,也一直处于学术界主流的边缘,但从个人经历而言,则比他们的老师要好上许多倍。举例来说,像白璧德一样在语言上下过苦功的陈寅恪,1926年回国以后,以其博学多识而颇受学界的尊敬。陈之语言能力,更是为时人所钦羡。如果单从知识面,特别是语言能力上来看,白璧德的中国弟子,与他的对头杜威所培养的胡适、冯友兰相比,也的确胜上一筹。胡适、冯友兰都有哥伦比亚大学的博士学位,但似乎除了英语以外,并不能使用第二种外语。而只有哈佛硕士的吴宓却能翻译法文的文章,汤用彤也懂得一些梵文和巴利文。当然,语言能力的高低并不一定与学术成就成正比,但能掌握多种语言,对一位学者来说,毕竟只有好处而无坏处。可是在民国时期,虽然陈寅恪的博学让人惊叹,但实际上已经有一种从"通人"到"专家"的转向。② 而专家的培养,主要看的是对某一学问能否专精,能否采用科学的研究方法。胡适等人在中国学术史上成就卓著、闻名遐迩,显然与这种崇尚"专家"的倾向有关。而有趣的是,对这一崇尚专家的风气,胡适本人有很大的促成之功。对此我们将在下面再谈。

从白璧德所处的时代及其学术背景来看他的新人文主义,我们

---

① Hsin-hai Chang, "Irving Babbitt and Oriental Thought", *Michigan Quarterly Review*, 4(Oct. 1965). 有关张歆海的生平,可见郭心晖:《天涯赤子情:献给张歆海、韩湘眉教授的一束雏菊花》,《人物》1986年第3期。张歆海的学生、北京大学的张芝联教授亦有指教,特此致谢。

② 参见陈平原:《中国现代学术之建立:以章太炎、胡适之为中心》,北京,北京大学出版社,1998。

可以比较充分地认识其主旨和意涵。由于白璧德身处"逆境",因此他之阐述新人文主义,既有正面论述,更有反面批评,也即对当时的学术和教育界之流行风气的批评及其对这一风气形成的原因所做的分析。对白璧德来说,他之所以提倡新人文主义,主要是因为在现代社会,人道主义和自然主义泛滥,已经对人们的思想行为造成了许多不良影响。虽然他之强调研究、复兴古典希腊、罗马文化继承了文艺复兴的人文主义传统,但他所想解决的问题则与文艺复兴时代有很多不同。事实上,在他看来,现代社会所产生的问题,也即自中世纪以来一直到18世纪以来的种种变迁,有不少缺点,其中主要的就是人道主义的传布,而这一人道主义,与文艺复兴后期的发展有直接、间接的关系。白璧德对人道主义的界定就是一种对普遍人性过于肯定的自信态度。这一界定侧重两个方面,一是"普遍人性",二是"过于自信"。在文艺复兴时代,人们开始对人自身的能力表现出某种自信,特别崇拜那些有天赋才能的人,不再怎么相信中世纪神学所宣扬的人之谦恭和卑贱。但是这一对人性的推崇很快就变得有点过分,也即把人的地位抬得过高,显得过于自信。到了文艺复兴的后期,于是有人开始强调"选择"(selection),让人注意到人性的某些不良方面,因而对此倾向有所修正。[①]

推广人道主义最有力的是法国的卢梭。在卢梭所处的18世纪,这一人道主义已经含有多种侧面,因此可以有不同的称呼,如浪漫主义、科学主义、自然主义,乃至情感的自然主义、科学的人道主义等等。这里的主要原因是,科学革命的成功,已经彻底改变了中世纪时代人们对人与自然之间关系的认识,而科学家对自然界规律的探索,也大大地增强了人对自身能力的信心。这种信心,在白璧德看来,恰

[①] 见 Babbitt, "What is Humanism?" in *Literature and the American College*, pp. 1-31,特别是第13—31页。

恰是一种"过于自信",使得人们忽略了对自身人格的培养和要求,演成现代社会的主要弊病之一。因此,在白璧德的论述中,英国科学家培根与卢梭都属于人道主义的主要代表,但代表了两个不同的侧面。培根是科学的人道主义的代表,其思想倾向体现了科学革命以来人们对社会进步的信心。的确,科学革命的成功使得人们崇信科技的威力,认为随着科技的发达,理性主义的普及,人类社会便自然会走向进步。在白璧德看来,这一对科学主义的崇拜,有两方面的坏处。一是用"事之律"(law for thing)来解释、取代"人之律"(law for man),认为只要人能改善与自然的关系,就代表了人类的进步;二是盲目地认为人类社会之走向进步是一种必然,因此忽略了对人自身道德品格的培养。这里,培根没有区分个人与社会也是一个缺陷。白璧德认为,社会整体的进步并不能带来个人品格的完善;后者需要长期的、耐心的培养。

虽然培根的科学主义和进步观念为人道主义铺垫了基础,但人道主义的主要人物还是卢梭。白璧德之所以将卢梭视为他主要攻讦的对象,是因为卢梭对人的能力做了高度的肯定,由此出发,卢梭推崇人的自由,认为是人类社会的理性目标。他的《社会契约论》就是一个显例。该书的主要论点就是,人在发现个人与社会将有冲突的时候,能自发地订立契约,限制双方的侵权。这是卢梭对人的能力的高度肯定。而在同时,他又强调,如果社会在发展中侵犯了人的基本权利,人就有权将之改造,因为人的自由是神圣不可侵犯的。白璧德对卢梭的这两个论点,肯定人的能力和推崇人的自由,都持强烈的批判态度,认为这是现代社会各种弊病的祸根。① 这里的原因十分明

---

① 此处的观点可参见 Babbitt, "Two Types of Humanitarians: Bacon and Rousseau", in *Literature and the American College*, pp. 32-71。但因为白璧德的论述并不十分扣题,常常引申发挥,因此笔者在评述时主要根据的是自己的理解。

了:这两个论点取消了人格培养的必要性,而人格的培养、道德的熏陶以及教育在其中所起的重要作用,正是白璧德新人文主义的核心内容。

　　让白璧德更加感到忧心的是,卢梭的这种人道主义,已经在他那时的教育上表现了出来。哈佛校长艾略特推行"选科制",让学生根据自己的兴趣自由选课,就是一个主要表现。在白璧德看来,艾理特推行"选科制"的原因,就是因为他像卢梭一样,过于崇信人的能力,认为一二年级的大学生能自我设计自己,而不用前辈师长的监督指导。同时,这一"选科制"在白璧德看来,也给予学生太多的自由,不利于他们人格的培养。① 当然,如同上述,白璧德对这一"选科制"的不满,还与他自身的经历有关。由于学生自由选课,于是古典语言无人问津,因此他也只能一直教授现代语言和现代文学。

　　由上可见,新人文主义的出发点是一种二元主义的观点,即将自然与人类、事物与人心视为两个不同的方面,无法混为一体,也不想混为一谈。白璧德对爱默生(Ralph Waldo Emerson, 1803—1882)的"事之律"和"人之律"的区分,十分欣赏。② 白璧德的学生、新人文主义早期的干将薛曼这样说:"这(指将事与人区分的二元主义)是人文主义者建房筑屋的基石。"他在他的论著中,多次引用爱默生的这一警语。③ 强调这一二元主义,其主要目的正如白璧德《文学与美国大学》的副题所示,是为了捍卫人文学科,防止科学主义的泛滥。④

　　为了论证人文研究的价值,白璧德就必须面对一个尖锐的问题,

---

① Ibid., pp. 46-53.
② Babbitt, "What is Humanism?" in *Literature and the American College*, p. 29.
③ 有关新人文主义的二元主义观点,Hoeveler 讨论甚详,见 *The New Humanism: A Critique of Modern America, 1900-1940*, pp. 34-35. 薛曼引语亦见该书第 34 页。
④ 该书副题是"捍卫人文学科论集"(Essays in Defense of the Humanities)。

即古代与现代文化孰优孰劣的问题,因为在西方古代,虽然也有科学的研究,但其主要文化成就是在文学、艺术等方面,这是一般人的常识。与此相反,现代文化的主要成果,则体现于科学技术的发明和进步。自科学革命以来人们开始信奉历史进步的观念,而到了19世纪更是深入人心,其主要原因就在于人们已经坚信,今胜于昔,现代文化高于古代文化。当然,这一共识的取得还是经过了一番长期的、激烈的争论。从17世纪后半期到18世纪前半期,英国、法国等学术界人士,曾分为两派,争吵不休。① 而到了白璧德的时代,西方社会已经历了工业革命,人们对科技的发展所带来的社会进步,更是坚信不疑,因此白璧德想再度重申古代文化的优越,显然困难重重。但以白璧德敢于挑战主流的性格,他并没有知难而退,而是旧话重提,对古今文化的优劣,再发议论。当然,白璧德并不想否认现代社会所取得的成就,但他的忧虑是,如果在现代,人们还想挑起这样的争论,已经不太可能了,其原因是已经没有什么人能真正懂得古代文化的成就了。而造成这种情况的原因,则是启蒙运动,特别是卢梭等人一味推崇个人自由,使得人们对于自身过于自信。白璧德提倡的是,古今文化的结合,因为文化本身是一个延续的整体,无法硬性分割。②

虽然在白璧德的时代,重提古代文化的优越已经比较困难,但他也有一个先例可循,那就是英国文学批评家安诺德(Matthew Arnold, 1822—1888)。安诺德经历了英国工业革命的洗礼,目睹了其成就,但也注意到了其对文化传统的冲击和道德伦理的破坏,因此加以严厉的批评。对白璧德来说,安诺德可谓是先人先知,因此常常援引作

---

① 有关论著可见 Joseph M. Levine, *The Battle of Books: History and Literature in Augustan Age*, Ithaca, Cornell University Press, 1991。

② 参见 Babbitt, "Ancients and Moderns", in *Literature and the American College*, pp. 181-214。

为自己论述的根据。白璧德的学生等也效仿其师,对安诺德崇拜有加。如薛曼就以安诺德为主题出版了他的第一本著作。梅光迪也有《安诺德之文化论》一文,发表于《学衡》。① 而张歆海随白璧德做的博士论文,也以安诺德为题。安诺德对白璧德新人文主义的帮助在于,他用犀利的文笔,揭露了当时英国社会市侩商人附庸风雅的恶习,使人看到现代社会虽然科技先进,但在文化道德上则愈益堕落,以至每下愈况。而且,安诺德指出了这一问题产生的根本原因,那就是人的过度自由与过度自信。②

为了纠正这种过分热衷社会进步、崇尚人的自由、信仰科学理性的风气,白璧德提出了两个方案,一是克己,二是中庸。这两个概念,自然出于中国的儒教文化,但用来转译白璧德的中心思想,却也十分恰当。所谓克己,指的是一种"内在的自制力"(freinvital 或 innercheck),即对人欲或人的自由欲望的控制。而中庸,则指不走极端的道德行为,遵循"适度之律"(law of measure)。在阐述这两个概念时,白璧德多用亚里士多德和佛教的著作,自然也受到基督教的影响,但他突出这两个概念,显然也与他对儒家文化的认识有关。哈利·列文曾这样说道:"白璧德对基督教有浓厚的兴趣,又为佛教所深深吸引,更对孔子的俗世的理念充满同情。"③可见,白璧德的思想渊源,有多种方面,而就基本概念而言,他受东方文化(佛教与儒教)

---

① 参见 Irving Babbitt, "Matthew Arnold", in *Irving Babbitt: Representative Writings*, pp. 103-115; Stuart Sherman, *Matthew Arnold: How to Know Him*, Indianapolis, The Bobbs-Merrill Company, 1917;梅光迪:《安诺德之文化论》,载《学衡》,1923,第1—10页。

② 有关白璧德与安诺德之间的思想联系,可参见 Nevin, *Irving Babbitt: An Intellectual Study*, p. 82; Hoeveler, *The New Humanism: A Critique of Modern America, 1900-1940*, p. 67。

③ Levin, *Irving Babbitt and the Teaching of Literature*, p. 19.

的启发更大。他的老友威廉·吉斯(William F. Giese)有这样的观察:白璧德早年便沉浸于佛教之中,其他影响只有边缘的作用。"只有从东方文化的角度才能真正认识他人文主义的内在意涵,而亚里士多德的学说只是他的分析方法。"① 而且,白璧德的"内在的自制力",来自爱默生,而后者则受到了东方文化的启发。② 以前研究白璧德的学者也倾向指出他的思想与儒家的相同之处,如沈松侨就说白璧德想"克己复礼",沈的老师侯健则说白璧德的理想是教导人们成为"君子"。③ 至于白璧德与佛教的关系,张歆海讨论最详,不过他认为,白璧德虽然受到佛教影响,但他对之有所取舍,主要感兴趣的是与他的人文主义有关的地方。④

的确,如果我们仔细考量,可以看出白璧德的新人文主义与儒教影响下的传统中国文化之间有许多类似之处。在侯健的博士论文中,有不少讨论,此不赘述。⑤ 我只是想强调一点,那就是白璧德的"克己"与"中庸"之间,有着紧密的联系。我们可以视前者为手段,后者为目的。白璧德曾说:"人文主义者所向往的是一种平衡匀称的生活。为此目的,他必须谨守中庸。"照白璧德的看法,人性并不完善,而是有许多不当的欲望,因此不能听任其自由发展,而必须加

---

① 威廉·吉斯的回忆,见 Frederick Manchester & Odell Shepard eds., *Irving Babbitt: Man and Teacher*, p. 5。白璧德的老友穆尔也说佛教对白璧德的影响至深,见同书第 332—333 页。

② 参见 Levin, *Irving Babbitt and the Teaching of Literature*, p. 18; Nevin, *Irving Babbitt: An Intellectual Study*, pp. 49-50。

③ 见沈松侨:《学衡派与五四时期的反新文化运动》,第 128—129 页; Chien Hou, "Irving Babbitt in China", pp. 41-44。白璧德的确谈论到"君子",多以西方的传统为例,但其形象与儒家的君子颇类似。见 Babbitt, *Literature and the American College*, p. 12。

④ 张歆海说道:"白璧德并不想成为一个专业的东方学者;他只是想从佛教中找到能支持他观点的东西。"见 Hsin-hai Chang, "Irving Babbitt and Oriental Thought", p. 237。

⑤ Chien Hou, "Irving Babbitt in China", pp. 64-118。

以控制,也即需要"内在的自制力",达致一种中庸的境界。① 而人之所以能成为人,就是因为人能控制自己。他特别欣赏佛祖的说法:"正心即佛。"②在分析中庸之道时,他又重申佛祖的说法"一切极端,悉为貊道",或"偏则失当"。③ 但是如果他能在中国文化上多花一点功夫,想来他也一定会找到相似的警语。事实上,白璧德在1921年为美国东部之中国留学生年会上发表的演说中,也已经提到东西文化在文化与道德传统上的相似性,并说:"吾每谓孔子之道有优于吾西方之人道主义者,则因其能认明中庸之道,必先之以克己及知命也。"④他的弟子回忆,在平常的谈话中,白璧德也常常提及孔子,称之为"道德宗师"(Confucius, the master moralist)⑤。

三、"学衡派"与新人文主义

行文至此,似乎是一个适当的时机将白璧德的新人文主义与"学衡派"人士的论述及其影响之大小联系起来加以分析。这一分析,其着重点是想解释"学衡派"在1920年代及1930年代中国学术界的兴衰。为此,我们需要注意白璧德新人文主义的两个方面。这

---

① 见 Irving Babbitt, "What I believe", in *Irving Babbitt: Representative Writings*, pp. 3-18. 引语见第6页。

② 见吴宓译:《白璧德论欧亚两洲文化》,见孙尚扬、郭兰芳编:《国故新知论》,第59页。

③ 前语见徐震堮译《白璧德释人文主义》,后语见吴宓译《白璧德之人文主义》,分别见孙尚扬、郭兰芳编:《国故新知论》,第30、5页。

④ 见胡先骕译:《白璧德中西人文教育说》,见孙尚扬、郭兰芳编:《国故新知论》,第47页。

⑤ C. Cestre 的回忆,见 Frederick Manchester & Odell Shepard eds., *Irving Babbitt: Man and Teacher*, p. 53。

两个方面,都为"学衡派"人士所激赏而引介入中国,但却为其最终的失利埋下了伏笔。第一是对以往的所有文化,特别是东西文化遗产所采取的谦恭、包容和尊重的态度。第二是在文化基础和文化教育上所持的精英主义的立场。这两个方面,都与上述新人文主义的要旨有密切的联系,可以说是在社会层面的表现,而两者之间又有内在的关联。

让我们先看一下第一个方面。新人文主义强调中庸,在价值判断的时候不走极端,因此就使其在对待以往的文化遗产上,采取谦恭的态度,而不是一味否定或一味肯定。白璧德所谓新人文主义必须在"同情"与"选择"之间保持平衡,就是这样的意思。换言之,对于文化遗产,白璧德主张必须一方面具有同情的态度,另一方面则有所选择。他对古今文化孰优孰劣的问题,持一种折中的态度,认为两者可以取长补短,就表现了这样的立场。① 白璧德像安诺德一样,认为文化由传统精华的累积而成,因此不能从简单的进化论观点出发,用现在来否定过去。换言之,他绝对不认为现代的各种进步,可以将以往的文化成就一笔取消。这种对前人先贤的恭敬态度,可以说是一种文化保守主义。这是白璧德在那时吸引不少中国学生的地方,因为他的这种文化保守主义,与孔子有类似之处。孔子所谓"温故而知新""信而好古"等名言,都是例证。与安诺德不同的是,白璧德不但尊重前贤,而且还用东方先贤的教诲,来论证尊重古代文化之必要,指出这种注重文化积累和传承的态度,是东西文化发展的根基所在。白璧德与安诺德都是文化保守主义的大师,但白璧德显然更为

---

① 白璧德的观点散见 Literature and the American College 一书,有关"同情"与"选择",见第 22—31 页;有关其对文化的态度,有"The Rational Study of the Classics"和"Ancients and Moderns"两文,见第 150—214 页。

博大,其学说更具世界性。① 难怪梅光迪等中国人进入哈佛,从学白璧德以后,认为是发现了西方的圣人,因而"拜倒在他的足下"。② 这种兼容东西、尊重先贤的文化态度在当时的西方学术界并不多见,因此哈利·列文在1960年回顾道:"白璧德最有远见的贡献在于,他坚持认为一种开明的世界观必须融合亚洲的思想。"③

的确,白璧德对融和东西文化兴趣很大。在他给中国留美学生的讲话中,他甚至提出,应该有一种"国际的人文主义",因为新人文主义提倡的对文化的尊重以及所追求的"自制功夫",都见于东西方先贤的论著之中。通过这种"自制功夫","则成为孔子所谓之君子与亚里士多德所谓之甚沉毅之人",而东西文化传统的共同点是,"均主人文,不谋而有合,可总称为邃古以来所积累之智慧也"。他希望中国留学生中,多一些学人文学科的人,同时也希望美国的大学中,多开设有关东方文化的课程,"如此则东西学问家可以联为一体"。④ 白璧德本人身体力行,虽然他在1915年遇到梅光迪以前,就已经接触了中国文化,但在收了多位中国学生以后,则教学相长,也通过这些学生学到了更多有关儒家的文化,并开始反映在作品中。⑤ 梅光迪求学哈佛的时候,白璧德正开始写作其第四本著作《卢梭与浪漫主义》。该书于1919年完成,梅光迪也于次年回国。因此该书

---

① 侯健对此亦有讨论,见"Irving Babbitt in China", p. 6。
② 见梅光迪回忆白璧德的文章,见 Frederick Manchester & Odell Shepard eds., *Irving Babbitt: Man and Teacher*, p. 112。
③ Levin, *Irving Babbitt and the Teaching of Literature*, p. 17.
④ 见胡先骕译:《白璧德中西人文教育说》,见孙尚扬、郭兰芳编:《国故新知论》,第46—48页。
⑤ 梅光迪的回忆,见 Frederick Manchester & Odell Shepard eds., *Irving Babbitt: Man and Teacher*, pp. 119-120。

的写作,也受到了梅光迪的影响。白璧德在书中对此还表示谢意。①自此以后,用侯健的话说:"中国的思想就在白璧德的写作中不断出现。他在 1930 年出版的《人文主义:一个界定》应该是体现了他最成熟的思考,而这一文章几乎是一个中文文件(Chinese document)。"②白璧德的弟子和追随者也注意到了白璧德与儒家思想之关系。米尔顿·辛杜斯(Milton Hindus)说道,白璧德认为自己是一个文化的传人(transmitters of culture),而不是原创者。③ 这与孔子的"述而不作,信而好古",正好一致。梅光迪也认为白璧德的理想是成为法文里的"君子"(honnte homme)和儒家的"君子儒"(Confucian gentleman-scholar)。④

可是,正是这一成为"君子儒"的理想,使得白璧德的新人文主义,带上了精英主义的特征。这是我们要注意的第二个方面。如前所述,新人文主义强调"克己",也即修身的重要。因为有此目的,所以人文教育才显得如此重要。在白璧德看来,教育有其道德的目的,而不仅是为了追求纯粹的知识。因此他对培根将苏格拉底的"知识是美德"(knowledge is virtue)改为"知识是权力"(knowledge is power)这样的做法十分不满,因为如此做法,就抽掉了教育的道德性。但是,如果教育的目的是修身,增进人的道德素养,那么就有成败的问题,因为在接受教育的过程中,并不是每个人都能成材,成为君子,

---

① 见 Irving Babbitt, *Rousseau and Romanticism*, Boston, Houghton Mifflin and Company, 1919, p. 381。白璧德在书中也多次提到儒家的学说与西方的人文传统,颇有互补的功效。

② 见 Chien Hou, "Irving Babbitt in China", p. 8。此处无法找到更好的翻译,只能直译。

③ Hindus, *Irving Babbitt, Literature, and the Democratic Culture*, p. 17.

④ 梅光迪的回忆,见 Frederick Manchester & Odell Shepard eds., *Irving Babbitt: Man and Teacher*, p. 124。

而是有先后、上下之别的。对此,白璧德并不讳言,相反的他认为,正因为并不是每个人都能做到克己,因此那些道德的人或君子,才分外重要。当然,处于20世纪的白璧德,并不想和孔子一样,强调君子和小人之分,但他对君子和一般大众之间的区别,却一再重申,贯穿了他对教育、政治、人性和社会的整体看法。

白璧德的这种精英主义看法,与其新人文主义的主张联系紧密。新人文主义主张在"同情"与"选择"之间取得中庸,因此白璧德认为人们虽然有必要对人的许多要求和欲望表示同情,尽量使其满足,但同时也要给予选择,也即加以指导;不严加限制,但也不能使其随心所欲。① 他对卢梭人道主义的一再批评,就是因为卢梭主张给予人以充分的自由,反对任何约束。白璧德指出卢梭本人的行为,就说明这样做的结果十分可怕。卢梭生了好几个孩子,但都送到了孤儿院。这就是人的自由太多以致不负责任的结果。② 而为了纠正这一点,就必须树立道德的榜样,示人以高尚的、君子的行为。这里的主要原因是,人与人不同,不能遵循平民主义的理想,给予所有的人一样的权力与义务。

白璧德这种认为人与人之间不同的看法由来已久。在他于1897年出版的第一篇文章《论对经典的理性研究》中,他就从文学的角度指出,以往的历史已经证明,有的人充满想象,适合从事文学,而另有些人则对数理规则兴趣更大,适合从事科学。换言之,有些人喜欢综合,有些人长于分析。当然,白璧德的主张是在两者之间取得中庸。③ 但是,考虑到在他那个时代,科学的研究早已成为主流,已经

---

① Babbitt, "Bacon and Rousseau", in *Literature and the American College*, p. 60.

② Ibid., pp. 50-51.

③ Babbitt, "The Rational Study of the Classics", in *Literature and the American College*, pp. 163-164.

违反了他所认可的中庸的原则,因此必须"捍卫人文学科的研究",使其重振。白璧德对于教育的看法,也能反映他的精英主义观点。他反对德国式的博士学位,而主张效仿那时英国的优等生制度,在大学生里面挑选品学优良的人,让其再读一年,获得优等的学士或硕士学位。① 这种在同等的学位中间加以区分的做法,很明显地表现了他的精英主义。

白璧德新人文主义的政治观,大致上也是精英主义的。20 世纪 20 年代以后,新人文主义开始为美国社会所注意,白璧德也开始将其学说推向一般民众。1924 年他写作了《民主与领袖》一书,系统阐述了他的新人文主义政治观。在书中,他一方面承认美国的民主制度有其优越之处,另一方面他则强调民主制的实行并不表明一个社会可以放弃其标准。这一标准,须由他心目中有道德修养、懂得克己的君子来代表。换言之,白璧德心目中的理想社会是"一"与"多"之间的平衡。大多数人向那些君子看齐,而不是降低标准,让整个社会都停留在平民的水准之上。他的告诫是:"从民主制的利益出发,我们需要的信条是:要好人(the right man),不要人权(the rights of man)。"② 此处,他的精英主义看法展露无遗,因为前者是他推崇的君子,而后者则涵括了所有的人,因此为白璧德所不喜。

白璧德的文化保守主义和精英主义,与儒家的传统十分契合,但显而易见,他的主张也反映了西方现代化以前所有传统社会的一些共同特征:强调社会的等级、重视人文的研究和推崇领袖的作用。因此,白璧德认为他的新人文主义可以走向国际。在这点上,与其说

---

① 白璧德有关学位的看法,主要见于他"Literature and the Doctor's Degree"一文,见 *Literature and the American College*, pp. 118-149。

② 见 Irving Babbitt, *Democracy and Leadership*, Boston, Houghton Mifflin and Company, 1924。此处引自 *Irving Babbitt: Representative Writings*, p. 140。

"学衡派"发现了白璧德,毋宁说是白璧德通过他们发现了中国,因而使他能论证人文主义的国际性。反过来,白璧德新人文主义的这一国际性,也即其兼通东西的特征,也使它对中国学生充满吸引力。因此,两者之间有一种相互影响的关系。上面已经提到白璧德的儒家研究,得到了梅光迪的协助。他的佛教研究,虽然用力很深,但也显然得益于与张歆海的讨论。① 但是,在白璧德与梅光迪等人接触的时候,他已经年届 50 岁,而对方只是 20 岁左右的学生,因此后者受他的影响显然要大得多。事实上,本节讨论的重点,也就是要指出白璧德新人文主义与"学衡派"的关系。这一关系,比一般想象的要深得多。

不过,我们应该注意的是,"学衡派"受新人文主义的影响,其表现与其说是一种内容上的接受,毋宁说是一种思想上的认同。换言之,构成白璧德新人文主义核心的克己与中庸等思想,对西方人士来说,尚有新颖之处,但对梅光迪等受过一些中国古典教育的人而言(梅光迪在 12 岁时便中了秀才,比梅年轻的胡先骕也中过秀才),则应当非常熟稔,不至于会使他们崇拜得五体投地。侯健注意到,张歆海和楼光来(另一"学衡派"成员、白璧德的弟子)在谈到他们的思想渊源的时候,并没有多提白璧德的影响。侯的解释是,白璧德的思想与传统的中国思想有太多相似之处了。② 这一说法不无道理。自认愚笨的吴宓,在其自编年谱中也作案语道:"为学得先生(白璧德)之精神与人格,一学期亦已足矣。故宓在哈佛大学三载,未免失之过

---

① 白璧德在"Buddha and the Occident"一文中,提到了张歆海,见 Irving Babbitt: *Representative Writings*, pp. 227-228。显然,张曾对佛教下过功夫研究,因此在 1965 年写了"Irving Babbitt and Oriental Thought",讨论白璧德佛教研究的得失。

② Chien Hou, "Irving Babbitt in China", p. 9.

久。"吴宓认为,白璧德的思想见解,都已写入其书中。① 可见吴宓也觉得,白璧德的思想,其实没有太多变化,与白璧德研究者的结论相同。试想一下,如果吴宓都认为不必随白璧德从学太久,那么被吴宓赞为"年少美才、学富志洁",并能与白璧德讨论佛教的张歆海,自然不会多谈白璧德的影响了。②

那么,白璧德新人文主义为"学衡派"赞赏的地方在哪儿呢?依笔者管见,那就是他们对他思想的认同。为了理解这一认同,我们必须简单回顾一下新人文主义出现的背景。在美国,新人文主义是对19世纪末期以来社会达尔文主义、科学主义流行的一种反应;白璧德反对用进化论的观点讨论文化的优劣。③ 而如所周知,美国在第一次世界大战以后,取代英法而一跃成为世界一流强国,非常志得意满,认为新兴的美国文化已经可以取代近代欧洲甚至古代希腊罗马的文化成就,因此新人文主义很难获得社会的赞同。而20世纪的中国,正处于风雨飘摇的境地,一败于欧洲强国,再败于邻国日本,于是变法、革命接踵而来。这些变革的理论前提正是由进化论所提供:新旧更替,势不可挡。否则,则有可能亡种亡国。

在那个时代通过各种方法出国的留学生,大都有解救中国于危难的宏图大愿。但是,如何在几年的留学期间,学得充分的知识,以实现这一宏愿,则取决于个人的认识。据陈衡哲(1890—1976)回忆,她留学时的同学,有两派不同的观点。一派主张科学救国,组成科学社,其领袖是以后成为她丈夫的任鸿隽;而另一派是胡适为首的白话文学

---

① 吴宓著,吴学昭整理:《吴宓自编年谱》,北京,生活·读书·新知三联书店,1995,第175页。

② 吴宓语见吴学昭:《吴宓与陈寅恪》,第19页。

③ 参见 Hoeveler, *The New Humanism: A Critique of Modern America, 1900-1940*, p.28以降。

派,提倡普及教育,民主建国。① 这两派虽然不同,但都以革新中国文化传统为目的,提倡向西方看齐。当然,科学研究和白话文学在中国的文化传统中也不是没有,但都不是中国以往文化的主流。换言之,当时文化革新的主要目的,是想以西方的文化为楷模,重新塑造中国文化,再造中国文明。胡适回国以后,继续这一运动,提出"整理国故、再造文明",力求重新解释中国历史和文化,就是一个例子。②

但是,若要以西方的科学文化来解构、再造中国的文化,首先必须在留学的短短几年学得其精髓,然后学以致用。这自然是所有留学生共同追求的目标,但是成就如何往往取决于出国前的准备。这一准备主要指的是对外语的掌握,但也包括其他方面,如是否能对科学研究(当时最热门的科目)真正产生兴趣等。拿胡适来说,他在出国前便在上海念书,对英语下过功夫,因此到美国后没有太大问题。但对科学研究则显得兴味索然,虽然进了全美一流的康奈尔大学农科,但不久就转学文科,最后以哲学为业。的确,要想真正从事科学研究,对当时的学生来说,并不容易,因为科学在传统文化中属末技之流,不登大雅之堂。清末所建的新学堂中开始教授科学方面的知识,但毕竟属于"新学问",当时许多在较偏僻的乡镇农村受教育的学生,对此接触较少,因此准备、兴趣都不足。但胡适毕竟是个聪明人,他虽然转学文科,但深深懂得科学知识之重要,因此在留美期间对有关科学的理论和方法用力很深,在熟读一般的进化论的著作之外,又探讨科学方法的普遍性。因此他能为杜威的实验主义所吸引,

---

① 见陈衡哲:《任叔永先生不朽》,见张朋园等访问、潘光哲记录:《任以都先生访问记录》,台北,"中研院"近代史研究所,1993,第 192 页。有关那时的中国留美学生,可参见 Weili Ye, *Seeking Modernity in China's Name: Chinese Students in the United States, 1900-1927*, Stanford, Stanford University Press, 2001。

② 有关讨论可见 Q. Edward Wang, *Inventing China through History: The May Fourth Approach to Historiography*, Albany, State University of New York Press, 2001。

成为其信徒,在中国的学术界掀起科学主义的运动。①

与胡适相比,他的安徽同乡梅光迪的求学经历,就没有那么顺遂。如前所述,梅十二岁便应童子试,于旧学有较厚的根底。但1905年科举考试被废,旧学顿时失去其功用。梅光迪顺应潮流,与胡适同年参加了庚款考试,但名落孙山。第二年再试才成功,于1911年赴美留学。可见与胡适相比,梅虽然也在上海求过学,但对新学的准备略输一筹。在他留学期间,其父屡屡给他写信,期望甚殷,盼他学有所成。② 这对出身"望族"、少年得志的梅光迪而言,自然是一种压力。但要想从旧知识中马上脱胎换骨,成为新学问的佼佼者,并不容易。如果说胡适这样的聪明人都无法对科学研究产生浓厚的兴趣,何况对之接触更少的梅光迪了。实际上,梅光迪根本没想过要念理科。不但如此,他对胡适决定弃农学文,还积极表示赞成:"足下之材本非老农,实稼轩、同甫之流也。望足下就其性之所近而为之,淹贯中西文章,将来在吾国文学上开一新局面,则一代作者非足下而谁?……足下之改科,乃吾国学术史上一大关键,不可不竭力赞成。"③梅光迪此处说胡适之转科,会成为中国学术史上一大关键,虽然在当时是捧场的话,但却为他所说中,也是趣事。但他"本非老农"之语,还是透露出他的传统文化观念。

梅光迪能保持住这种传统文化的观念,自然为他以后追随白璧德埋下了伏笔。但是,他有这种心态,还是与他的性格与经历有关。他自视颇高,父亲期望亦大,因此极希望早有成就,但因为留美之前,

---

① 有关胡适的科学信仰和科学主义,可见 D. W. Y. Kwok, *Scientism in Chinese Thought, 1900-1950*, New Haven, Yale University Press, 1965。

② 《梅先生尊翁教子书》,见《梅光迪文录·附录》,第4—13页。

③ 梅光迪1912年致胡适的信,见耿志云编:《胡适遗稿及秘藏书信》第33册,第334—335页。

英语准备不足,在留美的最初几年,学习上困难很大。这从他给胡适的信中可以看出:

> 迪来美时,西文程度极浅,此足下所深悉。清华校所遣之一班,程度多不高,迪遂徼幸与其列,此不足讳。然迪颇洋洋自得,睥睨一世。来此挟吾国古籍颇多,以傲留学界之放弃国文者。彼辈多窃笑吾为老学究。迪之西文程度又低,他人之来者多已有十余年之程度,而迪学西文之时间不及他人三分之一,因之彼辈轻吾西文,笑吾学究。而我方昂首自豪,以彼辈无古籍,吾学西文之时不及彼辈三分之一,而收效与彼辈等(因皆出洋)。吾之轻视彼辈更可知。又他人之新来美者,多喜步老学生后尘,效其风尚。迪不为此,宁故步自封。①

这封信对我们了解梅光迪当时之心态,十分重要。一方面,他英文不好,虽然得以通过考试,但与同学相比,差了一截。但他自视过高,认为他们虽然英文好,也不过是同他一样,来了美国,没有什么了不起。而他旧学根底好,比他们要胜上一筹,因此故意在他们面前炫耀其学问,被人讥为"老学究"。另一方面,该信隐含地指出,所谓"彼辈",大都是学科学的,并且成为一"风尚"。而梅光迪不愿向他们看齐,宁愿"故步自封",也即坚持像旧式文人那样,以文为业。在同信中,他承认自己"受旧社会文士结习太深,一时甚难洗除",因此"Wis. 大学两年,虽未与人为仇,然无一知己之可言"。② 的确,梅光迪在转学西北大学、结识了刘伯明之后,其处境才有所改善。到了那时,他的英文想来也有了不少进步。梅光迪对刘的学问十分钦佩,而刘伯明对哈佛等美

---

① 耿志云编:《胡适遗稿及秘藏书信》第33册,第417页。
② 同上书,第418页。Wis. 是威斯康星大学的简称。

国东部学校的推崇,对他后来入哈佛研究生院,可能也有影响。①

梅光迪后来在英文上下了更多苦功,有了很大长进。② 在他晚年,甚至自认他用英文写作,更能清楚地表达思想。可见他的英文造诣,已经今非昔比,不可同日而语了。的确,梅光迪一生著述很少,但就思想论述方面,其英文论文更能反映他的观点。而在文采方面,也很出色,尤其他写的回忆白璧德的文章,谐趣生动,情文并茂,是一佳作。有趣的是,他听到别人赞扬他英语比中文好时,在日记中写道:"此言极是。盖两种文字不同,英文比较自由也。"③可见,他在晚年似乎也承认,如果用文言写作,并无法自由表达思想。

不过,这只是后话。在他留学的当年,则情景有很大的不同。他一方面为如何提高英语能力而苦恼,另一方面又沉浸于旧学给他带来的往日的成功,希望能发挥其所长,因此在得知有白璧德这样一位洋人,对中国学问如此欣赏,真如海外逢圣贤,便自然地会趋之若鹜、欣喜若狂了。④ 这种情形,与胡适之转科,有某种类似之处。留学生活只有几年,如何加以充分利用,是摆在所有留学生面前的问题。而要想快速出成就,就必须在吸收新知的同时,又充分利用原有的基础。在那时的留学生中,有不少人都有转科的经验,但在成功的人中间有不少是以结合原有的兴趣而达到目的的。傅斯年的例子就很突出。傅在留学欧洲的时候,一心追求科学知识,放弃原来文史方面的兴趣,但在最后几年,受到同学顾颉刚"古史辨"成名的刺激,转而回

---

① 梅光迪:《九年之回忆》,见《梅光迪文录》,第 28—29 页。
② 梅光迪在留美期间给胡适的信中,对其英文学习有不少叙述,见耿志云编:《胡适遗稿及秘藏书信》第 33 册。
③ 梅光迪:《日记选录》,见《梅光迪文录》,第 65 页。
④ 梅光迪在回忆白璧德的文章中,的确用了"圣贤(sage)"这样的字眼。见Frederick Manchester & Odell Shepard eds., *Irving Babbitt: Man and Teacher*, p. 112。

到文史,用科学方法治史,在回国后卓然成家。①

就"学衡派"的情况来看,梅光迪、吴宓等之追随白璧德,对传统学问没有排斥,而是希求其与西方学问的结合,虽然最终没有成功,但至少为五四新文化运动,建立了一个对立面,提供了另一种选择(alternative)。就其社会影响来看,也比纯粹的科学研究要大一些。另外,以他们的资质和旧学的根底,选择文科,个人的成就也高,因此应该说他们在留学期间所做的选择也没有错。事实上,当时好些得到西方自然科学学位的学者,他们在历史上的影响,还主要是得益于他们的人文关怀和社会影响,如丁文江之参与科学与人生观以及抗战时民主与独裁之讨论,就比他科学研究所造成的影响,要大得多。② 胡适康奈尔大学的同学,当时留学生中科学派的主要人物任鸿隽,在回国以后的影响,也不及胡适,尽管任曾参加过辛亥革命,在政界有不少关系。科学家不甘寂寞,参与人文讨论的,不止限于胡适的朋友,也有"学衡派"的胡先骕。胡在植物学方面的成就,自然很大,但就社会影响来看,他当时在《学衡》等杂志上发表的评论胡适的新诗和批判新文化运动的文章,则反响似乎更大。甚至,在介绍新人文主义到中国这一点上,白璧德的中国大弟子梅光迪也无法与胡先骕抢首功,因为"白璧德"和"人文主义"等词,都是胡先骕译介给中国读者的。③ 梅光迪在这以前,曾试用"人学主义",但只是在个

---

① 参见 Wang Fan-sen, *Fu Ssu-nien: A Life in Chinese History and Politics*, Cambridge, Cambridge University Press, 2000。

② 参见 Charlotte Furth, *Ting Wen-chiang: Science and Chinese New Culture*, Cambridge, Harvard University Press, 1970。

③ 胡先骕:《评〈尝试集〉续》,载《学衡》,1922(2),见孙尚扬、郭兰芳编:《国故新知论》,第312—328页。另见《吴宓自编年谱》,第177页。

人通信中使用。在他回国以后,也没有再坚持这一译法。① 因此在民国的学术界,胡先骕主要是以"学衡派"的干将而出名的。②

可是,我们做这样的观察只是一种"后见之明",在当时,科学主义盛行,留学生中间热衷科学研究的,还是绝对多数。因此白璧德在给中国留学生讲话时,感叹道:为什么中国人在美国研究人文学科的,只有五六人而已。③ 因此,胡适、梅光迪等人之选择文科,在当时实在是一偶然现象。为了解释这种偶然,我们就必须特别注意他们个人的背景、兴趣与他们去美留学以后的经历。其实,留学生的这种"重理轻文"的现象,反映的是20世纪中国教育与学术研究的主导倾向。而留学生的选择,对中国现代历史的发展,也有深刻的影响。汪一驹甚至提出,当时中国社会的这批精英都从事科学研究,因此影响了民国时期民主自由的建立和发展。④

虽然梅光迪所选择的研究方向,与当时他的大部分同学不同,因此显得十分孤立,但对他个人来说,转学哈佛使他的处境改变了不少,因为他找到了一位同情中国文化、愿意与他切磋中国学问的美国老师。这与他以前被同学讥为"老学究",无疑是天壤之别。因此他对白璧德如此崇敬,至死不渝。梅光迪晚年在日记中写道,他读到 *Irving Babbitt: Man and Teacher* 一书(梅光迪本人曾参与写作),"追忆先师,更觉其为近代之大哲也"。他对白璧德的崇敬还推及于其他新人文主义者和白璧德所推崇的人物。在他重温穆尔的

---

① 见梅光迪留学期间给胡适的信,见耿志云编:《胡适遗稿及秘藏书信》第33册,第464—470页。

② 沈卫威因此在《回眸学衡派》中,还为胡专列一章,见该书第167—246页。

③ 胡先骕译:《白璧德中西人文教育说》,见孙尚扬、郭兰芳编:《国故新知论》,第48页。

④ 见 Y. C. Wang, *Chinese Intellectuals and the West, 1872-1949*, Chapel Hill, University of North Carolina Press, 1966。

Shelburne Essays 时,他"叹作者学识之精"。过几日,他又读麦考来的 *Life of Johnson*,写道:"予于英美文人最尊约翰生老博士,每一及之,精神倍增,随在病中亦然。其次为 Lamb、Carlyle、Emerson、Arnold、Stevenson 诸先生。"①这些人都是白璧德所崇仰之人。由此可见,对梅光迪来说,白璧德可以说是他人生的导师。

事实上,在梅光迪留学的当年,白璧德之出现,可以说是学术上的"救命恩人"。以他当时的英文水准,要想如张歆海那样攻读英国文学,自然不可能。张清华毕业来美以后,在约翰·霍普金斯大学获学士学位,然后再到哈佛读硕士和博士,其英文程度比他要高不少。而梅又从没考虑过学习自然科学,只是想"故步自封",依靠他以前的那旧学底子,因此可以说是与当时留学生的主流,格格不入。而一旦转学哈佛,他这位"老学究"便焕发了青春,因为他对中国文化传统的兴趣得到了美国老师的首肯。这一肯定,不但为他以后的安身立命提供了根据,更解了他的"近渴",即他在美国学习上所遇到的困难。虽然他还必须提高英语,但至少在白璧德的课上,他找到了愿意听他讲述中国学问的洋人。这对他自信心的提高,无疑是极大的帮助。因此白璧德对他,有一种知遇之恩。梅光迪晚年,曾经制定了一写作计划,其首先的部分是要用英文把中国自韩愈、欧阳修以来的儒家传统介绍给西方学术界。这很显然是白璧德对他的期望,也是他一生追求的目标。②

从梅光迪接触白璧德新人文主义开始,他就用儒家学说来加以诠释。这对他来说,堪称驾轻就熟。他写道:

---

① 梅光迪:《日记选录》,见《梅光迪文录》,第 62、70—71 页。

② 梅光迪:《日记选录》,见《梅光迪文录》,第 59 页。他也提到要用中文介绍西方近代的思想,不过顺序在后。从梅光迪发表的中英文文章来看,他只有《现今西洋人文主义》和《安诺德之文化论》,其余都以讨论中国文化为主。见《梅光迪文录》的内容。

> 故言"人学主义"者,主张改良社会,在从个人做起,使社会上多有善良个人,其社会自善良矣。孔子之言曰君子修其身,而后能齐其家,齐其家而后能治其国……欲改良社会,非由个人修其身,其道安由。
> 吾国之文化乃"人学主义的(humanistic)"。故重养成个人。吾国文化之目的,在养成君子(即西方之 Gentleman and scholar or humanist 也)。养成君子之法,在克去人性中固有之私欲,而以教育学力发达其德慧智术。君子者,难为者也。故无论何时,社会中只有少数君子,其多数乃流俗(The profane vulgar)而已。弟窃谓吾国今后文化之目的尚须在养成君子。君子愈多则社会愈良。故吾国之文化尚须为孔教之文化可断言也。①

这里,他所阐述的人文主义与儒家融为了一体。由此出发,他得出了中国文化须为儒家文化的"断言"。而这样的人文主义,则很明显地具有文化保守主义和精英主义的色彩。梅光迪对此毫不讳言,而且理直气壮,因为他不但有白璧德这样一位美国教授作为后盾,他还帮助白璧德把儒家学说融汇到新人文主义中去。他们师徒两人,可以说是一拍即合。如前所述,白璧德在认识梅光迪以后,其论著中增加了不少儒家和东方文化的东西。白璧德本人也十分欣赏东方学生对他的主张之接受能力。有次他问一位中国学生:"为什么你比课上其他人更容易地懂得我所讲的东西?"那位中国学生回答道:"这是因为中国在两千年以前就经历过(您所谈的事了)。"②当然,这是个

---

① 见耿志云编:《胡适遗稿及秘藏书信》第 33 册,第 466 页。
② Frederick Manchester 的回忆,见 Frederick Manchester & Odell Shepard eds., *Irving Babbitt: Man and Teacher*, pp.130-131。这位中国学生不可考,自然可能是梅光迪,但也有可能是胡先骕,因为白璧德讨论的是浪漫主义,而胡先骕在《评〈尝试集〉续》中曾试图做中西浪漫主义的比较,见孙尚扬、郭兰芳编:《国故新知论》,第 312—328 页。

俏皮的回答。但它所反映的,却是一种司空见惯、厚古薄今的文化保守主义。

如果说梅光迪从白璧德那里找到了他治学的归宿,那么吴宓则是由于对文学的兴趣,才与梅光迪等人走到一起的。吴宓对文学之兴趣,显然也与他早年的生长环境有关;吴宓的生长地陕西,与沿海城市相比,对新知识的接受,自然比较慢一些。因此,当他的同代人热衷科学时,吴宓虽有所动,也考虑过化学,但终因与文学结缘太久,而没有改变兴趣。① 清华毕业留美的吴宓,在英文的准备上自然比梅光迪要好,因此第一年在弗吉尼亚大学求学时,成绩不错,只有法文没能及格。但弗吉尼亚大学地处南部,中国学生较少,吴宓不免形单影只。暑假中到东北部大城市走动,见到了中国学生较多的学校,因此有转学之念,此亦在情理之中。吴宓在事后有些反悔之意,因为在波士顿求学,中国学生众多,"无异在中国",对精研西方学问,并无助益。但在当时,他"身在异乡为异客",又为房东所欺负、同学所歧视,转学哈佛是改变处境的最好办法。②

更为重要的是,他在哈佛遇到了梅光迪。后者对新文化运动义愤填膺,对吴宓晓之以理、动之以情,情绪激昂时,还声泪俱下。吴宓为之所感动,答应"勉力追随,愿效驰驱"。那时的吴宓,一年前刚到美国,对美国文学界、学术界的状况,并没有什么了解。而梅光迪这位学长能对他如此器重,赋以重任,因此自然有受宠若惊之感。而且,吴宓的知识面,并不丰富,只有对写诗填词,兴趣颇浓,其他方面,则欠缺学识。他第一次面见梅光迪,就"首惊其藏书之丰富"。③ 难怪他在以后见到陈寅恪时,会惊叹陈为他们同代人中"中西学问之

---

① 《吴宓日记》第一册,北京,生活·读书·新知三联书店,第508—511页。
② 参见《吴宓自编年谱》,第162—175页。
③ 两处引文均见同上书,第177页。

第一人"了。① 吴宓在哈佛的几年，主要研读白璧德和穆尔的著作，因此也没有对美国文学界的其他思潮，有许多认知。以致他在回国以后，感到自己对美国当代文学的知识，不能与他的同事叶公超等人相比，不免羞愧难当。② 但吴宓的这种知识结构上的偏向，使他视《学衡》杂志为其生命，因此能全身投入、孜孜不倦，成为"学衡派"的中坚人物。

由上可见，梅光迪和吴宓追随白璧德的原因，与他们的学识背景、留学准备和在美处境等这些因素，都有重要的关系。由于资料与时间所限，我们未能对白璧德的其他中国弟子的求学经历，加以分析。自然，白璧德对他们以后的治学，也有明显的影响。如汤用彤之研究佛教，就会使人联想到白璧德对佛教的兴趣。而张歆海以安诺德为题做其博士论文，更是由于白璧德对安诺德的推崇。即使是那时被认为学贯中西的陈寅恪，我们在考虑他的治学途径时，也不能忽视白璧德的影响。陈寅恪刚到哈佛时，声称"我今学习世界史"，买了不少有关书籍。但后来与吴宓一起去拜见白璧德，与白谈论佛教，以后又随白璧德的老师、哈佛的梵文教授蓝曼学习梵文，然后再度赴欧研读包括巴利文等在内的中亚文字，这些都显然与白璧德的影响有关。③ 事实上，陈寅恪在遇到白璧德以前，只学了一些欧洲语言。他在遇到白璧德以后开始学习梵文和巴利文，显然是他以后致力佛教经典的翻译乃至唐代历史研究的一个重要起点。白璧德与陈寅恪之间的联系，在现今研究陈寅恪的论著中，尚未加以讨论。

但是，就对新人文主义的执着和认真而言，则无疑以梅光迪和吴宓为主，其他人在回国以后，都与胡适派有所接近。其他"学衡派"

---

① 吴宓：《吴雨僧诗文集》，台北，地平线出版社，1971，第438页。
② 见沈卫威：《回眸学衡派》，第274页。
③ 参见《吴宓自编年谱》，第191页。

的人物,如柳诒徵、缪凤林等,与白璧德之间只有间接的关系。因此,我们要了解新人文主义在中国的传播,必须以梅光迪和吴宓为中心。而他们两人在留学美国期间的经历,也就值得我们讨论了。应该提一下的是,在我们上面的讨论中,对胡适与梅光迪之间就新诗创作问题的争论,以致友情决裂,反目为仇,没有谈论,主要是因为这一段纠葛,已为人所熟知。如果说梅光迪对胡适新诗创作的反对,促使胡适决心发起"文学革命",那么胡适之"文学革命",也促使梅光迪坚定了自己对新人文主义的信仰,以致在美国招兵买马,为在中国提倡新人文主义做准备。① 因此,一件在当时看起来十分偶然的、朋友之间的纠纷,却在以后具有了历史的意义。这就证明我们在研究"学衡派"与新人文主义的联系时,不但需要讨论它们之间思想观念上的相同,而且需要注意促成两者之间相互联系、相互影响的偶然事件。

实际上,从梅光迪和吴宓回国以后的行为来看,也可以见到他们与白璧德早年行为的相似之处。新人文主义提倡中庸,不走极端,因此对当时中美两国学术界一味崇尚科学的态度,表示不满,提请人们注意。但在具体做法上,他们则显得十分偏执,攻击性很强,而不是只从正面阐述新人文主义的道理。白璧德在其第一本著作《文学与美国大学》中,就对当时美国的教育制度和哈佛校长艾略特的"选科制",提出毫不留情的批评和指责。同样,从《学衡》发表的文章来看,他们也是以攻击胡适、陈独秀领导的新文化运动开始。如梅光迪在《学衡》上发表的最初三篇文章,《评提倡新文化者》《评今人提倡学术之方法》和《论今日吾国学术界之需要》,均以批判新文化运动为宗旨。他在其中的用词,十分激烈、尖刻。梅把新文化者称为"诡辩家""模仿家""功名之士"和"政客",都是例子。② 与此相对照,他

---

① 上述吴宓之投师白璧德,就是一例。见《吴宓自编年谱》,第 177 页。
② 梅光迪:《评提倡新文化者》,见孙尚扬、郭兰芳编:《国故新知论》,第 71—77 页。

们把正面介绍新人文主义等学术工作，则放在其后。梅光迪的这一做法，实际上与《学衡》的宗旨的大部相悖。该杂志的宗旨是："论究学术，阐求真理，昌明国粹，融化新知。以中正之眼光，行批评之职事。无偏无党，不激不随。"①梅光迪虽然在"批评"，但显然没有做到"无偏无党，不激不随"。就此而言，梅光迪的确是白璧德忠实的弟子，行为处世都有乃师的风格。

四、简短的结语

如果我们以后来者的眼光观察，白璧德、梅光迪等人在做法上的偏激和言辞的激烈，实在是事出有因，与那时的学术风气有很大的关系。平心而论，虽然他们行为偏激，但在学术观点上，则比他们的对手要中和得多。但问题的关键在于，恰恰是后者，才是决定他们事业成败的关键。换言之，一家学说的流行与否，往往取决于其革新的一面，而不在其守成的一面。学术史乃至历史的发展，往往是新中求新、变中求变，直到造成断裂的局面，才能让人冷静下来，回顾以往，矫枉过正。

余英时在探讨胡适的学术地位时，曾借助托马斯·库恩科学革命的理论来解释。他说："从思想史的观点看，胡适的贡献在于建立孔恩（库恩，Thomas S. Kuhn）所说的新'典范（paradigm）'。"②的确，一旦新的范式或"典范"建立之后，再想新旧调和，像学衡派主张的那样"昌明国粹、融化新知"，就显得落伍，也缺少吸引力了。当然，胡适也不是没有做新旧之间的调和，他用科学方法"整理国故"，希

---

① 载《学衡》每期，可见孙尚扬、郭兰芳编：《国故新知论》，第494—495页。
② 余英时：《中国近代思想史上的胡适》，见《中国思想传统的现代诠释》，台北，联经出版事业公司，1995，第528页。

求"再造文明",就是一个表现。事实上,他从留学的时代开始,就在接受新知识的同时,保持了对旧学的兴趣。但关键在于,胡适虽然也研究国故,但却是从一个新的、科学的角度来加以检视、整理和再造。换言之,他虽然在留学的时候,放弃了农学,转到了哲学,但他却像他的朋友任鸿隽等人一样,认识到科学主义代表了当时社会、文化的主流,只有信仰科学主义,才能成为学界的领袖。

所谓科学主义,就是实证主义的一个表现,即主张科学、理性的方法,可以运用到各个方面,是放诸四海而皆准的研究手段。[①] 这是近代以来西方思想界的主流倾向。在人文学科的研究中,虽然人们认识到无法做到像科学实验那样重复检验,但却像科学家一样,推崇事实的准确和研究目的的客观。在这一倾向的影响之下,教育的目的就变化了,从原来的培养人格、道德训诲到训练专业研究人才,强调摒弃研究者的主观色彩,推崇为科学而科学、为知识而知识的精神。于是,通过"训诂"的手段而考证文本、语法,以求事实的准确,就成了人文研究的新范式。胡适的聪明在于,他在美国几年,不但认识到这一学术研究的新潮,而且还看到这一新手段其实与中国文化传统中的格致学和考据学,有不少相通之处。因此他在回国以后,一方面延请他的老师杜威来华讲学,推广人文研究中的科学主义,另一方面,他又在中国的传统中发掘科学的因素,以求证明这一科学主义,本来就存在于各个文化传统中,因此拿来接受便顺理成章。[②] 以胡适在回国之后的一系列作为来看,他的确为在中国建立这一新的学术范式,立下了汗马功劳。而他之所以能建立如此"殊勋",是因为在他以前,没有人对西方学术界的科学主义,有他那样精深的了解。同时,他对传统学问,借助于幼时的教育,也有不错的知识,因此

---

① 参见 D. W. Y. Kwok, *Scientism in Chinese Thought*。
② 有关讨论可参见 Q. Edward Wang, *Inventing China through History*。

能在文史哲各个方面,都有涉猎。其实,胡适能有如此多方面的建树,与其说是他本人的出色,不如说是他所用方法的"万能",因为一旦以考订事实为学术研究的宗旨,那么所有的研究,不管是哲学或文学,都以考订版本、鉴定真伪、确定作者为重点,因此学科之间的差异,实在是无关紧要了。

胡适所追求的这种人文学科的科学研究,正是白璧德和他的弟子们所最不齿和痛恨的。他们与胡适以及他的老师杜威之间的根本差别,也许可以用中文里的"学习"和"研究"来加以区分。在白璧德等人看来,对以往的文化,需要学习,也即要学会欣赏作品,了解其内容,模仿其风格,以求嘉惠品格、陶冶性情。而科学主义的目的,则是把以往的文化,作为科学研究的对象,研究者必须不带主观好恶,对之做客观的研究,以求获得真确的知识。

这种对以往的文化所采态度的不同,也体现了一种从精英主义到平民主义的转变。这显然也是胡适与"学衡派"之间另一个主要的不同。如果用学习的态度面对以往的文化建树,就要像白璧德所主张的那样,既对之"同情"又加以"选择"。"同情"代表的是对文化传统的尊重,而"选择"则表明要选其精华,使其流传万世。但如果文化传统成为研究的对象,就没有什么高下之分。胡适本人,不但研究先秦诸子,也研究《红楼梦》和《水浒》等俗世小说。在他看来,考订老子与孔子的生卒先后,与考证《红楼梦》和《水浒》的作者生平,实在没有什么太大的差别。与此相比,吴宓虽然也研究《红楼梦》,但他的所采的态度,则十分不同。吴宓在研究中所希望揭示的,是文明的体现、汉语之优美,以及作者的三个世界(经验的观察、哲理的了解和艺术的创造)。[1] 换言之,吴宓虽然也欣赏《红楼梦》这部俗世小说,但他想发现的是其中能体现中国文

---

[1] 参见沈卫威:《回眸学衡派》,第314—315页。

化的精华部分。与之相比,胡适则似乎对曹雪芹的没落身世和贫民生活,更感兴趣。如果我们联系到胡适对白话文学的倡导和"学衡派"对文言文的坚持,以及胡适与"学衡派"在对待传统文化上的不同看法,则更能看出两者之间对于文化态度之间的差别了。总之,我们在胡适身上,看到的是五四时期追求"赛先生(科学主义)"和"德先生(民主主义)"在学术界的延伸和反映,而"学衡派"所代表的则正好是其反面。

从大处着眼,胡适在民国初年所提倡的科学主义与民主主义,也是世界范围的"现代性"的主要特征。这一"现代性"的建立,始自文艺复兴时代,在17世纪受到科学革命的激励,在18世纪又由于启蒙运动而逐渐普及于社会。与此同时的工业革命的成功,使得人们更加相信,现代胜过了古代,而现代的高明,正是由于科学技术的发达及其所带来的人类生活各个方面的革新与革命。以科技为先导的工业革命不但改变了社会生活、人际关系,也改变了政治生活、国际关系。挟工业革命之成果的西方强国,以其船坚炮利,征服了世界上许多地区的文明,使资本主义、帝国主义波及全球。但这种新中求新、强中求强的竞争结果,也导致了20世纪初年的第一次世界大战,于是怀疑、批判"现代性"的声音,开始在西方为人所注意。而到了第二次世界大战之后,这一批判之声,则渐渐扩大,与当时非西方地区的现代化运动,恰成反比和对照。在最近二十年,人们开始有意识地将这一批判"现代性"的声音,笼统称之为"后现代主义"。这一"后现代主义",又与非西方地区的"后殖民主义"一起,对始自西方的现代化运动,从政治、军事、文化和学术等各个方面,就全球范围加以反思和批判。以此为宗旨的后现代主义和后殖民主义,并不希求建立一个新的范式。但它们的批判本身,已经为我们对以前视为理所当然的问题,提供了一个新的思考角度。中文学术界近年对"学衡"派的重视以及对其所做的重估,其形成原因独特复杂,自然不能归入后现代主义一类，但至少代表了中文学界对现代学术，乃至"现代性"的一种再思考。笔者希望本文的写作，能为这一思考，提供一些微小的帮助。

载《"中研院"近代史研究所集刊》2002年第37期

第十章　五四运动在西方中国研究中的式微？
——浅析中外学术兴趣之异同

发生在1919年的五四运动,是中国近现代历史上的大事。每当五四周年来临,海峡两岸一般都会办一些纪念活动和学术会议。今年也同样如此。在中国大陆,社科院近代史研究所和北京大学,都照例举办了这样的学术活动。而在台湾海峡的对岸,台北"中研院"近史所,也在五四的当天,召开了一天的学术会议。虽然在台湾,前几年由于政局的变幻,从社会到学界,对五四运动的评价时有起伏。但今年近史所的会议通知,还是这样开题:"2009年是'五四运动'九十周年。在我们的生活世界里,'五四'永远是个说不尽的话题。"①这一"说不尽"的说法,十分真切地展现了现代中国人和中国学人的"五四情结"。

我这里所指的"中国人和中国学人",泛指所有带中国血统的人士。因为就我的观察,身居海外的华裔学者,也对五四的研究情有独钟。②自从周策纵在1960年用英文出版了《五四运动:现代中国的思想革命》③之后,在华人留学生和华裔学者中,继续从事五四研究

---

① http://www.mh.sinica.edu.tw/i/index-1.asp?strMod=Show&Sid=75(2009年10月26日)。

② 笔者也忝列其内,曾著有 Inventing China through History: the May Fourth Approach to Historiography (Albany, NY, State University of New York Press, 2001),是根据博士论文改编的。

③ 见 Tse-tsung Chow, The May Fourth Movement: Intellectual Revolution in Modern China, Cambridge, Harvard University Press, 1960。

的大有人在,直至今天,成为海外研究五四的一支生力军。根据美国的博士论文资料库,自周策纵在1956年写了博士论文以后,直接以五四为题的博士论文共有20篇,其中华裔人士占14篇。如果再扩大一下搜寻的范围,以"五四"作为关键词来寻找与五四相关的博士论文,则共有144篇。经过粗略统计,在这些论文中,由华裔人士(中国台湾、大陆和香港等地的留学生)完成的达百分之七十以上。① 有如此多的华裔学生选择五四为题来写作博士论文,又与他们的华裔教授有关。在退休以前,余英时和林毓生先生都指导华裔学生完成了有关五四的论文。如余英时的弟子王汎森,其博士论文便以五四名将傅斯年为题,以后又经余先生的推荐,由剑桥大学出版。② 而林毓生先生的许多华裔弟子,绝大多数都选择了与五四相关的课题写作他们的博士论文。③ 这些前辈学者的身体力行和推荐指导(余英时先生在近年还运用新发现的史料,发表了不少有关胡适和顾颉刚的论著,在中文学界产生很大影响,此不赘述),显然也促成和助长了华裔学生的五四情结。当然,对于华裔学生来说,由于长年文化教育的浸淫,他们的五四情结似乎也不用老师们特意地培植。

提到华裔人士五四情结的浓厚,则似乎还必须提一下任教圣约翰大学多年的李又宁教授。李教授兴趣广泛,其研究涉猎众多。但毫无疑问,她对五四,特别是胡适研究,情有独钟,投入最多。李教授曾出资成立天外出版社,在美国出版了一系列有关胡适的丛书,如

---

① 这个资料库由密歇根大学管理,名为"Digital Dissertations and Theses",许多大学图书馆都有收藏。

② Fan-sen Wang, *Fu Ssu-nien: A Life in Chinese History and Politics*, Cambridge, Cambridge University Press, 2000。王汎森的博士论文于1993年完成。

③ 参见林毓生的弟子和朋友所著、丘慧芬编《自由主义与人文传统》(台北,允晨文化,2005)中的作者简介。

"胡适与他的朋友""胡适与他的家族与家乡""胡适与民主人士""回忆胡适文集"等。她又在其任主编的《中国的历史学》(Chinese Studies in History)杂志上,选择翻译出版了这些论著,将胡适研究推向英文学界,持续了数年,一直到2008年她卸任这一杂志的主编。①

在2003年,美国的《近代中国》杂志刊载了一篇有关近年五四研究的评论文章,其作者亦是华裔人士,而所评论的著作,又是四位在当今美国中国学界引领风骚的华裔学者:王德威、刘禾、李欧梵和叶文心(有关这篇评论及其所评的著作,我们将在下面详细讨论)。② 稍为夸张一点说,在现今西方中国学界,五四研究似乎已经成为华裔人士的专利。最新出版的一本胡适的传记,亦是由两位华裔学者撰写的,而且其中文版早在十年以前就已问世,且十分畅销。③

华裔人士对五四研究的热忱,反衬出的却是西方中国学界其他族裔的学者对五四的兴味索然。这一反差,表现出五四运动的重要性在西方中国学界的衰微。而更重要的一点是,这一衰微又体现了西方中国学者对中国近现代历史解释角度的根本转换,用最新一部研究五四的论文集的口吻来说,那就是要"将五四去中心化"(de-centering the

---

① Chinese Studies in History 由美国 M. E. Sharpe 出版公司于1968年出版,是美国专门翻译介绍中文历史论著的刊物。自1968年至2008年,李又宁教授担任这一刊物的主编达四十年之久。

② Hung-yok Ip, Tze-ki Hon, Chiu-chun Lee, "The Plurality of Chinese Modernity: A Review of Recent Scholarship on the May Fourth Movement", *Modern China*, 29:4 (Oct. 2003), pp. 490-509.

③ Susan Chan Egan & Chih-p'ing Chou, *A Pragmatist and His Free Spirit: the Half-Century Romance of Hu Shi and Edith Clifford Williams*, Hong Kong, Chinese University Press, 2009. 其中周质平曾在台湾出版了《胡适与韦莲司:深情五十年》(台北:联经,1998),所以这本英文书其实是他与 Susan Egan 合作的一本译作。

May Fourth），也即要把五四运动原来在中国近现代史中的中心位置，做一弱化的调整，以走出五四范式的制约，因此颇有意味，值得细究。①本文将首先试图探讨和解释五四运动研究衰微的原因。其次，本文亦会探究西方中国学界五四研究的新意及其与中文学界的异同。西方学界对五四运动研究兴趣的减弱，始自1970年代，但其原因，与战后西方史学家的整体变化有直接关系。要了解这一变化，我们有必要回顾一下西方史学与中国学在战前、战后的总体变化，这一变化，与整个国际局势，特别是冷战局面的形成、影响与终结，息息相关。

以西方史学的变化而言，二战以后出现了一些引人注目的新趋势。第一是史学科学化的加强，其标志是吸收引进社会科学的方法。这一趋势，导致历史研究的方式和方法，都出现显著的变化。传统的历史研究，以人物，特别是精英人物为中心，认为历史的变迁，与政治家的决策决定、军事家的战略部署和思想家的观念革新，有着密切的关系。因此历史写作，就十分注重搜寻这些方面的材料（前两者大都保存在政府档案里面），其写作方式，也以叙述为主。而战后的历史研究，引进社会科学，特别是经济学、社会学的方法，就是希望从整个社会的层面，探讨历史变迁的原因和勾勒其变化态势。经济学和社会学的方法，比较注重数据分析，由此来分析社会的结构变化，因此就使得史家的眼光，从精英人士转移到了社会大众。社会史的兴起，就是一个重要的标志。而大量数据的征引和分析，又导致计量史学在1970年代崛起，成为一个令人瞩目的学派。②

周策纵在写作《五四运动》一书时，也收集了五四期间出版的杂

---

① Kai-wing Chow, Tze-ki Hon, Hung-yok Ip, Don Price eds., *Beyond the May Fourth Paradigm: In Search of Chinese Modernity*, Lanham, Lexington Books, 2008.

② 参见 Georg Iggers, *Historiography in the Twentieth Century: From Scientific Objectivity to the Postmodern Challenge*, Middletown, Wesleyan University Press, 1997, pp. 51-96。

志并对它们逐个进行了仔细的分析。但他显然没有运用计量的方法。而五四作为一个由北大学生和教授发起的运动,代表的是一批当时中国社会的精英,力图唤起民众、为中华民族救亡图存的行为。他们的努力,也有成就;五四运动的确有一般民众的参与。但就整体而言,毫无疑问,五四运动主要是一场精英所领导的文化运动,其特点是精英如何"启蒙"、唤醒民众。这一研究,明显与战后西方史学的主体发展倾向相悖。

第二,从西方中国研究的发展来看,不但与西方历史学界其他的研究领域,颇有互动,而且在其初期,也与中国学界联系颇深。譬如美国中国学的鼻祖、战后长期执教哈佛大学的费正清,在其事业的初期,与中国学界的许多著名人士,如蒋廷黻、胡适等人,也即五四一代的人物,有不少来往和交情,而且还在中国待了不少年,感受到了中国从传统走向现代的艰难和痛苦的历程。费正清本人的研究,也常与五四的学生辈合作,比如他与邓嗣禹一起编有《中国对西方的回应》,是费正清用"西方挑战、中国回应"的理论来解释近现代中国变迁的代表作之一。[①] 其实,费正清提出这一"挑战和回应"的历史解释,与他和五四学者的来往,颇有关系。五四人物中不管是老师辈还是学生辈,即使没有出国留学,都或多或少受到了西方近代文化的影响。费正清通过他们来感受中国的变化,自然就会比较容易从西方的影响来入手。也许是受其影响,费正清的哈佛同事、以研究中国思想史著称的史华兹,其成名作《寻求富强:严复与西方》亦显然是一本考察中国人如何回应西方挑战的著作。[②]

---

① Ssu-yu Teng & John K. Fairbank eds., *China's Response to the West: A Documentary Survey, 1839-1923*, Cambridge, Harvard University Press, 1954.

② Benjamin I. Schwartz, *In Search of Wealth and Power: Yen Fu and the West*, Cambridge, Harvard University Press, 1964.

从西方挑战或影响来考察现代中国的变化，又与1950年代和1960年代美国社会科学和人文学界流行的现代化理论，颇有联系。对于现代化的定义，可以说是众说纷纭，但如果以历史的眼光考察，把现代化视为西方近代历史的产物，这一点似乎没有太多可以争议的地方。因此，研究现代化的现代化理论，注重西方模式对非西方地区的影响，也就顺理成章了。费正清本人是研究历史出身，对现代化理论等源自社会科学的理论模式，本来并不熟悉。但据当时费正清在哈佛的同事和学生回忆，费正清在其研讨班上，曾邀请不少社会科学界的同事或学者来进行辅导交流，由此也影响了他的学生辈的治学方向。① 在纽约哥伦比亚大学执教的中国近代史专家韦慕庭（C. Martin Wilbur），也非常注意对社会科学理论的吸收和引进。曾在哥大求学的台湾中国近代史家张玉法、张朋园等人，对此记忆犹深。他们回到台湾以后，在"中研院"近史所发起"中国近现代化区域研究"的计划，出版系列丛书，一时颇有声势，亦是现代化理论影响历史研究之一例。②

费正清学生辈的治学道路，除了有较多的社会科学训练，与费正清、韦慕庭那一代的中国学家，又有明显的不同。由于冷战局面的形成，他们没有机会像他们老师辈那样，去中国大陆留学，不但接受语言上的训练，而且还亲身体会大陆社会的变化。他们一般都转而去了中国台湾。就语言上的训练而言，去台湾与去大陆没有什么不同，因为国民党在战后台湾，推行强势的"中国化"教育，台湾，特别是台

---

① 参见 Benjamin I. Schwartz, Philip A. Kuhn, Immanuel C. Y. Hsu 的回忆文章，收在 Paul A. Cohen, Merle Goldman eds., *Fairbank Remembered*, Cambridge, Harvard University Press, 1992, pp. 41-46,48-50。

② 参见王晴佳：《台湾史学50年：传承、方法、趋向，1950—2000》，台北，麦田，2002，第201—208页。

北居民都能操比较标准的"国语"。但就考察中国社会来说,去大陆与去台湾还是一种不同的经验。这里并无意说台湾社会中少有中国文化的因素,而是想强调在 1960 年代,国民党政府在台湾已经开始大规模的现代化建设,而其参照模式,又主要是西方先进国家。因此如果那时到台湾留学,显然会加深费正清所言"西方挑战、中国回应"的印象。

1960 年代又是一个左翼思想激进、学生运动风起云涌的年代。就美国而言,反战运动和民权运动的拓展,对美国的中国学家的求学,产生不小的影响。到了 1970 年代,这一影响随着亚洲"四小龙"现代化建设的成功,使得那些学者对经典的、以西方为模式为根基的现代化理论,不再像他们老师辈那样,崇信不疑。相反,他们更愿意相信,如果没有西方的挑战,中国社会内部,也会出现"现代化"的因素。也即像毛泽东所言那样,"如果没有外国资本主义的影响,中国也将缓慢地发展到资本主义社会"。① 而且,即使中国等非西方地区要实现现代化,也并不一定要遵循西方的模式。因此,一些费正清的学生,向他们的老师挑战,提出要从事"以中国为中心的历史研究",不再将中国的变迁,视为西方挑战或影响的产物。其实,现代化理论的研究到了那个年代,也有了新的发展,出现了"比较现代化"的研究。所谓"比较现代化"的理论前提,就是承认世界上的不同地区的现代化道路,都有其独特的方式,不是西方模式所能概括的。如亨廷顿在那时就指出,亚洲等国家的现代化,就不像西方那样,以政治民主化为先导。相反,亚洲国家的现代化,往往得益于集权政府自上而下的推动和引导。② 因此,如果说经典的现代化理论影响了费正清从西方挑

---

① 《毛泽东选集(一卷本)》,北京,人民出版社,1966,第 620 页。

② Samuel P. Huntington, *Political Order in Changing Societies*, New Haven, Yale University Press, 1968.

战的角度解释近现代中国社会的变迁,那么现代化理论的后期发展,又帮助他的学生辈来质疑这一历史解释。有关美国中国学界对于中国近现代历史解释的这一变化递嬗,可参看费正清弟子柯文广为人知的著作《在中国发现历史》,①此处不再赘述。

总之,在1960年代成长起来的西方中国学者,其学术训练受到西方学界和文化氛围的影响,比他们的老师辈,更为明显。相较起来,他们对中国的了解,则又稍逊一筹。这里没有怪罪的意思,而是客观环境使然。中国在1949年以后,几乎与世隔绝,使得西方的中国学者,无法亲炙中国文化和社会。他们所能接触的,要么是一些流亡海外的精英学者,如杨联陞、余英时等,要么就是那些中国餐馆的老板和伙计。由此培养起来的中国印象,自然是很不全面的。这就自然而然地使得他们更多地以美国或西方的文化背景来接触、感受和解释中国。

这里也许有必要看一下贾祖麟(Jerome Grieder)在1970年出版的《胡适与中国的文艺复兴》一书。就五四研究而言,贾祖麟的这部著作,在美国中国学界,是继周策纵的《五四运动》以后的一部力作。而贾祖麟本人,又是费正清的学生辈,在1960年代成长起来,并在台湾受过语言训练,因此可以说他们这一代美国中国学家的一个典型。那么贾祖麟为什么要研究胡适和五四运动呢?贾在书的序言里,给了一个非常有意思的说明。首先,这本书是根据其博士论文改编的,原题为"胡适与自由主义:中国思想现代化的一章"。而他完成博士论文的年代是1962年,也即现代化理论盛行一时的时候。他的老师除了费正清,还有史华兹和杨联陞。前者既有西方思想史的背景,又写作了有关严复的著作,而后者不但是胡适的弟子,而且在胡适战后

---

① Paul A. Cohen, *Discovering History in China: American Historical Writing on the Recent Chinese Past*, New York, Columbia University Press, 1984.

滞留美国的时候,有密切的往来。① 其次,贾在序言中提到,胡适在1955年到哈佛讲演(很可能是杨联陞的安排),让他目睹了这位五四人物。但有意思的是,贾祖麟在听了胡适的讲演以后,并不为之倾倒,而是十分失望。他甚至感到这位五四名人,只是在自我吹嘘。② 最后,像他老师史华兹一样,贾本人有很好的西方思想史的训练。他自哈佛毕业以后,成为中国思想史的专家,长期在布朗大学任教。

贾祖麟在序言中,对他决定以胡适为题来写作他的博士论文,给出了两个直接原因,一是当时大陆对胡适所展开的大规模批判,使得他对胡适刮目相看,因此想进一步探究一下胡适在现代中国的影响。二是他到台湾留学,看到胡适这一代五四人物,在当时台湾"反攻大陆"的肃杀政治氛围底下,显得颇为孤立,未免有四面楚歌的感觉。这也使得他对胡适与中国自由主义的命运,增添了研究的兴趣。但就笔者看来,贾祖麟研究胡适,至少还有两个原因。一是他的西方思想史的背景,使得他选择研究中国的自由主义,并以中国思想史为专攻。二是现代化理论的影响,这从他的博士论文的题目,就可见一斑。再结合他在序言中的解释,贾祖麟研究胡适及其自由主义的思想,是想以此来探讨中国自由主义——他所谓的"思想现代化"(intellectual modernization)——失败的原因。在他看来,自由主义不但在中国大陆为共产主义所击败,而且在台湾也失去了市场——蒋介石在失去大陆以后,在岛内实行白色恐怖统治,让贾印象深刻。如果我们再将眼界拓宽一些,那么他的五四研究,显然又是冷战时期两大阵营对立的一个注脚。

---

① 参见胡适纪念馆编:《论学谈诗二十年:胡适、杨联陞往来书札》,台北,联经,1998。

② Jerome Grieder, *Hu Shih and the Chinese Renaissance: Liberalism in the Chinese Revolution, 1917-1937*, Cambridge, Harvard University Press, 1970, pp. ix-xiii.

第十章　五四运动在西方中国研究中的式微？

林毓生在 1979 年出版的《中国意识的危机》一书,是五四研究的重要成果。[①] 像贾祖麟的五四研究一样,林毓生也把五四运动,视作一次思想革命的失败,反映了那时的时代氛围。但比贾更为深入的是,林着重探讨其失败的原因,认为五四人物虽然倡导西化,但他们的思想模式,与传统学者无异,于是他们的思想革命,变得虎头蛇尾,中途夭折。这一结论,也许很多人并不同意,但林著的价值,在于突出了五四作为一场新文化运动所呈现的内部矛盾,也即传统与现代之间错综复杂的联系。

如果贾祖麟等费正清的学生辈从他们的美国学术背景和文化关怀研究五四,那么到了 1980 年代,这一倾向有了显著改变。在那个年代,美国出版了两本研究五四的专著,一是周明之的《胡适与中国知识分子的抉择》,二是舒衡哲(Vera Schwarcz)的《中国的启蒙运动》。前者为华裔学者所著,以胡适的生平为主线,勾勒中国现代知识分子的境遇。后者的作者是出生在罗马尼亚的犹太人,移民美国以后,又在 1979—1980 年间在北京大学学习,是当时西方首批到中国留学的外国学生之一。舒衡哲在北京期间,采访了不少五四人物。她的论点,与当时中国知识界的关怀,颇为一致,那就是在经历了十年"文革"浩劫以后,如何重新批判反省中国文化传统,以便拓展现代化的进程。舒将五四视为一场思想启蒙的运动,并指出这一运动,在五四以后,虽有起伏,从未停止。像贾祖麟一样,舒衡哲认为五四作为一场思想解放运动,本身没有成功。但她强调,五四已成为中国近现代史上的重要遗产,值得在今天保存发扬。这一观点,与许多中国学者一致。

舒衡哲的五四研究,是继周策纵以后,最为全面、细致的一本。

[①] Yu-sheng Lin, *The Crisis of Chinese Consciousness: The Radical Antitraditionalism in the May Fourth Era*, Madison, University of Wisconsin Press, 1979.

自此以后,如上所述,以五四为题写作博士论文的仍大有人在,但能修改出版成书的,却寥寥无几。而能出版的著作,大多侧重五四运动的某一个方面。这一现象,与美国学术界的传统规范有关。一本新书的出版,往往要推陈出新,而不能重复现有的成果。既然舒衡哲已经写出了有关五四的全面论述,那么以后的著作,必须选择不同的角度。① 如拙著便以五四期间的史学革新为主题,探讨科学史学在现代中国的兴起及其与西方影响、中国(考证学)传统之间的联系。而大卫·肯莱(David Kenley)的著作,则研究五四运动与新加坡华侨的关系。②

研究五四专著出版减少的原因,还在于五四作为一个思想文化运动,已经在西方学术界,不再受到青睐。当然,有关中国的现代化或中国的现代性,仍然受到重视。但是否要通过研究五四,则似乎又另当别论。因为思想史研究本身,已经失去了市场,而社会史、文化史则在西方史学界方兴未艾、气势磅礴,并影响到了中国学界。而且,即使想探究中国现代性的起源,也不一定把五四运动视作一个从传统到现代的分水岭。这一特点为近年西方学界研究五四著作所证实。上面提到的由三位华裔学者在 2003 年《近代中国》发表的对四位华裔学者主编著作的评论文章,就特别指出了这一"将五四运动去中心化"的趋势。如王德威的《世纪末的华丽》(中译本为《被压抑的现代性——晚清小说新论》,宋伟杰译,北京大学出版社,2005)就提出,在文学领域,许多五四人物的"文学革命"的尝试,在清末就已

---

① 舒衡哲的第二本专著,以五四时代的人物张申府为主题,便是一例。见氏著 *Time for Telling Truth is Running Out: A Conversation with Zhang Shenfu*, New Haven, Yale University Press, 1992。

② Q. Edward Wang, *Inventing China through History: The May Fourth Approach to Historiography*; David Kenley, *New Culture in a New World: The May Fourth Movement and the Chinese Diaspora in Singapore, 1919-1932*, London, Routledge, 2003.

出现。而五四运动的开展,反而阻碍了不同文学流派的繁荣发展。刘禾的《跨语际实践》,一方面指出中国现代性的外来因素,另一方面又强调在吸收外来文化时中国学者所做的选择、撷取。李欧梵的《上海摩登》和叶文心编的《成为中国人》,则将眼光从上层转移到下层、从城市扩大到乡村,来展示中国现代性的多元性、多样性。这些著作,其实已经不算是研究五四的专著,而是探究在那个时代(李欧梵的《上海摩登》处理的其实是五四以后的变化),中国文化和社会或快或慢的变迁。①

2008年,周启荣和韩子奇又与其他学者一起,编了上面提到的《超越五四范式:探寻中国的现代性》一书,再次说明在近年的五四研究中,五四运动在中国现代史上的位置,已经被"去中心化"了。该书收集的论文,分为四个部分,分别是:(1)商业出版和文字改革,(2)性别与家庭,(3)国家、科学与文化,(4)现代性及其中国批评者。② 这些论文,探讨清末民初中国文化和社会的方方面面,从涉及的范围来看,显得颇为零乱,不成系统。当然,论文集显得有些杂乱,也是常见的现象。但从好的方面看,这一零乱也许正代表了编者的

---

① Hung-yok Ip, Tze-ki Hon, Chiu-chun Lee, "The Plurality of Chinese Modernity: A Review of Recent Scholarship on the May Fourth Movement", *Modern China*, 29:4 (Oct. 2003)。另见 David Der-wei Wang, *Fin-de-Siècle Splendor: Repressed Modernities of Late Qing Fiction*, Stanford, Stanford University Press, 1997; Lydia Liu, *Translingual Practice: Literature, National Culture, and Translated Modernity-China, 1900-1937*, Stanford, Stanford University Press, 1995; Ou-fan Leo Lee, *Shanghai Modern: The Flowering of a New Urban Culture in China, 1930-1945*, Cambridge, Harvard University Press, 1999; Wen-hsin Yeh ed., *Becoming Chinese: Passages to Modernity and Beyond*, Berkeley, University of California Press, 2000.

② Kai-wing Chow, Tze-ki Hon, Hung-yok Ip, Don Price eds., *Beyond the May Fourth Paradigm: In Search of Chinese Modernity*. 陈建守对该书有一篇书评,载《新史学》(台湾),第20卷,2009年第1期。

意图。他们不想把五四视为一个特殊的历史阶段,反而想贬低它的重要性,不把传统与现代的区别,强行用五四来加以划分。于是,五四就被"去中心化"了。不过,编者在选择、分析和界定有关五四的论著时,似乎带有一些主观性和随意性。

值得一提的是,《超越五四范式:探寻中国的现代性》的编者,除了一位,都是华裔学者。换言之,如果五四研究在近年已经成为华裔学生、学者的专利,那么在这些学者中间,我们也同样能清晰地看到西方中国学研究整体变化的影响。像其他族裔的学者一样,研究五四或现代中国的华裔学者,也同样想"眼光朝下",从社会史、文化史的角度来探讨中国的现代性,而不想将研究的角度,锁定在几位五四精英的思想与行为上面了。这一倾向,其实在中文学界,也有所反映。但后者显然已经溢出本文探讨的范围了。

最后想指出的一点是,本文虽然注重西方学界五四研究的阶段性变化,但其实在各个阶段之间,并没有形成一种完全割裂的关系,而是互有关联,体现出一种历史的延续性。换句话说,即使在五四研究的初期,周策纵等人也没有完全漠视五四运动与传统文化之间剪不断、理还乱的关系,而到了林毓生写作《中国意识的危机》的时候,五四内部的传统因素,更引起人们的重视。而当今的五四研究,虽然更倾向否定五四作为一个传统到现代的界标,也不愿将传统与现代视为对立的两极,但其变化的主要特点,还是从研究五四运动本身,转移到其他领域,同时又注重五四以前中国社会产生的变化,强调从传统到现代的缓慢变化,由此来去除五四的中心位置。这些尝试,在以前研究五四的著作中,都曾有不同程度的呈现。因此这一"将五四去中心化"的口号虽然响亮,但其背后所展现的也许只是五四研究的深化和扩大,而并不是一种革命性的范式转移。

载《北京大学学报》2009 年第 6 期

第十一章 钱穆的《国史大纲》与德意志历史主义
——一个比较史学的尝试①

钱穆作为现代中国一个著名史家,自然没有异议,但对他的历史观念与西方学术的关系及其在中国现代史学史上的影响,则似乎可以做进一步的探讨。本文首先从中国现代史学的发展切入,探讨钱穆的史观及其历史著述的史学史背景。然后将具体分析钱穆《国史大纲》所反映的历史观念。最后,本文将从比较史学的角度,分析钱穆的历史观念与德意志历史主义之间的神合之处,并揭示其在中国现代史学史上转折意义。②

一、中国史学的科学化和历史研究的专题化

探讨钱穆史学与中国现代史学的关系,我们还必须追溯至19世

---

① 本文初稿完成以后,台北"中研院"文哲所的李明辉曾拨冗作了审读,提出了有益的批评意见。北师大的张越和罗炳良先生也对本文的修改多有帮助,在此特以致谢。但文中的错误不当之处,当由我一人负责。

② 有关这一专题,已有一些论述。如胡昌智《历史知识与社会变迁》(台北,联经出版事业公司,1993)中的有关章节;余英时的《钱穆与中国文化》(上海,远东出版社,1994),特别是书中的"一生为国故招魂";美国学者邓尔麟(Jerry Dennerline)著《钱穆与七房桥世界》(蓝桦译,北京,社会科学文献出版社,1995)中也有对钱穆写作《国史大纲》背景的分析。

纪末期康有为、廖平等人的疑古思想。如所周知,康有为之所以脱离古文经学,转而以今文经学来论证孔子为托古改制的素王,与他接触进化论的思想,提倡改革变法有关。为了重新塑造孔子的形象,康有为不惜怀疑中国古代历史的可信性。他说:"中国号称古名国,文明最先矣,然六经以前,无复书记,夏殷无征,周籍已去,共和以前,不可年识,秦汉以后,乃得详记。"①这就等于将中国的历史,截短了两千年,认为"三代"的文教,只是孔子的无中生有。康有为论证孔子的托古改制,只是想为自己的托古改制鸣锣开道。他的目的,是想用进化论来惊醒世人,看清中国的落后,提出改革、变法的必要。为此目的,他又想从孔子学说中,发掘出进化论的思想。他把今文学家释读《春秋》而提出的"三世说",与《礼运注》对照,认为它们之间存在某种联系,所谓:

> 孔子三世之变,大道之真,在是矣;大同小康之道,发之明而别之精,古今进化之故,神圣悯世之深,在是矣;相时而推施,并行而不悖,时圣而变通尽利,在是矣。②

康有为如此煞费苦心,可见当时进化论思想影响之大。换言之,当时的中国学界特别服膺历史进化的理论。梁启超在20世纪初年写作的《新史学》,就是历史进化思想影响的产物。梁对所谓"新史学"的每一个界定,都离不开"进化"两字。③ 而他的朋友夏曾佑(1863—1924),也通过与中国的"进化论之父"严复相交,为对方的学问所折服。请看夏的一段描述:

> 到津之后,幸遇又陵(严复),衡宇相接,夜辄过谈,谈辄竟

---

① 康有为:《孔子改制考》,见《康有为全集》第3集,姜义华编校,上海,上海古籍出版社,1992,第2—3页。

② 康有为:《礼运注》卷首,第1—2页,《演孔丛书》刻本。

③ 梁启超:《新史学》,见《梁启超史学论著三种》,香港,三联书店,1980,第10—15页。

夜,微言妙旨,往往而遇。徐[光启]、利[玛窦]以来,始通算术,咸、同之际,乃言格致,洎乎近岁,政术始萌。而彼中积学之人,孤识宏怀,而心通来物,盖吾人言西学以来不及此者也。但理赜例繁,旦夕之间,难以笔述,拟尽通其义,然后追想成书,不知生平有此福否?①

这简直有"朝闻道,夕死可也"的心情。于是,夏曾佑用进化论思想,在1905年写作出版了《最新中学中国历史教科书》(后改名为《中国古代史》),成为当时仅有的几本用新式观念和章节体形式写成的中国通史,虽然夏的著作,只写到隋唐。

这一进化理论,毋庸赘言,源自西方,是19世纪西方哲学思想的产物。它在史学上的影响,可以用"历史主义"(Historismus/ Historism),或者"大写历史"(History)这些术语来表达。它的主要特征有三:一是把世界上所有地区的历史视为一个统一的过程,共同遵守同一时间参照系,于是,各地区的历史演化便显出了时间上、速度上的先后;二是认为历史的演化必然会向前发展,遵循一个进化的过程;三是采取一种目的论的观点来看待过去与现在的关系,认为现在是过去各阶段历史发展的结果和产物,因此过去能够说明现在,历史研究就是为此目的。

这三个特征,相互依存,无法或缺其一。倘若没有同一的时间观念,历史进化的快慢就无法看出,而如果不将过去与现在的关系用一种目的论的方式表达,即不把过去看作现在的铺垫,那么历史的进化现象也就无法明确表达出来。这一历史观念,体现了西方国家在工业化相继完成之后所表露出的一种自得自满心理,认为西方不仅领

---

① 夏曾佑致汪康年信第十三函,见《汪康年师友札记》(二),转引自陈其泰:《中国近代史学的历程》,郑州,河南出版社,1994,第307页。

先于全世界,而且其历史演化也是一个意义深远的过程,将成为其他各地区效仿的榜样。①

鸦片战争之后,国人尝到了西方船坚炮利的厉害。以后清朝的多次失利,更让人感到世界局势之革命性的变化。为了让中国也像日本那样迅速跟上变化了的世界,中国的开明思想家提出了变革的计划。对康有为、梁启超等人来说,历史进化论既解释了世界局势的变迁和西方的兴起,也是他们宣扬民族主义思想、希望民富国强的理论基础。

但是,这种信奉进化论的思潮,在辛亥革命以后,特别是1910年代和20世纪20年代之交,开始有所变革。其中一个原因是进化论思想的发源地西方正遭受一场空前的浩劫:第一次世界大战。战争规模的巨大和战争本身的残酷,不但使得西方思想家不得不重新审视西方文明的优越性(如德国历史学家斯宾格勒出版的《西方的没落》便是一例),而且也影响了当时的中国学人。如梁启超在战后游欧,目睹了这场浩劫以后,就开始对中西文明之间的位置和将来的发展,有了新的看法。②

在1910年代的中国思想界,提倡用新的方式理解进化论思想的,是刚回国不久的胡适。胡适虽然以一篇《文学改良刍议》、提倡白话文而名声大噪,但他在学术界的影响,则主要体现在他所提倡的科学方法。胡适所著的《中国哲学史大纲》,便是以新方法研究中国古代哲学的尝试,受到当时不少人师从的美国哲学家杜威的实用主义之影响,把进化论的思想,从方法论的层面上去理解。

---

① 有关"历史主义"的主要著作是 Friedrich Meinecke, *Die Entstehung des Historismus*, München, 1964。中文方面的著作可参见王晴佳:《西方的历史观念》,第7、8章,上海,华东师范大学出版社,2002。杜赞奇在其 *Rescuing History from the Nation* (Chicago, University of Chicago Press, 1995) 中的第1、2章也对所谓的"大写历史"做了较详细的讨论。

② 梁启超的思想变化,在《欧游心影录》中开始显出端倪。

易言之,虽然胡适在中国极力宣扬杜威的学说,但他的介绍并不完全忠实于他老师的学说,而是根据当时中国的需要,做了必要的挑选。① 在胡适的笔下(见《杜威先生与中国》一文),杜威是当时西方科学主义、科学方法的代言人,其中国之行,"只给了我们一个哲学方法,使我们用这个方法去解决我们自己的特别问题。他的哲学方法,总名做'实验主义'"。然后,他又把这一"实验主义"的方法,简化为两步,一是所谓"历史的方法";二是所谓"实验的方法"。② 这两步,以后又被胡适进一步简化为两句话:"大胆的假设,小心的求证。"成为其学术研究的标志。

余英时在其《中国近代思想史上的胡适》一文中,已经对胡适的"化约论"(reductionism)倾向做了精辟的论述。这种化约论,使得胡适将"以前学术思想以至整个文化都化约为方法"。余在著作中已举了不少例子,这里不再重复。对胡适来说,进化论的思想,与其说是一种对历史的解释,毋宁说是一种方法。这是他与以前中国所有信奉进化论的人所不同的地方。羡慕胡适"暴得大名"的人,有"世无英雄,遂使竖子成名"之感慨。可是在那时,正如余英时所指出的那样,各路英雄(从严复、康有为到梁启超)都在,而且都处在40岁到60岁之间,并没有"垂垂老矣"。因此,余英时从那时思想界的情

---

① 有关胡适对美国实用主义哲学的理解和在中国的介绍,可参见程伟礼:《胡适与杜威哲学的跨文化传播》,见耿云志、闻黎明编:《现代学术史上的胡适》,北京,生活·读书·新知三联书店,1993,第185—199页。周策纵透露,胡适自己解释说他之所以将"pragmatism"译为"实验主义",就是因为"一方面要强调杜威等人特别重视方法论,一方面是他觉得一般中国人太不注意方法和实证。从这件事可看出,无论他介绍西洋文化思想也好,整理批判传统文化思想也好,往往考虑到救时弊的作用"。周策纵的论评,切中肯綮,见氏著:《胡适对中国文化的批判与贡献》,见《胡适与近代中国》,台北,时报文化出版社,1991,第323页。

② 胡适:《杜威先生与中国》,见《问题与主义》(《胡适文存》第一集第二卷),台北,远流出版公司,1986,第152—153页。

况分析出发,提出这样一个看法:

> 在五四运动的前夕,一般知识分子正在迫切地需要对中西文化问题有进一步的认识;他们渴望能突破"中体西用"的旧格局。然而当时学术思想界的几位中心人物之中已没有人能发挥指导的作用了。这一大片思想上的空白正等待着继起者来填补,而胡适便恰好在这个"关键性的时刻"出现了。①

余英时认为,胡适所起的关键性作用,正是在于他开始将中西之间的差异"提升到文化的层面"。② 我在这里则想进一步指出,胡适的功绩是在于把中西之间的差异,在方法论的层面上加以融会贯通,因为在甲午战争以后,中国人已经开始注意吸收西方文化,不再把西方的长处仅仅局限在船坚炮利这一军事优势了。但是,却没有人想到用一种新的态度和手段来"整理国故",开始中国的"文艺复兴"。

胡适的主要做法,是把中国人服膺的历史进化论,变成"历史的方法"。我们可以看一看胡适写的《实验主义》一文。这篇文章是胡适力图简单介绍美国实用主义哲学的长篇论述。他在其中谈了从皮耳士、詹姆士到杜威的思想演变发展过程,应该说是客观的、公允的。但其中的侧重点,也显而易见,那就是把实用主义的核心,看作一种思考的方法。并且把这一方法的产生,视为进化论思想在哲学上的应用。胡适因此这样总结:

> 这种进化的观念,自从达尔文以来,各种学问都受了他的影响。但是哲学是最守旧的东西,这六十年来,哲学家所用的"进化"观念仍旧是海智尔(Hegel)[通译黑格尔]的进化观念。到

---

① 余英时:《中国现代思想史上的胡适》,见《中国思想传统的现代诠释》,台北,联经出版事业公司,1995,第 525 页。

② 余英时:《中国现代思想史上的胡适》,见《中国思想传统的现代诠释》,第 527 页。

了实验主义一派的哲学家,方才把达尔文一派的进化观念拿到哲学上来应用;拿来批评哲学上的问题……便发生了一种"历史的态度"(the genetic method)。怎么叫作"历史的态度"呢?这就是要研究事物如何发生;怎样来的,怎样变到现在的样子;这就是"历史的态度"。①

于是,一个新的学术研究思维模式便在中国学界产生了。胡适的目的自然很明显:一旦西方的进化论被改造成一种方法,其西方的色彩就渐渐淡化了,变成一种"放诸四海而皆准"的思维手段。中国人拿来使用,便成为理所当然。并且,照胡适的看法,中国以前的学者,特别是宋代以来的汉学家,就已经在考证古书时,表现出一种科学的态度,摸索出一种科学的方法。既然中西学问在方法上有共同之处,自然应该发扬光大。他提出"整理国故、再造文明",就表达了这一学术倾向。

因此,到了五四时期,中国的史学产生了一变。② 史学界的风气开始转向实证,以专题研究(monograph)为时尚。彭明辉在研究顾颉刚"古史辨"运动的著作中提出,虽然顾颉刚的"疑古"引起了不少争议,但从方法上看,"正反方在材料的运用、媒体的选择,乃至于方法论,都遵守了同样的游戏规则(Rules of Game)"。③ 这里的所谓"游戏规则",就是从考订史料出发,辨清某一历史事实,而不着意对历史做一种通盘的解释。胡适的学生、顾颉刚的朋友傅斯年在创建中

---

① 胡适:《实验主义》,见《问题与主义》(《胡适文存》第一集第二卷),第66—67页。
② 有关这时期的史学思潮,参张越《五四时期中国史坛的学术论辩》(南昌,百花洲文艺出版社,2004)。另见 Q. Edward Wang, *Inventing China through History: the May Fourth Approach to Historiography*, Albany, State University of New York Press, 2001。
③ 彭明辉:《疑古思想与现代国史学的发展》,台北,台湾商务印书馆,1993,第71页。

央研究院历史语言研究所时,直截了当地提出历史研究不等于"著史",因为"著史"多少带有道德家的习气,不是真正的科学研究。①傅斯年于是提出"史学等于史料学"的观点,驰誉一时。而受到傅斯年青睐的陈垣②,也在其名著《通鉴胡注表微》的《考证篇》中指出:"考证为史学之门,不由考证入者,其史学每不可信。彼毕生盘旋其门,以为尽史学之能事者固非,不由其门而入者亦非也。"③

为了让初进史学之门的莘莘学子懂得史学研究的路径,不少史学家都纷纷写作史学方法论的著作,其中包括以前倡导进化史观的梁启超。梁在20世纪20年代初期写作的《中国历史研究法》及其补编,不但修正了他对历史的界定,剔除了"进化"这两个字,而且对中国的传统史学,也不再像二十年前那样深恶痛绝。梁启超的转变,体现了中国史学界在那时注重实证的风气。④ 那时的一个显著的例外,就是柳诒徵。柳在一九二五年出版了《中国文化史》,以进化论的观点,考察中国文化的演进,与当时的学术风气,大异其趣。⑤

钱穆的成名,毋庸讳言,也得益于这一学术风气。他的早年著作《刘向歆父子年谱》和《先秦诸子系年》,都是在考证史书的基础上写

---

① 傅斯年:《历史语言研究所工作旨趣》,见《傅孟真先生集》第4册,台北,台湾大学,1952,第169—170页。

② 傅斯年成立史语所以后,有意邀请陈垣来所,因此写信给陈,态度十分谦恭:"静庵先生驰誉海东于前,先生鹰扬河朔于后,二十年来承先启后,负荷事业,裨益学者,莫我敢轻,后生之世得其承受,为幸何极!"见历史语言研究所档案元字109号之1。

③ 引自李瑚:《中国历史考证学与陈垣先生对它的贡献》,见《陈垣教授诞生百一十周年纪念文集》,广州,暨南大学出版社,1994,第28页。该文对陈垣治学与传统考证学的传承关系有较详细的讨论,见第19—49页。

④ 梁启超:《中国历史研究法》《中国历史研究法补编》,收入《梁启超史学论著三种》。另外,何炳松、姚永朴、吕思勉、蔡尚思、陆懋德也出版了有关历史研究方法的著作。

⑤ 柳诒徵的史学观念,还停留在20世纪初年他编译日本史家那珂通世《支那通史》的年代,终其一生也没有太大改变。

成,为他得了北京大学的教席,开始了他的学术研究生涯。但是,等钱穆到达北京,中国史学的风气,则又发生一变。

二、民族史学的勃兴与《国史大纲》

这一变化,起源于日本的侵占东北。民族危机再度呈现,使得大多数学人,无法蜷缩在学术象牙塔内,钻研考证的学问。这对学术的深化,自然是一种损失。面对严峻的形势,个人的反应有所不同。但他们的心情,却能以傅斯年在当时提出的"书生何以报国"来形容。他们或者编杂志,如胡适等人的《独立评论》,为抗战进言;或者写书论证东北的历史与中国的关系,如傅斯年等人计划的《东北史纲》。①

由于时局的变化,北京大学的授课,也相应有所改变:中国通史的教学,由傅斯年建议而成为学生的必修课。钱穆被推选担任该课教席。② 于是,《国史大纲》的写作,就有了必要。因此,钱穆之来到北京,从他以后的学术发展来看,可说是适逢其时。虽然他不得不改变他的治学路线,由考证转向通史的写作,但这一转变,对钱穆来说,正好让他发挥长处,使得他能用系统的观点,阐述他的儒家史观。更确切一点说,他希望从历史的角度,论证儒学的生命力和现实性。这一方向,在他以后的学术生涯中,一直占据主导的地位。③

---

① 有关傅斯年等人写作《东北史纲》的计划,见顾颉刚:《当代中国史学》,南京,胜利出版公司,1947,第99页。

② 参见李木妙编撰:《国史大师钱穆先生传略》,台北,扬智文化出版社,1995,第77—78页。

③ 钱穆写作《国史大纲》以后,一直著述通论性的著作,为发扬中国传统文化,不遗余力。参见《钱宾四先生全集总序目》,见《钱宾四先生全集》第54卷,台北,联经出版事业公司,1998,第1—5页。有关这一转变与史学的关系,见王晴佳:《钱穆与科学史学之离合关系》,载《台大历史学报》2000第26期。

因此,钱穆的《国史大纲》,不但是民族、社会大变动的产物,也与中国史学的变迁和个人学术取向的变化有关。从前一方面看,《国史大纲》有明显的民族主义意向,目的是为了激发民族热情和自尊心,鼓励人们抗战。但从后一方面看,这一民族史学又反映了钱穆个人的文化观、价值观,是他在民族危机时刻,对中国历史、文化进行思考、分析的结果。梁启超在20世纪初年提倡"新史学",同样也有强烈的民族主义意识,认为"今日欧洲民族主义所以发达,列国所以日进文明,史学之功居其半焉"。因此梁才提出"史学革命",主张用进化的观点解释历史。而在钱穆写作《国史大纲》的同时,马克思主义史学家也受到民族主义的激励,希图从社会发展的理论出发,分析中国社会的性质,论证中国革命的必要。由此可见,民族主义史学有着多种表现。钱穆以儒家学说解释历史表现了儒学在现代中国的重新崛起及其顽强的生命力。

钱穆自述其写作《国史大纲》,既要求"异",又要求"同"。他承认时代的变动,会造成历史的变化,体现时代之间的衔接、递嬗。但他同时又认为,历史中尚有"同"。所谓求"同",就是要"从各不同之时代状态中,求出其各"基相"。不过,他最希望做的是,找出一个更高层次的"同"。他写道:

> 全史之不断变动,其中宛然有一进程。自其推动向前而言,是谓其民族之精神,为其民族生命之源泉。自其到达前程而言,是为其民族之文化,为其民族文化发展所积累之成绩。此谓求同。此又一法也。①

这"又一法",就是要从"异"和"同"的辩证关系中,找出其中的根本。这一根本,就是钱穆所谓的"独特精神"或"历史精神"。而他

---

① 钱穆:《国史大纲》上册,上海,商务印书馆,1948,第10页。

这样做的目的,是为了批驳五四以来对中国传统文化,特别是儒家学说所持的批判态度。用钱穆的话来说,那就是:

> 凡最近数十年来有志革新之士,莫不讴歌欧、美,力求步趋,其心神之所向往在是,其耳目之所闻睹亦在是。迷于彼而忘其我,拘于貌而忽其情。反观祖国,凡彼之所盛自张扬而夸道者,我乃一无有。于是中国自秦以来二千年,乃若一冬蛰之虫,生气未绝,活动全失。彼方目眩神炫于网球场中四周之采声,乃不知别有一管弦竞奏、歌声洋溢之境也则宜。故曰治国史之第一任务,在能于国家民族之内部自身,求得其独特精神之所在。①

钱穆所谓中国历史的"独特精神",就是与西方相比而成立的。钱穆认为,西方历史看起来活力四射、跌宕起伏,而中国历史看起来一潭死水,都是由其不同内部精神所决定的。

> 然中国史非无进展,中国史之进展,乃常在和平形态下,以舒其步骤得之。若空洞设譬,中国史如一首诗,西洋史如一本剧。一本剧之各幕,均有其截然不同之变换。诗则只在和谐节奏中转移到新阶段。……再以前举音乐家与网球家之例喻之,西洋史正如几幕精彩的硬地网球赛,中国史则直是一片琴韵悠扬也。②

这些话,体现了钱穆对中国历史的总体看法。这一看法,是与他的儒家信仰无法分割的。因此,虽然钱穆在《引言》中说他会"于客观中求实证",根据具体的历史,叙述其演化发展,如时代之变动在学术思想,则以学术思想为重;而如果历史变动的表现为政治制度,

---

① 钱穆:《国史大纲》上册,第9页。
② 钱穆:《国史大纲》上册,第11页。

则将注重政治制度。① 但他在实际写作当中,则不能完全保持与他的设想一致。体现中国历史精神的学术文化,往往成为他解释历史变化、朝代更替的终极目标。

这里的原因,十分清楚。因为就中国的历史而言,政治、军事、经济等方面由于变动实在巨大,无法用来说明中国历史精神的一以贯之和一脉相承。表现在政治方面的朝代兴衰,甚至会成为别人攻击中国历史循环往复、停滞不前的依据。而儒家的学术传统,则虽然表现此起彼伏,但在钱穆看来,却源远流长。更主要的是,钱穆从学术文化的变迁来解释中国历史的演变,也与儒家"内圣外王"、奉孔子为素王的思想传统相符。

在钱穆看来,中国文化的源头,自然始自春秋时代。自此以后,虽然有过多次剧烈变动,但其基本精神,却依然活力四射,没有受到根本的影响。就拿春秋以后的战国来说,钱穆无法否认那一时期社会的"极混乱紧张",但他在指出贵族文化之衰落以后,马上指出后起的"平民学","大体还是沿春秋时代贵族阶级之一分旧生计。精神命脉,一脉相通"。"他们其实只是古代贵族学之异样翻新与迁地为良。此是中国文化一脉相承之渊深博大处。"②

既然战国时代的变动没有能动摇中国文化的根基,那么汉朝在公元3世纪的衰亡,也不会使其绝亡。钱穆一方面批评东汉时期士人道德观之狭隘,忽略社会和国家,以此来解释东汉的灭亡,但在该章的结尾,他又指出:"然东汉人正还有一种共遵的道德,有一种足令后世敬仰的精神,所以王室虽倾,天下虽乱,而他们到底做了中流砥柱,个别地保存了他们的门第势力和地位。"③这里的分析,显然有

---

① 钱穆:《国史大纲》上册,第10页。
② 钱穆:《国史大纲》上册,第44—46页。
③ 钱穆:《国史大纲》上册,第135—136页。

一厢情愿的成分,因为保持门第的势力和地位与遵守共同的道德之间,未必有必然的联系,更谈不上帮助东汉的士人成为动乱社会的"中流砥柱"了。但钱穆的用意,正是为将来中国文化的再度兴起,埋下一个伏笔,以显示其一脉相承、源远流长。

果然,在钱穆看来,隋唐在中国分裂几百年之后,能再度建立统一的王朝,靠的就是中国历史背后的那股精神力量。他认为隋唐的政治制度,直接与秦汉相通,因此"中国史虽则经历了四百年的长期纷乱,其背后尚有活力,还是有一个精神的力量,依然使中国史再走上光明的路"。此处,他还对这一"精神的力量"做了解释,指它为"一个意义,或说是一个理性指导"。① 这一说法,体现了钱穆历史观的基本特点。在他眼里,历史的运动由一种形上的、唯心的力量操纵。与这一力量相比,表现在历史中的所有变化,如制度的变迁、朝代的衰降、宗教的侵入,都只具有表面的意义。他的历史观,与德国哲学家黑格尔的历史哲学有相似之处,我们将在下节详论。

钱穆不仅用这一"精神的力量"解释中国在隋唐时代的再度统一,而且还用以解释那个时代出现的新制度、新文化。比如,他在分析隋唐科举制的意义时,赞美其各项优点,如"消融社会阶级""促进全社会文化之向上""提高爱国心"、团结统一于一个中央政府等等,但他的最后结论是:"这一制度的根本精神,还是沿着两汉的察举制推进,并无差别,不过是更活泼更深广地透进了社会的内层。"为了加强他的分析,他还用小字写道:"这是中国史一味深厚处。汉唐繁盛的花朵,从统一根本上壅培出来。"②

可是,钱穆对隋唐以后的中国历史,却没有像以前那样乐观,认为这一"精神的力量",会一如既往,帮助中华民族渡过重重难关,使

---

① 钱穆:《国史大纲》上册,第283页。
② 钱穆:《国史大纲》上册,第292页。

得中国的历史,一直往光明的方向走去。但是他同时又不想说,元、明、清三代,都是中国历史的黑暗时代。因此,钱穆对中国历史的解释,遇到了一些困扰。这里出现的问题是,钱穆着意用儒家的传统观念解释历史,他不但要强调学术文化,即儒家学说对历史的指导作用,同时又要阐明"夷夏之别"和"平民参政"的思想。根据这两条标准,元、明、清三代都很难成为钱穆心目中的理想阶段。元、清由异族统治,自不必说,而由平民直升为天子的朱元璋,因实施中央集权,压制士人,无法获得钱穆的首肯。钱穆对唐宋以后历史的批评,在他以后的著作中,也有表现。①

不过,钱穆虽然对宋之后的中国历史颇多批评,但他仍在字里行间,提示传统文化之顽强的生命力。如他在讲述元代的学术时,用小字说明道:

> 惟元代政治,虽学术的气味极薄,而社会上则书院遍立,学术风气,仍能继续南宋以来,不致中辍。明祖崛起,草野绩学之士,乃闻风而兴,拔茅汇征,群集新朝。②

既然在元朝,学术风气都没有中断,那么以后就更不必说了。特别是在明代,私人讲学继承了宋的传统,使得平民士人,成为社会的中坚。这种情形,到了清代更加明显。但是,从总体而言,钱穆认为清朝的异族统治,总不是中国历史的正途。他用清代考据学的兴起,来说明清朝士人与政府之间的不合作态度。但在同时,他又指出清代学术与宋明学术之间的传承关系。③ 因此,整个清代,在钱穆眼里,是中国历史精神的潜伏期。他寄希望于将来"隆盛时代"的到

---

① 钱穆在1941年题为《中国文化传统之演进》的演讲中,也认为中国人在宋以后对外族的认识不明,造成历史的曲折。见《钱宾四先生全集》第29卷,第262页。
② 钱穆:《国史大纲》下册,第473页。
③ 钱穆:《国史大纲》下册,第583、618页。

来。而这一"隆盛时代",将会出自中国的北方。他在讨论南北经济文化之转移时指出,北方从唐代中期以来,自然是衰落了。但是他在该章的最后,用小字写道:

> 一民族与国家之复兴,一面固常赖有新分子之参加,而同时必有需于旧分子之回苏与复旺。北方为中国三代汉唐文化武功最彪炳辉煌的发源地。刘继庄在清初,已力倡北方复兴之理论,将来中国新的隆盛时期之来临,北方复兴,必为其重要之一幕。①

这一北方之复兴,自然不是指清入主中国,而是指中国的未来。钱穆对清朝汉化虽有所赞许,但囿于夷夏之别,对清代文化终无法肯定。他甚至对清末曾国藩等人之援助清朝,镇压太平天国,亦颇有微词,认为曾等人"寄托于异族政权的卵翼下来谈民族文化之保存与发皇,岂异梦寐"。于是只能造成"同族相残之惨剧"。②

钱穆虽然对中国的近七百年历史评价不高,但他对于中国将来之"隆盛时代"的展望,使得他的《国史大纲》仍然有一种高瞻远瞩的气势,在当时起到鼓舞民心的作用。饶有趣味的是,他对中国的期望,在书的最后归结为三民主义,认为"三民主义之充实与光辉,必为中华民国建国完成之唯一路向",体现了他注重文化意识、思想观念的历史观念。③

在钱穆的眼里,思想意识、学术文化之所以重要,不但因为中国历史的延续借此而成,还因为它是历史演变的最终动因。《国史大纲》中有不少例子证明,虽然钱穆力图描述中国历史的全貌,从政治制度到经济、社会生活都有照顾,但他在解释历史的演进时,却把一

---

① 钱穆:《国史大纲》下册,第551页。
② 钱穆:《国史大纲》下册,第634页。
③ 钱穆:《国史大纲》下册,第660页。

切都归结为学术思想,视其为"主导的角色"。"学术思想是钱穆借历代政治变化所要说明的主要对象;它是该书的被解释词及主词。"①这是钱穆历史观念的另一个重要特点。譬如,他在解释东汉以后分裂的历史时说:

> 一个政权的生命,必须依赖于某一种理论之支撑。此种理论,同时即应是正义。正义授予政权以光明,而后此政权可以延绵不倒。否则政权将为一种黑暗的势力,黑暗根本无存在,必将消失。②

在另一处,他又说道:"国家本是精神的产物。"③这就等于说,政治制度存在的合理性,甚至其存在与否,都取决于意识形态。

一个新政权的建立,也同样离不开学术文化的建构。钱穆用相似的态度,看待中国历史的从乱到治。他在北朝的接受汉化、启用汉人的过程中,看到了隋唐复兴的可能。他说:"从学术影响到政治,回头再走上一条合理的路,努力造出一个合理的政府来。从此漫漫长夜,开始有一条曙光,在北方透露。到隋唐更见朝旭耀天。"这一"朝旭耀天"局面的形成,也自然与钱穆心目中的"合理的观念"有关。他在叙述唐太宗的伟大时,分析道:"此种政治社会各方面合理的进展,后面显然有一个合理的观念或理想为之指导。"④

所谓合理的观念,钱穆早在论述秦汉统一的时候,就有所界定,因为早在先秦的时代,他便认为中国学术思想之态度与倾向已经奠定,秦汉的统一只是使其得以在政治上体现出来。这一学术思想,举其要者,有如下几项:大同观、平等观和现实观。这里的"大同",指

---

① 胡昌智:《历史知识与社会变迁》,第 242 页。
② 钱穆:《国史大纲》上册,第 154 页。
③ 钱穆:《国史大纲》上册,第 156 页。
④ 钱穆:《国史大纲》上册,第 212、299 页。

的是"王道"而不是"霸术"。至于"平等"和"现实"等观念,他都以儒家的人道主义和入世精神,作为其主要理想根据。①

这些观念成为钱穆评定历史的尺码。他从"大同"的观念出发,对中国历史上统一的时期,一般都表示称赞之意,特别是秦汉和隋唐。而所谓"平等"的观念,使得钱穆对汉代察举制和隋唐科举制,加以赞扬,认为它们的实施疏通了社会阶级的沟壑,使得平民子弟能加入政府。由此,他对君主独裁深恶痛绝。虽然明朝为汉人所建,又是统一的政权,但钱穆对朱元璋并无好感。其中的一个主要原因是朱废除了宰相,大权独揽,违背了"平等"的观念。至于"现实"的观念,则与"平等"的观念有相辅相成的意义。钱穆一方面希望开明的君主愿意让饱学之士参与政治,他另一方面又希望士人能有参政的意识。因此之故,他对范仲淹的忧国忧民意识,非常欣赏,并把范视为当时士人的代表:

> 在断齑划粥的苦况下,而感到一种应以天下为己任的意识,这显然是一种精神上的自觉。然而这并不是范仲淹个人的精神,无端感觉到此,这已是一种时代的精神,早已隐藏在同时人的心中,而为范仲淹正式呼唤出来。②

由此,钱穆对宋明理学的兴起持有一种肯定的态度,也就顺理成章了。从钱穆对中国历史的解释来看,他也必须在他并不看好的自元至清的历史中,找出中国历史精神延续之证据,而这一证据,就在宋明学术之中。换言之,钱穆之所以认为中国的将来会有一个"隆盛时代",就是因为学术文化在元、明、清三代能不断延续,并且通过私人讲学而走向社会。

---

① 钱穆:《国史大纲》上册,第83页。
② 钱穆:《国史大纲》下册,第397页。

钱穆对中国的过去与未来的看法,采取的是一种"二元论"的解释办法,即他把历史精神(包括思想意识、文人理念等,以上述的三个观念为基础)与历史表象(包括政治、经济社会等)做一区别,即"精神"(spirit)与"机构或制度"(institution,此处无更好的翻译)的"二元",然后通过探讨它们之间的互动关系,来解释中国历史的演进。在两者之间,历史精神为指导,而历史表象为其躯壳,是前者表现的舞台。

但是,就中国历史的发展而言,这一"二元"的互动关系,并不一直保持一致。从钱穆对中国历史的描述中,我们大致可以看出它们之间从"合"到"分",然后又将重新"合"的三个阶段,我们姑且称之为钱穆的"三段发展论"。在钱穆看来,自先秦至唐宋,历史精神与历史表象之间大致呈现一种重合、互补的关系,主要表现为统一的文治政府的建立和不断发展以及士人的参政意识,实施了他所谓的"大同""平等"和"现实"的观念。

但是,自宋以后,甚至在宋代,历史精神与历史表象之间开始出现了裂痕;两者不再合作无间,最后在清代几乎造成割裂。钱穆对范仲淹、王安石政治改革失败的分析,已经交代了这一裂痕的产生。他既称颂范、王的意图,但又悲叹他们与现实之间的距离。他对明代私人讲学的兴盛,也大致采取了同样的态度,即一方面表彰其成就,另一方面指出学术无力影响政治的现象。至于清朝考据学,他更直截了当地指出,这只是学者不愿参政、躲避现实的一种办法而已。因此,宋以后的中国历史,表现出历史精神与历史表象之间的分离。

不过,钱穆显然并不想就此作罢。他还期望中国有一个新的"隆盛时代",也就是历史精神与历史表象再度携手的"合"的局面。他不仅提出了这一"隆盛时代"有可能来自北方的重新崛起,而且从他对中国历史的叙述来看,也可以演绎出这一结论。如上所述,对宋以后的历史,钱穆表现出一种不满,提出了批评。这一批评,应该说是集中在"机构或制度"的层面,如异族的统治、明朝的废相等。但就钱穆的整个历史观,特别是就他所强调的中国历史绵延流长、活力不绝这一点来看,他不会认为历史精神与历史表象之间的"分",是历史的一种断裂,甚至终结。事实上,他在讨论那一时期的历史时,一方面把作为历史动因的"历史精神"描绘成处于一种潜伏的状态,但从另一方面看,他对历史表象的失望,又使得他把历史的现状及其未来发展,都归结到历史精神身上,认为将来的发展,将由它来引领(如他对三民主义的期望),而政治、社会制度等,不但是次要的,而且在他心目中甚至丧失了表象的意义——异族不管如何强大,怎么也无法真正代表中国文化的复兴。于是,一个由中国人领导的中国文化在未来的复兴,不仅是必然的,而且是必须的。这在钱穆以后写的《中国历史精神》一书中,也有论述,并做了进一步的强调。①

三、钱穆史观与德意志历史主义

钱穆对历史的认识,自然表现出一种强烈的民族意识。但正如我们在第一部分中所说,民族主义史学的表现,在中国有多种,从梁启超、胡适到马克思主义史家,都是在民族主义史学的旗帜下所形成的不同派别。而钱穆的儒家史观在那时虽不能说独树一帜,但其影响则随着时间的延续而愈益扩大,成为儒学在现代东亚复兴的一个重要源泉和方面。

---

① 钱穆对国与族之间的联系,即夷夏之别,十分看重。他在结束最后一课时,其最后赠言是:"你是中国人,不要忘了中国!"可见他对于这一中国文化的复兴,念念不忘。参见李木妙:《国史大师钱穆先生传略》,第175页。他在《中国历史精神》中说:"民族、文化、历史,这三个名词,却是同一个实质。"就是这个道理。见《钱宾四先生全集》第29卷,第12页。

可是，虽然钱穆从儒家思想解释中国历史有其独特性，但作为民族主义史学的一种表现，则又带有一些普遍的特征，可以成为我们进行中西比较的基础。余英时和胡昌智在研究钱穆历史观念时，都注意到钱穆的历史认识与德意志历史主义之间的神合之处；胡昌智的分析比较详细。① 我在此想在他们的基础之上，做进一步的讨论，以求从一个侧面分析钱穆历史观的特点。

德意志历史主义是一个复杂的欧洲近代思潮，其渊源与内涵都不能局限于德意志地区，但其主要代表则是德国思想家、历史学家。在弗里德里希·迈内克（Friedrich Meinecke）那本论述历史主义的名著中，他将历史主义的渊源一直追溯到 17 世纪的意大利、法国和英国，但却直率地指出，历史主义是德意志思想界继宗教改革后对欧洲所做的第二大贡献。历史主义的基本特点是，既有对历史的一种通贯的看法，又注意并且尊重历史的各个细节，号召人们对其做当时、当地的理解。用迈内克的话来说，"历史主义的核心就是要对人类历史活动做一种个体化的考察，以取代那种统而贯之的观察"。② 所谓"个体化的考察"，也即当时、当地的考察，就是德意志思想家所做的特殊贡献，因为法国的启蒙思想家伏尔泰等人已经揭橥了历史不断进步的规律。这里的意思是说，通盘考虑虽然重要，但具体的研究也有必要。

这种尊重历史的态度，与钱穆十分类似。更有甚者，德意志历史主义者也希望从历史的演变中，揭示民族的精神。在这点上，我们可

---

① 余英时的论述见《一生为国故招魂》，见《钱穆与中国文化》，第 21—22 页。胡昌智的著作中有两章具体分析钱穆的《国史大纲》，并与德意志的历史主义做了比较。但他更为详细的论述是见于他用德文写作的论文，于 1996 年在德国比勒菲尔德大学召开的"比较史学和史学思想"研讨会上宣读。

② Friedrich Meinecke, *Die Entstehung des Historismus*, p. 2. 迈内克在后面谈到了发现历史规律与探究个别历史事件之间的关系。

以看一下黑格尔和兰克的不同尝试。黑格尔和兰克都是德意志历史主义的代表,虽然两者的学术兴趣迥异:兰克还对黑格尔处理历史的态度,提出过强烈的批评。① 但他们都希望在历史的演变过程中,展现一个主导的力量。在黑格尔的《历史哲学》中,那就是"精神",而在兰克那里,则变成了"国家"。前者用哲学家的手笔在《历史哲学》一书中勾画了"精神"在世界历史里的演化、发展,而后者则以毕生之力,写作了许多民族的历史,叙述"国家"在近代欧洲兴起时所扮演的重要角色。

两者比较而言,我们将侧重黑格尔的历史观念。这自然是因为黑格尔的"精神",与钱穆的"历史精神",几乎如出一辙。还有一个因素是,兰克的历史著述,卷帙浩繁,若想比较,必须牵涉大量欧洲历史的史实,在篇幅上无法做到。但必须指出,兰克之"国家"观念及其论证方式,与钱穆的做法相比,实际上更为接近。譬如,兰克视"民族国家"的兴起为历史走向近代的先导,与钱穆学术文化引导历史发展的思想,十分类似。

黑格尔的"精神"是一个模糊、唯心的概念,与钱穆的"精神",非常相像。在《历史哲学》的导论中,黑格尔讨论了三种不同的历史:原始的历史、反思的历史和哲学的历史。而哲学的历史,正是有着"精神"的缘故。但他没有对此做一界定。甚至在用词上,他也显得有些随意。有的时候,他用的是"思想";有的时候,他用的是"理性"。这正像钱穆一样,其"历史精神",可以是"学术文化",可以是"思想观念",总之都是意识形态的东西。这一"精神",既有道德的

---

① 迈内克在其书中,显然更注意历史的具体呈现,因此对黑格尔的哲学家作风没有加以特别重视,而将兰克视为历史主义的主要发扬者。但德国最近的研究,如约恩·吕森,就花较多篇幅讨论黑格尔的历史观念。中文的有关著作见黄进兴:《历史主义与历史解释》,台北,允晨文化实业公司,1992;王晴佳:《西方的历史观念》,第8章。

含义,如钱穆的"正义"与黑格尔的"自由"和"善",又有政治的含义,如黑格尔的"国家"和钱穆的"统一政府"。

在黑格尔那里,"精神"是自主的、自由的,通过世界历史表现:

> 它(指精神——引者)是自己本性的判断,同时它又是一种自己回到自己,自己实现自己,自己造成自己,在本身潜伏的东西的一种活动。依照这个抽象的定义,世界历史可以说是"精神"在继续做出它潜伏在自己本身"精神"的表现。①

这一解释,有点拗口。但其含义还是不难理解,即"精神"能够在历史中自我实现自己、完成自己。钱穆与黑格尔相比,没有如此直截了当地陈述"历史精神"的自我实现功能,但他主张学术文化是历史演化的动因,也与黑格尔相似。更有意思的是,在钱穆对中国历史的描述中,这一"精神"的作用,有一种愈到后来愈明显的趋势。在从先秦至隋唐的时期,中国文化的"精神"经常通过制度来体现,而在此之后,制度为异族所控制,"精神",即学术文化成了中国的唯一支柱。由此看来,钱穆也认为中国文化的"精神"能自我实现。

不过,就"精神"在历史中的行程来看,钱穆与黑格尔的观念毕竟是不同的。在黑格尔看来,"精神"决定着世界历史的演化。这一演化,既表现在时间上,又表现在空间上,那就是从古代到近代、从东方到西方。而在钱穆,中国的"历史精神"也同样有这个跨时空的行程,从北往南,纵横几千年。其中都有跌宕起伏、弯转曲折的经历。比较不同的是,黑格尔写作《历史哲学》的时候,正是欧洲国际工业化即将完成的19世纪上半期,因此他的自信和高傲,在书中表现得淋漓尽致。他甚至大言不惭地把世界历史的发展,归结到日耳曼世界。不过,他的自信也并非没有道理,因为1871年普法战争的结果,

---

① 黑格尔:《历史哲学》,王造时译,台北,里仁书局,1984,第49页。

不但造成了德意志的民族统一,也标志着德国的崛起。但是我们知道,这一崛起的结果,是引发了两次世界大战。

钱穆之写作《国史大纲》,正是中华民族危难深重的时刻,因此虽然钱穆对中国文明最终的前途充满信心,但基于他对宋以后中国历史的批评,他无法在书中将中国"历史精神"的发展做一个乐观的结束,而只能以强调历史的延续性来寄望于未来的"隆盛时代"。不过,钱穆的这一做法,正好显示出他作为一个历史学家的特点。他一方面顾及历史事实,同时又使其历史哲学的架构,更具有开放性。而黑格尔所描绘的世界历史,虽然有一个光灿的结尾,但似乎也走向了终结。不过黑格尔的这一做法,至今仍有影响。如美国学者福山名噪一时的著作《历史的终结与最后的人》,就受到了黑格尔哲学的很大影响。

黑格尔的历史哲学,虽然唯心论的色彩很强,但为了让"精神"在历史中实现,他还得让它找到一个代理人或经纪人,那就是所谓的"世界历史个人"。既然是人,那就有一些人的特征。譬如人除了理性思维,尚有感情、欲望等非理性的东西。在黑格尔看来,这种理性与热情之间,必须有以一种平衡:热情促使一个人行动,但行动的结果如何,则取决于理性的运用。在他眼里,西方古代的亚历山大和凯撒便是这样的"世界历史个人"。他们的丰功伟绩,促成了"精神"在历史中的演进。

钱穆是中国文化的"精神"实现者之一,但这些实现者不是一些个人,也不主要是政治家、军事家,而是他笔下的士人和学者。这在他描述宋明的历史中,表现特别清楚,但在这以前,他对东汉士人风骨的称赞,已经流露出这样一种态度。钱穆的一般观点是,在和平年代,士人帮助一个理想的实现,这一实现往往通过实施新法或改革旧法。而在乱世,士人则成为"中流砥柱",通过私人讲学等手段,使得中国历史的延续,不至因此而断绝。这些士人,自然是有热忱的,如范仲淹的忧国忧民和王安石的变法热情,都为钱穆所赞扬,视为士人的代表。

由此可见,钱穆的历史解释与德意志历史主义,有相通之处。这一相通之处从何而来,可能是不少学者有兴趣的问题。如所周知,钱穆自学出身,没有在中国受过正规的高等教育,更不用说留洋了。我们无法讨论钱穆与德意志哲学、史学之间的关系。钱穆与黑格尔史观的相似,只能说是一种神合,无法建立一种实际联系。但是,我们也不能低估钱穆对西学的了解以及他的语言能力。余英时在回忆钱穆的文章里说过,在他报考新亚书院的时候,钱穆不仅看了他的中文试卷,而且还看了他的英文试卷,使余不免诧异。他后来才了解到,钱穆"写完《国史大纲》以后,曾自修过一年多的英文"。① 这里所说的"写完《国史大纲》以后",颇费猜测。为什么钱穆在写完《国史大纲》以后,要花一年多的时间自修英文呢?我们知道黑格尔的历史哲学,很早就有人在中国做了介绍。② 钱穆很有可能已经了解其大概,在写作《国史大纲》时有所参照。因此促使他学英文,了解更多的西方学术。当然这只是猜测,我们需要在将来看了钱穆的藏书,甚至笔记、日记之后,才会对这个问题有清楚的认识。

四、余论

上述比较,虽然粗浅,但却能帮助我们分析钱穆《国史大纲》的出版在近代中国的意义。这里的意义,可以从中国史学和儒学这两

---

① 余英时:《钱穆与中国文化》,第9页。

② 当时对黑格尔的历史哲学作过研究的是张荫麟,见氏著:《传统历史哲学之总结算》,见《张荫麟文集》,台北,中华书局,1956。张在那时也正在写作一部中国通史,不过没有完成。

方面来认识。中国史学观念在近代的变迁,借用胡昌智的说法,是以"演化式"历史观念的形成为标志的,与以前的"借鉴式"历史观念相对照。在他的叙述里,他把这一变化,描绘成一个逐步发展的过程。廖平、康有为是过渡性人物,他们的历史观念界于两者之间。而傅斯年等人的实证史学,则隐含了"演化式"的历史观念。到了钱穆,"演化式"的历史意识得到了全面展开。①

这一论述,有其精彩之处,但也失之过简。若仔细考究,"演化式"历史意识在中国的形成,并不呈现一种逐步明显趋势,而是颇有几次跌宕起伏。从康有为,经国粹派,到梁启超的"新史学",这一"演化式"的过程已经得到了充分的论述,其表现是进化论在历史学界的普及,从柳诒徵到夏曾佑,都不约而同地予以接受。胡昌智没有讨论国粹派,也没有提及梁启超的"新史学"。可是到了胡适,进化论已经变成为一种方法论。自然,胡适、傅斯年等人也相信历史的进化发展,但由于他们强调史料的整理、扩充,因此并不以描述历史的进化为历史学的首要任务。

钱穆之写作《国史大纲》,讨论中国历史的演化、发展,使得中国史学的面貌再次产生一次变化。除了钱穆、柳诒徵,马克思主义史学家也阐述了中国历史的"规律性"进化。甚至实证主义史学的代表傅斯年,也跃跃欲试,不但鼓励张荫麟写作通史,而且自己也开始写《中国民族革命史》,计划从西晋一直写到民国,可惜未完成。② 这些都表明了那时史学界的变化。钱穆《国史大纲》在近代中国史学的

---

① 胡昌智:《历史知识与社会变迁》,第192—252页。
② 张荫麟在《中国史纲》初版自序中提到傅斯年希望他写作通史的情况,见《张荫麟文集》,第452—453页。傅斯年本人的《中国民族革命史》手稿,现存4章,其第1章中谈到该书的"界说与断限"。收藏于"中研院"历史语言研究所,傅斯年档案元字号之707。

发展上,起了一个转变风气的作用。

就钱穆本人的学术生涯来看,《国史大纲》的写作也有一个重要的意义。上面已经提到,在《国史大纲》以后,钱穆的历史著述,大都以通论性为主,没有做像《先秦诸子系年》这样的专题研究(《朱子新学案》可以是一个例外,但也并不局限于朱子本人,而是研究朱子学)。在某种程度上,这是他从一个史学家到儒学家转变的标志,因此对中国现代儒学的发展,也有一个不能忽视的推动作用。① 本文的写作,或许能对此提供又一个例证。

载《史学理论与史学史学刊》,2009年卷(总第7卷)

---

① 在当代研究钱穆的论著中,已经有人提到《国史大纲》在钱穆学术生涯的转变性意义。如余英时说道:"钱先生自《国史大纲》起才公开讨论中西文化问题。"罗义俊更为明确:"民二十九年(1940)《国史大纲》的印行,把钱先生的学术与思想划分为前后两大期。"余英时的说法见氏著:《钱穆与新儒家》,见《钱穆与中国文化》,第40页。罗义俊的说法见氏著:《钱穆》,见方克立、郑家栋主编:《现代新儒家人物与著作》,第151页。

第十二章　为何美国的中国史研究新潮迭出？
——再析中外学术兴趣之异同①

中外学术的异同以及这些异同如何影响国外中国史的研究，是当今中国史学界颇为关心的问题。我对这一问题，也很有兴趣。时间过得飞快，我在美国生活的时间与在中国的时间已经差不多一样长了。作为一个华裔学者，而且又常常回国，所以自然比较关注中西、中美两国文化的一些差异。在讨论海外中国学发展或中国研究发展的时候，我倾向于从许多方面来考虑，并不仅仅限于学术层面。我的考虑和思考又与我个人的训练有关。我当年到美国并不是去研究中国历史，而是研究欧美历史的。一直到现在为止我也不是完全的 China scholar（中国研究者）。在研究中国史方面，我是介于外行和内行之间，因此在跨文化的研究与比较，特别是在比较两个史学传统等方面一直抱有很浓的兴趣，并且也着重在这方面做一些工作。从 2008 年开始我主编《中国的历史学》(Chinese Studies in History)。这是由美国 M. E. Sharpe 出版公司自 1968 年以来就出版的一种专门翻译、介绍中国学术的杂志，其重点是中国历史研究的状况，还有其他翻译介绍中国学者研究哲学、思想、经济等方面的同类杂志。我把这个杂志理解为"中国的历史研究"，而不是"中国历史研究"。换句

---

① 本文依据作者在 2011 年 6 月 26 日在华东师范大学召开的"海外中国学的过去与现状"发言改写而成。发言录音稿最初由华东师大历史系博士生王传、卓立先生整理，成文之后又蒙北大研究生宗雨校读，在此表示感谢。

话说,就是我不把它看作一个介绍中国人研究中国历史的杂志,而是想把它看成一个介绍中国人研究所有历史的杂志。我担任主编之后,立竿见影,编了一个专辑,选择翻译了中国的世界史或全球史研究成果。① 以后这样的事情我还要做,因为在中西学术交流方面,中国方面仍然是接受方,呈现的是一种不对等的关系。我将尽我所能,对此有所补正。

当然,对西方读者而言,可能对中国学者研究中国历史的兴趣更大一些。我主编的杂志也希望能成为一个沟通中外学者研究中国历史的渠道。最近我知道国内对美国"新清史"(New Qing History)研究比较感兴趣,有不少学生甚至已经以此作为硕、博士论文的选题。而在2010年,我就办了一个专辑,介绍戴逸先生近年主持的清史计划,因为就我了解,西方研究清史的学者对这个计划知之甚少,而且也不太重视。一般认为,这是一个很官方的计划。其实这也是很多中国学者的看法。但是不管怎样,当代中国为什么要编一部正史,他们在讨论一些什么课题,关心什么内容,还是值得让西方的中国学家了解的。而且我在选择相关论文的时候,发现在有些方面,比如如何编纂这一"正史"的体例问题,中国学者有不少新颖的看法。换言之,如果这是一部官修正史,那它不是传统史学的回归,而是希求推陈出新的一个尝试,因此个人认为应该引起西方中国学家的重视。② 顺便提一下,在英语世界,如果说China scholars,一般指研究中国问题的外国学者,而Chinese scholars指的是中国的学者,也即族群意义上的中国人。我以后还要编关于中国的妇女史研究和中国的物质文

---

① 见"World History vs. Global History: The Changing Worldview in Contemporary China", *Chinese Studies in History*, 42:3 (Spring 2009)。

② 见"Qingshi(Qing history): Why a New Dynastic History?" *Chinese Studies in History*, 43:2 (Winter 2009/2010)。

化研究的专辑。因此我近年所做的工作也让我十分注意西方中国学研究的传统和新潮及其与中国学术的异同。

美国的中国研究抑或西方的中国研究，我以为是和两个方面的发展有着密切联系的。第一是欧美文化的整体变化和历史学在学科化、专业化以后的发展，第二是中国本身的变化与西方学者和中国学者的相互交流。下面就这两个方面来做一些观察和分析。

先谈第一个方面，加州大学周锡瑞教授最近在北大历史系上课，他提到了一个现象，那就是在美国历史学系，没有我是做世界史的和我是做中国史的那种壁垒森严的区分。但在中国历史系，经常会听到这样的话：我是搞世界史的，中国史的会议和讲座我就不去了。我虽然曾在中国工作，但在美国待得时间久了，对这一说法和行为也会感到奇怪，甚至无法理解。在美国大学的历史系，或者其他系科，基本都有一个机制，而在中国好像还没有，那就是大约每个月甚至每半个月就会让一位教师做一场学术报告，向全系师生（特别是研究生）开放，而所有的教师都会参加。报告者会将尚未完成的论文初稿拿来给各位批评，所以世界史、中国史或非洲史的学者之间不存在什么学科的分界线，也不会因为自己不从事某一区域的研究，就不对报告者的内容产生兴趣及提出批评。杜维运先生曾在一本比较中外史学的著作中指出，有所谓"正统的西方史家和非正统的西方史家"的区别。① 他所指的"正统的西方史家"，就是西方人研究西方历史的学者，而"非正统的西方史家"，就是西方人研究西方以外地区的学者。如果有这两种人，他们之间也没有畛域分明的界限，而是一直有着交流和互动。因此欧美的中国学家，可以随时吸收研究欧美历史的学者的成果和视角，不但将有些研究视角引入中国史的研究，而且也对这些视角从中国历史的角度加以修正和补充。这一方面，欧美研究

---

① 杜维运：《与西方史家论中国史学》，台北，东大图书，1981。

中国或亚洲妇女史的学者，成就就比较突出。妇女史的研究，与1960年代女权主义运动的兴起有着密切的联系，因此欧美的妇女史研究，一般都以西方社会对女权的界定出发。但这些界定或对女权的认识，与亚洲社会的具体情形，自然存在差别，因此欧美研究亚洲妇女史的学者，经常对西方的女权主义，进行不断的修正和批评。他们通过对中国妇女的研究，其实也让我们看到中国社会中两性关系、家庭结构与西方社会之间的明显差异，由此而对中国历史的理解提出一些不同的解释。[①] 如果研究中国历史的西方学者不与研究欧美历史的同行、同事进行交流、磋商，显然这些成果就不会轻易获得。

中国学者看到西方的中国研究，大致上有一种新潮迭出、目不暇接的感觉。这一现象，与欧美的中国研究者不断与其他同事、同行交流，有着很大的关系。而从大的方面来说，欧美人从小就培养出一种个人主义的意识。在教育体制上，美国的教育非常强调培养个性，小学生写作文，常有"I am me"，就是"我是我"这样的题目，希望这些学生能发掘自己的个性和特长，也即与众不同的特点。这些从小的教育，使得他们成为学者以后，一直追求新颖的视角，即使受到其他同行的启发，一般也不会满足于照搬和引进，而是希望通过自己的研究和史料的分析，提出修正。所以对于美国学者来说，你用这种方法，我就用另一种方法，你做这个课题，我就做另一个课题。这是十分常见的现象，造成他们视角的不断转换和更新。与之相比，中国自古（隋唐之后）以来就实行应试教育，学童从小就希望获得一种标准的答案，因此创新意识不强。在有些时代，当权者甚至根本就不允许

[①] 贺萧（Gail Hershatter）和曼素恩（Susan Mann）的研究就是一例，前者著有 Women in China's Long 20th Century（Berkeley, University of California Press, 2007），后者有 Precious Records: Women in China's Long 18th Century（Stanford, Stanford University Press, 1997）。

有创新,因为创新就会产生异端。从这一层面来看,中国人要像西方学者那样,在学术上新见纷呈,为期尚远。但凡事都有正反两个方面。中国人的守旧、划一和从众,在一定程度上有助于中国文明的源远流长。由于每一代的学者都在不断重复前人的成果,保证代有传人,以致至少在文化的层面,中国持续了五千年不间断的文明。而西方历史常有剧烈的断裂。西方人的历史意识,与中国人的历史观念,有着明显的差异。

西方中国学的研究,与欧美社会又有密切的互动。坦白地说,虽然近代以来,西方学者提出和提倡所谓纯粹的学术。比如在历史研究的领域,德国史家兰克所倡导的"如实直书"的客观主义史学,曾在19世纪后期至20世纪中期的近一百年中,被视为历史研究的圭臬而受到追捧。换句话说,如果西方有所谓纯粹、客观的学术,也就大致在这段时间里面。所以 E. H. 卡尔曾说"19世纪是个尊重事实的时代"。① 但其实这之前与之后,西方学术从大的方面来说,仍然是非常经世致用的,和社会有密切的互动。英文学界里将"经世致用"翻译成 Statecraft,意即治理国家,为政府所用。但其实"经世致用"的中文原意是学术为社会大众服务。我说欧美学术也有"经世致用"的传统,指的是它与欧美社会之间的紧密联系。欧美的中国研究,与欧美社会、文化之间,一直有密切的互动。举例来说,最早的汉学传统是从欧洲开始的,当时欧洲强国称霸世界,将西方之外的地区视为冥顽不灵的、行尸走肉的文明,用一个"东方"(Orient)来概括。"汉学"是东方学的一部分,东方学是研究已死的、过往的文明,如印度学、埃及学、巴比伦学等。这一东方学研究的重点是掌握语言和保存文献。我曾在一篇文章提到,在美国一些传统的大学,研究中

---

① 原文为 E. H. Carr, "The nineteenth century was a great age for facts", in *What is History?* Houndmills, Palgrave, 2001, p. 2。

国古代史的人一般都进入东亚系。如在哈佛大学,研究中国近现代史的人才进入历史系,因为他们认为中国自近代以来的历史才与世界历史产生联系。到现在为止,很多欧洲的中国史研究者还基本在"汉学系",而不在历史系。他们对这一做法也有不少批评,因为影响了他们与同业者的交流。① 在美国,从 1960 年代以来,这种观念逐渐被打破,很多美国的州立大学中,研究中国史的教授都进入了历史系,无论研究的时段。

也是在 1960 年代,西方的汉学研究开始经历一个重要的转化,从原来注重语言的学习和文献的整理、翻译,转到了将中国文化和历史作为一个"活"的对象考察。这一转变从美国开始,由哈佛大学的费正清所倡导,逐渐形成了所谓的"哈佛学派"。这一学派的特点就是将中国研究视为一个区域研究。换言之,也就是将中国视为影响整个世界的区域之一。所以这一转变十分重要,甚至可以说是根本性的,因为这代表了西方人中国观的一个根本改变。中国文明不再被视为一个停滞不前、亟待拯救的文明,而是成为现代世界的一部分,而且还通过其自身的发展变化,对世界历史产生着某种影响。

因为篇幅所限,我在这里无法细谈这一转变的多重背景。但历史观的变化显然与历史本身的走向有着密切的关联,我们必须将两者结合起来看。在当今西方学术界,1960 年代已经被视为一个独特的研究领域,而且颇受重视。因为在这个年代,世界上发生了许多事情,都对历史研究和整个学术界,产生了深远的影响。第一就是二战以后冷战局面的形成,整个世界分成了两个对立的阵营。第二,这两个阵营,又从 1960 年代开始进行了持久的交锋,那就是耗时长久的美国侵越战争。这一战争不但加害于越南,也伤害了美国人民。许

---

① 王晴佳:《中国文明有历史吗?——中国史研究在西方的缘起、变化及新潮》,载《清华大学学报》2006 年第 1 期,亦收入本书。

多美国年轻人被征调入伍,其中也有许多人在战场上失去了生命。由此在美国社会中掀起了一股强烈的反战运动。第三,反对越战的年轻人,不但批评美国政府的对外政策,其中深思熟虑者,还对以美国为代表的欧美自由世界的价值系统提出质疑,也即怀疑西方文明的优越性。第四,这一反思,也让他们注意到了自身社会的弊病,比如美国社会中间存在的种族歧视。也就是说,西方年轻人看到西方近代文明中虽然提倡人人平等、每个人都有追求自身幸福的权利,但实际上美国社会和法律制度,都助长并肯定了对黑人和少数族裔的歧视。这就是一种表里不一,显现出西方近代文明的虚伪。(举一个中国人或许想知道的例子,那就是自1882年美国国会通过《排华法案》以后,中国人在美国无法成为合法公民,也无法将自己在国内的妻儿带到美国。这一法案到1943年才逐步取消。因此美国人歧视中国人,长达60年之久。而中国人可以在美国正式申请成为公民,要到1965年才为美国国会认可,这也可视为那时民权运动的成果之一。)因此那时掀起的民权运动,虽然以黑人为主体,但也有不少白人青年参与其内,甚至为之牺牲。

就学术层面而言,从汉学到中国区域研究的转变,展现了现代化理论的影响及其深化发展。现代化理论的缘起是探讨西欧现代化的成功,但很快研究者便发现,即使在西欧国家中,其现代化道路也不是划一的。由此扩展出去看世界,那么世界各地区的现代化道路,也各有不同,没有一种放之四海而皆准的模式。因此现代化理论的原意是想解释为什么有些国家能够实现现代化,为什么有些区域不能实现现代化。但其以后的发展则正好与初始愿望相反。到了1970年代,一些学者提出了多元现代化的理论,其基本核心就是主张各个国家都可以有不同的现代化。于是,现代化理论也在一定程度上走向了终结,自那时起不再为西方学者所青睐。①

但是1960年代现代化理论的研究和中国区域研究的发达,则有着很密切的联系。许多费正清的学生回忆道,费正清在哈佛常常请一些社会学家、经济学家和人口学家来一同探讨中国文明的传统以及在近代的变化,由此而显现出中国区域研究的特点。他们所关心的主要论题有两个,一是为什么中国社会在长时期内没有产生像西方那样的革命性的变化,譬如资本主义的兴起;二是中国在近代开始变化以后,又为什么是共产主义者最后在中国取得了政权。前面的一个问题与现代化理论有密切的关系,而后一个问题则突出了中国研究的现实意义,因为中国共产主义运动的成功,使其成为共产主义世界的重要一员,在冷战的背景下成为了美国的对立面。于是,美国的中国研究就从欧洲汉学的传统中脱离了出来,不再以研究中国的古典文献为重点,也即不再把中国看作是一个即将流逝、不合时宜的文明,而是开始注重研究中国的近代发展及其对当今世界的潜在影响。费正清本人著作等身,其中最具社会影响的一本是《美国与中国》,在1948年出版以后,不断再版。其实费正清在1940年代后期写作该书,已经反映了他希求将中国研究,放在二战以后世界局势变化、社会主义国家与西方相互对立的场景下,加以重新审视。

于是,中国研究在战后美国的发展,便具有了强烈的现实意义。而这个现实意义,又与探索中国的现代化道路,息息相关。因为对费正清等人来说(这也是他《美国与中国》一书的关注重点),中国在受到西方冲击以后,最后选择了共产主义的道路,是一个值得探讨的问

---

① 这方面的论著种类繁多,但比较早的研究者是以色列学者艾森施塔特(S. N. Eisenstadt),他曾主编一期"Multiple Modernities", *Daedalus*, 129:1(Winter 2000),撰写者之一是美籍华裔学者杜维明。

题，因为美国的公众、包括政客，都无法理解，而作为一个"中国通"，费正清必须做出他的解答。如所周知，国民党与美国有着十分密切的关系。国民党政府中的许多人，都受过美国的教育，更加强了美国与国民党政府之间的纽带。但在二战之后的短短四年间，国民党就一败涂地，退居台湾，于是美国舆论界就有"谁丢掉了中国？"（Who lost China?）的疑问。如果要对这个质疑作出解答，那就必须注重研究近代以来中国社会的整体变化。换言之，中国独特的现代化道路，便成了问题的核心。

饶有趣味的是，中国所走的现代化道路，如果有独特之处，则正好挑战了现代化理论的原始出发点，那就是西方现代化模式的普适性、普遍性。相反，以中国为例，在世界非西方地区走向现代化的过程中，其道路可以多种多样，并不以西方的，也即西欧的模式为基准。费正清的著名论点——"西方冲击、中国回应"，其实可以从两个层面去理解。第一个层面就是西方的冲击，其中自然有突出、强化西方作用、模式的一面，但应该说并不违逆近代以来世界局势的整体发展，因为西方资本主义的发达的确是促进近代世界历史变化的主要动因。费正清论点的第二个层面，那就是中国的回应。在这个层面，他的最后解答其实是：中国的回应有其特别之处，并没有按照西方模式。这也就是说，费正清承认中国走向共产主义，有其一定的必然性。这也就是承认现代化道路之多元和多样。从这个意义上说，费正清对中国历史的解释，并不如一般人想象的那样，是一种彻头彻尾的西方中心论。

正如上面所言，如果看到并承认现代化道路的多样，也即"多元现代性"，那么现代化理论也在一定程度上走向了终结。1960年代以来西方学术的发展，逐步走出现代化理论的影响，其道理就在于此。那时以来，西方的中国研究，又转向了一个新的方向，那就是柯文在他那本初版于1984年的有名著作——《在中国发现历史》中所总结的那样，西方的中国学家希望在中国的立场上，重新审视中国近现代历史的变化。① 但吊诡的是，这些费正清学生辈、新一代的中国研究者，并没有太多在中国生活的经验（因为自1949年以后，中国大陆就与西方世界隔绝了，他们只能去台湾）。他们希望"在中国发现历史"，从中国立场出发解释中国历史，其实更多地反映的是他们在美国生活经验的心理写照。②

那么，1960年代以后美国或西方的学术界发生了什么变化，才促使柯文等人希求"在中国发现历史"呢？从大的方面来讲，就是二战以后冷战局面的形成，对于西方资本主义世界独步全球的挑战。与之相联系，战后的民族独立运动，标志着第三世界的崛起，其中包括中东石油输出国家自1970年代以来的强势地位和亚洲四小龙的经济奇迹。那也就是说，与19世纪迥然不同的是，西方强权在二战以后，不但必须面对一个强大的社会主义阵营，而且还要与日渐强盛的第三世界尊俎折冲、时时较量。从历史学的演变来看，这一变化的表征就是西方史家开始放弃原来那种一线的历史观，也开始怀疑西方文明引领全球的自信。用当代历史思想家弗兰克·安克斯密特（Frank Ankersmit）的话来形容，那就是西方史学这棵大树已经步入深秋，秋风萧瑟，落叶缤纷。如果说19世纪的史家注重探讨历史演变的长程规律，也即注重研究树干的延伸和发展，那么到了当代，史家则更倾向于研究那些色彩斑斓但又微微欲坠的落叶，而放弃了对宏观历史走向的探寻。③ 安克斯密特的观察，用的是形象的比喻，体

---

① Paul A. Cohen, *Discovering History in China: American Historical Writing on the Recent Chinese Past*, New York, Columbia University Press, 1984.

② 我在《五四运动在西方中国研究中的式微？——浅析中外学术兴趣之异同》一文中，对费正清与他学生辈对待中国的不同立场，有比较详细的讨论，此不赘述，载《北京大学学报》2009年第6期，亦收入本书。

③ F. R. Ankersmit, "Historiography and Postmodernism", *History and Theory*, 28:2 (1989), pp. 137-153.

现了后现代历史思维的特征。但他的观点,也为实践中的史家所同意。美国历史学会的前任主席、拉美史专家芭芭拉·瓦因斯坦(Barbara Weinstein)也在一篇文章中指出,现代史家一向以探究历史事件发生的原因为研究重点,但当代史家已经逐渐放弃了这一企求,而是转向了对事件本身的叙述与描绘。① 其实,如果因果关系不再成为历史著述的核心内容,也就说明史家已经慢慢放弃了对历史走向做长程考察和解释历史进程演变的这一传统职责。

美国的中国研究,也经历了这样一个从思考、解释历史进程轨迹到形象描述历史事件本身的转变。我们可以结合美国中国学变化的第二个方面,也即从与中国本身的变化和中美两国学者相互交流的角度,举例阐述。费正清的"西方冲击、中国回应",突出了西方激发中国走向现代化的因素。他的这一结论,也为民国时期的史家所赞同,比如蒋廷黻的《近代中国史》,也以西方与清代中国的交涉为考察重点。坦率地说,如果我们继续将1840年的鸦片战争视为中国近代史的开端,其实就是接受了"西方冲击、中国回应"的解释框架。因为这一做法,突出了西方对传统东亚世界秩序的挑战,忽略、弱化了中国社会自身产生变化的潜能。1949年以后,中国马克思主义史家继续了民国时代的"中国社会史论战",对于中国社会的性质,做了更大规模的讨论。这些讨论——集中表现为所谓"五朵金花"——所围绕的一个核心问题,就是探寻中国历史演化是否有其特殊的、自主的规律性。而其中"资本主义萌芽"问题的讨论,更是为了发现中国封建社会自身发生变化的潜能。

有趣的是,中国史家有关"资本主义萌芽"的讨论,得出的基本

---

① Barbara Weinstein, "History without A Cause? Grand Narratives, World History and the Postcolonial Dilemma", *Internationaal Instituut voor Sociale Geschiedenis*, 50(2005), pp. 72-73.

上是一个悲观的结论,也就是由于种种原因,明清两代虽然有不少资本主义的原发因素,但最终资本主义在中国封建社会没能,也无法建立起来。这样的讨论却在西方新一代的中国研究者中,激起了不少回应。黄宗智(Philip C. C. Huang)的学术道路,便是一个佳例。从中国香港到美国求学的黄宗智,在西雅图的华盛顿大学获得中国研究的博士学位。据他自己回忆,他在华盛顿大学受到的教育,基本上遵循欧洲汉学的传统,以阅读、分析、考订文献为主。在这个基础上,他出版了研究梁启超的第一本书。他之选择梁启超,显然有费正清"西方冲击、中国回应"观点的痕迹,因为梁是一位能从"域外"看中国的思想家。① 但黄注意梁启超,在西方/中国这两极之外,又增加了另外一个,也即亚洲的向度。

在这以后,黄宗智的中国研究,产生了一个转折性的变化,而这一变化产生的原因,既有 1960 年代西方学术界变化的影响,又与中国学界的"资本主义萌芽"的讨论,有着直接的联系。据黄自己说,在 1960 年代反越战的热潮中,他们这一代的学者,对于以西方模式为出发的现代化理论,产生了很强的怀疑感。相反,他们同情弱者,也即越南战争中作为美国对手的越南,进而把这种对弱者的同情延伸到中国的共产主义运动,认为中国的革命,也是弱小的民族反对外国强权的一种抗争。他们于是对自以为是的西方现代化理论,十分不以为然。因此黄宗智的研究,便从思想史转到了经济史,以明清两代的资本主义萌芽问题为核心。

黄宗智等美国中国学家在有关明清经济的研究上,与中国学者的研究之间有大量的互动。如同他在一篇文章中指出的那样,这种互动的产生,主要是因为中美中国研究者之间,有一个共同的目的,

---

① Philip C. C. Huang, "Theory and the Study of Modern Chinese History: Four Traps and A Question", *Modern China*, 24:2 (1998), pp. 184-186.

那就是挑战原来那种认为中国封建社会停滞不前、一成不变的看法。明清社会的资本主义因素的出现,便自然成了他们关注的重点。黄宗智自1966年开始,就一直在美国的中国研究重镇之一的加州大学洛杉矶分校任教,并在1975年开始主编《近代中国》杂志。他在《近代中国》杂志上,发表了一系列有关论述,既回顾他个人的研究路径,又评论反思该领域的研究动向。后者也包括对中国学者论著的评论。1979年,也即在他开始研究明清经济的数年以后,黄发表了一篇评论中国学者论著的文章,其中说道:"美国学者对中国历史的解释,自然也影响了中国史家,也许更多是负面的影响。与此同时,美国的中国研究,受到了中国学者的深刻的影响。这一影响在目前表现为,美国社会科学的发展趋势与中国学者的兴趣和研究,产生了一些交合,其中最突出的例子就是中国学者在1950年代和1960年代对群众运动和社会经济史的研究,对美国学者产生的影响,尚无可估量。"[1]黄宗智的评语其实指的是当时中国史学界"五朵金花"中的两朵——"资本主义萌芽问题"和"农民战争问题"的研究,对美国年轻一代的学者,产生了许多吸引力,因为这些问题的讨论,目的是要考察中国社会自变的能力和实际变动的情形。

1979年也是中国开始对外开放的年代,美国的中国问题研究者有机会到中国实地考察,阅读和运用档案材料。黄宗智本人就是在那一年到了中国,进行了为期一年的访学,不但阅读明清档案、走访民间和发现地方史料,还与中国学者开展了大量的互动,对他们进行长时间的访问与交谈。[2] 他这一年对中国华北农村的研究,显然是

---

[1] Philip C. C. Huang, "Current Research on Ming-Qing and Modern History in China", *Modern China*, 5:4 (1979), p. 503.

[2] Philip C. C. Huang, "County Archives and the Study of Local Social History: Report on a Year's Research in China", *Modern China*, 8:1 (1982), pp. 133-143.

他写成《华北的小农经济与社会变迁》(1985)一书的一个重要前提。当然他这本书的成功,也得益于他娴熟的日文阅读能力(他的资料中有很大一部分是取自日本学者采集的所谓"满铁档案")和西方社会科学的知识,比如如何借助人口学的方法考察社会的变化等。他所提出的"内卷化"(involution,亦可译为"过密化")观点,正是在他考察华北农村家庭人口的增长及其对家庭农场的经营所施加的影响后得出的。

如果说黄宗智对于华北农村经济的研究,还没有与中国学者的"资本主义萌芽"讨论直接交接,那么他在1990年出版的《长江三角洲小农家庭与乡村发展,1350—1988》一书,则显然是针对明清江南经济变迁的历史意义而写的。其实,即使是第一本书,他所关怀的还是同一个问题,那就是中国封建社会的长期延续。换句话说,他要考察中国传统农业经济的内部结构,由此来思索中国传统社会是否能自身转化的问题。他对明清江南商品经济的发展及其影响,在第二本书中有详细的描述,但他还是认为,中国传统经济的"过密化"或"内卷化",在明清江南还是存在,并没有由于那些"资本主义萌芽"的出现而改变。因此黄宗智的这两本书,得出的结论也与中国的"资本主义萌芽"问题的讨论有着不少相似之处。那就是中国的传统农业经济,缺乏由自身的变化而形成一种在本质上变化的能力。但从另一个方面来看,黄的研究又有至少两个独特之处。第一,他指出西方资本主义的入侵,没有为中国走向资本主义开辟道路,反而延缓了中国经济的变化发展。他认为中国经济的本质性变化,一直要到1978年改革开放开始以后,才慢慢形成(这也就是他将第二本书断限在1988年的缘故)。第二,黄宗智的研究,力图淡化政治、军事事件对历史进程所造成的影响,而更注意历史变化的"长程"或"长时段"因素。他在第一本书中,没有把鸦片战争视为一个历史的开端,而在第二本书中,也没有突出1949年共产主义革命的成功如何转变中国经济的发展道路。

也许有人会说,黄宗智是一个华裔学者,所以比较重视中国学者的成果并与中国学者产生了积极的互动,其实不然。许多美国的中国研究者,其研究均在不同程度上与中国学界产生一些互动和交接。黄曾在一篇长文中分析美国中国研究,甚至中美关系中的"文化双重性"(biculturality)。美国的中国研究者自然也包括在内,因为他们掌握了中文,但同时又在美国的学术界工作、研究。[1] 他们对中国的研究,显然无法与中国完全脱离。举例来说,近年彭慕兰(Kenneth Pomeranz)、王国斌(R. Bin Wong)等人引人瞩目的中国研究,虽然被许多人视为当今"全球史"研究的一部分,但其实他们所关注的问题及研究的原始出发点,与黄宗智的研究,并无二致。他们都是想关注、考察和分析中国的"前近代"(early modern),也即中国在资本主义入侵以前的社会经济状况。所以他们与黄宗智等人一样,都被视为"加州学派"(California School)的成员。而这一学派的成员中,也包括像李伯重这样的中国学者,更可见中美两国学者的密切交流。

如所周知,彭慕兰等人的研究,与黄宗智产生了严重的分歧,以致他们之间展开了激烈的争论。[2] 而值得注意的是,与黄宗智相比,彭慕兰等人对江南经济的考察,得出了更为正面的结论,向西方中心论的现代化理论模式,提出了更为激烈的挑战。他的名作《大分流:中国、欧洲与现代世界经济的形成》指出,在19世纪以前,特别是1750年以前,中国的江南与英国,经济发展水平相仿,都形成了一个自给自足、结构相对合理的经济体。英国工业革命的产生,并不像以

---

[1] Philip C. C. Huang, "Biculturality in Modern China and in Chinese Studies", *Modern China*, 26:1 (2001), pp. 3-31.

[2] 他们之间的论争,主要发表在 *Journal of Asian Studies*, 61:2(2002)那一期上。2002年第4期和2003年第4期的《历史研究》,也发表了黄宗智和彭慕兰文章的译文。

前所认为的那样,是从原来的经济形态和活动中衍生出来的,而更多的是与北美殖民地的发现以及能源的运用这些偶然因素相关。换言之,如果没有这些偶然因素,英国的经济也会像江南一样停滞不前,更无法产生革命性的剧变,引发资本主义。① 彭慕兰的论点,试图从另外一个角度提出问题。他问的不是为什么中国没有产生资本主义,因为这个问题的背后就暗示西欧产生资本主义是一种历史的必然。相反他力图指出:即使在西欧或者英国,资本主义的产生也不是必然的、自发的,而是借助一些偶然的外部因素。从这个意义上说,彭慕兰的论著,一方面延续了中国资本主义萌芽问题讨论的基本命题,另一方面则又转换了思考问题的角度。一言以蔽之,明清中国的研究,成了美国中国学家和中国历史研究者之间相互取长补短、斟酌商榷的最佳领域,因为他们有一个共同关心的课题,那就是如何用中国历史的事实,质疑和挑战西方模式的现代化发展途径。②

美国的中国学家的"文化双重性",不但表现在观点上与中国学者之间的交流和互动,还表现在史料运用的方面。后者其实是不言而喻的,因为他们从事的是中国历史的研究,运用中国保存的史料（不一定是中文史料）,就是一种必需。这方面的例子可以说是不胜枚举,但近年以来,美国的"新清史"学派的论著,在中国史学界激起了不少涟漪,也许我们可以以此为例,略作说明。顾名思义,所谓"新清史"学派,就是因为这些学者的论著,对中国的清朝历史,提出了一个新的解释。他们的新颖之处,大致表现在两个方面。一是有

---

① Kenneth Pomeranz, *The Great Divergence: China, Europe and the Making of the Modern World Economy*, Princeton, Princeton University Press, 2000。

② 顺便说一下,基于中国当前现代化的长足进展,学者们也相应提出一些具有中国特色的现代化的理论。我曾编辑了一个专辑向西方学界作了介绍:"Modernization Theory in/of China", *Chinese Studies in History*, 43:1(Fall 2009)。

关清朝统治的性质。他们认为满洲人作为一个少数民族,能成功统治中国两个半世纪,并不是因为他们的"汉化"。相反他们指出,满洲统治者能维持清朝的统治,正是因为他们有一种"帝国"的视野,而不是想让他们的政权,只是成为一个"中国的王朝"。二是在研究方法上,"新清史"的学者特别注重研究满文的史料,希图由此来展现清朝统治者在文化认同上的"双重性"或"多重性"。限于篇幅,我们在此无法详论、评价这一学派论点。但必须承认,"新清史"学者的工作,的确为清史研究,提出了一系列新的问题,从而开辟了一个新的研究领域。①

那么,这一"新清史"学派的兴起,与中国学者的工作有何联系呢?其实,虽然中国的清史工作者,一般都不太重视满文史料,甚至也不懂满文,但最早开始运用满文来研究清史的,还是中国学者。当今"新清史"的领军人物、哈佛大学东亚系的教授欧立德(Mark C. Elliot)就指出,较早发现满文档案价值的是台湾的学者陈捷先和庄吉发。他们在1970年代发现,虽然清宫的档案,有满文和汉文两种,但它们之间并不完全相同。换言之,满文档案并不只是作为一种副本而存在,而是有它们自身的价值。而几乎与此同时,日本和中国大陆的学者也开始整理和使用满文档案来研究清史。比如中国第一档案馆在1981年创刊的期刊《历史档案》,就刊载了满文史料的翻译。其他如《清代档案史料丛编》等丛刊,也出版了满文档案的专辑。

1980年代又是中国开始对外开放的年代。西方的中国研究者借此机会,能到中国查阅资料、使用档案,这无疑有助于他们研究的

---

① 见 Joanna Wiley-Cohen, "The New Qing History", *Radical History Review*, 88 (Winter 2004), pp. 193-206;刘凤云、刘文鹏:《清朝的国家认同:"新清史"研究与争鸣》,北京,中国人民大学出版社,2010。

深入。以致美国的一些清史研究者惊呼:从此以后,如果想做一流的清史研究,掌握满文已经成了一种必需。① 而通过对满文史料的研究,他们看到了清朝统治者的内心世界:虽然康熙、乾隆等清朝皇帝表现出对汉文化的尊重,但同时也竭力维护满族的文化传统。当然,"新清史"的提倡者也承认,在很大程度上,清朝统治者最终未能守住满族文化的传统——在清朝统治下,满人的汉化程度的确非常高,以致到了清朝中期以后(乾隆朝后期),能熟练运用满文的满族人,已经不多了。但从清朝的对外政策来看,还是能看出清朝统治者的"帝国"心态和姿态。②

如果说"新清史"学派的兴起,与中国档案的开放和中国学者对满文档案的整理,密切相关,那么"新清史"论点的提出,更是直接与中国学者对清朝历史研究的成果有关。显而易见的是,"新清史"强调满族统治者在文化认同上的"双重性",就是直接针对中国学者(包括美国的华裔学者)的清朝"汉化"理论所提出的。在这方面的论争以罗友枝(Evelyn Rawski)与何炳棣在美国《亚洲研究》(*Journal of Asian Studies*)上发表的文章,最为有名。罗友枝的文章是她1996年成为美国亚洲历史学会主席的就职演说,其中总结了"新清史"的一些研究成果,然后提出应该对清朝有一个新的认识,不应把其简单视为一个"中国王朝"。因为她的文章以1967年何炳棣在同一刊物上的——《清朝在中国历史上的意义》一文为对象,何便在1998年写了一个反驳,认为罗的文章断章取义、无事生非,因为他当时虽然强调清朝的"汉化",但同时也注意到清代帝国的多种族性。何还强调,不能把清朝的历史从中国历史中孤立起来看,而应该把清朝视为

---

① 欧立德:《满文档案与新清史》,载《故宫博物院学术季刊》,24卷,2006第2期。

② 这方面的代表著作为 Peter Perdue, *China Marches West: The Qing Conquest of Central Euroasia*, Cambridge, Belknap Press of Harvard University Press, 2005。

许多"征服王朝"中的一个,因为它所采取的政策与其他王朝相比有着共同性和历史延续性。换言之,"汉化"是一个历史趋势,是中国历史的常态。①

何炳棣虽是一个美籍华裔学者,但他的观点,似乎也为大多数中国的清史研究者所赞同。这也就是说,虽然"新清史"的研究,与中国史学界在许多层面上有密切的互动,但其基本观点,却无法让许多中国学者接受(当然也有一部分中国学者赞同"新清史"的部分或全部论点)。② 2010 年 8 月,中国人民大学清史研究所举办了一场"清代政治与国家认同"的国际学术讨论会,欧立德出席并发表了他的观点。但与会的中国学者大都表示怀疑,不支持"新清史"对清代历史的解释。③

为什么同样研究中国历史,中国学者与美国的中国研究者之间既能产生共识、又时有歧见呢?这个问题似乎又回到了本文探讨的核心。美国中国学家有关中国历史的研究,不但是美国学术研究的一个部分,同时也因为所处理的对象及运用资料,与中国学界不时产生交接和交流。而两者相较,还是前者为主要。欧立德在解释"新清史"的兴起时说:

---

① Evelyn Rawski, "Reenvisioning the Qing: The Significance of the Qing Period in Chinese History", *Journal of Asian Studies*, 55:4 (1996), pp. 829-820; Ping-ti Ho, "The Significance of the Ch'ing Period in Chinese History", *Journal of Asian Studies*, 26:2 (1967), pp. 189-195; Ping-ti Ho, "In Defense of Sinicization: A Rebuttal of Evelyn Rawski's 'Reenvisioning the Qing'", *Journal of Asian Studies*, 57:1 (1998), pp. 123-155.

② 定宜庄就是明确表示赞同"新清史"论点的一位中国学者,参见其《由美国的"新清史"研究所引发的感想》,载《清华大学学报》2008 年第 1 期。

③ 有关这次会议的情况,参见刘凤云:《"新清史"研究:不同凡响的学术争鸣》,载《中国社会科学报》,2010-10-14。

这些近年来我们(美国学者——引者注)共同所注意的题材。而如"想象的共同体""被发明的传统""地缘实体"(geo-bodies)与国族目的论等,所有质疑民族国家之自然性质的概念,都与新清史的关怀相关。此外,新清史也接受"族群"(ethnicity)与"异己"(alterity)的新概念,将认同的"事实"部分问题化。这个理论倾向,让新清史对中国这个"国家"而言,具有潜在的颠覆性,从中开启了"什么是'中国'?""成为'中国人'是什么意思?"①

换言之,美国学者推动"新清史"的研究,与当前西方史学界寻求突破和解构民族—国家史学这一近代史学传统的努力,密切相关,而这一努力,又是他们希求突破西方中心论的史学研究模式(包括现代化理论)的一个重要部分。这其中的道理说来也简单:如果坚持以民族—国家的兴衰作为观察历史变动的视角,那么就无法真正突破西方中心论的藩篱,因为民族—国家最初就是在西方兴起的,其发展模式和运作结构,都影响甚至制约了非西方地区民族—国家建立和现代化的过程。在这一点上,彭慕兰对清代江南经济的考察,与"新清史"提倡者的政治层面的研究,有异曲同工之处。他们都希望超越民族—国家史学的视野,将中国历史的变迁从全球的、世界的角度来衡量和评价。彭慕兰将江南和英国相比与欧立德等人把清朝视为一个亚洲的多民族帝国,实际上都出于同一种关怀、基于同一种立场。他们都把"中国"视为一个想象的共同体,抑或至多是一个历史偶然性的产物,因此可以加以解构、拆散和重新组合,而对于许多中国学者来说,"中国"则是一个具体的、不但可以触摸到而且血肉相连的实体。当前中国人的全球史研究,基本没有也不想抛弃民族史

---

① 欧立德:《满文档案与新清史》,载《故宫博物院学术季刊》,24卷,2006第2期。

的框架,其道理正在于此。① 不过,美国学者的研究中,是否能完全超越美国民族主义的认知框架,也存有不少的疑问。但这已经超出本文的探讨范围了。

载《北京大学学报》2012 年第 2 期

---

① 相关的论文较多,比较典型的观点可见于沛:《全球史:民族历史记忆中的全球史》,《史学理论研究》2006 年第 1 期。另外也可参见于沛主编的《全球化和全球史》(北京:社会科学文献出版社,2007)。

第三部分
中日互动

第十三章 清代考据学受惠于日本的古学？
——从伊藤仁斋《语孟字义》看中日学术思想的互动

屠含章 译

一、问题

研究理学的学者们普遍认为,17 至 18 世纪涌现出一股复古主义的潮流,逐渐横扫东亚。根据狄培理的说法,这股潮流在理学从中国传播到朝鲜、最后到日本的过程中形成,并成为东亚理学演变的一个重要特征。① 更重要的是,三个国家中普遍被认为是最迟接受理学的日本,却最先出现这股复古主义。实际上,呼吁回到儒家原典,复兴汉学,似乎最早由伊藤仁斋(1627—1705)与其同道山鹿素行(1622—1685)及其批评者兼追随者荻生徂徕(1666—1728)提出。尽管各自取径相差甚远,这些日本儒学者的倡导与实践,共同促成了古学抑或古义学的发展,并对宋明理学有所批评、摒弃。他们的旨趣和追求与 18 世纪清朝的考据学有惊人的相似之处。考据学提倡全面批判中国人文传统,对思想史的发展颇有影响。这一影响不仅在

---

① "复古主义"(restorationism)由狄培理提出,见其论文"Some Common Tendencies in Neo-Confucianism", in *Confucianism in Action*, eds. David Nivison & Arthur Wright, Stanford, Stanford University Press, 1959, pp. 25-49, 尤其是第 34—35 页。余英时在近期关于宋代理学兴起的研究中,分析了道学运动中朱熹等士大夫"回向三代"的政治与文化理想,见氏著:《朱熹的历史世界:宋代士大夫政治文化的研究》,台北,允晨文化出版公司,2003。

20世纪的中国产生回响,还波及了自18世纪以来日本的学术思想与智识生活。① 既然出现于17世纪的古学派先于清代考据学一个世纪,自然有不少学者猜测其作为考据学先驱的可能性。他们甚至认为,日本古学派启发了清代中国考据学家的研究。②

具体而言,由于古义学派(古学派的一个分支)的创建者伊藤仁斋与著名的清代考据学家戴震都专注于《孟子》研究,而且他们阐释文本的方法颇为相似,一些日本学者由此推测戴震也许阅读过伊藤的著作,并抄袭了他的观点与方法。③ 当然也有学者提出了异议。比如,余英时认为,复古主义的兴起,或者说由"尊德性"到"道问学"的兴趣转移,符合中日儒学所必有的一个内在的发展。因此,伊藤仁斋与戴震对于《孟子》及其他儒家经典采取相似的取径只是一个巧合,即便这一巧合对于中日两国来说都体现出显著的思想转向。④ 考虑到伊藤仁斋的著作《论语古义》《孟子古义》,还有被认为是戴震《孟子字义疏证》所模仿的《语孟字义》,在日本直到18世纪早期才出版。因此戴震在写《孟子字义疏证》之时(他将这本书视为得意之作),似乎不太可能看到乃至抄袭伊藤仁斋的观点。已有的研究表明,在那个时代,书籍从一个国家流传到另一个国家通常需要经过数

---

① 见大庭修:《清时代の日中文化交流》,见大庭修、王晓秋编:《历史》(日中文化交流史丛书)卷一,东京,大修馆书店,第280—282页;John S. Brownlee, *Japanese Historians and the National Myths, 1600-1945*, Vancouver, University of British Columbia Press, 1998。

② 见吉川幸次郎:《仁斋・徂徕・宣长》,东京,岩波书店,1975,第16页。

③ 见青木晦藏:《伊藤仁斋と戴东原》,载《斯文》,第8卷,第1期,1926,第21—49页;第2期,第16—43页;第4期,第21—27页;第8期,第25—30页;第9卷,第1期,1927,第19—25页;第2期,第21—31页。

④ 余英时:《论戴震与章学诚》,香港,龙文书店,1976,第185—196页。朱谦之、王家骅等学者也持有相似的观点。李甦平对这些观点有所讨论,见氏著:《圣人与武士:中日传统文化与现代化之比较》,北京,中国人民大学出版社,1992,第80页。关于儒学中智识主义的兴衰,见余英时:《历史与思想》,台北,联经出版事业公司,1976。

十年。① 然而,不论伊藤仁斋是否影响过戴震,他们两人如何以及为何都对先秦儒学文本比如《孟子》感兴趣并且采取近似的注释方法,仍然值得后人探究。笔者试图追溯、考察伊藤仁斋推崇古典儒学的原因,他的复古主义观点,及其与明代中国、朝鲜王朝时期理学发展的可能联系。

在过去的几十年,由于狄培理等人对理学研究的贡献,以及随后东亚、欧美学者的进一步探究,关于理学在东亚跨文化发展,我们已经获得了不少认识。一些重要的著作业已出现,旨在比较、分析理学在中国、朝鲜和日本发展轨迹的相似与相异之处。比如,阿部吉雄早在 1960 年代就出版著作,大致勾勒出理学各派在各个地区的差异与联系。② 至于伊藤仁斋的古义学派及其与明代中国与朝鲜王朝的跨文化互动,约翰·艾伦·塔克尔(John Allen Tucker)不仅将伊藤仁斋的《语孟字义》译成英文,并且讨论了此书与陈淳(1159—1223)《性理字义》的相似性。③ 17 世纪早期,宋代文本《性理字义》通过万历朝鲜战争(1592—1593,1597—1598)流传到日本。在这场战争中,日军从朝鲜俘获儒家学者与儒学文本的中文本。实际上,正如塔克尔所主张的,《性理字义》不仅对伊藤仁斋影响颇大,而且此书词典编

---

① 中山久四郎:《考证学概说》,见《近世日本の儒学》,东京,岩波书店,1939,第 729 页;Robert Backus, "The Kansei Prohibition of Heterodoxy and Its Effects on Education", *Harvard Journal of Asiatic Studies*, 39:1, 1979, p. 70。

② Abe Yoshio, "Development of Neo-Confucianism in Japan, Korea and China: A Comparative Study", *Acta Asiatica*, 1970(19), pp. 16-39. 日文版讨论更全面,见氏著:《日本朱子学と朝鲜》,东京,东京大学出版会,1971。

③ John Allen Tucker, *Itō Jinsai's Gomō jigi and the Philosophical Definition of Early Modern Japan*, Leiden, Brill, 1998. 关于中日学者"四书"注释的综合讨论,见黄俊杰编:《中日〈四书〉诠释传统初探》,台北,台湾大学出版中心,2004。

纂的形式成为许多伊藤同时代的日本学者阐释儒学文本的模板。①如此一来,塔克尔的研究便将伊藤仁斋的著作与中朝理学的发展联系起来了。同时,他提出了不少有趣的问题,涉及伊藤仁斋的哲学与方法论以及整个古学派对于东亚理学重新调整的重要性。笔者将在本文围绕明代中国与朝鲜王朝理学的多样发展,着重讨论伊藤仁斋的古义学派之兴起。同时,为了更好地理解在理学知识传统中复古主义动力的来源,笔者还将注意探讨伊藤仁斋的古义学派与明代考据学在方法论上的相似之处,因为塔克尔及其他学者对此不甚注意。

二、背景

关于伊藤仁斋借鉴明代中国与朝鲜学者发展他自己的哲学与方法论的问题,很早就被提出。从18世纪开始到整个19世纪,日本学者愿意承认伊藤仁斋对气本体论与古学的提倡是受到了吴廷翰(1491—1559)著作的启发,因为吴氏著作颇受伊藤仁斋与其子喜爱。比如对伊藤仁斋十分推崇的荻生徂徕的弟子太宰春台,就观察到吴廷翰对伊藤仁斋的启发。这一评论大体上也为尾藤二洲(1747—1813)与大田锦城(1765—1825)所认可。1902年井上哲次郎出版了全面研究古学派的著作,对这些观点加以评估,同时审视了岛田重礼(1838—1898)所提出的反对意见。井上哲次郎注意到伊藤仁斋与吴廷翰观点的诸多相似之处,对伊藤仁斋依据吴书发展自家观点的可能性加以考虑。但最终,井上还是附和了岛田,称赞伊藤

---

① 塔克尔除了在《语孟字义》英译本导论中讨论《语孟字义》与《性理字义》之间的联系,还在"Pei-hsi's 'tzu-i' and the Rise of Tokugawa Philosophical Lexicography"(Ph. D. diss, Columbia University, 1990)中考察了其他相似的类似于辞典的著作。

仁斋的"独创性",认为伊藤仁斋与吴廷翰观点之相似只是"暗合"罢了。① 余英时在他对伊藤仁斋与戴震的比较研究中也关注到前者对明代学术的借鉴。经过细致的文本分析,余氏认为明中期以降所流行的气论很好地体现在伊藤仁斋的世界观与宇宙观之中。② 在《语孟字义》的开篇,伊藤仁斋的确断言:"盖天地之间一元气而已。或为阴,或为阳。"③这一表述几乎与吴廷翰的一字不差。但是在明代,吴廷翰不是第一个,也不是唯一一个拥护气一元论的儒家学者。很多学者同意,在吴氏所钦慕的明代理学家中,许多人早已有这样的倡言,包括罗钦顺(1465—1547)和王廷相(1474—1544)。

伊藤仁斋对气本体论的接受有多重要?他对明代理学的发展究竟有多熟悉?还有,气论如何影响他回归古典儒学(或者说"古学")的主张?为了回答这些问题,我们也许需要简短回顾日本德川时代(1603—1868)理学的兴起。德川初年,日本由幕府统一,由此带来经济、商业与文化的新发展。这被认为是儒学发展的黄金时代,因为正是在这段时间,儒学(更准确地说是"理学")逐渐受到政府的承认,并最终取代禅宗佛教成为官方意识形态。的确,尽管《论语》早在3世纪便流传到日本,但儒学与佛教的影响相比还是逊色许多。

---

① 井上哲次郎:《日本古学派之哲学》,东京,富山房,1902,第197—213页。井上用"suggest"一词描述吴氏对仁斋的影响,也就是说吴廷翰向仁斋提示了观点。但是他最终还是得出了仁斋观点系独创的结论。应当注意到,井上与他的先驱者岛田重礼否认仁斋是受明代学者启发,发生在19世纪末20世纪初。1895年甲午战争之后,面对中国文化,日本对自身文化越来越自信。而在二战后写作的阿部吉雄则认为,井上哲次郎等人并无必要否认来自明代中国的影响,比如吴廷翰的著作对仁斋的影响。见氏著:《日本朱子学と朝鲜》,第524页。

② 余英时:《论戴震与章学诚》,第186—187页。

③ John Allen Tucker, *Itō Jinsai's Gomō jigi and the Philosophical Definition of Early Modern Japan*, p. 71.

到了13世纪,一部分朱熹的著作流传到日本,但这些著作被当作禅学的衍生品,而且主要保存在禅寺之中。直到16世纪末日本丰臣秀吉(1537—1598)进攻朝鲜时,大量儒学文本才被"重新"介绍到日本。在被俘虏的朝鲜儒学家的帮助下,一些日本学者开始认真从事儒学研究,结果是他们由佛学转而皈依儒学。藤原惺窝(1561—1619)与林罗山(1583—1657)师徒是这一转变极佳的例子,因为他们一开始都是佛教徒,却在发现儒学之后宣布放弃佛学。第一代儒者,尤其是林罗山,为德川幕府提供了建立其礼仪制度的多种指导。作为回报,他们得到了幕府的资助以传道授业。比如,在幕府的支持下,林罗山建立了名为"圣堂"的儒学学堂,对德川时代日本儒家学说的推广起了关键性的作用。①

因此,正如阿部吉雄所注意到的,尽管日朝之间的关系由于朝鲜战争而遭到了严重恶化,但这场战争却"促成了日本思想的转型"。②这一"转型"引导日本开启一场儒学发现之旅,揭开了德川时代儒学学说繁荣的黄金时代。正如阿部在研究中所揭示的,既然这一发现是通过朝鲜学者的教授与朝鲜学者所选择、注释的儒学文本的阅读,不可避免地包含了朝鲜儒学的影响。例如,藤原惺窝喜欢用李退溪注释并推崇的《延平答问》(李侗[1093—1163]与朱熹的对话),而李退溪是朝鲜最重要的理学家。李退溪与藤原惺窝都强调"居敬穷理"的重要性,因为朱熹的老师李侗强调"静坐"是致圣的方法。这

---

① 关于德川时代日本理学的兴起以及儒者的地位,见 John W. Hall, "The Confucian Teacher in Tokugawa Japan", in *Confucianism in Action*, eds. David Nivison & Arthur Wright, pp. 268-301。关于德川时代理学的总体情况,见 Marius Jansen, *China in the Tokugawa World*, Cambridge, Harvard University Press, 1992; Peter Nosco ed., *Confucianism and Tokugawa Culture*, Honolulu, University of Hawaii Press, 1984。

② Abe Yoshio, "Development of Neo-Confucianism in Japan, Korea and China: A Comparative Study", *Acta Asiatica*, 1970(19), p. 17.

一点经山崎闇斋(1618—1682)及其所谓"崎门弟子"发扬,并将之付诸实践,追求心性修养以实现"理"的顿悟。李退溪在朝鲜是教授程朱理学的一位卓越的人物,对儒学的其他"异端"派系保持高度警惕。山崎闇斋与他的追随者们追求同样的地位,他们建立并宣传自家学说,希望成为日本的正统儒学。

当然藤原惺窝不只研究李退溪推崇的文本,比如,他也阅读明儒林朝恩(1517—1598)的著作。① 山崎闇斋及其弟子也接触到明朝与朝鲜的学者们提出的其他议题。不过,他们与李退溪同样尊崇程朱理学正统,蔑视任何偏离正统的文本。但到了17世纪,不只理学发生显著的改变,程朱学派本身也有了变化。李退溪与他的追随者们所定义、捍卫的正统只是阐释程朱理学思想的一家之言。李退溪及其门徒有别于其他学派之处,在于他们赋予"理"本体论与认识论的双重概念。② 以藤原惺窝为先驱的山崎闇斋及其弟子,可以被看作是这支朝鲜学派在日本的延续。然而,自宋到明,中国的理学家们对气本体论越来越感兴趣,修正(如果不是反对的话)传统上对于"理"的强调。这不仅是王阳明心学的公开批评者罗钦顺所拥护的,也在某种程度上得到了王氏本人和其他许多明代学者的支持。譬如,上面已经提到,王廷相和吴廷翰也倡导气论,他们是明代思想比较独立的学者。因此,依据卜爱莲(Irene Bloom)的观察,气论从16世纪开

---

① Wm. Theodore de Bary, "Sagehood as a Secular and Spiritual Ideal in Tokugawa Neo-Confucianism", in *Principle and Practicality: Essays in Neo-Confucianism and Practical Learning*, eds. Wm. Theodore de Bary & Irene Bloom, New York, Columbia University Press, 1979, pp. 132-133.

② 正如 Key Yang 与 Gregory Henderson 在"An Outline History of Korean Confucianism"(*Journal of Asian Studies*, 18:1,1958, pp. 81-101;18:2, 1959, pp. 259-276)一文中展示的,宗派主义是朝鲜王朝理学发展的特征。在一定程度上,这也是明代中国理学的特点。这一特点似乎在日本德川时代中后期同样出现。

始代表了一场有广泛基础的运动。① 山井湧在他对气论的深入研究中,将气论的兴起与流行作为明清中国理学发展的重要趋势。② 气论的流行表明,尽管程朱理学在明代被尊为官方正统,但随着时间的推移,逐渐失去了生机,在明代儒家学者之中不再具有吸引力。陈来注意到了这一点,他指出:李退溪发展出的"理到"的学说反而使程朱学派获得了某种新生命,但是李氏的影响力仅见于朝鲜与日本,而非中国。③

如果"气"与"理"之间的分歧削弱了程朱理学的说服力,朱熹自己或许应对此负责。他对"气"与"理"的态度尽管不含糊,却是二元论的。朱熹声称"理"先于"气",但将二者都作为构建宇宙观重要且不可分割的概念。然而,他的二元论为追随者与批评者多样的阐释打开了大门。事实上,在《性理字义》中,朱熹的关门弟子陈淳在阐释理学本体论时,赋予"气"更多的关注与价值。罗钦顺虽然推崇气论,但从不认为自己的立场是对朱熹哲学的背离。相反,罗氏与他同时代很多学者一样,自认为是程朱传统的捍卫者,意图反击明代王阳明学派对理学/儒学的改造。

在德川日本,林罗山采取了与罗钦顺相似的立场。尽管林氏是程朱理学主要的支持者,但他对气论表现出了强烈的兴趣。他非常喜爱陈淳的《性理字义》,也比较认可罗钦顺的《困知记》。这两本书都流传到日本并被广泛接受。卜爱莲与狄培理注意到,林氏对于气

---

① Irene Bloom, "On the 'Abstraction' of Ming Thought: Some Concrete Evidence from the Philosophy of Lo Ch'in-shun", in *Principle and Practicality*, eds. Wm. Theodore de Bary & Irene Bloom, p. 106. 李甦平也做过明清中国与德川时代日本气学发展的比较研究,见氏著《圣人与武士》,第 65—96 页。

② 山井湧:《明清时代における「気」の哲学》,载《哲学杂志》,第 46 卷第 711 期,1951。

③ 陈来:《宋明理学》,沈阳,辽宁教育出版社,1991,第 343 页。

论的兴趣,体现出罗钦顺与其他明代中国以及朝鲜学者的影响。后者也许还包括李栗谷(1536—1584),起初他是李退溪的弟子,后来却成为在朝鲜气论主要的提倡者。与林罗山及其京都学派有些微关系的伊藤仁斋对于气论的兴趣,似乎吸收了中国与日本本土两方面的影响。伊藤仁斋不仅阅读了《困知记》,还将《性理字义》作为写作《语孟字义》的范本,这一点我们会在下文探讨。① 简言之,当伊藤仁斋开始他的事业之时,在整个东亚,气论已经成为儒家学者理解、传播理学的一个切实可行的、颇受欢迎的研究途径。

在明代中国,阳明学派的心学一度比程朱学派更具影响,但在日本,林罗山对"气"的兴趣与藤原惺窝、山崎闇斋对理的兴趣代表了朱子学的两个分支,二者都是程朱理学的延伸发展。换言之,直到德川时代晚期,阳明学在日本也没有大量的追随者,儒学各派别似乎全部发源于程朱理学的传统。伊藤仁斋对于气论与古学的提倡也不是例外。如果对"气"或者"理"的强调代表了朱子学中"理学思想的两种类型",那么二者都有重要的本体论与认识论的含义。② 伊藤仁斋对回归儒学原典的呼吁扩展了气论的认识论。这是他在儒学的研究中应用气论方法的衍生品。卜爱莲在对罗钦顺气论的研究中观察到对气论的提倡与对于经验研究的兴趣之间的关联。卜爱莲写道:

---

① Irene Bloom, "On the 'Abstraction' of Ming Thought: Some Concrete Evidence from the Philosophy of Lo Ch'in-shun", in *Principle and Practicality*, eds. Wm. Theodore de Bary & Irene Bloom, p. 112; Tucker, John Allen Tucker, *Itō Jinsai's Gomō jigi and the Philosophical Definition of Early Modern Japan*.

② 参较 Wm. Theodore de Bary, "Sagehood as a Secular and Spiritual Ideal in Tokugawa Neo-Confucianism", in *Principle and Practicality: Essays in Neo-Confucianism and Practical Learning*, eds. Wm. Theodore de Bary & Irene Bloom, p. 137. 更详细的讨论见他的 *Neo-Confucian Orthodoxy and the Learning of the Mind-and-Heart*, New York, Columbia University Press, 1981, pp. 187-216。

"因为直到完整和独立的实体能落实到具象之前，经验主义并没有合适的对象，而且在将因果关系的问题从伦理关怀中分离出来之前，经验主义的方法也必然会英雄无用武之地。"① 这一分析有助于解释伊藤仁斋对于书本知识（或者说古学）的兴趣。正如卜爱莲谈及的，这也有助于解释伊藤仁斋的古学派与清代考据学二者复古主义的相似性，因为许多清代的考据学家，尤其是戴震，都是气论的支持者。

三、文本

为了考察伊藤仁斋与程朱理学的关系，以及这一关系如何为他提倡古学提供了思想准备，我们也许需要比较《语孟字义》及其范本《性理字义》。宋代文本《性理字义》为朱熹弟子陈淳所作，此书为日本学习儒学的人提供了不可缺少的指引。在林罗山为《性理字义》作注并加上汉文标点之后，此书得以为更多其他的学者学习、誊抄。但是他们观点各异。比如，继李退溪的批评之后，山崎闇斋及其弟子开始对《性理字义》产生反感，认为此书肤浅无趣。② 不过《性理字义》至少在写作形式上，在日本影响甚大。比如虽然"崎门弟子"批评其内容，但也效仿此书的风格写作。与伊藤仁斋一同创建古学派的同仁山鹿素行在写作《圣教要录》之时，亦采用了与此书相似的格

---

① Irene Bloom, "On the 'Abstraction' of Ming Thought: Some Concrete Evidence from the Philosophy of Lo Ch'in-shun", in *Principle and Practicality*, eds. Wm. Theodore de Bary & Irene Bloom, p. 76.

② 见 Okada Takehiko, "Practical Learning in the Chu Hsi School: Yamazaki Ansai and Kaibara Ekken", in *Principle and Practicality: Essays in Neo-Confucianism and Practical Learning*, eds. Wm. Theodore de Bary & Irene Bloom, p. 237。

式,旨在提倡研究儒学的原典。①

因此,伊藤仁斋在写作《语孟字义》时,采用了与《性理字义》相似的格式,并不令人讶异。由于《性理字义》以口语体写成,很有可能对于伊藤极具吸引力。因为,首先,根据吉川幸次郎的说法,作为第二代儒者的伊藤有超凡的语言天赋,精通汉文书面语与口语。相反,他的前辈林罗山则对于阅读口语体文献尚有困难。② 其次,《性理字义》源于作者教学的讲稿,采用对话体,其读者对象是平民百姓。这种风格一定吸引了伊藤仁斋,因为他不仅自己是町人(或者说市民)出身,而且他的《语孟字义》也声称是为町人而作的。③ 所以,伊藤仁斋在写作《语孟字义》时决定模仿陈淳的著书风格与格式并非偶然。一方面,陈淳的著作能够帮助他实现《语孟字义》所设定的预期目标,另一方面,他也可以借此显示自己对汉语的精通,展现自己比林罗山和其他人对《性理字义》更为准确的解读。

《语孟字义》的结构亦与《性理字义》相仿。在《性理字义》中,陈淳讨论了理学的26个关键术语,如"道""命""德""情""性",几乎所有这些术语叶都在《语孟字义》中出现,只有细微差别和极少数例外。但《语孟字义》也有不少新增添的术语。除去来自《性理字义》的术语,伊藤的《语孟字义》总共还有30个术语。再者,伊藤的《语孟字义》的书写清晰表明了这两个文本的联系。伊藤仁斋不仅数次引用、批评陈淳的著作,而且正如《仁斋日记》所揭示的,他在古义堂(古义堂是他在京都建立的学校,始于1682年)授课时,将《性

---

① John Allen Tucker, *Itō Jinsai's Gomō jigi and the Philosophical Definition of Early Modern Japan*, pp.20-22.

② 吉川幸次郎:《仁斋・徂徕・宣长》,第7—8页。

③ 实际上,陈淳的著作对于普通人来说也是容易理解的。陈氏《北溪大全集》(台北,《四库全书》影印本,无出版时间)的编者承认这一点,见该书卷一《序》。

理字义》作为课本之一。他写作《语孟字义》的时间与他教课的时间相一致,然后在一年之后完成了著述。①

不过,如果《语孟字义》与《性理字义》只是在术语选择上相似,还不足以支撑一些日本学者所声称的伊藤仁斋的著作只是对陈淳的"踏襲"(意为"沿袭"或"模仿"),除非我们仅在著述形式上来理解"踏襲"这个词。② 在评论陈淳在《性理字义》中的选择时,陈荣捷指出,我们不能将选择这些术语的功劳归于陈淳。陈荣捷写道:"实际上,没有一个可以被看作是他所独有的。"这是因为这些术语不仅大多在儒家经典中出现过,而且还经由周敦颐、程氏兄弟、张载、朱熹等宋儒的著作,被赋予了新的含义与重要性。③ 陈荣捷的观察是深刻的,因为这有助我们更清楚地确定陈淳与伊藤仁斋之间以及伊藤仁斋与戴震之间的差异与相似之处。易言之,我们不能仅仅因为《语孟字义》与《性理字义》两部著作看起来有相同的形式,就断言伊藤仁斋效仿陈淳。同样,我们也不能因为戴震与伊藤仁斋二人选择了讨论相同的概念群,就怀疑戴震抄袭了伊藤仁斋。

---

① John Allen Tucker, *Itō Jinsai's Gomō jigi and the Philosophical Definition of Early Modern Japan*, p. 4, note 3. 应当注意,伊藤仁斋在讲座中使用的《性理字义》版本很可能和我们今天看到的版本《北溪字义》(北京,中华书局,1983)不同,亦非陈荣捷(Wing-tsit Chan)的英译本 *Neo-Confucian Terms Explained (The Pei-hsi tzu-i)* (New York, Columbia University Press, 1986) 所依据的版本。关于版本差异更细致的讨论,见 John A. Tucker 的博士论文"Pei-hsi's 'tzu-i' and the Rise of Tokugawa Philosophical Lexicography"。伊藤仁斋的《语孟字义》收录于井上哲次郎、蟹江义丸编:《日本伦理汇编》第5卷,东京,育成会,1901-3,第9—73页。

② 木村英一是声称仁斋在写作《语孟字义》时"沿袭"("踏襲")了陈淳《性理字义》的其中一位学者。见 John Allen Tucker, *Itō Jinsai's Gomō jigi and the Philosophical Definition of Early Modern Japan*, p. 7, note 11。但是"踏襲"一词,亦可理解为"模仿",后者强调仁斋《语孟字义》与陈淳《性理字义》格式上而不一定是内容上的相似性。

③ Wing-tsit Chan, *Neo-Confucian Terms Explained (The Pei-hsi tzu-i)*, p. 13.

的确,尽管采用词典的形式,伊藤仁斋更多地将陈淳当作敌人而非朋友。首先,虽然两书中讨论的关键术语有重合,却以非常不同的顺序编排。陈荣捷在将《性理字义》翻译成英文的过程中,注意到陈淳在安排这些术语时建立了重要性的等级次序。诚然,这一等级与朱熹的《朱子语类》并不完全相同,尽管如此还是显示出陈淳对他老师的阐释框架的"遵从"。① 这种遵从在陈氏《性理字义》上下卷的划分中体现得很明显。他选择在上卷讨论与个人道德修养相关的术语,比如"性""心""诚""敬",反映出宋代理学对内省的强调。相反,下卷则主要处理外向性的术语。这些术语有"道""理""太极""礼乐"等,虽然似乎在人心之外,但对个人内省的进步与否有着直接的影响。因此,《性理字义》的结构反映出陈淳对朱熹儒学二元取径的一种发展。

相反,伊藤仁斋的《语孟字义》并不遵循这种二元的结构,也没有展现出一种可辨别的模式。事实上,他对《语孟字义》上下卷的安排展现出一定的随意性。考虑到他挑战朱熹二元论的意图,也许他是有意为之。他在上卷不仅讨论了外向性的术语,像"道""理",也讨论了内向性的术语,比如"性""情"与"心"。在下卷,尽管他讨论了"敬"与"诚",但也加入了其他新的术语,比如"学""圣贤""王霸"以及与"五经"相关的术语。这种随意性表明,伊藤仁斋也许一方面想要在个人内省与外在自然界的物质力量之间建立直接联系。另一方面,他在下卷所增添的"五经"与"学"等内容,又表现出他试图将儒学的理解建立于儒学经典的研读之上,呈现出一种经验的、学术的取径。总之,伊藤仁斋《语孟字义》的结构说明了两点。第一,伊藤仁

---

① Wing-tsit Chan, *Neo-Confucian Terms Explained (The Pei-hsi tzu-i)*, pp. 12-22. 以及 John Allen Tucker, *Itō Jinsai's Gomō jigi and the Philosophical Definition of Early Modern Japan*, p. 23。

斋削弱、消解宋代理学散漫体系的努力。第二,他对于智识主义(或者说书本知识)的兴趣,这正与他对古学或者说古典儒学的提倡相吻合。

两种文本之间的第二点差别体现在伊藤仁斋对于《性理字义》中已有术语的修正。陈荣捷通过比较《性理字义》与《朱子语类》注意到,陈淳与朱熹不同,或者更准确地说,陈淳强化了朱熹对"理"与"道"之源头的兴趣,发展出一种将源头定位于自然或天的倾向。陈荣捷指出,在《性理字义》中,"天理""天道"与"天命"这些术语频繁出现。① 陈淳不仅对"气"有强烈的兴趣,并且在阐释儒学时清楚地表现出一种自然主义的取向,强调宇宙的活力与有机性。在《语孟字义》中,伊藤仁斋通过建立比如"天道"与"天命"之间的分类,进一步发展了这种自然主义的取向,而在陈淳的《性理字义》中,这些术语虽然重要但没有作为独立的分类。不过伊藤仁斋的意图不只是追随陈淳对于源头的兴趣。准确地说,他试图通过分离"天"与"道"(或者说"天"与"命")而消解宋代理学的形而上学层次。换言之,他的意图是将天的领域与人的领域分开。在他看来,"天道"一词仅仅描述"天"的改变,比如阴阳的增减。阴阳是"气"的表征,而"气"是宇宙中单一的生成力。按照同样的思路,伊藤仁斋批评了陈淳对于"命"的解释。他拒绝接受陈淳同时从"气"与"理"的角度理解"命"的二元论。这进一步证明了他分离天与人这两个领域的意图。

至于"道"与"理",伊藤仁斋遵循陈淳,采取自然主义的取径,将"道"定义为"人伦日用当行之路",这听起来与陈淳(与朱熹)的定义非常相似——道"只是日用间人伦事物所当行之理"。② 但是区别

---

① Wing-tsit Chan, *Neo-Confucian Terms Explained (The Pei-hsi tzu-i)*, pp. 20-21.

② John Allen Tucker, *Itō Jinsai's Gomō jigi and the Philosophical Definition of Early Modern Japan*, p. 95; Wing-tsit Chan, *Neo-Confucian Terms Explained (The Pei-hsi tzu-i)*, p. 105.

也相当明显:伊藤与陈淳不同,不想将"道"与"理"等同,这显示出他挑战宋代理学家的形而上学的清楚意图。他引用了陈淳对"道"的讨论——陈淳认为依据孔子的说法,阴阳转化代表"道"的来源,但是伊藤仁斋不同意陈淳的观点。他完全不相信宋代理学家所声称的"天道"与"人道"之间的直接关系。伊藤强调:"立天之道曰阴与阳,立地之道曰柔与刚,立人之道曰仁与义,不可混而一之。"易言之,尽管人道也许效仿天道,但是在不同的领域发生作用。① 伊藤仁斋通过将"天道"与"人道"分开,冲击了宋代理学中的形而上元素,并强调了他的论点——"人道"只是每个人在日常生活中遵循的自然之路。伊藤认为,其实这条道路为每个人存在,不只为"王公大人",还为"贩夫""马卒",甚至"跛奚""瞽者"存在,正如他引用孟子所言:"道若大路……贵贱尊卑之所通行。"②

如果说伊藤仁斋对"道"的讨论揭示了平等主义的意识,而这种意识又源于他作为町人的背景,那么他对"道"与"理"的区分则强化了这一立场。正如陈淳在《性理字义》中的解释,通过表明"道"与"理"基本上是一样的,宋代理学家强调接近"道"或"理"需要通过心性修养(亦即"尊德性")与知识习得(亦即"道问学")。这么做,理学家将他们自己视为百姓的老师。伊藤仁斋并不否认心性修养与书本知识的重要性。不过,由于伊藤仁斋自己出身平民,他并不认同宋代理学家将自身角色假定为百姓的老师,他认为这显示了宋儒对平民的傲慢。因为"道"对于伊藤仁斋来说是"人伦日用当行之路。非待教而后有,亦非矫揉而能然,皆自然而然"。③ 换言之,伊藤相

---

① John Allen Tucker, *Itō Jinsai's Gomō jigi and the Philosophical Definition of Early Modern Japan*, pp. 94-95.
② Ibid., p. 96.
③ Ibid., p. 95.

信,如果人们自然地生活,他们的生活就会揭示、体现出"道"。"道"并非在他们日常生活之外,亦非需要外人的帮助与引导才能获得。

相反,伊藤仁斋认为,"理"之于人类生活不是那么自然、亲密。与用以形容"天地生生化化之妙"的"道"不同,"理字本死字"。"理"仅指"形容事物之条理",因此与现实生活无甚关系。再者,伊藤指出,宋代理学家尊崇"理"的原因是,他们希望与佛、道的影响相抗衡,却在佛、道的束缚中陷入困境。伊藤发现庄子更多使用"理",而孔子却很少。他还引用孟子与"理""义"相关的观点以批评程颐,因为程氏声称"理是在物,义是在己"。但伊藤指出,孟子其实并不区分"理"与"义"。实际上,孟子认为,二者都"悦我心"。因此,伊藤问道:"岂一以属物,一以属己而可乎哉?"①伊藤仁斋提出这一问题,与他自然主义的观点(追求"道"或"理"不需要额外的努力)相一致,不过这与他之前关于"理"是一个"死字"的论点(仅指事物的而非人类的秩序),不尽一致。但是这种不一致性可以用他消解宋代理学形而上学的热忱来解释,这一点我们讨论过。他完全否认存在形而上学的层次,不管是"道"还是"理",这种事物人们无法企及,却控制着他们的生活,并要求他们追寻。

《语孟字义》与《性理字义》还有一个差异,反映在伊藤仁斋在《语孟字义》所增加的部分中。在这些增加的部分中,"四端之心""良知良能""学",还有"五经"的内容似乎最重要,因为这些内容指明伊藤仁斋与他明代的前辈和同行之间的关联,以及古学派的目标与实践。伊藤仁斋所创造的新分类,不仅表露出他对平等主义的兴趣,还体现出他追求兴趣的方式。他将"四端之心""良知良能"两种分类纳入书中,表现出他受惠于并信奉孟子性善论。事实上,孟子最

---

① John Allen Tucker, *Itō Jinsai's Gomō jigi and the Philosophical Definition of Early Modern Japan*, pp. 101-105.

初讨论、使用这些分类(或者说概念)是用于提出并阐释性善论。孟子的理论对伊藤仁斋有吸引力,是因为主张孟子的性善说,使他得以贬低儒家学者在帮助平民成为圣贤上所发挥的作用。对伊藤而言,既然人性本善,这实际上就为每个有心修身并决意成圣的人,打开了一扇大门。

伊藤仁斋在《语孟字义》中创造并囊括这些与孟子的理论相关的分类,表明了他回归儒家原典的意图。然而,正如塔克尔所质疑的,他是否真正独立地达到这样的认识是另一件事。① 孟子"四端之心"的假定不仅广为人知,而且在宋代理学家之中也备受关注。比如,朱熹为了强调心性和道德修养的重要性,将"四端"与"情"而非"心"相联系,这一点伊藤仁斋在《语孟字义》中有所提及并加以反驳。② 但是导致伊藤仁斋批评朱熹更直接的原因,或许在于李退溪发展了朱子关于"情"的观点,并产生了他自己的"四端七情"论,由此而进一步将"四端"与"心"分离。李氏的理论在伊藤仁斋的时代相当著名,受到山崎闇斋及其弟子的强烈推崇,而伊藤的古义学派,则在总体上不满"崎门学派"。

同样地,伊藤仁斋对"良知"的兴趣亦与他对明代中国理学的研究有关。因为尽管"良知"由孟子创造,但这一术语因明代的王阳明的申说才变得有名,而且与其心学联系密切。王阳明提倡"致良知",强调心性修养的需要。伊藤仁斋在设立"良知良能"这一分类时提到王阳明及其文章。不过,他谴责王氏曲解了孟子的原义。他争辩道,依据孟子,"良知"与"良能"是相互联系的,但王氏只想扩展

---

① 事实上塔克尔认为,伊藤仁斋更多地依靠宋代理学而非儒家经典文本,见 *Itō Jinsai's Gomō jigi and the Philosophical Definition of Early Modern Japan*, p. 25。

② John Allen Tucker, *Itō Jinsai's Gomō jigi and the Philosophical Definition of Early Modern Japan*, p. 148.

"良知"而忽视了"良能"。①

如果王阳明以"致良知"推动他的心学,那么伊藤仁斋主张"良知"与"良能"之间有所平衡,也出自他的优先考虑。伊藤的意图是突出"学"的方面,建立这一分类,然后通过这一分类,扩展个人与生俱来的能力,开展对儒学经典的研究。尽管伊藤仁斋与王阳明的兴趣不同,但二者都强调进一步发展先天品质的重要性,不论是"良知"还是"良能"。与王氏的理想主义相反,伊藤仁斋是经验主义的、唯物主义的。如果说王阳明对于"致良知"的兴趣将他引向冥想,那么伊藤仁斋对于增强"良能"的兴趣则带领他走向学术之路,或者说追求智识主义之路。伊藤仁斋认为,充养人性"四端"最好的办法(如果不是唯一的方法)就是学问。仁斋写道:"人性虽善,然不充之不足以事父母,则性之善,不可恃焉,而学问之功最不可废焉","欲以有限之性尽无穷之德,非由学问其能之乎?"在"学"之后,伊藤仁斋在《语孟字义》中还设有有关"五经"的分类,在这里他与读者分享自己对于"五经"的思考与研究。因此,伊藤仁斋不仅提倡需要学习,还指示学习应该集中在"五经"。毋庸置疑,他呼吁与寻求的是古学。

四、方法

如果《性理字义》与《语孟字义》之间的比较将伊藤仁斋与程朱理学的传统联系在了一起,那么这一比较也将表明,伊藤最终又如何通过与这一传统相分离,并在与明代中国、朝鲜王朝理学发展的互动中,形成了他自己的立场。显然,需要回归原典这一点,并不是伊藤仁斋的独创。更准确地说,这是他对同时代理学后期发展的一种反

---

① John Allen Tucker, *Itō Jinsai's Gomō jigi and the Philosophical Definition of Early Modern Japan*, p. 160.

应,尤其是他所见证的在诠释儒学文本时的宗派主义。伊藤仁斋建立了古学派,所以他对于自己同样创建了理学的一个新派系而感到内疚。但这也许不是他的本意,因为他希望通过提倡古学的重要性来为理学各学派之间的纷争提供解决办法。事实是,朱子学在德川时代日本被确立为正宗之前,理学在中国与朝鲜已经发展出了多样的知识传统。朱子学在日本一生根,其内部很快就出现不同的思想分支。因此,伊藤仁斋创建的古学派反映出了东亚理学多样复杂的发展。

我们在上文提及,伊藤仁斋对气论的支持与其町人出身不无关系,这推动他寻找致圣途径的一种平等主义的、超越"士农工商"阶级差别的方式。气论也是伊藤倡导以古典研究的经验主义取径,来超越宋代理学家形而上学的一个重要原因。然而,所有这些考虑仍旧是在理论的层面。为了追溯伊藤仁斋儒学原典的价值发现之路,我们也许需要考虑更具体的原因,因为伊藤并非一下子就完全理解到古学的价值。在他对《孟子》的研究中,正如我们所知,他不仅用了陈淳的《性理字义》,还查阅了北宋时期《孟子》的注释本——孙奭(962—1033)的《孟子音义》。二者都是汉代以后的著作。伊藤仁斋关注到孙奭的著作是可以理解的,因为这部著作被看作是《孟子》的权威注释本,由宋真宗(997—1021 在位)诏令撰写并最终批准。1061 年,孙奭的《孟子音义》与其他的经典及其注释一起,刻于石头上,竖立于首都开封国子监之前。可能是通过孙奭的著作,伊藤仁斋还得知了赵岐的《孟子》注释本,这是一部汉代的注释本,孙奭在写作时有所查阅。

尽管作于不同时代,几乎相隔一千年,赵氏与孙氏的《孟子》注释本在方法论上有一个共同点,亦即他们从小学(现代意义上的语言学)入手的方法。这一共同点在他们的标题中表现得很清楚:孙奭意在通过研究音韵来解释《孟子》的含义,赵岐的著作,题为《孟子章句》,则从解释字词句入手诠释孟子的思想,是典型的汉代儒学的取径。这一相似的方法论取径也表明,尽管孙奭的《孟子音义》是理学家复兴儒学计划中的一部分,但这也是建立在汉唐儒学研究传统之上的。这一传统更多地关注儒家经典的文本解释分析而非发挥思想诠释,无须多言,后者是宋代理学诠释学的典型特征,以朱熹对儒家经典文本的系统重组与阐释为代表。朱熹在他对《孟子》的研究中,参考了赵氏与孙氏的注释,但他对二者的评价并不高。在他的《朱子语类》中,朱熹批评赵岐的注释"拙而不明"①。至于孙奭的著作,他甚至怀疑这是不是宋代学者完成的,因为在他看来,"其书全不似疏样,不曾解出名物制度,只绕缠赵岐之说耳"。② 显然,朱熹对二者都不喜欢,不仅因为他认为他们的注释质量差,还因为他对这类方法不感兴趣。朱熹对二者的批评可以被看作是汉学与宋学的分水岭。③

我们无法确定伊藤仁斋研究孙奭的著作到怎样的程度,以及他又如何看待此书的风格。但他将陈淳的《性理字义》作为《语孟字义》的模板,也许这表明他更多被宋学所吸引,但也许只不过《性理字义》在当时对他来说更容易得到。就他的风格而言,伊藤仁斋似乎努力去结合思想性的讨论与文献学的研究。吉川幸次郎观察到,无论如何,伊藤对孙奭《孟子音义》的关注,或者对此书可能做过的研究,是一个重要的触发事件,④引发他从儒学文本中寻找"古义"。

---

① (宋)黎靖德编:《朱子语类》第四册,王星贤点校,北京,中华书局,1986,第1218页。原句为"解书难得分晓。赵岐《孟子》拙而不明,王弼《周易》巧而不明"。

② (宋)黎靖德编:《朱子语类》第二册,第443页。

③ 关于《孟子》一书多种阐释的分析,见黄俊杰(Huang Chun-chieh)的 *Mencian Hermeneutics: A History of Interpretations in China*(New Brunswick, Transaction Publishers, 2001)以及他与该主题相关的诸多中文出版物。

④ 吉川幸次郎:《仁斋·徂徕·宣长》,第12页。但是,吉川弄错了孙奭著作的书名,称之为《孟子正义》而非《孟子音义》。也许他将孙奭的书与焦循的《孟子正义》混淆了,后者受到孙奭书的影响。

第十三章 清代考据学受惠于日本的古学？

在接触到研究儒学的不同方式（如汉学与宋学）之后，伊藤决定超越汉宋之争，试图形成他自己的取径。这种可能性可以从他的自白中获得证实。为了解释他是如何、为何呼吁并开始儒学原典的研究，伊藤仁斋回顾了起初他是如何阅读朱熹的诸多著作，然后开始成为宋代理学的追随者，甚至以这种方式写了几部书。后来，到了三十多岁的时候，他开始了解到王阳明与罗汝芳对宋代理学的批评。然而，这些并没有帮助他学习与理解，而是使他开始变得有些困惑，不知应该追随哪个学派的理论。最终，他决定抛开所有这些二手著作，只学习《论语》与《孟子》二书。这么做以后，他才注意到自己早年的著作受到佛老影响，理解偏离了经典儒学原本真正的含义。①

伊藤仁斋的回忆证实，他接触到汉儒与宋儒的不同解释是他呼吁古学的一个原因，同时也表明他了解理学在明代的发展情况。他清楚地知道明代学者之中的反程朱情绪，比如王阳明的心学。同时，伊藤也了解李退溪与其他朝鲜学者面对王阳明学派的挑战时对程朱理学的捍卫。伊藤仁斋对于理学发展过分的党派之争越来越厌烦，于是他转向古学，或者说复古主义，希望结束这个时代的纷争。伊藤仁斋并不是孤身一人。在一定程度上，他的对手"崎门学派"及其先驱李退溪，和他一样对复古主义感兴趣，因为他们都怀疑并抛开朱熹著作的注释本，主张应当忠于朱熹本人的著作。但是关键的不同在于，崎门学者没有超越朱熹的意图，他们对朱熹的追随并不鼓励进一步的知识探索。

如果说在朝鲜与日本，复古主义思想出现在不同的儒家学派之中，那么这是否可以在明代中国的理学中观察到？答案也是肯定的。

---

① 井上哲次郎：《日本古学派之哲学》，第205—206页。伊藤仁斋提及罗汝芳（伊藤仁斋称他的字"近溪"），王阳明心学的第三代学者，再一次表明了他对明代理学后期发展的熟悉。

我们习惯于将中国复古主义思想兴起并繁荣的时间确定在清代,其标志是对考据学的兴趣——通过汉代及汉代之前的注释而复兴儒学原典的形式。然而,同样的兴趣在明儒之中不仅已经出现,而且已有了相当可观的成果。的确,如果明代有复古主义运动的话,那么激发这一运动的因素与伊藤仁斋所追求的背后是相似的——都是被对于创造性地、批判性地扩展程朱理学传统这一相似的兴趣所激发。① 如果伊藤仁斋决定直接阅读《论语》与《孟子》是为了彻底解决同时代各个儒家学派之间的争论,那么对伊藤仁斋思想产生过影响的罗钦顺,几乎早在两个世纪之前就得出了同样的看法。罗氏在考虑程颐与陆象山(1139—1193)对"理"本质的不同解释时,也像伊藤仁斋一样经历过相似的困惑并寻找出口。他的解决办法与伊藤相似:"故学而不取证于经书,一切师心自用,未有不自误者也。"②明代晚期学者朱舜水(1600—1682)在伊藤仁斋的时代流亡到日本,表达过对学习经典相同的兴趣。有学者注意到,鉴于伊藤仁斋对朱舜水的钦慕,伊藤回归儒学原典的号召也许反映了朱氏的影响。③

因此,复古主义在明代理学思想中是一股重要的并受到公认的

---

① 狄培理一直提醒我们,晚明出现的经验研究与清代反形而上学的倾向是明代后期经验主义的延伸,见 Self and Society in Ming Thought, ed. Wm. Theodore de Bary, New York, Columbia University Press, 1970, p. 24。

② 引自余英时:《历史与思想》,第 101—102 页。

③ 秦家懿(Julia Ching)在"The Practical Learning of Chu Shun-shui (1600-1682)"中援引井上哲次郎,简单讨论过朱氏与古学派观点的相似性,见 Principle and Practicality: Essays in Neo-Confucianism and Practical Learning, eds. Wm. Theodore de Bary & Irene Bloom, pp. 189-230,尤其是第 212—215 页。李甦平曾详细阐述朱舜水之流放日本与古学派发展的可能联系。见氏著:《朱之瑜评传》,南京,南京大学出版社,1998,第 222—244 页。童长义在《从十七世纪中日交流情势看朱舜水与日本古学派》一文中发展了这一论点,见高明士编:《东亚文化圈的形成与发展:儒家思想篇》,台北,台湾大学出版中心,2005,第 157—180 页。

潮流，在王阳明学派中也可以清晰地观察到。王阳明和他的追随者之所以形成这样的立场，有以下两点原因。其一，他们认为程朱学者尊崇"存天理，灭人欲"的观点并不现实，因为这与现实生活不相符。其二，更重要的是，王阳明及其前辈陈白沙（1428—1500）认为，虽然想法良好高尚，但程朱学者们没有提出切实有效的方式去践行。在明朝建立之前，朱熹选注的"四书"已经被确定为儒学官方正统解释，明代科举考试的考生被要求掌握朱熹的解释并运用到八股文写作中去。在王阳明眼中，这一乏味的训练对于朱熹所阐明的通过书本学习达到"道"的目的毫无用处，更有用且更重要的是通过静坐内省的方式而达到的心性训练。这一观点由陈白沙提出，而将之宣传发扬的则是王阳明及其门下弟子。

陈氏与王氏对坐禅作为一种致圣方式的提倡明显体现出佛教的影响，准确地说，是禅宗的影响。不过，正如余英时与布詹姆注意到的，明代理学家面对着与他们在宋代的先驱者不同的任务。他们不再像以前那样有需要与禅宗对抗的压力。余氏指出，禅宗内部发生了从虚无主义到智识主义的转变，也就是说，禅宗在明代不再像之前那么受欢迎了。① 卜爱莲认为，这一变化的结果是，明代理学家如罗钦顺与王阳明，"比起他们在宋、元以及明代早期的先驱者，都在思想的层面表现出与佛教完全达成妥协的迹象"。② 他们对日常生活的价值给予更多的关注，抑或可以自如地将佛教的实践吸收到他的学说之中，比如王阳明就是一例。

---

① 余英时：《历史与思想》，第134—135页。

② Irene Bloom, "On the 'Abstraction' of Ming Thought: Some Concrete Evidence from the Philosophy of Lo Ch'in-shun", in *Principle and Practicality*, eds. Wm. Theodore de Bary & Irene Bloom, p. 91. 狄培理也注意到，与佛道竞争的任务在明代变得不像在宋代那么迫切，见 *Self and Society in Ming Thought*, ed. Wm. Theodore de Bary, p. 5f.

但是在发展心学时，王阳明则借助复古主义，重申了朱熹同时代的批评者陆象山的学说。陆象山在与朱熹关于书本知识和心性训练的辩论中，向他的对手提出了一个有趣又具有毁灭性的问题：如果书本知识对于致圣那么重要的话，那么古代的圣人所读为何书？的确，依据儒家的传统观点，大多数圣人在孔子修订"五经"之前已经出现了。因此陆象山对朱熹的批评给予王阳明以心性训练取代书本知识的主张很大的支持。再者，王阳明的复古主义不仅仅引导他发现程朱学派之外的著作，他还进一步从汉代以前寻找更多的支持，并且相信他对心学的提倡是符合孟子思想的。首先，孟子将王氏的注意力吸引到"心"上，这一概念与"仁""义""礼""智"以及其他人性内在品质相关。因此王氏发展出他的"致良知"理论，即是延伸"心"的内在品质。其次，王氏受到孟子的"万物皆备于我，反身而诚，乐莫大焉"这一表述的启发，成为他"经学即心学"这一论点的基础。① 换言之，学习经典、获得书本知识是为了调和并提升心性。

王阳明对心性训练而非书本知识的偏爱，最终使其心学在弟子手中成为一个反智识主义的例子，看重精神性而非学术性，注重"尊德性"而轻视"道问学"。但是王阳明自己并不忽视经典学习。实际上，他采取类似于复古主义的方式，寻找《大学》古本以挑战朱熹，其用意在于反对朱熹在《大学章句》中的诠释并取而代之。②《大学》注释的问题也使伊藤仁斋产生兴趣，这并非巧合。也许正是由于王阳明对朱熹的批评，才将伊藤仁斋的注意力转移到了儒家原典上。尽管与王阳明不同，伊藤直接挑战《大学》是否为孔子本人写作，触及了文本真实性的问题。但是，二人拥有相同的复古主义的兴趣，使

---

① *The Works of Mencius*, tr. James Legge, New York, Dover Publications, Inc., 1970, pp. 450-451；林庆彰：《明代经学研究论集》，台北，文史哲出版社，1994，第 74 页。

② 林庆彰：《明代经学研究论集》，第 61—77 页。

用相同的文献学的方法。促使王氏挑战朱熹的《大学》版本的是他像版本学家那样,对捍卫古本有强烈的兴趣,而且古本所用的语言实际上比后出版本读起来更为顺畅。伊藤仁斋怀疑孔子是不是《大学》的作者,因为他将《大学》与其他同时代孔子的文本相比较,发现许多语言、术语上的差异与矛盾之处。

在王阳明之前,不仅有许多对孔子原典有不同解释的学派,还有不同流派、风格的学术活动。在他给朋友的信中,王阳明将学术分为三种流派:"训诂之学""记诵之学"与"词章之学"。① 但他自己不追随这三者之中的任何一种,而是想超越这些区别,希图领会儒学的精华。这一目的使他展开心学的活动。伊藤仁斋似乎也知道这些学术的不同流派。正如井上哲次郎注意到的,他像王阳明,"不事词章、训诂,以讲明道义为其任。他虽注'四书',其目的在于通过(注书)阐明道义"。② 伊藤仁斋的兴趣引导他提倡古学。但是,尽管结果不同,王阳明与伊藤在追求各自的目标时,都采用了相同的复古主义的方式,并拥有超越程朱理学的共同兴趣。通过比较明代中国与德川时代日本理学发展的轨迹,狄培理提出,日本理学"显示出许多见于明代思想与学术的相同的潮流与特征。除了证明日本人非凡的复制能力,这些共有的特征还提示着,理学系统内部潜在的延续性和发展模式,在德川时代日本这样一个非常不同的历史环境中亦能有所彰显"。③

如果王阳明对程朱理学正统的反叛鼓舞了伊藤仁斋,那么在明

---

① 《王阳明全集》,台北,文友书店,1980,第43页。
② 井上哲次郎:《日本古学派之哲学》,第179页。
③ Wm. Theodore de Bary, *Neo-Confucian Orthodoxy and the Learning of the Mind-and-Heart*, p. 210. 他的观点在余英时近来在《论戴震与章学诚》中对戴震与伊藤仁斋的观察产生回响,见余英时:《论戴震与章学诚》,第194—196页。

代还有其他拥有同样的复古主义兴趣的学者。比如,在文学的领域,与王阳明同时代的李梦阳(1473—1529)、何景明(1483—1521)以及他们的后继者李攀龙(1514—1559)和王世贞(1526—1590)倡导文学复古运动,主张"文必秦汉,诗必盛唐"。他们的努力影响波及日本,反映在荻生徂徕对古文辞学的提倡。① 与伊藤仁斋的古义学一起,荻生徂徕的古文辞学贯彻了古学派的纲领。在考据学的领域,也有很多杰出的学者,从杨慎(1488—1568)与陈第到焦竑(1541—1620)与胡应麟(1551—1602)。他们同样主张超越程朱正统,在汉代学者的注释著作中寻找灵感。他们在研究经典时,也运用很多方法,包括地理学、历史学、金石学,更重要的是小学。的确,小学似乎在明代考据学中起着核心的作用,因为学者们在经典文本的注释中频繁地运用音韵学、训诂学与文字学。② 再者,明代晚期,这一考据学的兴趣在科举考试中有所反应。本杰明·艾尔曼发现,1500年前后,考官通常依据考据学的标准来筛选出成功的考生。这一标准包括考查考生用证据确证事实的能力,看他们怎么提供证据和他们是否有复古的意向。③ 毋庸置疑,所有这些都为考据学在清代的发展与兴盛奠定了坚实的基础。

五、反响

的确,正如20世纪初期朱希祖(1879—1945)观察到的,明代中

---

① 见吉川幸次郎:《仁斋·徂徕·宣长》,第118—126页。
② 参见林庆彰:《明代考据学研究》,台北,学生书局,1986;《明代经学研究论集》。
③ Benjamin Elman, *From Philosophy to Philology: Intellectual and Social Aspects of Change in Late Imperial China*, Los Angeles, UCLA Asian Pacific Monograph Series, 2001, pp. 76-77.

期以降，发生了一场基础广泛的复古主义运动，因为尽管考据学与文学存在差异，但它们之间存在内在联系，而且目标一致。不管是文学家想要复兴古代的写作风格，还是考据学家、版本学家想要恢复古代文本的完整性，他们都必须要对古书有清楚的理解。为了理解古书，他们必须学习文字学、音韵学等的知识。朱氏总结道，所有这些都为清代考据学的繁荣铺平了道路。①

从跨文化的角度来看，在清代中国考据学迅速发展之前，明代学者为挑战程朱正统而发起的复古主义运动，已经在日本生根，由伊藤仁斋与荻生徂徕培育、发展。像明代学者，比如王阳明学派中人一样，他们一开始是程朱学派的忠实信徒，却在发现其缺陷之后开始背叛程朱学派。他们也采取复古主义的取径来指出程朱学的缺陷。王阳明指出，程朱学派并没有传达出儒家学说的真正精神，伊藤仁斋则指责程朱曲解了儒学经典的原意。当然，王氏与伊藤所发展的替代程朱理学的学派有着明显的不同。但是这一差异不应该让我们惊讶，因为从根本上来说，他们是在不同的社会文化背景之中构想、发起并开展活动的。如果说明代禅学的衰落与转型使得王阳明借用、融合大量的佛学实践来推动心学的发展，那么，与伊藤仁斋转向并呼吁古学关系很大的是，程朱理学在一开始介绍到日本时，便与禅学相混。这反映了明代理学的实践，也引起了伊藤仁斋对朱子学权威性的怀疑，并促使他寻找更权威，或者说更原始的儒学状态。

明亡之后，复古主义的兴趣在清代学者之中进一步强化，因为他们中很多人将明代衰亡与满族统治的建立归咎于儒学，特别是归咎于王阳明学派对书本知识的忽视。尽管清代统治者很快就恢复了程朱理学的正统，但这对许多学者总体上并没有吸引力，尤其是清初的

---

① 转引自林庆彰：《明代考据学研究》，第24页。

知识领袖顾炎武、黄宗羲(1610—1695)和王夫之(1619—1692)。他们坚守遗民立场,保持着对前朝的忠诚,致力于保存、发扬明代文化传统。黄宗羲《明儒学案》的写作是一个显例。他对纯学术的高度热忱堪称典范,而且对于清代中期以降考据学的繁荣也是至关重要的。① 再者,清代学者对于明代遗产的选择十分理智。他们将王阳明心学的流行作为导致明代衰亡的一个原因,因此专注于发展明代的考据学。比如,顾炎武通过音韵学的方法对经典的研究,是对明代学者陈第著作的进一步发展。总之,他们呼吁继续抵抗佛教与道教对儒学主流的侵蚀。因此,王阳明学派自然成为他们的攻击目标。这很容易理解:中国再一次处于异族王朝统治之下,汉族人变得更倾向于他们自身文化的经典形式,希望维持他们的文化与种族认同。

明代的灭亡,对朝鲜王朝的儒学者而言,也造成了很大的冲击,并影响了他们对日本儒学发展的观点和立场。朝鲜士大夫对日本的儒者一直以来都怀有一种"无端傲慢"。早在17世纪初,与林罗山见面的朝鲜使臣便认为林氏"学术不纯",于是就"居高临下地教训他"。② 到了18世纪,来日的朝鲜通信使一方面对日本古学者的学问有所留意,另一方面则展示出理学卫道者的姿态。这一点从洪景海《随槎日录》(1748)与赵曮《海槎日记》(1764)中可以看出。对于日本古学者伊藤仁斋的《童子问》,以及他的《论语古义》《孟子古义》以及《语孟字义》等等,洪景海指斥其"全以诋诬程朱,夸张异见

---

① 赵园在《明清之际士大夫研究》(北京,北京大学出版社,1999)中认为,遗民心态为清代学术的职业化铺平道路,这在艾尔曼的《从理学到朴学》中有所描述。(赵园书中似乎并没有明确说学术的职业化,只是说遗民心态促进了明代学术的批评、整理与再发现。)

② 葛兆光:《导言:朝鲜赴日通信使文献的意义》,见复旦大学文史研究院编:《朝鲜通信使文献选编》第一册,上海,复旦大学出版社,2015,第38页。

为主,自谓孔孟以后,独得圣学心法。……所谓'古义',即自立己见,逐章释注者也。'字义'即以心性四端七情诚敬等字,逐字论辩者也。绝海蛮儿坐于愚昧,诲毁前贤,至此良足良怜"。① 赵曧对伊藤仁斋和荻生徂徕学问的评价则是"两人言入人深而流派远,想若清国毛奇龄号西河者攻斥朱子",所以感慨道:"阳明之术泛滥天下,而朱子之学独行于朝鲜,群阴剥尽之余,一脉扶阳之责,岂不专在于吾东多士耶?日本学术则谓之长夜可也,文章则谓之瞽蒙可也。"② 背后的原因,自然是朝鲜士大夫对自身坚守朱子学传统近乎顽固的自信。

然而,随着时间的演进,朝鲜儒学者的看法有所改变。夫马进通过推敲1748年与1764年两次来日朝鲜通信使微妙的心态变化,敏锐地捕捉到了朝鲜士大夫傲慢背后的"危机感"。这种"危机感"反映在行动上,就是不断地探听与古学相关的消息。夫马进指出,1748年朝鲜通信使来日时虽与日本的朱子学者交流,但他们并不关心山崎闇斋的学问,以之为"朝鲜朱子学的翻版",而是不断探听与伊藤仁斋相关的问题。③ 他还注意到,尽管1748年出使日本的朝鲜通信使对日本的古学"十分反感","在笔谈中流露出对古学流行的担心",但是到了1764年,朝鲜儒学者"却对徂徕学表示出异样的兴趣,并且热心地收集与之相关的信息"。夫马进认为,"其间的变化

---

① 洪景海:《随槎日录》,见复旦大学文史研究院编:《朝鲜通信使文献选编》第四册,第193页。

② 赵曧:《赵济谷海槎日记》,见复旦大学文史研究院编:《朝鲜通信使文献选编》第五册,第168页。

③ 夫马进:《朝鲜燕行使与朝鲜通信使:使节视野中的中国·日本》,伍跃译,上海,上海古籍出版社,2010,第112页。此处可以看到阿部吉雄与夫马进对相同史料的不同解读。阿部吉雄以1748年朝鲜通信使来日情况作为例证,说明日本朱子学受朝鲜的影响,而夫马进则认为:"对于当时的朝鲜通信使来说,山崎实际上已经是无足轻重的人物。"

可以让我们看到两国学术关系上出现的重大转折"。① 也就是说，日本古学运动的兴起扭转了日朝两国之间学术传播的流向，日本不再依靠朝鲜输入的儒学，转而逐渐对朝鲜的学术思想发生一定程度的影响。②

在清代中期，中国的智识领域亦发生了明显的变化。首先，众所周知，"遗民不世袭"。尽管顾炎武、黄宗羲等清代早期的学者拒绝与清廷合作，但他们的后代与弟子选择参与到清廷所恢复的科举考试中，因此进入清代官场。③ 其次，清廷所认可的程朱正统经历了重要的改变，从传统上强调对"理"的思考与分析，转而重视实践层面，使之更贴近现实生活。④ 最后，清代统治者在几十年的统治巩固之后，开始认为自己的角色不仅仅是中国政治的领导者，也应该是文化的领导者。可以证明这一点的是，康熙皇帝（1661—1722 在位）与乾隆皇帝（1736—1795 在位）分别在统治时期开展巨大的文献目录修纂工程（《康熙字典》《四库全书》等）。

换言之，随着程朱理学相关的形而上的影响（尤其是王阳明的心学）之减弱，清代学者们显得更乐意与他们新的统治者合作，康乾盛世取得的文化与经济的高度发展，所有这些因素都推动了考据学

---

① 夫马进:《朝鲜燕行使与朝鲜通信使:使节视野中的中国·日本》，第 142 页。

② 不过，夫马进也承认:"日本学术对朝鲜产生了明显的影响还要再等大约半个世纪。"见夫马进:《朝鲜燕行使与朝鲜通信使:使节视野中的中国·日本》，第 143 页。

③ 参见漆永祥:《乾嘉考据学研究》，北京，中国社会科学出版社，1998，第 32—33 页。

④ 见 Wing-tsit Chan, "The Hsing-li ching-i and the Ch'eng-Chu School of the Seventeenth Century", in *The Unfolding of Neo-Confucianism*, ed. Wm. Theodore de Bary, New York, Columbia University Press, 1975, pp. 543-580;及新近研究 On-cho Ng, *Cheng-Zhu Neo-Confucianism in the Early Qing: Li Guangdi (1642-1718) and Qing Learning*, Albany, State University of New York Press, 2001。

的发展。这样的环境与伊藤仁斋开始追寻古义的17世纪的日本相似。而且,这种相似性也许还解释了为什么伊藤仁斋的观点,比如他对于普通人的平等主义的同情以及他为人类"情""欲"存在的合理性而辩护,与像戴震这样同样拥有商人背景的清代学者产生了很强的共鸣。不过,尽管由相似的关怀所激发,日本古义学派与清代考据学在方法论上,还是存在着显著的差异。浜口富士雄认为,在明代先贤著作的基础上,清代考据学者在研究经典时主要运用音韵学。①相反,伊藤仁斋以及荻生徂徕的注意力,则主要在古文字学与句法上。更值得一提的是,清代考据学的方法和理念也在日本产生了重要影响,不过这要等到19世纪了。②

载《江海学刊》2018年第1期

---

① 浜口富士雄:《清代考拠学の思想史的研究》,东京,国书刊行会,1994。

② 吉川幸次郎认为,徂徕的取径,尽管看起来与清代考据学相似,但实际上是有所差异的,见吉川幸次郎:《仁斋·徂徕·宣长》,第124—125页。内藤湖南在《先哲の学问》中赞同这一观点,表示日本的学术通常比中国的学术滞后一个世纪以上,伊藤仁斋与徂徕的古学追随明代学者的著作。内藤的观点在连清吉的论文中被引用,见连清吉:《日本考证学家的考证方法》,见蒋秋华编:《乾嘉学者的治经方法》第2卷,注释1,台北,"中研院"文哲所,2000,第787页。与内藤湖南类似的观点见Joshua Fogel, *In his Politics and Sinology: The Case of Naitō Konan (1866-1934)*, Cambridge, Harvard University Press, 1984, pp.107-108。有关清代考据学是如何流传到日本的近期研究,见Benjamin Elman, "The Search for Evidence from China: Qing Learning and Kōshōgaku in Tokugawa Japan", *Sagacious Monks and Bloodthirsty Warriors: Chinese Views of Japan in the Ming-Qing Period*, ed. Joshua A. Fogel, Norwalk, East Bridge, 2002, pp.158-182;王晴佳:《考据学的兴衰与中日史学近代化的异同》,载《史学理论研究》2006年第1期,亦收入本书。

第十四章　考据学的兴衰与中日史学近代化的异同

自民国初年以降,有关考据学的研究,可谓汗牛充栋。到了战后,更由于西方和东亚学者的参与,考据学逐渐成为一门国际的学问。但从前人研究的重点来看,主要还是侧重其渊源和发生等方面,而对其影响和后续,则仍然注意不多。本文从比较的角度,探讨考据学在东亚的发展和转变,着重探讨中日史学从传统到近代的转型期中考据学的不同,并进而讨论中日近代学术发展的不同轨迹及其原因。

一、考据学在中日发展的源流

就考据学的渊源来看,可以追溯到宋代。理学在那时的兴起,虽然吸收了佛教甚至道教的不少元素,但从本质上来说,是以复兴儒家学说为宗旨的。若想复兴古代儒家的传统,就必须从整理、研读儒家经典着手。而儒家的经典,自汉代开始,已经不断有人对之加以注释、诠释,以求掌握其真精神。东汉时期,马融(79—166)、郑玄(127—200)等人就在这方面多有钻研。唐代的颜师古(581—645)、孔颖达(574—648)等人,直接继承了他们的学风。但这些经学的研究,只是儒家传统的一个方面。而另一面,则表现在历代儒家如何以儒家经典为基础,对他们所处时代的各种问题,提出解释和解救的方案。因此,以诠释儒家原典为出发点,使儒家精神能融入、指导各个

第十四章　考据学的兴衰与中日史学近代化的异同

时代的社会文化,是儒家的自然发展及其生命力所在。

宋代的政治文化,如余英时先生的近作《朱熹的历史世界》显示,给予士大夫前所未有的参与空间。① 为了在政治舞台上施展身手,士大夫们不断根据自己的需要,引经据典,因此在诠释儒家原典上,也享有较大的空间。他们对佛教、道教学问的吸收,也显然比前人更为大胆。理学家程颢(1032—1085)、程颐等人,都曾出入佛教经典,而他们的老师周敦颐(1017—1073)则对道教的教义十分熟稔。虽然程颢明言,"天理二字,却是自家体贴出来",此话虽然不差,但其中包含的外来因素,也无法否认。到了朱熹的时代,这一"自由"诠释的传统更得以发扬光大。朱熹对以前奉为圭臬的五经颇有微言,他以"四书"取代"五经",可谓儒家发展史上一场"革命"。这一大胆的作为,在其他文化宗教传统上,十分少见,但却可以与佛教在中国历史上的阶段性发展互相比拟。朱熹十分注重将学问与时代精神相连,并以后者作为治学的出发点。这显然是他能在儒家诠释上如此大胆作为的主要原因。

但是,理学如此改造古典儒家,虽然得到明清朝廷的支持而成为正统,但它却无法取消原典,亦不能取代原典。在明代,即使如主张"心学"的王阳明及其弟子,在他们的讲学中,也没有完全脱离儒家经典。当时更有不少儒学家突破了理学的藩篱,"返璞归真",借助汉代学者的著作,开始全面、仔细地研究、诠释儒家的原典。从林庆彰的研究中可以看出,明代考据学不但颇有规模,而且在许多地方为清代考据学的发展,做了重要的方法论上的准备。② 如陈第的古音学研究,就为清初顾炎武所继承、发扬,成为清代考据学诠释经典的重要手段之一。因此,考据学在清代的兴起,并不是无源之水、无本

---

① 余英时:《朱熹的历史世界》,台北,允晨,2003。
② 参见林庆彰:《明代考据学研究》,台北,学生书局,1986。

之木,而是有一种思想史上的继承关系。从更新的研究来看,考据学在清代的兴盛,也与乾隆、嘉庆两朝的经济发达、政治稳定颇有关系。① 有名的考据家如王鸣盛、钱大昕等人虽然考取功名,但却无心仕途,而是愿意回归乡里,专研学术,这与江南一带的富庶亦有关联。② 考据学的兴起与清代政治,当然也有关系。前人如梁启超曾提出清初"文字狱"的盛行,是使得学者埋首穷经的主要原因。这一说法,已受到质疑。但清代学者对满族的统治,是否完全接受,仍然值得考虑。像王鸣盛、钱大昕那样,不愿在朝廷长期任职,而情愿回归故里,专心从事考据,是否有不满满人统治的一面,也值得思考。当然考据家中,也有不少人愿意效力朝廷,如戴震多次应考,屡败不舍,就是一例。但戴也许只是为了追求功名而已,并不一定表示他对清朝统治的好恶。

如此种种对清代考据学兴盛的解释,足以表明,考据学的发达,受到当时政治、经济和文化多种因素组合的影响。不管考据家的研究是否带有政治倾向,至少在治学上,考据学是对程朱理学的一种"反动",体现一种"复元主义"的倾向。③ 这一复元主义的意图,也是考据学得以流传东亚其他国家的主要原因。明代的学术对朝鲜和日本都有不小的影响。而明代学术的多样性也激发了朝鲜、日本学者对儒学的兴趣,让他们感受到儒学传统的深远和深厚。就理学而

---

① 见王俊义:《乾嘉学派与康乾盛世》,见《清代学术探研录》,北京,中国社会科学出版社,2002,第216—224页。

② 参见 Benjamin Elman, *From Philosophy to Philology: Intellectual and Social Aspects of Change in Late Imperial China*, Los Angeles, UCLA Asian Pacific Monograph Series, 2001, pp. 167-176。

③ "复元主义"(restorationist)由狄培理提出,见其论文"Some Common Tendencies in Neo-Confucianism", in *Confucianism in Action*, eds. David Nivison & Arthur Wright, Stanford, Stanford University Press, 1959, pp. 25-49, 34-35。

言,朱子学与阳明学在日本几乎并驾齐驱,影响不分轩轾。明代学者罗钦顺等人用"气"来补充、修正程朱对"理"的强调,很快为日本的伊藤仁斋和朝鲜的李珥(1536—1584)所吸收,而明代李攀龙、王世贞的"古文运动",也启发了日本的荻生徂徕。更重要的是,明代的灭亡,对朝鲜、日本的复元主义运动,显然有很大的影响。一些学者目睹满人在明亡之后建立"异族"统治,倾向认为儒家文化之正统已经在中原本土消亡,因此在朝鲜一时有"小中华"之谓,认为儒家文化的正统,只有在朝鲜才得以延续、流传。这样的思想情绪,在日本的儒学家中也同样存在。

清代的考据家和日本的古学家在儒家原典面前,确实保持比理学家更多一层的谦恭态度,但在这背后其实也有一种傲慢。他们想"占据原典","会当凌绝顶,一览众山小",鄙视、斥责后人对儒家的解读。伊藤仁斋就指责宋儒"不奉文礼王教而以心性为学,是名为仲尼之徒而实畔(叛)之也"。这里表现出,正是一种知识上的傲慢,也包括日本儒学家在明亡之后,对清初政治和学术的某种蔑视。

从伊藤仁斋和荻生徂徕的"古学派"那里,我们可以看出日本儒学家寻求日本儒学主体性的明显趋向。这一趋向的形成,也可谓理所当然。因为日本认真接受儒学,特别是理学,大约已有一个世纪之久了。而明代学术纷繁复杂,自然会让外人有无所适从之感。伊藤仁斋和荻生徂徕,希求回归原典,情有可原。他们的努力虽然有人将之与清代考据学相提并论,但在日本儒学的发展史上,其实与王阳明及其弟子对宋代理学的修正相仿。上面已经提到,王阳明虽然宣扬"心性之学",但其实他对文献考证也十分重视。对于日本德川时代的儒学演变,广濑淡窗(1782—1856)曾有这样的评论。他说自藤原惺窝、林罗山在日本建立儒学传统以来,主要以程朱理学为宗。以后山崎闇斋、中江藤树(1608—1648)等人斥佛学、明圣道,形成一变。

伊藤仁斋、荻生徂徕强调复兴古义、精密训诂,以诗文为主,躬行为次,又成一变。"古学派"的兴盛,导致程朱理学的衰落,"儒者浮华放荡",引起世人之厌恶,于是又有人提倡回归宋学。而因为宋学仍然有其弊,所以形成折衷派,在宋学派和古学派之间取舍,以至到了18世纪后半叶,十分之七八的儒者,都信奉折衷派。① 由此可见,如果说在清代,考据学的兴起是对明末陆王心学的批评和"反动",那么在日本,折衷派的兴起则是对古学派的一种"反动"。

不过,折衷派虽然是日本儒学传统的产物,但其生存发展,则无法局限在日本的范围之内。折衷派不仅想在宋学和古学之间折衷,更想汉魏传注、宋明疏释并用,也即将马郑的训诂和程朱的义理的旗帜并举。事实上,折衷派也并不想局限在日本而已。折衷派的主要人物片山兼山(1730—1782)尝言:"朱子学所阐释的道,已在我大和得以昭明,而在'旧华胡清'的中国,先王的诗书礼乐,已不再存在,既然在异国他乡,还存在这些诗书礼乐,何不设法取之?岂不美哉、盛哉?倘真能如此,余死亦可也。"②

但是,明清的交替,朱舜水等之赴日,根据中山久四郎的观察,也使得日本儒学与中国儒学之间的交流更为直接。当然,在考据学输入日本以前,日本儒者已经有不少以"考"命名的书籍,因此日本也像中国一样,考据学自有其长久的渊源。如日本儒学发展第二期的代表人物山崎闇斋,就曾有《经名考》《四书序考》等作品。到了第三期,也即折衷派盛行的时期,考据的风气更为浓厚,于是对清代的考据表示出浓厚的兴趣。与片山兼山同为折衷派主要代表的井上金峨(1732—1784),就受到清代儒学的影响,他的门人如吉田篁墩(?—

---

① 见佐藤文四郎:《折衷学概括》,见《近世日本の儒学》,东京,岩波书店,1939,第674页。

② 佐藤文四郎:《折衷学概括》,见《近世日本の儒学》,第675页。

1798)、大田锦城(1765—1825)更成为考据学在日本流行的主要推动者。井上金峨的墓碑铭,有这样的盖棺定论,说他"大抵取舍训诂于汉注唐疏,折衷大义于朱王伊物之间,而其所持论,阐发孔周之道,匡前修之不逮者"。① 到了吉田篁墩,在清代学问的兴趣,就直接以考据学为主了。所以有人将吉田篁墩视为考据学的首倡者。吉田篁墩在清代的考据家中,特别尊重卢文弨(1718—1796)、余萧客(1729—1777)等,认为卢之《汲冢周书》"考据该备,援证探讨,不遗余力",而余萧客的《古经解钩沉》"述而不作,信而好古,纯乎汉唐之旧学"。②

虽然有此相似之处,但毕竟日本的考据学是受到清代考据学的影响之后产生的,因此就有一明显的"时间差"。中山久四郎指出,中国流行的学术风气,往往在一百年乃至二百年之后才在日本流行。他举伊藤东涯的说法为例,指出荻生徂徕所提倡的"古文辞学",首倡者其实为明末的李攀龙、王世贞,比荻生徂徕早了大约一百五十年。而清代考据学由顾炎武、毛奇龄(1623—1713)等人开其端,逐渐在乾嘉两朝形成风气,传及日本,经历了百余年,考证学才在日本宽政时代(1789—1801)前后广泛流行。③ 换言之,虽然日本自有其考据的传统,但日本的考据学则是清代考据学影响之下的产物。日本考据学的主要人物大田锦城,对清代学者十分尊敬。他虽然在思想上也属于折衷派,但已经不像片山兼山那样,对清代儒学显出轻薄的态度了。大田锦城在清代学者中,最崇拜的有三人:纪昀(1724—1805)、赵翼和袁枚(1716—1797)。他在其著作《九经谈》中,大量采用了清人的研究成果。中山久四郎写道,大田锦城的学问,能在当时

---

① 中山久四郎:《考证学概说》,见《近世日本の儒学》,第710页。
② 中山久四郎:《考证学概说》,见《近世日本の儒学》,第713页。
③ 中山久四郎:《考证学概说》,见《近世日本の儒学》,第729页。

日本儒者中首屈一指，是因为他能接触和利用当时从中国传来的著作，然后加以吸收加工，写成自己的著作。实际上，据中山久四郎的考察，大田锦城的学问，主要源自顾炎武的《日知录》、毛奇龄的《西河合集》、赵翼的《二十二史札记》和《瓯北全集》等清代名儒的著作。①

在大田锦城之后，对清代考据学同样热心的是狩谷望之（1775—1835）。据说狩谷望之"专奉汉唐注疏，不屑宋明理气，性最嗜古，古刻本、古写本、古器古物乃至碑版法书之类，可备采录者，与夫珍书异典、金匮之秘、名山之藏，博物君子未经见者，广搜而多聚之，精择而详言之，其考尺度，注和名钞，考证精覆、发明极多"②。这种博学的态度，可与戴震相比仿。更值得一提的是，狩谷望之将自己的书房，题为"实事求是书屋"，表现出他的治学，与清代考据学一脉相承。因此在狩谷所处的文化时代（1804—1818），由于他对考据学的提倡，"一变元明人的无根空泛之学"。日本考据学，正从那时开始走向其盛期，即使前面有所谓"宽政异学禁"，也没有能改变。③ 而在中国本土，考据学已经开始为人所批评，如方东树（1772—1851）的《汉学商兑》便是一例。而提倡今文经的常州学派，自庄存与（1719—1788）开始，经刘逢禄（1776—1829）、宋翔凤（1779—1860），慢慢在19世纪初年形成势力。中日两国儒学发展的"时间差"表现十分明显。

---

① 中山久四郎：《考证学概说》，见《近世日本の儒学》，第718—719页。
② 中山久四郎：《考证学概说》，见《近世日本の儒学》，第722页。
③ Robert Backus, "The Kansei Prohibition of Heterodoxy and Its Effects on Education", *Harvard Journal of Asiatic Studies*, 39:1 (June 1979), pp. 55-106.

二、考据史学与近代史学

中山久四郎在论述 19 世纪考据学时,引用了重野安绎的评论"本邦考据之学,宽政已降寖盛",以狩谷望之为其领袖,其门人有冈本保孝(1797—1878),而冈本保孝的弟子是木村正辞(1827—1913),可谓代有传人。① 其实,重野安绎本人也是一位考据家,以后才成为一名史家。1889 年日本历史学会成立,他当选第一任会长,为日本史学走向近代化之重要人物。重野安绎对考据学的兴趣及其训练,自然对他推动日本史学之近代化产生了重要的影响。可以说,日本史学的近代化,在一定程度上,也即是考据史学的近代转型(re-incarnation)。

一般认为,日本史学的近代化,循两条相接但又不同的轨迹行进。一是"文明史学""民间史学"的产生与发达,二是从考据史学到"学院史学"的转化。② 这两条轨迹,代表了明治日本的两种思想倾向,一是吸收西学,二是革新传统。它们的目的其实相同,因此双方有所互动。但就其取径来看,则又有明显的区别。"文明史学"的代表人物,是明治时期著名的思想家福泽谕吉。福泽谕吉在年轻的时候,既受过汉学的熏陶,更有"兰学"的训练,学习过荷兰语和英语。明治维新前后,他曾任幕府考察西方的翻译官,所著《西洋事情》一书于 1866 年出版,为日本人"开眼看世界"的重要著作,在明治维新前后十分畅销。

1868 年,福泽谕吉拒绝任职于刚成立的明治政府,而是一心投

---

① 中山久四郎:《考证学概说》,见《近世日本の儒学》,第 723 页。
② 家永三郎:《日本近代史学の成立》,见《日本の近代史学》,东京,日本评论新社,1957,第 67 页以降。

入教育,创立了庆应义塾大学。他的基本思想,在1875年出版的《文明论之概略》中,表达得十分明确,那就是希望开启"民智",以求社会的进步。福泽谕吉对于"文明"(civilization)一词特别偏好,认为是区分东、西文化的重要标志。在福泽看来,东方的儒家文化,注重的是精英人物的培养,但西方的社会,则注意到整个社会的进步。为了求得社会的进步,兴办教育就是一个手段。在为庆应义塾选择教材的时候,福泽注意到两本最近出版的西方历史著作,一是基佐的《欧洲文明史》,二是巴克尔的《英国文明史》。两本书在日本有多种译本,对于"civilization"一词的翻译,也有两种,即"文明"和"开化",以致当时人便将"文明开化"并用,成为提倡西化的主要口号。①

福泽谕吉的《文明论之概略》,不但有他对明治以后日本社会发展的构想,而且还体现了一种新的历史观念,那就是要用文明进化、发展的角度来研究历史,摆脱原来治乱兴亡的朝代史,走出道德训诫的治史模式。简略说来,福泽所提倡的史学模式,就是要用"人民的历史"取代"政府的历史",用"被治者的历史"取代"治者的历史",改变原来日本历史上"权力偏重"的现象。他认为只有如此,方能改变日本文明"半开"的状况,向西方文明看齐。② 因此,《文明论之概略》既是"文明史学"实践的指导思想,更指出了明治日本历史发展的方向。就"文明史学"的实践而言,田口卯吉(1855—1905)是主要代表。他自1877年开始,发表《日本开化小史》,将福泽谕吉的思想付诸实施。《日本开化小史》的写作手法,一改原来朝代兴亡史、王室沿革史的面貌,用类似传统史家写作"艺文志"的写法,突出日本文化发展的历史,但又包括日本历史的其他方面。田口采用了"社

---

① 小泽荣一:《近代日本史学史の研究:明治编》,东京,吉川弘文馆,1968,第104—122页。

② 家永三郎:《日本近代史学の成立》,68—70页。

会"这一新名词,并且希图从历史研究中,展现社会发展进化的"一定之理",即"社会所存之大理"。在田口看来,这一社会演化之"理",与"货财"(经济)之进步,更有关系。但尽管他有如此想法,真要通过分析经济发展,探究社会演化之理,则不是那么容易。《日本开化小史》还带有政治史的痕迹。后来田口又写作《"支那"开化小史》,更被人讥为"政纲小史"。[①]

不过,虽然"文明史学"的推广者,都是所谓"新闻史家",并非专业学者,但"文明史学"的兴起,是日本史家批判道德史学,也即审查、检讨日本传统文化的开始。这一倾向的出现,指出了日本史学近代化的主向,也是"文明史学"与"考据史学""学院史学"的相交点。[②]

明治政府成立的第二年,下令为修史做准备。那时所设的修史机构,是在原塙保己一(1746—1821)的和学讲谈所内建立的史料编辑国史校正局。同年,明治政府设大学校,合并了昌平校、开成所和医学所。国史校正局便属大学校,改名国史编辑局。但以后又产生一些变动。1875年明治政府设修史局,两年以后又改名修史馆。修史馆所做的工作主要在四个方面:(1)由川田刚负责收集自南北朝以后的史料和皇室的系谱,(2)由重野安绎负责收集、编修德川时代的史料,(3)编修《复古记》和《明治史要》,(4)编修地方志。川田刚和重野安绎之间,就整理史料还是编修正史产生分歧。以后川田刚离开修史馆,于是重野安绎开始着手编修《大日本编年史》,其所用体裁循《左传》和《资治通鉴》,其目的是"正君臣名分之谊,明华夷内外之辨,以扶植天下纲常"。

[①] 田口卯吉:《"支那"开化小史》四卷,明治二十年版,藏日本国会图书馆。对田口的批评和田口的反驳见卷四。

[②] 大久保利谦:《日本近代史学の成立》,东京,吉川弘文馆,1986,第95页以降。

以上这些工作以史料考订为主，足见考据学的影响。的确，在19世纪日本儒学家中，考据家居多。在上面提到的狩谷望之以外，还有伴信友（1773—1846）、塙保己一，而后者的和学讲谈所，更以培养考据人才闻名，重野安绎所推崇的木村正辞，就曾在和学讲谈所工作。修史机构设在和学讲谈所内，显然有意继承考据学的传统。因此修史馆注重整理史料并不见怪。现代日本史家家永三郎指出，明治时代的史家，忠实继承了伴信友、狩谷望之、塙保己一的"实证主义精神"。这一实证主义的作风，正是连接德川时代考据史学和明治时代学院史学的桥梁。①

日本史学的近代化与欧美各国几乎同时发生。如用历史专业刊物的发行而言，德国的《历史杂志》(*Historische Zeitschrift*)发行最早，于1859年出版。法国的《历史评论》(*Revue Historique*)发行于1876年，《英国历史评论》(*English Historical Review*)发行于1886年。而《美国历史评论》(*American Historical Review*)则迟至1895年才正式发行。日本的《历史杂志》在1889年出版，还早于美国的同类刊物。② 但是就专业化的特点而言，日本史学的近代化，则与考据学的传统关系甚大。

这一考据学和学院史学之间的密切联系，有其思想史上的内在原因。如前所述，重野安绎等人所继承的，是自德川时代中期以降，日渐发达的儒家考据学，其思想倾向虽然以折衷著称，但其实质则是想超越汉学、宋学之分，也即突破朱子学的藩篱。由是，日本的考据学是对朱子学的一种"反动"。在史学的领域，朱子学的主要成就，体现在德川时代开始编写的《大日本史》一书，其指导思想是劝善惩恶，由德川光圀（1628—1700）主持，其编辑者大都是朱舜水的弟子。

---

① 家永三郎：《日本近代史学の成立》，第81页以降。
② 三上参次：《本邦史学史论丛》上卷《序》，东京，富山房，1939，第1—4页。

虽然朱舜水的理学思想,已经对程朱理学所改变,但他在日本的影响,还主要属于朱子学一系。《大日本史》因此是道德史学的主要代表。从"宽政异学禁"的角度来看,考据学是朱子学的对立面,因为当时所禁的,也包括了考据学。①

但到了明治时代,考据学非但没有衰落,而且借助德国的兰克学派,其声势更为壮大。重野安绎、久米邦武等人,对传统的道德史学,开始发动更为猛烈的攻击。重野安绎指出,劝善惩恶的史学必然会歪曲历史事实,而历史研究的主要目的,只是为了重建过去的事实而已。久米邦武也写道,历史研究必须"一洗劝(善)惩(恶)的旧习"。② 他们对道德史学或"劝惩史学"的批判,既可视为近代实证主义史学的一种实践,是对封建时代意识形态的一种摒弃。但同时,这种批评也是德川时代朱子学与考据学相互对立的一种继续。③ 重野安绎、久米邦武、星野恒(1839—1917)等人采用考据学的手段,以道德史学为主要批评对象,对日本以往的史料和史实,做了详细、无情的考订和批判。他们严厉审查史书、史实,揭露了过去记载中的一些不实之处,使一些保守人士感到不满,如重野安绎就被讥为"抹煞博士"。譬如重野安绎和星野恒分别撰文,对脍炙人口的历史人物儿岛高德提出疑问,认为以前人们过于相信《太平记》这样的文学类作品,证据显得不足。而星野恒甚至推测说,《太平记》的作者小岛法师,其名字的训读与儿岛相似,或许两人是同一人而已。而久米邦武则以《神道乃祭天的古俗》知名。他在文中探究神道教的历史渊源,使人感到他在否定神道教的宗教性和神圣性,因此遭到许多攻击,最

---

① Robert Backus, "The Kansei Prohibition of Heterodoxy and Its Effects on Education," *Harvard Journal of Asiatic Studies*, 39:1 (June 1979), pp. 55-106.
② 家永三郎:《日本近代史学の成立》,第83—85页。
③ 大久保利谦:《日本近代史学の成立》,第74—86页。

后久米邦武只能离开东京大学。①

总之,日本儒学中的考据学传统,为日本学者接受西方的实证主义提供了良好的准备,促成了日本学术的近代转型。日本史学的近代化能与西方国家并驾齐驱,主要因为考据学这一传统,在19世纪中期日本向西方开放的时候,仍然方兴未艾,源远流长,为日本学者选择、吸收西方思想文化,提供了一个基本的立场。换言之,西方文化并不是划一的整体,而是多重多元。就历史思想而言,兰克所代表的批判史学只是其中一种。日本虽然首先吸取的是巴克尔、基佐的"文明史学",但很快又热衷兰克史学,并使其移花接木,让它与本土的考据学传统"并合",这正是其史学近代化较早成功的关键。② 这里,传统与近代,形成一种貌似偶然、却又自然的历史结合。山路爱山(1864—1917)写道,与西方史学相比,幕府时代的史家有所不及,"以至于在维新以来,西方文化如决堤之潮,弥漫日本思想界。但日本史学并没有被扫在一边,而是善于维持其命脉,咀嚼消化输入的新史学,以致获得建立今日规模宏大的东洋史学之盛运"③。显然,这一"盛运"的基础,来自考据学的传统。

三、"整理国故"与民族主义史学

与日本相比,中国与西方的接触更早,但却命运多舛,几经曲折。其中原因自有多样,不应简化。但从史学近代化的角度观察,则可发现,中国近代史学与清代考据学,有一种比在日本更为复杂、曲

---

① John S. Brownlee, *Japanese Historians and the National Myths, 1600-1945*, University of British Columbia Press, 1998, p.92.
② 佐藤正幸:《历史认识の时空》,东京,知泉书馆,2004,第343页。
③ 今井登志喜:《西洋史学の本邦史学に与へたる影响》,第1453页。

折的关系。这一复杂的关系,直接影响了民族主义观念在中国的形成和普及,因为历史写作通常是推动民族主义思潮的主要武器。而民族主义观念的兴盛与否,又与民族国家的建设息息相关,因此中国近代史学的发生及其与传统的关系,又与中国近代历史的发展多有关联。

如前所述,考据学在中国源远流长。但作为一学术潮流,则在明清转型之际慢慢形成气候,而在乾隆、嘉庆年间蔚为一时风气。那时的儒学家大都以考据见长,即使像戴震这样有意阐发"义理"的学者,还主要以其考据学的功夫知名。18世纪后半叶的章学诚曾对考据学的风气,表示某种不满,但却孤掌难鸣,无人响应,而他本人著述虽多,一生却穷困潦倒。① 不过,进入19世纪之后,对考据学的批评则渐成声势。常州学派力倡今文经,得到朝廷的辅助,而桐城派则虽以博采汉宋为标榜,但却以程朱为宗。这些变化,都促使和标志了考据学的衰落。② 19世纪上半叶的龚自珍,为考据家段玉裁(1735—1815)之外甥,自幼受到考据学的熏陶,但以后却以今文经知名。与他同时的魏源,也同样是今文经家。桐城派的主要传人,则是晚清赫赫有名的曾国藩(1811—1872)。总之,与日本相比,考据学在19世纪的中国已经日薄西山,其代表人物唯有俞樾(1821—1901)及其弟子。

19世纪的中国,已经明显感到西方列强的存在和威胁。龚自珍、魏源等今文经家,对此十分注意,因此提倡变法。他们的治学,由此带上了浓厚的时代气息。曾国藩以拯救孔孟之道为志,起兵抗击

---

① 参见余英时:《论戴震与章学诚》,香港,龙门书店,1976。

② 参见 Benjamin Elman, *Classicism, Politics, and Kinship: the Ch'ang-chou School of New Text Confucianism in Late Imperial Chin*, Berkeley, University of California Press, 1990。

太平军,进而促成"同治中兴"。与之相比,俞樾的治学则似乎与世无关。像乾嘉时代的钱大昕、王鸣盛一样,俞樾虽有功名,但却志在学问,弃官为学,主持苏州、杭州等地书院几十年。由此可见,在当时东西方交流、冲突的过程中,扮演主要角色的人物,主要都来自考据学的对立面。从历史观念的角度看,龚自珍、魏源等人,已经接触到西方的进步史观。他们用今文经的"三世说"加以附会,以此来强调变法之必要。而康有为更为大胆,其著作《新学伪经考》《孔子改制考》,不但攻击古文经的立场,而且改造孔子的形象,为维新变法张目。因此,19世纪下半叶的中国,其学术氛围与日本正好相反。俞樾的弟子章太炎,曾对古文经充满兴趣,但受当时风气的影响,却一度采取了今文经的立场。

晚清学术氛围的特点,直接影响了中国历史的进程,更影响了中国史学、学术的近代化。像日本的福泽谕吉、田口卯吉一样,晚清学者对西方的进步、变化的历史观念,充满了兴趣,从龚自珍、魏源到康有为、梁启超都不例外。他们对历史进步观念也即进化论的引进,手段有所不同,但目标一致,不遗余力。在甲午战争之后,民族危机加剧,严复适时地翻译出了《天演论》,使得进化论的思想成为中国思想界的主流。梁启超在百日维新失败之后,东渡日本,很快为日本的"文明史学"所吸引,在中国提倡"史界革命",号召写作"新史学"。他的目的与福泽谕吉相同,就是要扩大史家的视野,从写"君史"到写"民史",从朝廷转到国家,倡导民族主义史学,为建立民族—国家服务。①

由于中国的"史界革命",主要由史学界以外的人士发动,其弊有二。首先是声势不大,影响有限。梁启超的《新史学》,连载于《新

---

① 详见王晴佳:《中国近代"新史学"的日本背景:清末的"史界革命"与日本的"文明史学"》,载《台大历史学报》2003年第32期,亦收入本书。

民丛报》。与他想法相似的邓实(1877—1951)、黄节(1873—1935)等人的文章,见于他们所办的《国粹学报》。他们的观念和想法颇为先进,但因为不是专业史家,无法系统实施。其次,由于缺乏实践,"新史学"的想法无法真正贯彻。具体说来,要想实施"新"史学,就必须摒弃"旧"史学。日本的重野安绎、久米邦武等人,其工作被人称为"抹煞论",正因为他们用考据学的手段,对以往的道德史学,做了无情的清算。但中国在整个19世纪,都没有对以往的思想文化做彻底的整理、清算工作。

由此可见,中国近代史学的专业化,没有像日本那样,在19世纪后半叶便出现,也就情有可原了。在中国,历史专业学会的建立和历史专业刊物的发行,都要到1920年后才冒头,比日本要晚三十年以上。① 不过,自1910年末开始,也即在胡适回国之后,中国史学界也开始产生了重要的变化,其标志就是"疑古"思潮的兴起。显然,这一"疑古"思潮所扮演的角色,正与明治日本的"抹煞论"相同,即要清算传统文化。用胡适的话来说,就是要"整理国故、再造文明"。胡适虽然主治哲学,但他的治学方法却以史学为宗。这里的原因,与他留学美国时,美国的学术氛围有关。那时美国人文学科均受德国历史学派,也即兰克学派的影响,注重文献的考订、事实的确认。这一风气,虽然受到提倡"新人文主义"的白璧德批评,但仍盛行不衰。② 胡适对考据学早有兴趣,不过他有意识地沟通考据学与西方学术,则在他留学美国之后,以他的博士论文为标志。他在论文的序言中指出,像西方学术一样,在中国的儒家传统中,对

---

① 参见张越、叶健:《近代学术期刊的出现与史学的变化》,载《史学史研究》2002年第3期。

② 详见王晴佳:《白璧德与"学衡派":一个学术文化史的比较研究》,载《"中研院"近代史研究所集刊》2002年第37期,亦收入本书。

方法论的探求,也经久不衰,从朱熹的"格物致知"开始,到乾嘉的考据学,源远流长。胡适回国之后,更致力于汇通中西学术。他一方面宣传西方的科学主义,包括邀请他的老师杜威来华做学术演讲,另一方面则极力重振乾嘉考据学,强调乾嘉诸老的治学具有科学的精神。胡适对考据学性质的认识和改造,正如日本的重野安绎、久米邦武等人。

因此胡适在中国史学、学术近代化的过程中,扮演了十分重要、不可或缺的角色。他之成就,既与他的学术兴趣有关,更与他的求学背景相连。胡适回国的时候,中国的高等教育也正经历重要的改革。民国成立以后,京师大学堂改名北京大学。1917年蔡元培出掌北京大学,以学术中立、兼容并包为追求目标,其实就是提倡学术研究的自主性,推广新的治学理念。这些都为胡适的出场做好了准备。由于胡适并非史学出身,因此中国史学的专业化,尚需待更多的时日。但胡适提倡"国学研究",以"整理国故"为口号,以"再造文明"为目的,不但提醒了新旧时代之差别,而且还主张从新的、现在的立场出发,审视、研究、批判过去的传统。[1] 在他的激励下,顾颉刚大胆疑古,对中国的历史文化展开了大刀阔斧的批判。这一"疑古运动"已有多人研究,此不赘言。它的效用,正如上面所言,可与明治日本学院派史学家开展的"抹煞论"相比拟。

虽然经过"整理国故"运动,中国学术开始全面近代化,但与日本不同的是,与考据学相连的实证主义治学风格,在中国学术界流行并不很久。19世纪20年代是其盛期,先有顾颉刚开展的"古史辩"讨论,后有傅斯年(1896—1950)领导的殷墟考古发掘。前者

---

[1] 陈平原:《中国现代学术之建立:以章太炎、胡适之为中心》,北京,北京大学出版社,1998;陈以爱:《中国现代学术研究机构的兴起:以北京大学研究所国学门为中心的探讨》,台北,政治大学史学系,1999。

怀疑中国的远古时代,后者用科学手段论证其存在与成就。两者虽然不同,但却异曲同工,为近代中国人重建了一个"科学的过去",满足了中国人的民族想象。于是,民族主义的史学便在近代中国植根了。①

载《史学理论研究》2006 年第 1 期

---

① 参见 Q. Edward Wang, *Inventing China through History: the May Fourth Approach to Historiography*, Albany, State University of New York Press, 2001。

第十五章 中国近代"新史学"的日本背景
——清末的"史界革命"和日本的"文明史学"

一、问题的提出

中国近代史学究竟开始于何时,一般说来有两种意见。一种以大陆马克思主义史家吴泽主编的《中国近代史学史》为代表,主张中国近代史学与中国近代史一样,起始于鸦片战争时期。另一种意见则认为中国的近代史学,也即"新史学",直到20世纪初才开始,以梁启超于1902年在《新民丛报》上连载的《新史学》为代表。这两派意见之间,以笔者管见所及,似乎尚没有展开争论。对于马克思主义者来说,史学史的分期与历史的分期,应该自然而然保持一致。所以吴泽的《中国近代史学史》,并没有详论其分期的道理,只是笼统地写道:"研究中国近代史学史的分期,还必须同中国半殖民半封建社会历史本身的发展特点联系起来进行论述,因为史学的阶段性的发展,是根据社会历史发展的时代脉搏而确定,经济政治上的重大变化制约了史学的发展。"①值得一提的是,这一分期的主张,也有非马克思主义的支持者,如由方诗铭、童书业起草,顾颉刚审定并挂名出版的《当代中国史学》(1945),便以描述鸦片战争以来的史学变迁为目的,而对梁启超的《新史学》,似

---

① 吴泽主编:《中国近代史学史》上卷,南京,江苏古籍出版社,1989,第5页。

乎不甚挂意。①

主张梁启超的《新史学》代表近代史学开端的学者，也没有特意为这一分期做详细的论述。从这一观点的起源来说，可以追溯到1940年代的初期。周予同所著《五十年来中国之新史学》(1941)，便是一重要代表。周谷城在1947年出版的《中国史学之进化》，也大致采用了这一观点，但并不特别表彰梁启超《新史学》的贡献，而是把疑古和考古的工作和史学方法的研究，视为近代史学的特征。从这一分期法的影响来说，则数许冠三的《新史学九十年》(1986)为最大。该书径以梁启超的《新史学》为开端，分析自此之后中国史学的发展和派别。作者虽然自承该书的写作，是周予同论文的补充发展，但却没有像周予同那样，认为中国的新史学，"在文化的渊源方面，承接浙东史学与吴、皖经学的遗产……"②

无论如何，承认梁启超《新史学》在开启中国近代科学史学的重要意义，是自周予同以来不少中外学者的观点。黄进兴指出"梁氏《新史学》一文正是催生近代中国史学的宣言"；王汎森则指出近代中国史学经历了三次革命，而第一次则"以梁启超的《新史学》为主"，都是例子。值得注意的是，大陆史学界在近年也开始倾向于采取这一说法。如罗志田主编的《二十世纪的中国：学术与社会·史

---

① 顾颉刚：《当代中国史学》(上海，上海古籍出版社，2002)的《引论》中说道，从1945年倒数一百年，正是签订《南京条约》的1845年，"这一百年之中，我们各部门的文化，也有比较进步迅速的，史学便是其中的一门，而且是其中最有成绩的一门"(第1页)。

② 见许冠三：《自序》，见《新史学九十年》上册，香港，香港中文大学，1986，第v页；周予同：《五十年来中国之新史学》，见朱维铮编：《周予同经学史论著选集》，上海，上海人民出版社，1983，第518页。又可参见周谷城：《中国史学之进化》，上海：生活书店，1947，第111页以降。康虹丽的《梁任公的新史学和柳翼谋的国史论》和汪荣祖的《五四与民国史学之发展》，也都强调梁启超"史界革命"的深远影响。两文分别见杜维运、陈锦忠编：《中国史学史论文选集》(三)，台北，华世出版社，1971，第429—504、505—516页。

学卷》(2001),便收入了王汎森的论文。而 2002 年 8 月由杨念群在北京主持召开的中国近代史学的研讨会,也以纪念梁启超于一百年以前发表《新史学》为主题,来反省中国现代史学的进程。①

据笔者管见,这两种分期的观点没有正面交锋的一个原因就是,它们之间有相互补充之处。换言之,中国近代史学的兴起,并不是无源之水、无本之木,而是与中国原有的学术传统有千丝万缕的联系。如周予同虽然主张"中国史学的转变,实开始于戊戌政变以后",但也承认"就原因说,开始于鸦片战争以后。而给予中国史学以转变的动力的,却是经今文学"。而吴泽的《中国近代史学史》虽然以鸦片战争为开端,但在讨论史学史研究的特点时,也强调必须注意三个方面:(一)史家的观点,(二)编纂学上的成就与突破,(三)历史研究范围的扩大。② 如果以此三项为标准,那么显然要在戊戌变法之后,中国史学才有明显的全面突破。在这以前,虽然鸦片战争前后有些开明的中国人已经注意"开眼看世界",但在历史编纂体例上还没有显著的创新和突破。而就历史研究范围的扩大而言,虽然金石学一直为中国传统史家所重视,但毫无疑问甲骨文的发现和运用,才真

---

① 见黄进兴:《中国近代史学的双重危机:试论"新史学"的诞生及其所面临的困境》,载《香港中文大学中国文化研究所学报》1997 年第 6 期;王汎森:《晚清的政治概念与"新史学"》,见罗志田主编:《二十世纪的中国:学术与社会·史学卷》上卷,济南:山东人民出版社,2001,第 1 页。至于外文论著中主张中国近代史学开始于梁启超者,可见 Xiaobing Tang, *Global Space and the Nationalist Discourse of Modernity: the Historical Thinking of Liang Qichao*, Stanford, Stanford Univeristy Press, 1996; Q. Edward Wang, *Inventing China through History: the May Fourth Approach to Historiography*, Albany, State University of New York Press, 2001。有关中国人民大学和浙江大学在北京召开的纪念梁启超《新史学》会议,可见刘焕性:《中国需要什么样的新史学?——纪念梁启超〈新史学〉发表一百周年学术讨论会综述》,载《历史研究》2003 年第 2 期。

② 周予同:《五十年来中国之新史学》,见朱维铮编:《周予同经学史论著选集》,第 523 页。吴泽:《中国近代史学史》上卷,第 4—5 页。

正使得中国史家认识到地下材料与文献材料结合研究历史（也即王国维的"二重证据法"）的重要性。至于周予同所提经今文学的发展对历史观转变的重要性，我们自然应该注意到龚自珍和魏源等今文家对历史的看法和对"三世说"的解释，但康有为在戊戌变法前后发表的一系列颇有争议的、今文观点的论著，则无疑对中国近代历史观的改变，有着比龚和魏更重要和深远的影响。而康有为对"三世说"的进化论解释，则受西方进化论的影响，无论他自己如何辩解，显然有某种无法脱开的联系。①

如果总结上述观点，那么我们可以见到，戊戌变法以后以进化论为中心的中国人历史观的改变，经由日本而大量吸收的西学新知，以及由于甲骨文等新史料的发现而造成历史研究范围的扩大，是中国近代史学起始的重要标志。前者有关历史观念、历史理论，而后者则牵涉到历史研究方法论的革新。当然，这两者之间也存在一定的联系。② 笔者以为，从史学史的发展而言，这两者之间形成有一种相互递嬗的关系。③ 既然本文的重点，是探讨近代科学史学

---

① 譬如周予同就指出康有为的《孔子改制考》，"给予中国史学的转变以极有力的影响；我们甚至于可以说，如果没有康氏的《孔子改制考》，绝不会有现在的新史学派，或者新史学的转变的路线决不会如此"，见《五十年来中国之新史学》，见朱维铮编：《周予同经学史论著选集》，第519页。周予同也认为康有为的进化论思想，受到了西方学说的启发，不是他自谓治公羊学的心得所致，见同书第527页。持相同意见的还有萧公权和 Frederic Wakeman 等人，见 Kung-chuan Hsiao（萧公权），*A Modern China and A New World: K'ang Yu-wei, Reformer and Utopian, 1858-1927*, Seattle, University of Washington Press, 1975; Frederic Wakeman, Jr.，*History and Will: Philosophical Perspectives of Mao Tse-tung's Thought*, Berkeley, University of California Press, 1973。

② 彭明辉在其新著《晚清的经世史学》（台北，麦田出版社，2002）中，提出经世与考据双重主题变奏的观点，虽然没有涉及民国以来的史学发展，但也有参考价值。

③ 见王晴佳：《论二十世纪中国史学的方向性转折》，载《中华文史论丛》，第62辑，2000。王汎森讨论中国近代史学的三次革命，第一次是梁启超的《新史学》，第二次为胡适的"整理国故"，其实也在论述两者之间的递嬗关系，见氏著：《晚清的政治概念与"新史学"》，见罗志田主编：《二十世纪的中国：学术与社会·史学卷》上卷，第1—30页。

在中国的缘起,那么为了集中篇幅,下面的论述将以观察历史观的变迁为主。

二、中心与边缘,渐变与突变

要讨论中国近代历史观的转变,我们就必须重视梁启超在1902年陆续出版的《新史学》。这是因为以前康有为等人虽然从改造传统出发,帮助中国人重新认识周围的世界、认识自身的历史,严复翻译的《天演论》,更是直接提供了这种新的认识的方法——进化论,但他们都没有展开对中国文化传统的全面批判。康有为的《孔子改制考》《新学伪经考》等书,仅仅从今文经学的角度,批判曾统治中国思想界许多世纪的古文经传统。严复虽然热衷介绍、引进西学,但就他的出发点和最终目的而言,仍然可以发现儒家传统的深刻和内在的影响。① 唯有到了20世纪初年,以梁启超和"国粹学派"的一些人物为代表,中国的"治统"和"道统"才开始为人所质疑,甚至加以全面否定与批判(详后)。而这些批判的观点之所以形成,与中日关系在那时的变化,几乎丝丝相连。梁启超和"国粹学派"的主要人物,都有在日本留学、居住的背景。

从甲午战争到戊戌变法,虽然只有三年,但在中国近代史上,却有重要的转折意义。其主要原因便是中国败于日本,因此顷刻之间,日本突然成为知识界的兴趣热点,引发了中国人留日的热潮。这一热潮,据中日关系史专家王晓秋的说法,"构成了一幅世界留学史上罕见的盛极一时的'留日热'奇观"。② 在这以前,虽然有黄遵宪

---

① 有关严复思想与儒家传统的内在联系,可见吴展良:《中国现代学人的学术性格与思维方式论集》,台北,五南图书出版公司,2000,第1、2章。

② 王晓秋:《近代中日文化交流史》,北京,中华书局,2000,第347页。

（1848—1905）《日本国志》的发行，但中国人对日本的了解和兴趣，仍然十分缺乏和漠然，与甲午战争以后的高度热情相比，几有天壤之别。与之相比，那个时期日本人对中国的了解和兴趣，则要深入和浓厚得多。① 黄遵宪解释他写作《日本国志》的原因时，曾这样写道：

> 昔契丹主有言：我于宋国之事纤悉皆知，而宋人视我国事如隔十重云雾。以余观日本士大夫，类能读中国之书，考中国之事，而中国士大夫好谈古义，足已自封，于外事不屑措意，无论泰西，即日本与我仅隔一衣带水，击柝相闻，朝发可以夕至，亦视之若海上三神山，可望而不可即。②

的确，在明治维新前后，虽然日本已经派遣官员和学生到西方学习，直接接触西方文化，但其文化的主体，仍然以跟随中国为主。甚至日本对西方的认识，也常常依赖于中国人的著作。魏源的《海国图志》，便是明治维新以前的畅销书，不但整书有多种译本，而且还有节译本，将魏源书中有关某个国家和地区的描述，单独译出，以应读者之需。另外，徐继畬（1795—1873）《瀛寰志略》等介绍西方的书籍，也在日本十分受欢迎。明治维新以后，日本对中国文化，仍然表现出许多尊重。1871年中日建立外交关系以后，1877年首任驻日公使何如璋出使日本，受到日本朝野的欢迎。以后中国文人雅士访问日本，受到日本学界的隆重接待。③ 日本学者依田憙家总结道，在明治维新前后，日本对西方的认识，虽然因派人出访西方而有一些"直接见闻"，但也常常通过中国的著作，而在总体上比中国对西方的认

---

① 见 Joshua A. Fogel, *The Literarure of Travel in the Japanese Discovery of China, 1862-1945*, Stanford, Stanford University Press, 1996, chapter 2,3。

② 黄遵宪：《日本国志》，台北，文海出版社，1975，第6页。

③ 参见王晓秋：《近代中日文化交流史》，第347页。王晓秋将《海国图志》在日本的多种译本，列表显示，见同书第33—34页。

识并不强多少。①

在那些访问日本的文人雅士当中,王韬(1828—1897)在1879年对日本长达一百多天的访游,特别引人注目。或许是因其对西方的认知,或许是王韬在民间有"长毛状元"(指他与太平天国的关系)的雅号,日本学界,特别是历史学界,对他的访问特别重视。日本近代著名史家,那时任修史馆编修,以后出任东京帝国大学历史教授的重野安绎,曾读过王韬的《普法战纪》,对他在历史叙述体裁上的新尝试,颇感兴趣。② 重野得知王韬有意访日,便对其友中村正直(1832—1891)说道,王韬若有"东游之意,果然,则吾侪之幸也"。中村亦是日本学界名人,以翻译萨缪尔·斯迈尔斯(Samuel Smiles,1812—1904)的《自助论》(Self-Help;译为《西国立志篇》)和约翰·穆勒(John S. Mill,1806—1873)的《自由论》(On Liberty;译为《自由之理》)而著名。重野与中村是王韬访问日本的策划人之一。在王韬到日本以后,中村如此描述:"都下名士,争与先生交。文酒谈宴,殆无虚日,山游水嬉,追从如云,极一时之盛。"③另外,修史馆的协修、东京图书馆的馆长冈千仞(鹿门,1833—1914),也与重野安绎一起,将王韬与魏源相媲美,甚至认为王的成就已经胜过魏源。④ 冈千

---

① 依田熹家:《日中両國近代化比較の研究序說》,东京,龙溪书舍,1986,第72—73页。

② 见沼田次郎:《明治初期における西洋史學の輸入について——重野安繹とG. G. Zerffi, The Science of History》,见伊东多三郎编:《国民生活史研究》,第3集,东京,吉川弘文馆,1963,第405页。有关王韬《普法战纪》在历史体裁上的创新,见忻平:《王韬评传》,上海,华东师大出版社,1990,第106—107页;Q. Edward Wang, *Inventing China through History: the May Fourth Approach to Historiography*, pp. 38-40。

③ 中村正直:《〈扶桑游记〉序》,见王韬:《扶桑游记》,台北,文海出版社重印,1974,第154—155页。

④ 王韬,《扶桑游记》,第48—49页。

仞在明治初期,曾编译了《米利坚志》和《法兰西志》,在传播西学方面,与王韬有同样的兴趣。① 由于这些日本知名学者的捧场,使得王韬在日本声名远播。日本著名汉学家内藤湖南(虎次郎,1866—1934)在年轻的时候,对王韬十分景仰。他在听说其父购买了王韬的著作以后,表示特别高兴,可见王韬之声望,在那时真可说是如雷贯耳。②

重野安绎、冈千仞和中村正直等人对王韬的尊重,显然与他们当时对西学的热衷有关。就在王韬访问日本的前后,重野安绎曾请中村正直将流亡英国的匈牙利史家策尔菲为日本史界特意撰写的《历史科学》(*The Science of History*;当时译为《史学》)一书,翻译成日文,作为修史馆人员的参考。③ 但他们对王韬的热衷正好表明,即使在明治维新之后,日本学界仍然有意借用中国人的著作,来认识和了解西方。

甲午战争爆发以前,在日本人的眼中,中国除了在文化和学术上

---

① 王韬对冈千仞传播西学的工作,也十分欣赏,认为冈千仞"于泰西情形,了然若指诸掌"。见周一良,《十九世纪后半到二十世纪中日人民友好关系和文化交流》,见《周一良集》第4卷,沈阳,辽宁教育出版社,1998,第352—353页。王韬访日的总体情形及其评介,见王韬《扶桑游记》和忻平的《王韬评传》第7章。

② 见 Joshua A. Fogel, *Politics and Sinology: the Case of Naitō Konan(1866-1934)*, Cambridge, MA, Harvard University Press, 1984, p. 32。

③ 见大久保利谦:《日本近代史学の成立》,东京,吉川弘文馆,1986,第96—97页。中村正直由于事忙,所以在译完一章以后,未能继续。以后《历史科学》由嵯峨正作(1853—1890)译完,并对其写作之《日本史纲》,有重要之影响。见小泽荣一:《近代日本史学史の研究:明治编》,东京,吉川弘文馆,1968,第380页以降。有关策尔菲与之为日本史界撰写《历史科学》,可见沼田次郎,〈明治初期における西洋史学の输入について—重野安繹とG. G. Zerffi, The Science of History〉,前揭书,第399—429页。另见 Margaret Mehl, *History and the State in Nineteenth-century Japan*, New York, St. Martin's Press, 1998, pp. 72-80。

仍然有所领先以外,在军事和科技方面,也仍然使其敬畏。清朝在平定太平天国以后,大力开展洋务运动,成绩并不像以前所认为的那样,一无可观。实际上,洋务运动在引进西方科学技术方面,不但不弱于日本,而且在许多方面还强于对方。譬如北洋舰队建立之后,李鸿章为了宣扬国力,曾经让该舰队在1880年代几次停靠日本,引起日本朝野的恐慌。① 在这以前,日本曾想占领台湾,清朝没有采取军事行动,而是以外交和议的手段解决纠纷。但新近的研究表明,如果当时清朝决定应战,应该在实力上占据优势。② 事实上,在甲午战争中,中方的实力就战舰吨位而言,仍然强于对方。战败的原因,以政治的腐败为主要,"非战之罪也"。③

但不管怎样,清朝在甲午战争中遭到惨败,使得日本对夺取东亚的领导地位,顿时信心百倍。事实上,虽然这一失败出乎国际社会的预料,甚至也出乎日本朝野的预料,但清朝失败的迹象,则在战前已经显露。19世纪后半叶,不少日本人士访问中国。他们踏足中国的自然山川,对中国文化的悠久和丰富,印象颇深。但对中国的现实,则多有失望。这一失望的心情,在他们与清朝官员接触的时候,显得特别明显。譬如1876年日本驻华公使、曾留学英国的维新人士森有礼(1847—1889)与李鸿章(1823—1901)的一段谈话,便清楚地显示

---

① Benjamin Elman, "Naval Warfare and the Refraction of China's Self-Strengthening Reforms into Scientific and Technological Failure, 1860-1895", "The Disunity of Chinese Science" (conference), University of Chicago, May1-12, 2002, pp. 26-27。另见渡边龙策:《日本と中國の百年》,东京,讲谈社,1968,第56—57页。

② 参见 David Pong, *Shen Pao-chen and China's Modernization in the Nineteenth Century*, Cambridge, Cambridge University Press, 1994;John Rawlinson, *China's Struggle for Naval Development, 1839-1895*, Cambridge, Cambridge University Press, 1967。

③ 见 Benjamin Elman, "Naval Warfare and the Refraction of China's Self-Strenghtening Reforms into Scientific and Technological Failure," pp. 28-30。另见渡边龙策:《日本と中國の百年》,第56—57页。

第十五章 中国近代"新史学"的日本背景

出当时两国对世界局势的看法,已经大相径庭。年轻的森有礼面对清朝第一重臣、洋务运动的主角李鸿章,毫不畏惧地陈述自己的意见,指出革新与西化,是唯一正途。①

日本的学界人士,在访问中国以后,也同样显示出失望的心情。上面提到的冈千仞,在王韬访问日本的时候,与王韬多次会面,对王韬的学问人品,十分崇敬。出于对中国文化的景仰,冈千仞于1884年访问中国,不但与王韬晤面,而且足迹踏遍江南冀北,会见了李鸿章在内的许多清朝官员。但他发现除个别人士之外,大部分中国官员对外界变化漠然无知,顽固保守,并且生活奢侈、腐化。连他的挚友王韬,也与那时许多中国人一样,已经染上吸鸦片的癖好。从他的访问中,冈千仞了解那些中国人沉溺于鸦片,也是对现实不满、无奈的一种表现。但他同时也感到,如果中国不能解决他所谓的"烟毒"和"六经毒"——后者指中国人对孔孟之道的盲信,则中国没有振兴的希望。冈千仞的这次访问中国,使他结交了不少朋友,但也使他对中国的前景,不再像以前那样看好。②

当然,去了中国以后对中国仍然保持好感的日本人,也不是没有。譬如京都大学著名汉学教授狩野直喜(1868—1947),便是一

---

① 有关他们的对话,可见王晓秋:《近代中日文化交流史》,第164—167页。另 Marius B. Jansen, *China in the Tokugawa World*, Cambridge, MA, Harvard University Press, 1992, pp. 116-119。Jansen 是美国日本史的专家,他以森有礼与李鸿章两人的对话来结束他的著作,以表明到了那个时候,日本在那时已经渐渐与中国分道扬镳,不再把中国视为顶礼膜拜的对象了。有关日本各界人士那时访问中国的总体印象,可见 Joshua A. Fogel, *The Literature of Travel in the Japanese Rediscovery of China*, *1862-1945* 前半部分。

② 冈千仞著有《观光纪游》(台北,文海出版社,1974,重印本),记录了他访问中国的印象。他虽然对中国的前景有所失望,却仍然尊重他的中国朋友,包括王韬在内。这与傅佛果的描述显然不同,参氏著 *The Literature of Travel in the Japanese Rediscovery of China*, pp. 74-75; *Politics and Sinology: the Case of Naito konan*, p. 11。

例。狩野在早年求学的时候,曾于1900年到北京留学。不料义和团运动爆发,他被困在北京,受尽艰辛与惊吓,到运动平息之后才得以脱身回国。但他不久又来到中国,在上海及其周边住了有两年,对中国人的日常生活,充满兴趣,津津乐道。他以后与人说笑话,还提到他以前在苏州寒山寺附近游玩,晚上船家直接往河里便溺,令他感到十分有趣,但旁边听的人则惊诧不已。狩野在学问上,也对中国十分崇敬。他认为明治以后日本的汉学研究,就实质来说只是清代考证学的某种继续。① 他的这种观点,也为其同事、日本汉学"京都学派"主要创始人内藤湖南所赞成。后者多次指出,日本的汉学研究,或按当时的说法——"支那学"(シナ學),与清代的学问相比,要迟上近一百年。② 但狩野直喜和内藤湖南对中国文化的崇敬态度,也让其同事桑原骘藏(1870—1931)十分不快。桑原也曾去中国多次考察,但他对中国人的不讲卫生的习惯和肮脏的生活环境,则完全没有像狩野那样感到有趣,而是十分厌恶。根据傅佛果的研究,桑原虽然每次去中国,都写下游记,但他在其中从来不提他所遇见的中国人,甚至他应邀赴宴,也不提主人的名字。对他来说,中国只是他研究的对象;他去中国只是为了收集材料——"事实",从事科学的研究,但他对"产生这些事实的文化体验,则毫不关心,漠然处之"。因此,桑原骘藏虽然也是"京都学派"的成员,但他的治学态度,特别是对中国的看法,则与其同事内藤湖南和狩野直喜几乎格格不入。他与狩野直喜之间的敌对情绪,在京大几乎无人不晓。③ 内藤湖南的弟子,但

---

① 见周一良:《〈日本学者研究中国史论著选译〉序言》,见《周一良集》第4卷,第516页。

② Joshua Fogel, *Politics and Sinology: the Case of Naito konan*, pp. 107-108, 117-118, 156-157.

③ Joshua Fogel, *The Literature of Travel in the Japanese Rediscovery of China*, pp. 120-121; *Politics and Sinology: the Case of Naito konan*, pp. 120-121.

也曾受业于桑原骘藏的宫崎市定（1902—　），干脆把桑原和内藤视为京大汉学研究两大学派的宗主。①

从以上论述可见，就中国人对日本的认识而言，甲午战争可说是一种突变——由于清朝为日本所败，使得中国人痛定思痛，几乎在一夜之间突然意识到日本的强大。但就日本对中国的看法而言，则有一个逐渐转变的过程。虽然甲午战争的胜利，也使得日本人猛然意识到自己已成为东亚的强国，甚至将取代中国成为东亚的领袖，但在这以前，他们已经通过与中国的接触，渐渐转变了其心情和态度，从以前的崇敬、崇信中走了出来，渐渐看到中国的缺点和弱点。面对这些弱点和缺点，有些日本人表示同情，希望能帮助中国克服它们；但也有人因此而蔑视中国，认为日本之取代中国，甚至占领中国，不仅势所必然，而且理所当然。在 1905 年日本打败俄国以后，这种自大自傲的态度，更为明显。凯萝·格洛克（Carol Gluck）观察到，在甲午战争以后，日本媒体开始称日本为东亚的"列国"，但在日俄战争以后，则改变口吻，称日本为东亚的"大国"，并且认为日本已经跻身世界强国之列了。②

日本人对中国态度的逐渐转变，可以从他们对魏源的《海国图志》的评介中，见其一斑。上面已经提到，魏源的《海国图志》，为明治维新前后日本的畅销书，也是日本人那时了解西方的一个重要渠道。但该书在日本也受到一些人的批评。依田熹家就观察到，维新人士佐久间象（1811—1864）及其弟子吉田松阴（1830—1859），都是

---

① 宫崎市定：《獨創的な學者內藤湖南博士》，见《中國に學ぶ》，东京，中央公论社，1986，第 269 页。宫崎对桑原骘藏的评介，见该书内《桑原騭藏博士について》和《桑原史學の立場》二文（第 302—314 页）。

② Carol Gluck, *Japan's Modern Myths: Ideology in the Late Meiji Period*, Princeton, Princeton University Press, 1985, pp. 89-90.

该书热心的读者。他们同时也看到该书的不足。如佐久间象山就说道，魏源虽然强调海防的重要，但他书中对枪炮及其制作方法的描写，"类皆粗漏无稽"，"如儿童戏嬉之为"。依田憙家由此指出，日本由于"兰学"的传统，对西方科学技术的了解，那时已经胜于中国。①

其实，虽然魏源属于中国早期"开眼看世界"的开明人士，但他的《海国图志》的初版，并没有包括日本。只是到1852年再版的时候，才加上了日本。但他本人对日本并不了解，因此主要参考了徐继畬的《瀛寰志略》有关日本的章节。但徐继畬的著作，对日本的国土和地理，犯了基本的错误，魏源也照搬照抄，犯了同样的错误，不但认为日本只有三大岛组成，而且把这三岛的位置和相互关系也弄错了。② 如果博学广识的魏源，对日本的知识尚且如此浅陋，那么其他中国人对日本的无知，也就可想而知了。由此可见，黄遵宪在《日本国志》中指出日本人了解中国，而中国人不关心和不了解日本的情形，完全属实。

在日本学者看来，《海国图志》的问题还不仅在于其内容上一些错误，更主要的是这些错误表明，魏源在观念上仍然将中国视为天下的中心，而世界形势的变化，已经使这种世界观和历史观显得落后于时代了。在王韬访日时结交的学者中间，有一位曾到过中国两次、见

---

① 参见王晓秋：《近代中日文化交流史》，第40—44页。另，依田憙家：《日中两国近代化比較の研究序说》，第44、66—67页；Joshua Fogel, *Politics and Sinology: the Case of Naito konan*, p. 15；王家俭：《魏源〈海国图志〉对于日本的影响》，见《清史研究论述》，台北，文史哲出版社，1994，第257—276页。但增田涉（Masuda Wataru）对魏源的著作在日本的影响，叙述最详，见 *China and Japan: Mutual Representations in the Modern Era*, tr. Joshua Fogel, New York, St. Martin's Press, 2000, pp. 23-37。

② 薛福成在为黄遵宪《日本国志》作序的时候，已经指出徐继畬、魏源等人，"于西洋绝远之国，尚能志其崖略，独于日本，考证阙如。或稍述之，而惝恍疏阔，竟不能稽其世系疆域，犹似古之所谓三神山者之可望不可至也"。黄遵宪：《日本国志》，第3页。参见王晓秋：《近代中日文化交流史》，第170—171页。

识广博而又热心西方史地的冈本监辅(1839—1904),在1878年曾编译出版《万国史记》,其体例与魏源的《海国图志》相类,受到王韬的称赞。① 重野安绎则为《万国史记》写一序,将之与魏源的《海国图志》相媲美。在王韬访问日本的时候,重野安绎已经向王指出魏源知识上的不足。② 但更重要的是,在重野看来,冈本监辅的《万国史记》,就历史观和世界观而言,比魏源要胜上一筹。他的评语较长,但却十分重要,因此引在这里:

> 近时有魏默深(魏源字——引者注)者,好论海防,能通天下之故。然其著书,题曰《海国图志》,是以五洲诸邦为海国也。夫大瀛环之何往而不然,汉土亦海国而已,何问大小哉!彼虽国大,而不过数万里,寝处乎方数万里之内,目不接海波,而自外来者,皆帆于海,遂目以海国,而自称曰中土。是童观耳,井蛙之见耳。默深以达识著称,犹局于素习,而不自察,则其他可知已。子博(冈本字——引者注)我魏默深,而《万国史记》,其《海国图志》也。而体制之得宜,命名之不谬如此,盖仿丘明国别,而大其规模;拟默深海防,而祛其偏心。此是书开卷第一义也。③

这里,重野安绎自然流露出与中国学者争胜之意,但其中对魏源的批评,却也切中肯綮,指出了那时中国人仍然以中国为天下之中

---

① 王韬称赞冈本监辅游历广泛,博闻多识,"著有万国史略,搜罗颇广,有志于泰西掌故者,不可不观"。王韬:《扶桑游记》,第130页。

② 重野安绎对王韬说道:"或序先生之文,谓为今时之魏默深。默深所著《海国图志》等书,仆亦尝一再读之,其忧国之心深矣。然于海外情形,未能洞若蓍龟。于先生所言,不免大有径庭。窃谓默深未足以比先生也。"见王韬:《扶桑游记》,第48页。

③ 重野安绎序,见冈本监辅:《万国史记》,1878,冈本氏藏版,和装本,现藏日本国会图书馆。引文为原文。值得一提的是,中村正直和冈千仞也为《万国史记》写了序,可以想见该书在那时的影响。

心,尚未接受民族史观的立场,认识历史观转变之必要。的确,如同本节起始所说,中国人历史观的转变,要在魏源《海国图志》出版的半个世纪以后,才真正开始。与之相比,日本人则因其处在文化边缘的位置,在西方侵入亚洲的时候,又不像中国那样首当其冲,因此能在旁边,一边静观中国与西方之间的抗争,另一边则又向西方学习和靠拢,在中国与西方两强相争的时候,不断调整自己的立场,积蓄自己的力量,逐渐求得自己的位置。① 日本如何从边缘走向中心,希图取代中国在东亚的位置,笔者将在下节讨论。

三、"文明史学"与"东洋史学"

甲午战争的意义在于,对于中国来说,这场失败震醒了中国人天下之"中土"的长梦——战败的结果,使中国人看到,不但这一中心的位置在世界范围已经不保,而且在亚洲也由于日本的迅速崛起而摇摇欲坠。而对于日本来说,甲午一战的胜利则使其从东亚的边缘移向了中央,由此而引发了其近代化过程中自我认同的转移,也即从福泽谕吉号召的"脱亚入欧论",转到追求日本在"东洋文明"与"西洋文明"对抗中的领导地位。要理解这一转移,我们似乎有必要首先考查一下"东洋""西洋"和"文明"等这些术语的字义。很显然,这些术语都是明治时期新造的名词,在中国和日本以前所用的汉字词汇里面未曾有过。以前日本像中国一样,以"天下"来概括他们所生活的世界。唯一不同的是,中国的"天下",包括了以中国为中心的整个世界,而日本的"天下"概念,则主要指的是日本的

---

① 有关西方侵入亚洲,以中国为主要目标,是学界的共同看法。依田熹家认为,除此之外,还有一些其他因素,造成两国近代化途径的差异。见氏著:《日中兩國近代化比較の研究序說》。

几个岛屿,甚至主要指的是日本的本州岛。当然,由于日本人很早就知道中国和朝鲜等地的存在,在16世纪以后,又了解到西方的存在,因此他们也感觉到"天外有天",这与中国位处东亚中心,因此认为自己就是天下中心的传统观念,在世界观上有明显的不同。

也许是这一层原因,日本在进入19世纪以后,特别是目睹了中国在鸦片战争中的失败,很快就意识到"天下"非但不以日本为中心,而且也不以中国为中心,而是有必要重新认识整个世界。这一态度在历史著述中,表现十分明显。据小泽荣一的观察,日本人开始注意到周围世界的扩大,反映在历史写作上有四个时期。第一是"西洋史"的时期。这是因为兰学的存在,使得日本人比较注意欧洲。第二是"洋外史"的时期。第三是"泰西史"的时期。而第四则是"万国史"的时期。① 这四个时期,虽然都以西方为观察的中心,但从其用语来看,显然也有日益扩大的趋向,也就从西方扩展到整个世界。在第四个时期,所谓"万国史"的写作,其实就是在写作世界史。"万国史"这一词语的发明,是用来翻译当时西方史家常用的 General History。但值得注意的是上面提到的冈本监辅《万国史记》一书。它与那时出现的"万国史"著作不同,不是纯粹的翻译作品,而是由冈本编译的"万国史"。在体例上,《万国史记》与魏源的《海国图志》和徐继畬的《瀛寰志略》,有相似之处,甚至可说是模仿了魏源的体例。但《万国史记》有一点重要的不同,那就是魏源和徐继畬的著述,都不包括中国在内,而冈本监辅的《万国史记》,则包括了日本,并置于首篇。换言之,魏源等人的著作,还是一种"洋外史",表现出一种"冷眼向洋看世界"的心态。而《万国史记》虽然突出了日本,但实际上却将日本与世界连了起来。更有必要一提的是,冈本监辅在写作日本和中国的时候,还附有西方人对日本和中国的描述,并且采

---

① 小泽荣一:《近代日本史學史の研究:幕末編》,东京,吉川弘文館,1966,第37页。

用了西方的体例与纪元。① 这些做法,虽然微细,但却显示出开明人士冈本,在其著作中非但承认"天外有天",承认"天下"已经分裂,由此而形成一种多元的世界观。更重要的是,他已经有意向中国以外的另外"一元",也即西方世界靠拢了。

冈本监辅的《万国史记》,出版于明治维新的十年之后。事实上,在明治维新以前,朱子学的世界观,由于受到来自内部和外部的双重挑战,已经开始逐步瓦解了。所谓内部的挑战,指的是考证学的兴起和发达,而外部的挑战,指的是国学和洋学(即兰学)的兴盛。② 而中国由于科举考试制度的继续实行等因素,这一世界观、历史观的转变并没有出现,多元的世界观并没有形成。③ 从政治的层面来看,日本的明治维新虽然有恢复传统的一面,如"尊王论"的流行和实践,但从其起因和结果来看,则毫无疑问是日本向西方世界靠拢所迈出的重要一步。而这一靠拢的前提,就是一种多元世界观的形成。在认识了世界有多个中心以后,日本也就自然而然地接受了西方"文明"的概念。上面已经说过,由于日本处于文化边缘的位置,因此在认知了世界文明的多元和多样性之后,比较容易在各个文明中心之间加以选择。而明治维新的兴起和成功,表明日本已经决心脱离以中国为中心的文明,而努力向以西方为中心的文明看齐了。

日本做出这样的决定,正是因为在一些激进的维新人士看来,世界虽然多元,存在多种中心,但世界上真正的"文明",则以近代西方

---

① 冈本监辅:《万国史记》,东京,内外兵事新闻局,1879,《万国史记凡例》并卷一与卷二。虽然作者自称采用了西方的写作体例,但实际上其体例与魏源的《海国图志》相仿,分国家和地区叙述,而不是统而贯之的叙述体。

② 参见大久保利谦:《近世における歴史教育》,见《日本近代史學の成立》,第402—404页。

③ 参见依田熹家:《日中兩國近代化比較の研究序說》,第36—49页。

为代表。换言之,世界虽然有多个中心、多种文明,但各个文明的发展有快慢之分,而西方在近代以来的发展,最为迅速,进入了"文明",而其他地区或中心,包括日本和中国,则还没有达到这样的"文明"水平。由此看来,所谓"文明"的概念,有两种界定。一种指世界上各地区的文化和历史,而另一种则指文化发展的一个高级的阶段。这两种界定,正是明治维新时期重要的思想家福泽谕吉在其名著《文明论之概略》(1875)中所特别强调的。① 福泽谕吉的这一观点,并不完全是他的发明,而是直接受到了西方实证主义史家、法国的基佐和英国的巴克尔的启发。基佐著有《欧洲文明史:从罗马帝国灭亡到法国革命》(*Histoire de la Civilisation en Europe depuis la chute de l'Empire Romain jusqu'à la Révolution française*),而巴克尔则著有《英国文明史》(*History of Civilization in England*)。"文明"这一术语,与基佐和巴克尔所用的 civilisation 一词相对应。不过那时两书都有多种译本,也有人将 civilisation 译为"开化"的。② 如基佐的书,就有人将其译为《欧罗巴文明史》,也有人将之译为《泰西开化史》。而巴克尔的书,则分别有《英国开化史》和《英国文明史》两种。③ 换言之,从语源来看,"文明开化"实际上是西文里的同一个字。这一词语的使用,也并不始于基佐和巴克尔两书的翻译,但两书的影响,

---

① 福泽谕吉:《文明论之概略》,见《福泽谕吉全集》第4卷,东京,岩波书店,1963,第38—41页。

② 根据小泽荣一的研究,基佐的书在日本有四种译本,而巴克尔的有两种。基佐的著作之所以译本较多是因为日译本大都根据英译本而来,而英译本那时有两种:C. S. Henry, *General History of Civilization in Europe* (New York, 1842) 和 W. Hazlitt, *The History of Civilization: From the Fall of the Roman Empire to the French Revolution* (London, 1846)。前者只有一册,而后者是全译,有三册。但前者读的人更多。见氏著:《近代日本史學史の研究:幕末編》,第105—106页。

③ 有关基佐和巴克尔著作的日译本,小泽荣一有详细论述,此处不赘,见同上,第104—122页。

特别是由于福泽谕吉的推崇,使得"文明开化"具有了实际的意义,使西化成为当时日本政界和学界的一个目标。

福泽谕吉对基佐和巴克尔的"文明史学"特别有兴趣,并由此来界定"文明开化"的内容,并非偶然,而是直接反映了他对西方和东亚社会一种看法。在明治初年,日本对西方历史的兴趣,并不仅仅局限于基佐和巴克尔的"文明史学"。换言之,日本人在那时翻译西史,主要是为了了解西方,因此有一种鲁迅所谓的"拿来主义"的做法。当时"万国史"的编译本,数量众多。据笔者在日本国会图书馆所见,基佐和巴克尔的书有多种译本,并不特别奇怪,因为有另外两位西方史家:彼得·帕雷(Peter Parley,1793—1860)和威廉·斯威廉·斯温顿(William Swintons,1833—1892),他们的著作也有多种译本,甚至在数量上还超过了基佐和巴克尔的译本,可见他们虽然不像基佐和巴克尔那样有名,但他们的著作,在当时的日本也十分受欢迎。

不过,彼得·帕雷和威廉·斯温顿的著作,与基佐和巴克尔的相比,还是有一个重要的不同。当然,那时许多的日本读者,并不会认识到他们的著作与基佐和巴克尔的著作之间的差别,只有像福泽谕吉那样的思想家,才会加以注意并进行取舍。可以想见,彼得·帕雷和威廉·斯温顿的译本,在那时如此普遍,福泽谕吉不会看不到。但他对基佐和巴克尔的"文明史学",情有独钟,显然有其道理。这是因为,彼得·帕雷和威廉·斯温顿的史著,从内容上来看,还主要是"万国史",也即对西方和世界历史的一般叙述,属于西方大学历史课本之类,不像基佐和巴克尔那样,对历史的演变有一种明确的、进化论的看法。当然,彼得·帕雷和威廉·斯温顿是基佐和巴克尔的同时代人,他们的历史观,也自然受到进化论的影响,但与基佐和巴克尔的"文明史学"相比,还是有所不同的。如果说日本在翻译、引进外国史方面,经历了从"西洋史"到"万国史"的过渡,那么从"万国史"到"文明史学",据笔者意见,则代表了一个更新的阶段。

那么,福泽谕吉为什么提倡"文明史学"呢?如所周知,福泽谕吉是近代日本对西方了解最多和最早的人士之一。他在早年求学的时候,自然受到了传统学问的熏陶,但同时他也继承了日本兰学的传统,习得了西方文字。由于他在西方语言上的能力,在幕府派遣使团访问西方的时候,他曾在1860年、1861—1862年和1867年三次以翻译官的身份出访,因此对西方社会有不少直接的见闻。1867年他出版《西洋事情》一书,即根据他在西方的游历写成。由于该书不但内容全面,而且文字浅显易懂,很快成为当时的畅销书,并被许多学校当作教材使用。在写作《西洋事情》的时候,福泽谕吉毫不掩饰他对西方文化的偏好。该书的畅销,助长了明治初期已经出现的"崇洋"风气。

但是,作为思想家的福泽谕吉,不但主张承认西方文化的优越,而且还想解释这一优越产生的原因。由此缘故,他便采取了一种历史的和发展的眼光,来看待文明的演化。《文明论之概略》是日本西化思潮的代表作,但就其内容来说,则并没有将东方的传统文化,一笔抹煞。在许多场合,福泽谕吉仍然对儒家学说、佛教和日本的神道,表示出不少尊重。他所想强调的是,这些传统学说固然有其优点,在过去也有不少重要的影响,但毕竟时代变了,它们已经落伍于时代,无法符合当今时代的需要了。这一"时代错置"也即"古今有别"(anachronism)的观念,在笔者看来是福泽谕吉立论的基础,也代表了一种崭新的历史观念。

举例来说,福泽认为中日两国的文明,都已有很长的历史。在这长期的历史演变中,人们创造了一些学说与制度,只是为一时之需,但久而久之,则习惯成自然,虽然认为它们已经不敷使用,但仍不思改变。他称这种情况为"惑溺",即"惑溺于古风的束缚"。如日本战国时代,由于战事频繁,因此武士大都佩戴双刀。但以后和平的时代,这一风气仍然延续下来,而那些佩戴刀剑的武士,根本就不会使用它们,只是将它们作为一种装饰。① 福泽在书中,用大量的日本与中国的事例证明,这种"惑溺",不但表现在社会风俗上,而且还表现在政治上、文化上和经济上。②

与之相比,福泽指出,西方文明自宗教改革以来,一直在继续发展,因此西方文明是真正的"文明",而日本和中国的东方文明,只是一种"半开"(半开化)的文明,而非洲和大洋洲的文明,则尚属于"野蛮"文明。从"野蛮"到"半开"的差别主要在于,物质生活的丰富与否。但"半开"与"文明"的差别,在福泽谕吉看来,则在于人们是否"惑溺"于旧习,还是勇于不断探索、不断创造和不断进步。换言之,要想从"半开"过渡到"文明",其出路并不在于政治体制的改革,而更重要的是要开发"民智",倡导"文明的精神"。这一"文明的精神",可以从各个角度加以理解,可以指"民心",也可以指"时势",又可以指"国俗"或"国论"。总之,要实现真正的"文明",并不是几个个人或者圣人的事,而必须让全体民众都有所参与,庶几方能成功。③ 福泽的这一论点,对日本近代史学和史观的改造,具有决定性的影响。对此我们将在下节再论。

福泽谕吉写作《文明论之概略》,其目的并不在于改造日本的史学,而是有鲜明且复杂的政治关怀。当时日本明治维新已经成功,但若从政治层面而言,只是驱逐了德川幕府,"王政复古"而已。而

---

① 福泽谕吉:《文明论之概略》,见《福泽谕吉全集》第 4 卷,第 32—33 页。

② 在《日本文明的由来》一章中,福泽谕吉写道:"儒学与佛法对我国自古以来的文明的发展,各自有所贡献,但它们都不免有慕古的弊病。因为它们的宗旨是教育人心,而人心基本不变,所以佛法和神道在千百年来教导的都是同样的东西。儒学与宗教有所不同,专门论述人际关系,因此有礼乐六艺的制定,大半都与政治有关。可遗憾的是,儒学并不懂得学问必须变通改进的道理。"同上书,第 161—162 页。

③ 以上论述,主要见《文明论之概略》第 2 章,但也散见其他章节。

第十五章 中国近代"新史学"的日本背景 395

且,在倒幕的过程中,那些长州藩和萨摩藩的志士,还提出"尊王攘夷"的口号。既然"尊王"已经成功,那么是否要继续"攘夷"呢？与此同时,也有人提出民主政体之必要。这些问题,都是福泽谕吉企图在《文明论之概略》中有所解答的。首先,作为西学、西化的提倡者,福泽谕吉并不想"攘夷",而是想强调学习西方文明的重要,这是他写作《文明论之概略》的主旨。但其次,他也不愿自贬自卑,认为日本文明永远落后于人。相反,福泽谕吉在《文明论之概略》的起始,便首先强调,任何事物都是相对的。西方的先进、日本的落后,都可以改变。而且,日本也不应以向西方看齐而满足,而是要设法超越西方。复次,福泽谕吉指出,达到"文明开化",并不在于形式,而是在于内容,因此日本无需改变其君主政体。但他同时指出开发民智和民众参与政治的必要,认为这是文明的主要标志。总之,如同津田左右吉所说的那样,福泽谕吉希望通过《文明论之概略》,以英国立宪政制为楷模,为明治维新以后的日本,指出一条既不激进、又不倒退的前进路线。①

这一路线,不但反映了福泽谕吉的政治观,而且还是他在当时身体力行、致力实行的一个目标。在写作《文明论之概略》以前,福泽谕吉写了《劝学篇》(学问のすすめ),又开办了庆应义塾,为开发民智而努力。正是在为庆应义塾设置课程的需要,才使得他仔细阅读了基佐和巴克尔的文明史著作,并选择用作教材。当然,福泽谕吉开发民智的主张,是为了向西方学习,以求日本的"文明开化",但他那种重视教育、兴办学校的做法,则又与东亚的文化传统,不无关联。在明治以前,不少日本人高喊"文明开化",其实只是想在政治体制

---

① 见津田左右吉(Tsuda Sō ki chi)为福泽谕吉《文明论之概略》英译本所写的序言。Fukuzawa Yukichi, *An Outline of a Theory of Civilization*, tr. David Dilworth & G. Cameron Hurst, Tokyo, Sophia University, 1973, pp. xiii-xvi。

上进行改革,推翻幕府的封建统治,而一旦成功,则"文明开化"就有了更为实质的内容,那就是如何将日本改变成一个近代社会。为此,即使像福泽谕吉那样的维新人士,也无法完全脱离日本来思考问题,提出解决的办法。《文明论之概略》有《日本文明的由来》一章,便是例证。

《日本文明的由来》这一章以前,福泽谕吉写了《西洋文明的由来》,将日本与西方加以比较。从"文明开化"的宗旨出发,他将西洋文明视为日本文明发展的楷模。譬如他指出,日本文明之所以还处于"半开"的状态,其中一个原因就是在日本,权力"偏重",即不平衡。少数统治者拥有太多的权力,而大多数老百姓则无权无势。① 由此福泽指出日本向西方学习的必要。但在同时,福泽的《文明论之概略》,还在许多场合参与了当时有关日本"国体"的讨论。福泽对日本所谓皇室的"万世一系",像当时的大多数日本人一样,颇为自豪,认为是日本"国体"的主要特征之一。由此可见,即使像福泽谕吉那样的"西化"人士,都主张日本的"文明开化",必须走出与西方不同的路线,尊重日本固有的传统。

到了 1880 年代中期以后,也即在《文明论之概略》发表之后的十年以后,日本的政界和学界开始产生复杂的变化,与以前一味追求"文明开化"有了显著的不同。② 这一变化大致有两个原因。第一是经过多年的"文明开化",向西方看齐,日本在各个方面都与以往有了显著的不同,于是也就与其他亚洲国家拉开了距离。福泽谕吉在1885 年发表了著名的《脱亚论》,就代表了这样一种自得自满的心态,认为日本已经跻身近代国家之列,无需再与其亚洲近邻共进退

---

① 福泽谕吉:《文明论之概略》,见《福泽谕吉全集》第 4 卷,第 145 页以降。
② Carol Gluck 对这一阶段的变化有细致而周到的分析,可见 *Japan's Modern Myths*。

了。第二，正是由于这一西化运动的影响，使得不少人士感到有必要重新认识日本固有的传统，不致在这一西化的浪潮中，迷失自我。从保持日本特殊的"国体"出发，不少人士开始主张回归传统，发扬日本的"国粹"。由于像福泽谕吉那样的西化人士，也承认日本国体的特殊，又认为日本已经大致完成了近代化，于是也没有对这一反西化、讲国粹的思潮，做出有力的反击。

此时反西化的思潮的出现和发展，也有政治的背景。明治维新的成功，主要由来自长州和萨摩两藩的志士努力而致。明治维新之后，这两藩的人士也就自然而然地扮演了领袖的角色，引起其他藩人士的妒羡和不满。这一不满也涉及明治领袖推行的"文明开化"或全面西化的政策。譬如上面提到的冈千仞，便是其中之一。由于他并非长州、萨摩藩出身，因此虽然在明治以后，积极参政，但却"不得行其志""不能见用于世也"。① 饱读经史的冈千仞，虽然同意日本必须"文明开化"，但也主张不能因此而舍弃东亚的传统。他在1884年去中国访问的途中，遇到两位中国人同船。那两人对他说："中土风俗，无异日东（指日本——引者），唯不若日东专事净洁。"冈千仞回答道："我国近学洋风，竞事外观，渐失本色。"② 其实日本人注重清洁，由来已久，并非洋风所致，但冈千仞的回答，却表明他对明治以来的西化政策，已产生许多不满，而对中国的文明，尚存一些憧憬。当然在他踏足中国之后，这一憧憬便渐渐消失了。

冈千仞之访游中国，与当时那种反西化、讲国粹的思潮，正相合拍。冈千仞《观光纪游》序者之一的高桥刚写道，自日本开放以来，"学士大夫亦以审外情为先务，争讲西学。其航至欧米者，不知几千

---

① 见王韬为冈千仞《观光纪游》写的序，见冈千仞：《观光纪游》，第33页。其实王韬在中国也不受重用，因此与冈千仞有惺惺相惜之友情。

② 冈千仞：《观光纪游》，第14—15页。

百人。而汉土实与我比邻,同文之邦,而未闻有学士大夫一游其地者"。① 可见到了1880年代的中期,日本已经有不少人认识到有必要重新认识东亚。之后不久,三宅雪岭(1860—1945)和志贺重昂(1863—1917)等人便发起了"国粹主义"的运动,发行了《日本人》(1888)杂志,反对欧化主义的政策。另一思想家陆羯南(1857—1907),也出版了《日本》报,从伸张民权出发,宣扬日本民族主义。据凯萝·格洛克的分析,虽然这些人并不反对西化之必要,但他们同时都强调申扬日本民族主义,发掘日本的"国粹",揭橥日本"国民性",因此便与那些主张传统道德教育的保守人士异曲同工,为1890年"教育敕语"的颁布制造了氛围。② 而"教育敕语"的内容,则以"忠君爱国""仁义忠孝"等传统道德为主,与1889年日本颁布的宪法,在政治和文化取向方面,步调基本一致。

"东洋史学"的出现,正是这一文化思潮和政治背景的产物。由于日本和中国长期的文化联系,要想发掘日本的国粹,就不得不与中国的文化发生关系。再者,日本有很长的汉学传统和优秀的汉学家,他们在明治初年,受到一些排挤,此时正好借此机会而图谋东山再起。五井直弘观察道,东京大学于1882年成立古典讲习科,翌年又建立"支那"古典科(汉书科),这与1881年主张开设国会论的大隈重信(1838—1922)的下台和主张日本主义的立宪派岩仓具视(1825—1883)的掌权,不无关系。③ 1886年,从古典讲习科毕业的市村瓒次郎等人,创办了《东洋学杂志》,表明东洋文化和历史,开始重新受到重视。1890年东京帝国大学又开设了国史科,由原来任职政府修史馆的重野安绎等人担任教授,而重野原是汉学家出身,因此也

---

① 冈千仞:《观光纪游》,第99页。
② 见 Carol Gluck, *Japan's Modern Myths*, pp. 111-112。
③ 五井直弘:《中国古代史论稿》,姜镇庆、李德龙译,北京,北京大学出版社,2001,第6页。

自然对东洋史学的发展,不无兴趣和帮助。

但值得注意的是,此时日本重新将注意力转向东亚,有多重目的,并不只是为了承认自己是东亚文化传统的一员,而更多的是想以一种改造者和领导者的身份,凌驾于其东亚邻国之上,并以东亚为基地,与西方列强争权。那时游日的华人,也注意到这一现象。《日本杂记》的作者便写道,在日本"改政之初,几欲废置汉学,国中所有中国书籍皆贱价出卖……近闻有令,多延中国人教语言,虽兵丁亦须学习,此非慕我方音,其用意或别有所在也"。① 福泽谕吉的《脱亚论》,虽然在表面上看来是想让日本脱亚入欧,但同时也想证明,日本已经在政治和文化上"脱离"了东亚的传统,因此可以像西方列强一样,对东亚邻国颐指气使、为所欲为了。在那时,不管是福泽谕吉那样的欧化论者,还是陆羯南那样的民权论者,都支持日本对亚洲国家抱持强硬的态度,甚至指出为了提升日本在国际上的地位,可以不惜与其亚洲邻国开战。② 连崇敬中国文化的冈千仞,也主张为了让东亚在国际上出人头地,中日两国可以为琉球而大战一番,如同英法百年战争一样,借此提升两国的武力,让西洋人刮目相看。③ 由此可见,日本之提倡"东洋史学",重新研究中国,其实质是为了提升和巩固自身在国际上的地位。日本学界一般将"东洋史学"的诞生,定在1894—1895 年甲午战争时期,也即日本向中国开战,以求成为东亚盟主的时期,正是最好的例证。日本近代中国史学之父的内藤湖南,也正是在这一时期和背景下,投身于中国历史的研究的。④

---

① 引自王晓秋:《近代中日文化交流史》,第 183 页。
② 同上书,第 20—24 页。
③ 冈千仞:《观光纪游》,第 102—103 页。
④ 内藤湖南早年为三宅雪岭和志贺重昂的《日本人》工作,逐渐培养了对中国历史的兴趣。他对中国和其他亚洲邻国的态度,也同样有帝国主义的倾向。见 Joshua Fogel, *Politics and Sinology: the Case of Naito konan*, p. 44 以降。

四、"史界革命"与"文明史学"

饶有趣味的是，日本朝野经过明治初年欧风美雨的洗礼，在1880年代开始寻求回归东亚传统，中国朝野之洋务自强运动，也正方兴未艾、成绩显著。上面已经提到，在甲午战争以前，李鸿章曾命北洋舰队行驶海参崴，途中停靠日本，借此炫耀实力，引起日本朝野的恐慌。福泽谕吉在《文明论之概略》中也注意到了中国的洋务运动，但劝告日本人说，中国人仅仅向西方学了一些皮毛，即文明的"外形"，而不是文明的"精神"，因此不足效法。[①] 这一劝告，虽然在那时看来并无多少根据，但从以后两国交战的结果来看，却又不幸让他言中。由此看来，日本在此时转向东亚，与中国洋务运动的开展，也有一些关系。目睹中国的西化，日本感到了威胁，因此想为争夺东亚的霸权，不惜向中国开战，以决雌雄。

但不管怎样，日本还是在西化方面，比中国做得彻底一些。1872年清朝驻使日本，开始对日本明治维新之后的改革，有了比以前更直接和全面的认知，而黄遵宪的《日本国志》，更是让不少中国人感到，日本不但在政体上，而且在文化和社会习俗上，都已经挣脱了传统的束缚，走上了一条新途。[②] 当然，那时的许多中国人，对日本如此断然决然地抛弃传统文化，更改服饰，使用公历，大不以为然。森有礼与李鸿章的辩论，已见一斑。冈千仞在游历中国的时候，尽管他也认为日本当时的西化运动，做得有点过火，但也对中国人思想的守旧和

[①] 福泽谕吉：《文明论之概略》，见《福泽谕吉全集》第4卷，第19—20页。

[②] 有关甲午战争以前中日两国的联系，可参考实藤惠秀著，陈固亭译：《明治时代中日文化的连系》，台北，中华丛书，1971。其中有清朝公使何如璋对日本的描述及其公使馆人员与日本人士的交往。又见王晓秋：《近代中日文化交流史》，第127—340页。

对外界的无知,表示不满,并不得不为日本的西化,多次加以辩护。①总之,在甲午战争以前,中国和日本都认识到西方的强大,因此都有意向西方学习,但其取径则大相径庭。日本的办法是,囫囵吞枣,拿来再说,然后在1880年代开始,进行批判的反省,希望能找到一条结合传统文化与西方文化的中间道路。而中国对西方的态度则是,不打不相识,不打不成交;在西化方面,能少走一步,便少走一步。洋务运动的开展,要到第二次鸦片战争之后,才大规模开始,就是一个例证。

这两条取径,经过甲午战争,决出了高下。清朝的惨败,不仅使洋务运动破产,而且也暴露了洋务运动的指导方针——中体西用这一观念,有其致命的弱点。但在那时能认识到中体西用有其弱点的人士,应该说还是不多的,主要是一些开明的思想家如康有为和激进的革命家如孙中山等,至于清朝的上层官员,其实并无意从事政治和文化的全面改革。张之洞(1837—1909)便是一个有趣的例子。他在戊戌变法之后,写作了《劝学篇》,一方面大力提倡中体西用,另一方面又大力支持中国人去日本留学,两者之间,并非毫无联系。如果细读《劝学篇》,可以发现,张之洞的主张与日本那时回归东亚传统的思潮,有不少关联。这不仅是因为他的《劝学篇》,与福泽谕吉的《劝学篇》,题目相同,主旨相似,更因为他对中国病状的分析,与当时去中国访问的日本人,有不少类似的意见。他的解决办法,也与他们所提的相同,那就是要积极变法,在不完全抛弃"中学"的基础上,大力吸收引进"西学"。他的《劝学篇》有"去毒"一章,让人想到冈千仞对中国人耽于"烟毒"之深恶痛绝。当然,清朝禁烟,由来已久,张之洞希望禁烟,不难理解。但问题是到他写作《劝学篇》的时候,

---

① 这类辩论,散见冈千仞的《观光游记》。

中国朝野已经对禁烟失去了信心。冈千仞在访问中国的时候,王韬和其他人士都对他说,禁烟已经不可能。① 因此张之洞在此时重提去除烟毒之必要,就不能不让人感到有日本的影响在内。实藤惠秀注意到,在张之洞写作《劝学篇》以前,已经接触了不少日本朝野人士,他之写作《劝学篇》,"极可能受到这类日本人的启发"。②

张之洞的《劝学篇》,因为主张中体西用,一直为学界所诟病。但其实在当时,它却代表了清朝官方的一个新态度,也是中日关系史上的一个新阶段,那就是在甲午战后,承认日本领先于中国,认为日本已经成为中国人模仿、学习的榜样。③《劝学篇》中提到日本的地方,有许多处,大都非常正面。张之洞在《游学》一章中提到,"日本,小国耳,何兴之暴也?"他的回答是,明治维新的领袖,大都有游学西方的背景,"学成而归,用为将相,政事一变,雄视东方"。这种言词,出自一个"天朝"官员之口,很难想象。上面已经提到,日本在甲午战后,其媒体只是认为,日本已经成为亚洲的"列国"。日本自认自己是亚洲的"大国",是日俄战争以后的事。张之洞虽然主张中体西用,但其实他《劝学篇》的核心在于,中学也必须改造,中国也必须变法。而其中一个原因,就是因为日本已经变了,而且变得很成功。他在《守约》章中写道:"儒术危矣!以言乎迩,我不可不鉴于日本。"由

---

① 冈千仞的朋友王砚云对他说:"洋烟于中土,一般为俗,虽圣人再生,不可复救。"王韬也对冈千仞说,洋烟与酒色一样,虽然知道有害,但还是不可遏止。见冈千仞:《观光游记》,第68、230—231页。

② 实藤惠秀著,谭汝谦、林启彦译:《中国人留学日本史》,香港,香港中文大学出版社,1982,第15页。

③ 参见 Douglas Reynolds, *China, 1898-1912: The Xinzheng Revolution and Japan*, Cambridge, MA, Harvard University Press, 1993; Paula Harrell, *Sowing the Seeds of Change: Chinese Students, Japanese Teachers, 1895-1905*, Stanford, Stanford University Press, 1992。

此来证明改造中学之必要,使之成为致用之学。而要使中学成为致用之学,就必须"设学"和"益智",这与福泽谕吉的取径,几乎如出一辙。①

更值得注意的是,张之洞提倡去日本留学胜于留学西洋,译东书胜于译西书,已经为人所熟知。② 他的理由,无非是因为日本与中国同文同种,取法日本,既省事省力,又方便快捷。这种"同文同种"的观点,其实也来自日本,由那些主张日本必须回归东亚传统的人士所提倡。③ 而张之洞为之所吸引,又与他中体西用的主张有关。从他"儒术危矣,我不可不鉴于日本"的言词来看,他将日本视为儒家文化圈的一个成员。他的"体",当然以中国为主,因为儒家出自中国,但同时也包括了日本在内。由此看来,他之所以强调留学日本胜于留学西洋,也就是想以日本为样板,在儒家传统的基础上,吸收引进西学。日本在明治初年,就有"和魂洋才"的口号,也许张之洞认为,日本虽然西化,但还是没有完全放弃原有的东亚儒家传统,中国也可以如此照搬,以求富强。总之,甲午战败,不但使康有为、梁启超等激进人士感到变法的必要和亟需,而且也让一部分清朝官员认识到变法已是大势所趋。就当时的情形而言,他们的政治观点之间并没有太大分歧;康、梁也无意让清廷下台,而是希望能仿照日本,进行立宪改良而已。当然,张之洞的《劝学篇》为了向清廷表忠心,力排过分伸张民权的必要④,也许康、梁会有异议,但张之洞的意见,也与日本

---

① 张之洞:《劝学篇》,上海,上海书店出版社,2002,第38、24页。并可参见《益智》和《设学》章。

② 张之洞:《劝学篇》,第39、46页。

③ 参见 Kazuki Sato, "'Same Language, Same Race': the Dilemma of Kanbunin Modern Japan", in *The Construction of Racial Identities in China and Japan*, ed. Frank Dikötter, Honolulu, University of Hawaii Press, 1997, pp. 118-135。

④ 张之洞:《劝学篇》,第19—21页。

那时制宪过程中呈现的保守倾向,别无二致。

综上所述,虽然在19世纪末、20世纪初中国人留日的热潮中,有一半左右为自费学生,因此这一热潮的推动,有民间的力量。但无可否认的是,清朝政府在发起这一留学热的过程中,扮演了积极和主导的角色。如果没有清朝的允许或默许,这一留学热是很难形成的。留日热潮由1896年清朝所派13名学生为起始,便是重要的证据。而清朝制定这一政策,则与日本朝野的游说,不无关联。张之洞《劝学篇》之日本背景,只是一例。而《劝学篇》的影响,据沈殿成等人的意见,则使得清朝将留学日本,定为那时的"国策"。①

日本那时游说清朝官员,希望能派遣留学生去日本,其中缘由,多种多样,但就主体而言,则主要与日本寻求东亚的领导权有关。日本当时驻华公使矢野文雄,于1898年致信日本外务大臣,指出如果日本接受中国留学生,则"受我感化之人才播布于其古老帝国之中,实为将来在东亚大陆树立我之势力之良策"。而一旦有留日学生回国,对清政府施加影响,那么留日学生,就会源源不断,"如是则我国之势将悄然驯驯于东亚大陆"。② 当然,除了这一赤裸的政治企图之外,还有日本的学界人士真心想促进中日亲善,因而提倡接受中国留学生。③ 其实在那个年代,西方国家如美国也力图通过培养中国留学生,来扩展自己的势力和影响。日本官员有相似的想法,做相似的努力,亦可见日本在那时已经进入帝国主义的思

---

① 沈殿成主编:《中国人留学日本百年史》上卷,沈阳,辽宁教育出版社,1997,第30—42页。

② 矢野文雄一八九八年五月十四日"机密第四十一号"致日本外务大臣西德二郎的信,引自同上,第37页。

③ 可见实藤惠秀:《中国人留学日本史》,第1章。有趣的是,实藤也提到上引矢野的信,但却省去了矢野希望通过培养中国留学生,扩展日本在东亚的势力这一点。实藤注重的是,日本学界、教育界人士为培养中国学生所做的努力。

维轨道了。①

自然,除了外部的吸引以外,清朝那时所开展的变法维新,也让人感到留学之必要。而变法的失败,非但没有使留学热降温,相反随着康、梁等人之流亡日本,更多的中国各界人士到了日本。其实,变法虽然失败,但清朝对维新派的镇压,主要在政治方面,而在教育改革上,则没有什么负面影响。1898年开办的京师大学堂在维新之后,仍然得以继续,便是一例。戊戌变法之后,清朝继续进行科举改革,1901年由张之洞等人建议减少及第人数,以致到1905年彻底废除科举,都使得当时中国的知识人萌生留学的愿望。由于西洋留学耗资巨大,距离遥远,而日本既便宜又邻近,因此自然成为外出留学的热点。②

就本文的主旨而言,这一留学日本的热潮,对改变中国人的世界观和历史观,都有重大的影响。首先就推动这一留学热的清朝官员而言,他们能支持这一政策,表明他们的世界观与19世纪中期相比,已经有了显著的不同。如前所述,在鸦片战争前后,即使像魏源那样开明的人士,仍然视中土为世界的核心,而将其他地区一律视为"海国",也即海外边缘地区。他虽然主张"师夷",但目的是"制夷",并不认为西学会对"天朝"有任何用途。比魏源年轻一辈并且曾经到过西洋的王韬,就指出魏源的"师夷制夷",只是抓住了西方一些"皮毛"的东西。③ 而张之洞的《劝学篇》,则虽然强调中体西

---

① 19世纪末和20世纪初为帝国主义的时代,已是学界的共识。有关美国为何接受中国留学生,可见 Q. Edward Wang, "Guests from the Open Door: The Reception of Chinese Students into the United States, 1900s-1920s", *The Journal of American-East Asian Relations*, 3:1(Spring 1994), pp. 55-75。

② 实藤惠秀:《中国人留学日本史》,第22—24页。

③ 参见 Q. Edward Wang, *Inventing China through History: the May Fourth Approach to Historiography*, p. 37。

用,但同时也指出变法的必要,而且认为变法必须以变科举开始,所谓"救时必自变法始,变法必自变科举始"。① 换言之,张之洞已经指出中国的传统学问,有其不足和缺陷,而变法一项,更有政治变革的意向。为了变法的必要,他更指出要参考日本的模式,吸收西学,改造中学。

张之洞的这一主张,就世界观、历史观的转变而言,意义颇大。他之强调变法和变科举的必要,批评"泥古之迂懦"和"苟安之俗吏",说明他已认识到,一味坚持祖宗的办法,已经不再有效。② 这也即是说,他认识到了历史的变迁;如果泥古不变,则会犯"时代错误"。这与前述福泽谕吉的文明史观,有可比之处。而张之洞指出有必要参考日本的经验,则表明他已大致放弃中国为"天朝"、因而高人一等的传统世界观,而认识到中国之外不仅有西洋的世界,而且有日本等新兴的近邻。它们的文明,都或多或少,有可取之处。张之洞的这一想法,大致表达在《劝学篇》的下篇里,而其上篇,则以效忠清室为目的。后来成为反满革命家的章太炎,在当时也称赞道:"下篇为详实矣。"③可见张之洞《劝学篇》,综合了当时开明知识界的主张,代表了一种新的世界观。这一世界观的变化,也为当时的日本人所注意。日本文学家大町桂月称赞道,中国"近年派遣学生向昔日之弟子问道求益,真不愧大国风度"。教育家上田万年则指出,中国派遣留日学生,表明中国已经"觉醒过来,渐知排外守旧主义之非"。④

---

① 张之洞:《劝学篇》,第52—53页。另见《变法》章,第49—51页。
② 同上,第50页。
③ 章太炎著,倪伟编选:《章太炎生平与学术自述》,南京,江苏人民出版社,1999,第21页。
④ 引自实藤惠秀:《中国人留学日本史》,第1页。

第十五章 中国近代"新史学"的日本背景

再就留日的莘莘学子而言,虽然他们起初也许只是为了寻找科举考试的替代品,但一旦成行,亲眼看到日本的实况,却切身体会传统观念之陈旧迂腐和传统教育之冥顽不灵,于是世界观顿时为之一变。这一转变,与他们留日的正反两方面的经验,都有关系。从正的方面说,那些留学生到了日本以后,看到日本政治的进步,社会风气的改良,印象十分深刻。于是,他们不再像以前那样,相信中国为天下之中心、文明之渊薮,相反则感到中国已经落后,所谓"昔日之蓝,不如今日之青;昔日之师傅,不如今日之弟子"。从反的方面来说,清朝留日的学生,着满服,留长辫,既为日本成年人所暗笑,又为日本孩子们所欺负。这使他们痛切地感受到,原来为之骄傲的礼仪之邦,不但不被外人尊敬,而且已经成为外人嗤笑的对象。[①] 这两种经验,都使得他们深切地认识到,世界已经大变,中国已经不再是"天朝",失去了"天下",而成了众多国家之间的一员,甚而是孱弱的一员。由是这批中国的年轻知识分子,终于像当时其他非西方地区的同类人一样,将自己的思想,汇入了民族主义的潮流,决心为振兴中国这一民族国家,奉献自己的心力了。

梁启超号召的"史界革命",正是在这样的背景下诞生的。可以设想,如果没有从甲午到戊戌、从中国到日本的经历,其中既有政治上的斗争与失意,又有文化上的冲击与震荡,梁启超等人并不会采取如此激烈的态度,向传统学问的核心——史学,进行如此无情的批判。换言之,梁启超等人之所以会对中国文明的历史及其记录,产生如此的失望之感,决心加以改造,绝非偶然,而是留学于海外,开阔了眼界,因之世界观改变之产物。戊戌变法之后流亡日本的梁启超,还只是一个未及三十的年青人,与那时留日的大多数学生,年纪相仿。而因为梁有一段参政但又失败的经历,他比其他人更容易感受日本

[①] 可见王晓秋:《近代中日文化交流史》,第360页以降。

与中国的社会现实之间的强烈对比。梁启超自称,到了日本以后,对新思想、新知识,"应接不暇,脑质为之改易,思想言论,与前者若出两人"。① 这一说法,并非虚言。对梁启超来说,日本与中国现实之间的对比和不同,就是日本的明治维新得以成功,而他自己参与领导的戊戌维新,则失败了。他在到了日本不久,便以"吉田晋"为笔名,在三宅雪岭的《日本人》杂志上,发表了《论清国之政变》一文,向日本读者介绍戊戌维新的经过,其中他有意将戊戌维新与明治维新相比较。他采用"吉田晋"这一笔名,取自吉田松阴和高杉晋作这两位明治维新的志士,也表明他有意以日本为榜样。②

事实上,梁启超到了日本,一言一行,几乎都能见到日本的影响。譬如他一到日本,便发行《清议报》,以后又主持《新民丛报》,可见他对日本新闻业的发达,印象颇深,决意效法。而亚洲新闻业的发达,虽然王韬是先驱之一,但日本的成绩,则比清朝的中国,要显著得多。实藤惠秀比较了中日两国新闻业发展步伐的快慢,认为这是两国近代化速度快慢的一个标志。③ 梁启超在那时投身新闻业,表明他或许也有同感。其实,梁启超在那时不仅在形式上向日本靠拢,而且在内容上,也即他在《清议报》和《新民丛报》上发表的东西,大部分都由转译、编译日本的著作而成。如果说日本在明治初期,由兰学家为

---

① 梁启超著,程华平编选:《饮冰室主人自说》,南京,江苏人民出版社,1999,第66页。郑匡民的《梁启超启蒙思想的东学背景》(上海:上海书店出版社,2003)对日本明治时思想对梁的影响,有详尽的讨论,值得参考。

② 见 Joshua Fogel, *Politics and Sinology: the Case of Naito konan (1866-1934)*, p. 89。傅佛果还指出,此篇论文并没有被收入梁启超的文集,以致学界一般都比较忽视。但内藤湖南在当时却因此文而对梁启超颇有兴趣。

③ 见实藤惠秀:《中国人留学日本史》,第4—6页。有关王韬的新闻生涯,可见 Paul A. Cohen, *Between Tradition and Modernity: Wang T'ao and Reform in Late Ch'ing China*, Cambridge, MA, Harvard University Press, 1974。

首,对西方学术采取了"拿来主义"的做法,那么此时的梁启超,则采取同样的办法,对日本人翻译西方的学术,不问青红皂白,大量转译输入,所谓"如幽室见日,枯腹得酒,沾沾自喜,而不敢自私"①,以致从现代的眼光来看,梁启超可说是犯了"抄袭"的错误。但如果就当时人的眼光来看,学术乃天下之公器,梁启超转手日本人的著作,正表明他认识到这些著作的价值,愿意为之普及,表示出他虽然仍效忠清室,但已不再用"天朝"的眼光看待世界了。②

梁启超在当时注重模仿日本新闻界,与其号召"史界革命",有很重要的关联。因为在近代日本,提倡史观的改变,号召"文明史学"的,也正是那些被称之为"新闻史家"的人物。③ 换言之,近代日本史学的改造,就历史观的改造而言,并非专业史家的功劳,而应归功于那些非专业的、多半从事新闻业的学者。的确,就日本近代史学的改造而言,福泽谕吉等人提倡的"文明史学",居功甚伟,这已是日本史学史研究者的共识。④ 而福泽虽然涉猎广泛,既是思想家,又是教育家,但在 1882 年以后,创立《时事新报》,所以又在新闻业上,有所成就。福泽谕吉的主要追随者、日本"文明史学"的另一主角田口卯吉,像福泽一样,涉猎广泛,对经济学、社会学和历史学等,都有研究和心得,但其著述,则主要发表于报纸杂志上面。后来田口还自己

---

① 梁启超著、程华平编选:《饮冰室主人自说》,第61页。梁所谓"不敢自私",在此处是希望其他中国人也学日文,共同吸收新知识。但他办报纸,宣传新知识,显然也是出于同样的心态。

② 日本学者狭间直树近年在京都大学领导一个研究计划,专门研究梁启超思想的日本渊源,其成果可见其主编《梁启超·明治日本·西方》(北京,社会科学文献出版社,2001)。至于当时人认学术为天下之公器,乃余英时先生所教,特此说明,以致谢忱。

③ 大久保利谦:《日本近代史學の成立》,第95页。

④ 参见同上,第39页以降。另,家永三郎:《日本近代史學の成立》,见《日本の近代史學》,东京,日本评论新社,1957,第67页以降。有关日本近代史学的两个派别及其演变,可参见高明士:《战后日本的中国史研究》,台北,东升出版事业公司,1982。

主编报纸和杂志,包括史学杂志《史海》,并与重野安绎、久米邦武等东京帝大的历史教授,甚为投缘。但与重野与久米相比,田口并不专以历史为业,因此称其为"新闻史家",无甚不对。① 而文明史学的另一代表三宅米吉(1860—1929),其治学的兴趣也十分广泛,因此其学术生涯与田口卯吉类似。三宅在那时写作了《日本史学提要》(1886),该书虽然由于三宅的出国而没有完成,但却被誉为"史学独立的宣言",可见其在日本近代史学史上的重大影响。②

那么,"文明史学"对日本近代史学和史观,到底有什么具体的影响呢?由于篇幅所限,笔者将以福泽谕吉的《文明论之概略》为主,对此略加讨论。如上所述,福泽谕吉不但提倡多元的世界观,而且还将世界上的各个文明地区,做等级的区分,以西方文明为最高级。这一做法,与他曾游历西方的经历,不无关系。他的《西洋事情》,便记录了他对欧美各国的美好印象。福泽虽然崇拜西方文明,但又是一位日本民族主义者,因此并不认为日本文明会永远处于"半开"的状态。这在他写作《文明论之概略》的时候,表现十分明显。《文明论之概略》开宗明义,指出世界上的万事万物,其价值都是相对多变的。日本文明虽然在那时落后于西方文明,但福泽还是认为有赶上甚至超越西方文明的可能。他之写作《文明论之概略》,便是为了这一目的。换言之,福泽希望通过该书,为日本文明的未来走向,提供一条健康发展的路线。因此,他就必须将西方与日本文明,加以比较,以找出其中的差距。在他看来,东亚文明并不缺少贤人,但问题在于,由于政治权力的集中,或者说"偏重",因此贤人不但数量少,而且影响力小,一般的民众并没能受惠

---

① 有关田口卯吉的生涯,可见《田口鼎轩年谱》,见田口卯吉:《日本开化小史》,东京,岩波书店,1964,第 211—221 页。

② 小泽荣一:《近代日本史学史の研究:明治编》,第 354 页。

于这些贤人的教诲,共同促进社会文明的进步。于是,贤人显得十分孤独、孤立,感叹生不逢时。福泽用孔子、孟子和日本古代贤人,都在当世不得志的例子,来说明这一现象。① 而要想改变这一状况,就必须开发"民智",也即让社会中的大多数成员,都能启动心智,共同来促进文明的进步。于是他写作《劝学篇》,开办庆应义塾,都是为了这一目的。在为庆应义塾选择教材的时候,他注意到了基佐和巴克尔的文明史,大喜过望,认为这些著作,正展示了西方民智开化、文明进步的过程。②

既然文明的标志决定于"民智"开发与否,而不是几位统治者道德水平的高下,于是福泽谕吉便对中日传统的道德史学,包括新井白石(1657—1725)的《读史余论》,加以严厉的批判,认为就社会的进步、文明的开化而言,王朝的兴亡、统治者的道德水平之高下,并无多大关联,不值得史家如此重视。相反,史家应该扩大视野,研究整个社会的发展、民智的开发和经济的前进。③ 福泽谕吉的《文明论之概略》,因此对史学观念的改造和近代史学的变革,产生了划时代的意义,其重要性如同梁启超的《新史学》,虽然不是一部标准的历史著作,但却在史学史上,意义重大,因为他们都指出了史学观念改变的必要,提倡史学革命。

具体言之,福泽谕吉《文明论之概略》对传统史学的改造,集中在以下三个方面,分别有关历史研究的对象、历史研究的目的和历史研究的方法。一言以蔽之,虽然福泽不是专门的史家,但他却对"历

---

① 福泽谕吉:《文明论之概略》,见《福泽谕吉全集》第4卷,第59页以降。
② 有关福泽谕吉,《劝学篇》与《文明论之概略》之关系以及他发现西方"文明史学"的经过,小泽荣一有详细的讨论,见氏著:《近代日本史學史の研究:明治編》,第141—169页。
③ 福泽谕吉:《文明论之概略》,第151—152页。

史"这一观念,进行了重新的界定。首先有关历史研究的对象,据福泽的意见,应该是"人民"和"文明",这样的历史研究才有意义。具体而言,史学应该以揭示"时势"为重点。所谓"时势",也即某一特定历史时期的风气、人心和国俗。① "时势"这一词语,为中日传统史家所常用,日本的赖山阳(1780—1832)等人也有较详细的讨论,但福泽借用这一词语,则推陈出新,把历史研究的对象,从贤明君主和战争英雄转到全体社会和一般文化。

这一历史研究对象的改变,表明福泽谕吉对于历史研究的目的,也有了新的看法,这是《文明论之概略》之第二点贡献。福泽指出,以往的历史研究,以描述王朝兴亡、政权更替为宗旨,而从"文明史"的观点出发,应该加以改变。历史研究的宗旨应以描述"文明"的"进步"为目的。而且,这一文明的进步,并不是一个抽象的概念,而是具体有所指的。那就是如何开化日本,向西方文明看齐。于是,福泽在书的末尾,写了《西洋文明的由来》和《日本文明的由来》这两章,将日本的落后和西方的先进加以比较,由此来揭示日本文明今后进步的方向。②

《文明论之概略》于史学观念改变的第三点贡献,在于指出了如何进行文明史研究的方法。在福泽看来,衡量文明进步的标准,应该是"人心"的进步和"智德"的开发。正是"人心"的开发和"智德"的进步,才是历史走向文明的动因。福泽举例指出,明治维新虽然是一种政权的转化,但其实是"智德"的开发使然,而不仅仅是"王政"的复古,也即政治力量的成功。这一看法,虽然就明治维新的研究本身

---

① 福泽谕吉提出圣人之作用,只是顺应"时势"而已,因此群体比个人更重要。见氏著:《文明论之概略》,见《福泽谕吉全集》,第59—65页。

② 有关福泽谕吉历史认识之具体目的,请参见小泽荣一:《近代日本史学史の研究:明治编》,第165页。本文有关福泽谕吉历史观的讨论,也参照了小泽荣一的看法。

来说,显得有些抽象,但却与福泽在那时倡导教育的普及以开发民智的做法,十分一致。

福泽谕吉的《文明论之概略》,出版于1875年,比梁启超连载于《新民丛报》上之《新史学》(1902),要早近三十年左右。两者比较,不但影响相似,而且在内容上也有不少相同之处。梁启超在"史学之界说"这一章中指出:第一,历史应以万物的进化为对象;第二,历史应叙述人群之进化;第三,历史应探究人群进化之公理、公例。① 这三点,与福泽在《文明论之概略》所讨论的方面,正好一致,涉及历史研究的对象、历史研究的目的和历史研究的方法,虽然福泽的《文明论之概略》,并不是专为史家而写的。有事实证明,梁启超在流亡日本以前,已经读过福泽谕吉的《文明论之概略》,并且欣赏福泽的观点,由此而构成了梁自己对文明的看法。但就福泽对梁启超历史观的影响而言,现有的研究注意不多。②

在追溯梁启超史学观念的时候,一般人注意到《新史学》与浮田和民(1860—1946)《史学原论》(或《史学通论》)的关系——后者是浮田在东京专门学校(早稻田大学前身)的讲义,大约出版于1898年。的确,浮田《史学原论》有《历史与地理》一章,梁启超在《新民丛报》上曾发表有《地理与文明之关系》一文,其中雷同之处颇多。③ 但

---

① 梁启超:《新史学》,见《梁启超史学论著三种》,香港,三联书店,1980,第10—15页。

② 石川祯浩:《梁启超与文明的视点》,见狭间直树编:《梁启超·明治日本·西方》,第100—106页。石川在文中还讨论了梁渡日之后对文明看法的改变及其原因。狭间直树的书中对梁启超史学观与日本的关系,付诸阙如。萧朗:《福澤諭吉と中國の啟蒙思想:梁啟超との思想の關連を中心に》,载《名古屋大学教育学部记要》,40:1,1993。对梁启超与福泽的思想关联讨论甚详,但唯独未在史学方面,多加讨论。郑匡民《梁启超启蒙思想的东学背景》也讨论了梁与福泽谕吉之间的思想联系,但其侧重点与萧朗相似,见第44—82页。

③ 石川祯浩:《梁启超与文明的视点》,见《梁启超·明治日本·西方》,第108页。

若就《新史学》的写作而言,则与浮田的《史学原论》关系并不密切。《新史学》的《史学之界说》一章,对历史研究的对象和目的提出新的看法,与浮田书中的第一、第二章的论点略有相似之处,但浮田的第一章,以《历史的特质及其范围》为题,从四个方面讨论历史的意义:客观的意义、主观的意义、记录的意义和史学的意义。他认为历史虽然从客观事实出发,但在记录上又有主观的一面。同时,因为进化是历史研究的主题,而进化以人类与自然环境的互动关系为主,因此历史研究也应以此为对象,而不能完全以人类为中心。① 这些讨论,除了历史研究应同时考虑自然与人类的关系这点外,并不是梁启超"史学之界说"的重点。

浮田和民《史学原论》的第二章,以《史学的定义及其困难》为题,② 与梁启超"史学之界说"相近,但浮田的讨论,虽然也强调历史有自然的历史(万有の历史)和人类的历史(人类の历史)两种,与梁启超的论点一样,但他引经据典,从古希腊的狄奥尼修斯(Dionysius)"历史是以事实为训的哲学"、英国马考莱(Macaulay)"历史是诗和哲学的混合"、卡莱尔(Carlyle)"世界历史是英雄的传记"到弗里曼(Freeman)"历史是过去的政治,政治是现在的历史",来讨论史学是不是科学,显然与梁启超的视角相当不同。③ 总而言之,浮田的《史学原论》,在福泽谕吉文明论的基础上,就西方史家的论著,对历史研究的对象和史学的定义,做了更深入的探讨。如果说梁启超受其影响,那么浮田本人则受到了福泽的影响。浮田为东京专门学校讲

---

① 浮田和民:《史学原论》,东京,东京专门学校藏版,无出版日期,第1—10页。

② 浮田以《史学通论》为题的著作,其内容与《史学原论》无大区别,但第二章的题目则仅为"史学的定义",没有"及其困难"这几个字。《史学通论》亦无出版日期。可见两书均为浮田在东京专门学校的讲义而已。

③ 浮田和民:《史学原论》,第10—20页。郑匡民指出,梁启超受浮田和民的"伦理帝国主义"影响甚大,见氏著:《梁启超启蒙思想的东学背景》,第181—199页。

课,已是1890年代,届时福泽谕吉的文明史观,已经在思想界成大气候。浮田以此观点来讨论史学,十分自然。

的确,福泽谕吉的《文明论之概略》出版以后,引起很大反响,特别是那些与福泽的背景相似的学者,即所谓"新闻史家",都陆续出版类似的著作,讨论历史研究的性质和方法。这些著作的总体倾向为,吸收社会学的理论和方法,特别是孔德和斯宾塞的社会进化理论,用来揭橥历史变迁的大势和历史变动的原因。由是,历史研究的目的和历史写作的方式,与以前相比都有了显著的不同。历史著述从原来的褒贬人物、道德训诫,转变为以研究历史变化、提出历史解释为主的叙述史学。传统的纪传体,因此也就为这些史家所舍弃了,而代之以所谓的"史论体"①。

这种采用"史论体"的"文明史学",由田口卯吉的《日本开化小史》为代表。该书在《文明论之概略》出版之后的两年,也即1877年开始,陆续在报刊上连载出版。田口以福泽的文明史观来考查日本历史,采用章节体的形式写作,成为"史论体"史学的开山之作。田口像福泽一样,认为历史研究,应以"社会""人心"为对象,而不是个别英雄人物。由此出发,田口强调历史研究必须注意历史事实背后的规律,也即历史认识的"一个定说"。他个人的意见是,历史的进化是财富的积累和人心的变化互动的结果。小泽荣一因此认为田口卯吉的历史观,有唯物论的倾向。② 的确,由于提倡文明史观的史家,采用社会学的角度和方法,以社会为研究对象,因此田口比较注意一般民众的历史。这一特点在"文明史学"的后继者,也即1880年到1890年代出现的"民间史学"中,表现更为明显,由德富苏峰、

---

① 小泽荣一:《近代日本史学史の研究:明治编》,第221页以降。有关这一"史论体"与社会学的关系,可见大久保利谦:《日本近代史学の成立》,第109页以降。

② 小泽荣一:《近代日本史学史の研究:明治编》,第206页。

竹越与三郎、山路爱山的著作为代表。这一"民间史学"的传统在战后又因马克思主义史学的影响,继续有所发展。①

田口卯吉的《文明开化小史》,因其首创,在体例上仍有传统的痕迹,与传统史学的"志",就有相似之处。但与传统"志"的写法不同,田口并没有将譬如典章、经籍、食货等题目,分门别类处理,而是用叙述体的方法、章节体的形式,将它们综合起来,作整体的描述和分析,以揭示时代的变迁和它们之间的因果关联,企图发现历史背后的规律,因此让人耳目一新。有趣的是,田口卯吉本人认为,这一"史论体"并非他的创造,而是古已有之。他在1883年,又写了《"支那"开化小史》,企图揭示中国古代政治变迁的大势和动因。田口在书的"例言"中提到,就历史著述而言,有"编年体""纪事体"和"史论体"三种。《春秋》为"编年体",《史记》为"纪事体",而贾谊的《过秦论》和柳宗元的《封建论》,便是"史论体",以探讨"事情变迁"为目的。但其实他的说法,并不完全有道理。他的《"支那"开化小史》,用章节体的形式,叙述始自先秦,与贾谊和柳宗元纯粹论辩式的著作,还是有明显的不同。但也许是由于田口的知识或精力所限,《"支那"开化小史》还是以政治的变革为主,对社会文化的变化,很少涉及,因此有人指出,该书不是"开化小史",而是"政纲小史"。但田口卯吉自辩道:"开化史者,社会大事者也。当时之大

---

① 参见家永三郎:《日本近代史學の成立》,见《日本の近代史學》,第74—80页。有关"民间史学"的研究,可见 Peter Duus, "Whig History, Japanese Style: the Min'yusha Historians and the Meiji Restoration", *The Journal of Asian Studies*, 33:3(1974), pp. 415-436; Stefan Tanaka, "Alternative National Histories in Japan: Yamaji Aizan and Academic Historiography", in *Across Cultural Borders: Historiography in Global Perspective*, eds. Eckhardt Fuchs & Benedikt Stuchtey, Lanham, Rowman & Littlefield, 2002, pp. 119-140。这一史学传统在战后的延续,则见 Carol Gluck, "The People in History: Recent Trends in Japanese Historiography", *The Journal of Asian Studies*, 38:1(1978), pp. 25-50。

事,盖非如此者乎?"①但不管其内容如何,田口卯吉的《"支那"开化小史》,比那珂通世的名作《"支那"通史》(1888),要早五年出版,因此是用章节体写作中国历史的最早尝试。

五、余论——"史界革命"的反响与影响

梁启超在日本期间,欣赏"文明史学",并以此为榜样号召中国的"史界革命",绝不仅是他一人的先知先觉,而是反映了当时大多数留日学生的共同兴趣。像梁启超一样,那些留日学生到了日本以后,学得了新知识,开阔了眼界,"而不敢自私",急于要与在日本和国内的同胞分享。于是,由他们编辑、出版的报纸、杂志,在日本如雨后春笋,并在国内也享有大量的读者。在这些出版物中,也包括了大量由他们翻译的日文书籍。这些翻译作品,不仅传播了新知识,而且还引进了一大批前所未见的新名词,因此对现代汉语的形成,也有重要的影响。②

就历史著作的翻译而言,可以分为两大类。一类有关史学理论,讨论历史研究的目的、方法和对象。另一类则是一般的历史教科书,主要包括由日本人写的世界历史、西洋历史和中国历史。后一类的

---

① 田口卯吉:《"支那"开化小史》卷1《例言》,明治二十年版,藏日本国会图书馆。对该书的批评和田口的反驳见卷4。

② 有关留日学生的出版和翻译活动,可见实藤惠秀:《中国人留学日本史》,第135—170页。他们译书数量的统计,可见谭汝谦:《中国译日本书综合目录》,香港,香港中文大学出版社,1980;邹振环:《晚清留日学生与日文西书的汉译活动》,见中国近代现代出版史编纂组编:《中国近现代出版史学术讨论会文集》,北京,中国书籍出版社,1990,第93—105页。王汎森:《"思想资源"与"概念工具"——戊戌前后的几种日本因素》讨论了这些翻译活动对晚清政治和文化的影响,见氏著:《中国近代思想与学术的系谱》,石家庄,河北教育出版社,2001,第149—164页。

翻译,由于20世纪清朝开始大规模的学制改革,新式学校不断涌现,对新式教材的需求大量增加,因此非常热门,对改变中国人的历史观念,有潜在但又深远的影响。① 因此,如果说20世纪初中国有一场"史界革命",这一革命包括了理论和实践两个层面。就理论的层面而言,由梁启超等人登高一呼,号召改变传统的历史观念,创立新式的史学体裁。而在实践的层面,则有大批留日的学生,通过翻译日文书籍,编译或写作了新式的教材,传播新式的历史知识,普及新式的历史体裁,也即章节体的叙述史学,重新塑造了中国人对过去的认识。但既然本文的重点是讨论历史观念的变化,因此还是以讨论梁启超等人理论方面的工作为主。

在梁启超连载《新史学》的时候,这一讨论历史研究的性质、方法和对象的兴趣,已经在留日学生、学者中间,蔚为风气。譬如浮田和民的《史学原论》,在那时已经有了两个译本。② 那时亦在日本的章太炎,也对之有兴趣。更确切一点说,章太炎那时像梁启超一样,对日本的"文明史学",颇有兴趣,而对日本汉学家写的中国历史,则评价不高。他在致梁启超的信中说道:"顷者东人为支那作史,简略无义,惟文明史尚有种界异闻,其余悉无关闳旨。要之彼国为此,略备教材,固不容以著述言也。其余史学原论,及亚细亚、印度等史,或反于修史有益,已属蔡君鹤顾购求数种。"③这一评论,出自饱学之士章太炎之口,并不奇怪。日本汉学家那时写作的中国历史,大都是教材,因此章也知道由于形式所限,无法显示学问。再者他们的中国历

---

① 关于晚清日文历史教科书的翻译及其影响,可见胡逢祥、张文建:《中国近代史学思潮与流派》,上海,华东师范大学出版社,1993,第256—271页。彭明辉《晚清的经世史学》第六章也有类似的讨论。

② 实藤惠秀:《明治时代中日文化的联系》,第160—161页。

③ 章太炎:《章太炎生平与学术自述》,第48页。

史知识,也自然无法与章相比。但他对《史学原论》等研究史学理论的书,则表示了兴趣,可见那时对"文明史学"有好感的人,绝不只梁启超一人。

像梁启超一样,章太炎对"文明史学"的兴趣,主要在于与传统的道德史学相比,"文明史学"采用了社会学的理论和方法,以研究历史的进化为宗旨,因而改变了历史研究的对象和目的。为此需要,"文明史学"必须突破原来的纪传体或编年体的形式,而用通史的形式,展现和解释历史的进化过程。田口卯吉的《日本开化小史》,便是一范例。章太炎自谓:"窃以今日作史,若专为一代,非独难发新理,而事实亦无由详细调查。惟通史上下千古,不必以褒贬人物、胪叙事状为贵,所重专在典志,则心理、社会、宗教诸学,一切可以熔铸入之。"①换言之,章太炎不仅想舍弃原来"正史"朝代史的形式,而且还想突破道德史学的藩篱,以展示社会、心理和宗教的演化为历史著述的重点。就在梁启超发表《新史学》的同年——1902年,章太炎翻译出版了日人岸本能武太的《社会学》,用来宣扬历史进化的理论。章对社会学理论的兴趣,与日本文明史家相同。② 从章太炎以后编辑出版《苏报》和《民报》来看,他与文明史家大半从事新闻业的做法,也有一致的地方。

更值得一提的是,章太炎在当时不仅提倡"通史"的写作,还试图写作一部《中国通志》或《中国通史》,并且已经拟订了一个目录。③ 可

---

① 章太炎:《章太炎生平与学术自述》,第47页。
② 有关章太炎的社会进化思想,见汤志钧:《章太炎的〈社会学〉》,见章念驰编:《章太炎生平与学术》,第532—542页,北京,三联书店,1988。有关日本"文明史学"与社会学的关系,参见大久保利谦:《日本近代史学の成立》,第109页以降。
③ 参见林尹:《章炳麟之生平及其学术文章》,见《章太炎生平与学术》,第45—46页。有关章太炎对中国近代史学的贡献,汪荣祖:《章太炎与现代史学》,见《史学九章》,台北,麦田出版社,2002,第181—218页。

能是他不久便卷入辛亥革命的浪潮，因此未能实施其计划。不过，从他的《中国通史》目录来看，该书在写作体裁上，虽然有所突破，但还是没有采用当时已经开始流行的章节体叙述史。他的《中国通史》，分"表""典""考纪""记"和"别录"，虽然突破了朝代史的束缚，但这些分门别类的写法，还是不能将中国历史的演化，做综合整体的叙述。章太炎的历史观念，以民族主义为宗旨，以进化论思想为主导，力图"发明社会政治进化衰微之原理"和"鼓舞民气、启导方来"。他认为前者可由"典"和"志"的形式表达，而后者可借助"纪传体"。由此可见，章太炎在历史写作形式的革新方面，没有像日本文明史家那样激进。而在那时，由于"文明史学"的影响，历史著作已经开始广泛采用章节体的形式，并经由留日学生的翻译，传入中国。章太炎以后没能写作其《中国通史》，也许也与这一因素有关——他可能认为他的做法，已经有些落伍了。他最终将《中国通史》改成《中国通史检论》，并删去了目录，或许与此有关。①

章太炎这种在史观上接受"文明史学"的社会进化论，但在形式上又无意完全舍弃传统写作方式的做法，在当时并不奇怪。换言之，史学史的转变，并不是一朝一夕之功，而是一个渐进渐变的过程。上面已经提到，田口卯吉的《日本开化小史》，一向被誉为开"文明史学"的先河之作，但其章节体的形式，与传统"志"的写法，也不无相似之处。因此，章太炎想推陈出新，在传统的体裁中，展现新的历史观念，也无可厚非。从现在的眼光看来，近代中国史家最终选择了西

---

① 章太炎：《章太炎生平与学术自述》，第47页。林尹《章炳麟之生平及其学术文章》一文提到章太炎改写《中国通史检论》和删去目录，见《章太炎生平与学术》，第46页。有关章太炎史学与中国民族主义史学的关系，可见余英时（Yü Ying-shih），"Changing Conceptions of National History in Twentieth-century China", in *Conceptions of National History*, eds. Erik Lönnroth, Karl Molin, and Ragnar Björk, Berlin, Walterde Gruyter, 1994, pp. 155-174。

方史学的叙述体,而舍弃了传统史学的遗产,也并非纯是明智之举。① 由于章节体力求包罗万象,用来写作通史,则不免像章太炎所说的那样,"简略无义",只能适合用作教材。为了弥补这一不足,西方专业史家的研究之作,常常选择狭小的题目专题论述,以便畅所欲言。这与中国传统"志"的写法,有许多相似之处。而西方史家的研究论文,其叙述的成分更少,与中国的考据文章,亦有类似之处。无怪乎近代日本和中国的专业史家,受西方史学的影响,提倡写作考据式的论文,用来展现历史研究的成果。

在那时的留日学生中,对梁启超、章太炎"史界革命"支持最力者,当属1905年由黄节、邓实等人为首的"国粹学派",而章太炎又可视为该学派思想上的"主帅"。② 譬如黄节那时便在他们出版的《国粹学报》上,连载《黄史》一书,可视为中国第一部用民族主义观点,甚至种族主义观点写出的历史著作。《黄史》立意要展现中华民族的历史,因此必然要突破传统朝代史的形式。但黄节与章太炎一样,并无意完全采用"文明史学"的章节体;他的《黄史》,有"书""表""记""考纪""列传"和"载记",因此与章太炎的尝试,十分类似。③ 邓实虽然没有写作系统的历史著作,但与梁启超一样,也在吸收"文明史学"的基础上,提倡"新史学",以"民史"代替"君史",以

---

① 澳洲学者 Brian Moloughney 对此有所论述,见"Derivation, Intertextuality and Authority: Narrative and the Problem of Historical Coherence", *East Asian History*, 23 (June 2002, Canberra), pp. 129-148。
② 郑师渠:《晚清国粹派》,北京,北京师范大学出版社,1997,第17—22页。有关"国粹学派"史学和中国近代史学的关系,可见 Q. Edward Wang, "China's Search for National History", in *Turning Points in Historiography: A Cross-cultural Perspective*, eds. Q. Edward Wang & Georg G. Iggers, Rochester, University of Rochester Press, 2002, pp. 185-208。
③ 见黄节:《黄史总叙》,载《国粹学报》,第一年第一号(光绪三十一年),(台北:文海出版社重印,1975),第41—46页。

"社会史"代替"朝(代)史",庶几而揭示"一群一族之进化",让历史真正具有"精神"。他呼吁,"中国史界革命之风潮不起,则中国永无史矣。无史则无国矣"。① 由此可见,在接受了新的历史观念之后,传统的史学,已经不再被视为是真正的"史"。真正的史学,应该是能揭示历史进化道理,展现社会进步的文明史、民族史。这种对史学的崭新态度,正是清末"史界革命"所造就的。这一"史界革命",既标志了史学观念的大幅革新,又推动了史学写作形式的逐步变革。这两个方面的变化,展现了西方近代史学的巨大影响,但在清末,这一影响则主要通过了日本这一媒介。因此中国近代史学的发展,与日本近代史学的演变和中日两国在文化上的交流,有着千丝万缕的联系。这一联系在民国初年,还会有新的发展。② 但日本"文明史学"与清末"史界革命"之间的互动,已经使得中国绵延流长的史学史,揭开了新的一页,迈入了一个新的阶段。

笔者在此对《台大历史学报》主编古伟瀛的鼓励,学报两位评审人的审读和美国布兰迪斯大学的阮圆(Aida Y. Wong)教授的中肯意见,表示由衷的谢意。

载《台大历史学报》2003 年第 32 期

---

① 邓实:《史学通论》,见《光绪壬寅(廿八年)政艺丛书》上篇(二),台北,文海出版社重印,1976,第 714—715 页。

② 民国时期中日学者之间的交流,或可参见桑兵《国学与汉学:近代中外学界交往录》(杭州,浙江人民出版社,1999)中的部分章节。

第十六章　传统与近代的互动与折衷
——清代考据学与明治时期日本史学之变迁

十多年前,笔者曾在《台大历史学报》撰文,讨论中国近代新史学与日本明治时代史学的关联。① 此次作文,试图转换一下视角,着重检讨一下日本史学走向近代化的过程中与中国学问,特别是清代学术之间的联系。有关这一联系,前辈学者如周一良先生已有一些精到的评论,之后也有不少相关的论著出版。在借鉴参考之余,笔者同时也感到旧话重提的必要。首先,中日两国之间的关系,不但源远流长,而且变化多端,文化学术交流上,表现尤为明显。其次,鸦片战争之后,中日两国开始走向近代,而两国之间的关系亦逐渐交恶,乃至在半个世纪之后,发生了两场你死我活的战事。两国之间的学术交流文化,又在其中扮演了什么样的角色——推波助澜还是缓解调和? 最后,两国史学之近代化,并非无中生有,因为历史记载本是东亚文化之传统,所以近代史学的建立,绝非无源之水,却更如移花接木。清代学问为传统学问之末端,两国学者又如何对之扬弃继承? 出于以上的种种关心,笔者才有本文的写作。②

---

① 王晴佳:《中国近代"新史学"的日本背景:清末的"史界革命"和日本的"文明史学"》,载《台大历史学报》2003 年第 32 期,第 191—236 页,亦收入本书。
② 笔者于近十年前,曾发表《考据学的兴衰与东亚学术的近代化》,见郑吉雄编:《语文、经典与东亚儒学》,台北,学生书局,2008,第 475—506 页。本文的写作,意图在该文的基础上继续扩展论述,增添新的内容,但为了叙述完整的需要,部分讨论亦有重合之处,请读者自察。

先从清代学术之变迁说起。日本京都大学中国研究的开创性人物狩野直喜尝言,京都的中国学,本是清代考证学的延续。由狩野推荐到京都大学讲授中国史、以后成为京大中国史权威的内藤湖南,也同样推崇清代学者的学问。内藤的观察是,考证学研究在日本的开展,比清代中国要迟上一百多年。因此他的言下颇有赶超之意。已经有人指出,与早二十年建立的东京大学相比,京都大学的中国学研究,与中国学术相对比较接近。但其实东京大学最初的几位历史学教授,如重野安绎和木村正辞等人,也是考据学传统中人。① 明治维新之后,他们都在官方的修史馆任职,以后转入东大。如此看来,如果探究日本近代史学的中国渊源,那么清代的考据学则首屈一指。

有关考据学在清代中国的兴盛,已有多种著作,此处不赘。简单而言,明亡之后,清兵入关,汉族士绅虽然竭力抵抗,但终究为之征服。学界痛定思痛,认定明代儒学之空疏之风,实为明亡之罪魁祸首。清朝以异族入主中国,其统治对汉族士绅多有防备,以致"文字狱"连连。一半为了保身,一半为了抵抗,清代学者投身于对儒家经典的注疏和诠释工作。他们考订先秦至汉代的古籍,以求重建儒学的传统。这一做法可以视为是对满人入关之后,奉南宋以来朱子学

---

① 重野安绎为鹿儿岛人,早年在萨摩藩接受教育,以朱子学为主,但他之后到江户深造,接触了古学派、折衷派,比如安井息轩,接受了考据学的方法。而木村正辞则从师于日本考据学家狩谷望之的门人冈本保孝。参见 Jiro Numata(沼田次郎),"Shigeno Yasutsugu and the Modern Tokyo Tradition of Historical Writing", in *Historians of China and Japan*, eds. W. G. Beasley & E. G. Pulleyblank, Oxford, Oxford University Press, 1961, p. 268。另见町田三郎:《重野成斋の人と学问》,见《明治の汉学者たち》,东京,研文出版,1998,第86—87页。近人强调东大和京大之不同的论著很多,中文的可参见连清吉:《日本京都中国学与东亚文化》,台北,学生书局,2010;钱婉约:《日本中国学京都学派刍议》,载《北京大学学报》2000年第5期,第126—133页。

为儒学正宗的一个间接挑战。但考据学在清代逐步隆盛,又与清廷的政策有关。康熙帝和乾隆帝,均想在文治上有所建树。《康熙字典》的编撰和《四库全书》的纂修,离不开考据学的训练。乾隆延揽考据大家戴震相助主持《四库全书》的编修,即是显例。至乾隆朝中期,考据学已经为政府所认可和提倡,亦成为科举考试的重要内容。文朵莲(Iona D. Man-Cheong)在其著作 The Class of 1761 中,细致追踪了那年的同科进士(清代考据学三杰之一的赵翼为那届榜眼)。她的观察是,宋学虽然尊为正宗,但那年的试卷,已经显示出考官与考生,都接受了汉学和考据学的影响。① 艾尔曼在其中国科举史的巨著中,也描述了汉学/考据学在清代科举考试中不断扩大的作用及影响。②

一、清代考证学与德川后期日本儒学的变迁:以折衷学的兴盛为中心

正是在18世纪的中期,清代考据学开始影响日本的学术,但其发展繁荣,又与中国形成一个明显的"时间差",要到文化、文政时代,亦即19世纪的最初二十年,方入盛期,两者相差约有一个世纪。中山久四郎曾对日本考证学的兴盛及其与清代学术的关联,有详细之考察。他说:"盖于中国流行之学术文章风气,过一百年或百数年,乃至二百年而行于本邦者,常也。……考证学亦略如斯。清初顾炎武、毛奇龄之徒务考据证明,实事求是之学,经百余年,我邦儒者始

---

① 见 Iona D. Man-Cheong, *The Class of 1761: Examinations, State, and Elites in Eighteenth-Century China*, Stanford, Stanford University Press, pp.69-82。

② Benjamin A. Elman, *A Cultural History of Civil Examinations in Late Imperial China*, Berkeley, University of California Press, 2000, pp.411-41, 502-520。

注意唱道,经一百数年,颇广泛传播流行于本邦学界。"①

中山久四郎此论,发表于1939年。从他的言语来看,考证学在那时的日本,仍然颇为流行。我们甚至可以这样说,日本当今的学术取向,与中国和西方学术相较,仍然侧重考订与实证,显得颇为"精细"。②考证学传统在日本之悠久活力,由此可见一斑。换言之,1868年明治维新的变革,虽然导致西学盛行,但就日本的学术传承而言,并没有全面或根本地改变其路向。历史研究尤其如此,对此笔者将在下面侧重论述。

中日之间的文化学术交流,源远流长,但其中又时有变化。日本文化的奠基,至少就政治体制和上层文化而言,始于唐代文化的输入。但安史之乱之后,唐代政治文化的影响力走向衰微,日本于是开始形成自己的体制和传统,但佛教的影响仍然持续,并逐步在社会上普及深化。因此江户时代的日本学者(高泉溟)有此观察:"大抵东方的学术有三变:初在王室,中顷在禅林,而今在庶民。"③这里的"东方",应该主要指的是日本。但这三段论的视角,也影响了日本学者对中国历史的看法。如内藤湖南有名的"唐宋变革论",将宋代视为中国历史的"近世",或许亦是一个表现。内藤强调,庶民(平民)文化的兴起是宋代步入近世的主要标志之一。④德川时期的日本是否以庶民社会为主要特征,有待在别处细论。但17世纪初日本的统一,结束了南北朝并立及以后战火频仍的战国时代,的确出现了一个

---

① 中山久四郎:《考证学概说》,见《近世日本の儒学》下册,东京,岩波书店,1939,第728—729页。

② "精细"为葛兆光所形容,见氏著:《见微与知著:评〈日本学者研究中国史论著选译〉第七卷》,见《域外中国学十论》,上海,复旦大学出版社,2002,第109—124页。

③ 见佐藤文四郎:《折衷学概括》,见《近世日本の儒学》下册,第673—674页。

④ 参见内藤湖南:《中国史通论》(上),夏应元等译,北京,社会科学文献出版社,2004,第313—485页,特别是第323—334页。

长治久安的局面,竟有两个半世纪之久。德川幕府的统治,以维持社会安定为主要目标,希图建立稳固又僵化的"四民"社会——士农工商之间,等级分明。为此目的,德川幕府青睐程朱理学抑或朱子学。但吊诡的是,一旦社会长久稳定,则有助商品经济的发达,而经济的繁荣,却让处于社会底层的商人(町人)获益最大,而武士阶层则逐渐呈衰落之势。这一社会结构的变化,也反映在日本的儒学演化史上。

德川后期的儒者广濑淡窗,曾就二百年来的日本儒学发展,做过总结。他指出日本儒学在江户时代,自德川幕府推崇程朱理学,建立儒学正宗之后,经历了三变。中江藤树、山崎闇斋、熊泽蕃山和贝原益轩等人希求斥佛学、明圣人之道,讲究性理躬行为第一变。伊藤仁斋、荻生徂徕希图复古、提倡古学成第二变。古学的兴盛,诗文的发达,造成程朱理学衰落,于是又形成第三变,那便是折衷学派的兴起,亦为广濑淡窗本人所欣赏和实践。① 折衷学派的创始者,一般认为是德川时代中期的中西淡渊(1709—1752)、片山兼山和井上金峨等人,不过比他们更早的榊原篁洲(1656—1706),便已经意图"训诂则据马郑之旧说,义理则依程朱之心性",也即兼采汉学、宋学,可谓折衷学派思想的胚胎。② 他们希图折衷的对象,主要是想调和朱子学、阳明学和古学。中西淡渊早逝,其学说由其弟子细井平洲(1728—1801)等人继承并光大。细井平洲指出,中西淡渊注重大义道德,不拘泥于训诂字句和汉宋之别。细井平洲本人更是排斥空理空论,以

---

① 见佐藤文四郎:《折衷学概括》,见《近世日本の儒学》下册,第674页。此一分期,也为町田三郎和他的台湾弟子连清吉所赞同,见町田为连所著《日本江户时代的考证学家及其学问》(台北,学生书局,1998)所写的序言和连自己的前言,第I—II和 i—ⅹⅴ页。

② 佐藤文四郎:《折衷学概括》,见《近世日本の儒学》下册,第675—676页。有关榊原篁洲的评语,见中山久四郎:《考证学概说》,见《近世日本の儒学》下册,第709页。

指导民众实践躬行为己任。这种实学的态度,孕育了考证学的精神。

另一位折衷学的倡导人片山兼山,曾追随伊藤仁斋和狄生徂徕的古学,但之后发现其空疏浮夸,于是倒戈相向,对之严加批判。以后他又将矛头指向其他儒家学派,包括中国的儒学传统。在片山兼山的眼里,孔子殁后,儒学之道已经开裂,而孔子的七十弟子之后,则儒道已基本不存。汉儒的注释,多失其本义,而宋儒的诠释,掺杂了佛教、道教的成分,到了元明,则所谓儒家已如同"有发之僧"了。片山兼山同时又指出,伊藤仁斋和荻生徂徕,与宋儒的区别,也只是五十步笑百步,并没有本质上的差别。他本人的想法和做法是,突破先儒注释的藩篱,从诸子百家及其他古典文献中,探求儒道之真意。一言以概之,就是以古书证古书,从五经、《论语》《中庸》到《荀子》《韩非子》《左传》《国语》和《史记》,都加以引证。片山兼山十分自负,认为在明清易代之后,中国已成为"旧华胡清",而"大和"则"昭明"了儒道,所以礼失求诸野,岂不美哉。①

片山兼山提倡旁征博引,或许有顾炎武的"经学即理学"的态度,由此来反对空谈性理之风气。这一风气,在明末阳明后学中表现突出,而那时文学界李攀龙、王世贞倡导的复古运动,也受此感染。据中山久四郎的说法,伊藤仁斋和荻生徂徕的古学运动,受到了李、王倡导文学复古的启发。② 他们提倡从儒家原典中发现真意,排斥宋儒的注释,未免浮夸自大,著述与行为上都有点汪洋恣肆,让人侧目而视。因此从18世纪中叶,也即宝历(1751—1763)时代开始,折衷学派开始冒头,并向古学派发出挑战。自那时开始,日本儒学家

---

① 见佐藤文四郎:《折衷学概括》,见《近世日本の儒学》下册,第683—686、657页。
② 中山久四郎《考证学说》引语:"或问伊藤东涯(伊藤仁斋之子)曰:物徂徕学风何如? 东涯曰:盖明末也。"见《近世日本の儒学》下册,第728—729页。

中,信奉折衷方法的渐渐占据到了十之七八。①

折衷学派的另一位倡导人井上金峨,也像片山兼山一样,起初追随荻生徂徕,但之后跳出了古学派的藩篱。井上金峨的墓志铭上旁人对他有这样的评价:"取舍训诂于汉注唐疏,折衷大义于朱王伊物之间,而其所持论,阐发孔周之道,匡前修之不逮者。"②在日本儒学的发展史上,井上金峨占有独特的位置,因为他的门下,培养出了第一代的考证学家,如吉田篁墩和山本北山(1752—1812)。而日本考证学的奠基人物大田锦城,曾短期求师于山本北山,因此称得上是井上金峨流派中人。

考察考证学派的兴起,一个简单的方法就是检查当时有多少论著,以考证为主要内容。吉田篁墩就着有颇多此类著作,如《经籍考》《活版经籍考》和《论语集解考异》等。山本北山也著有《孝经集揽》等书。但必须指出的是,以"考"为名的论著,在前代也颇多。比如山崎闇斋就有《经名考》《四书序考》等书。古学派的伊藤仁斋也以考释经典闻名,被人视为日本考证学的先驱。③ 伊藤之子东涯,更着有《释亲考》《助字考》《周易义例卦变考》《沿革图考》和《周易传义考异》。荻生徂徕不喜考据,但他的门生中,也有人写了不少考据类的作品。但这些前人与18世纪中期以后的考证学家之间,又有区别:前者从考据出发,为的是阐述自己的立场,而后者乐意沉浸于古书中,不特意申明自己的立场。中国考据名家如钱大昕、王鸣盛等人的作品,均显示了这种"为知识而知识"的态度,他们的"商榷"和"考

---

① 参见佐藤文四郎《折衷学概括》和中山久四郎《考证学概括(说?)》,见《近世日本の儒学》下册,第674和709页以降。
② 中山久四郎:《考证学概说》,见《近世日本の儒学》下册,第710页。
③ 连清吉的《日本江户时代的考证学家及其学问》便视伊藤仁斋为日本考证学的先声,见第1—22页。

异",更多是停留在细节上,而意不在建立自己的诠释体系。

由此而言,衡量日本考证学家的标准,或许也可以参考他们对待清代学术的态度。上面已经提过,折衷学派的片山兼山,曾有意在日本"昭明"儒学之道,显出对清代学术的某种蔑视。但考证家大田锦城则以尊重清代学术著称。大田锦城尝言:"得明人之书百卷,不如清人之一卷也。"①便是一证。比他略早的考证家吉田篁墩,也直述自己崇拜清代的卢文弨(1736—1795)、余萧客(1732—1778)和尼玛查七十一(椿园七十一,？—1785),因为他们的《校汲冢周书》《古经解钩沈》和《西域闻见录》,"考核该备、援证探讨,不遗余力"。② 出于对清代学问的崇敬,这些日本考证学家力图效仿,采用精密的考证手段来校勘古籍,以求在明字义的基础上,对儒学之道获得真解。

如果说从折衷派到考证派,日本学者对于清代学术的态度有所转变,那么物质条件的转变是一契机。中山久四郎等人指出,中国流行的学问,往往要经过百年以后才传入日本。他以明末的李攀龙、王世贞影响荻生徂徕为例,因为伊藤仁斋、荻生徂徕比清初的顾炎武等要年轻一代。换言之,当日本儒学家在咀嚼明代学术的余沫的时候,中国已经走上了考据的学术新途。这里的原因无非就是书籍从中国传入日本,需要较长的时间。但这一"时间差",在18世纪有明显的缩短。举例而言,吉田篁墩著《论语集解考异》,每页都注明"仿效乾隆聚珍版式木",不但显示他对清代学术的尊崇,更从中看出他生活的年代,已经可以参考同时代乾隆朝的汉文书籍了。的确,在吉田篁墩的年代,中日文化交流的"时间差"已经明显缩短。在吉田篁墩的早年,中国书籍到日本,比"计洹沙还难",但到了18世纪中期以后,则"近年唐本多渡,和本也年年多出"。此时的吉田篁墩也已到中

---

① 中山久四郎:《考证学概说》,见《近世日本の儒学》下册,第703页。
② 同上,第713页。

年。他自己指出,明和(1764—1771)、安永(1772—1780)年间,中国书增多不少,因此价格也十分便宜。而在旁人眼里,吉田篁墩的考证学研究,也正是自他中年以后开始的:吉田篁墩"入(井上)金娥之门,以博洽闻。自中年专奉古注书,始唱考据之学"。① 由此可见,日本考证学的发端,与乾隆年间中国书大量流入日本,颇有关联。

与吉田篁墩一样,大田锦城也十分爱好"唐书",紧跟清代学术。他比吉田篁墩更加幸运的地方是,在求学、治学的期间,得以大量使用幕府医官多纪元简(1755—1810)家中藏书。大田锦城与多纪元简为知交(多纪曾从井上金峨学经,而大田为井上的再传弟子),并长期寄寓在多纪家中,以后又成为多纪元简之子元胤、元坚的塾师,因此得以利用多纪家珍藏的珍本,如宋版《晋书》、朱彝尊的《经义考》和毛奇龄的《西河合集》等书;朱、毛的论著更成为他治学的根基。大田锦城的成名作《九经谈》,其成就主要在于对古文尚书的真伪提出了独到的批评,与他精读朱彝尊、毛奇龄关系甚大。而他同时也参考了余萧客的《古经解钩沈》、阎若璩的《尚书古文疏证》、全祖望的《经史问答》、王鸣盛的《尚书后辩》、江声的《尚书集注音疏》等相关清人的著作。②

除了上述的著作,大田锦城对清代学术也有总体的看法。他认为纵观清代学术的发展,其中有三人的成就最让他佩服,分别是纪昀、赵翼和袁枚。他说:"纪昀校合《四库全书》,为大博识家。赵翼

---

① 中山久四郎:《清朝考证学风与近世日本》,连清吉译,载《中国文哲研究通讯》,第 10 卷第 2 期,2000,第 6—7 页。
② 有关大田锦城的《尚书》研究,详见石田公道:《大田锦城的尚书学》,连清吉译,载《中国文哲研究通讯》,第 12 卷第 1 期,2002;Benjamin A. Elman, "The Search for Evidence from China: Qing Learning and Kôshôgaku in Tokugawa Japan", in *Sagacious Monks and Bloodthirsty Warriors: Chinese Views of Japan in the Ming-Qing Period*, ed. Joshua A. Fogel, Norwalk, East Bridge, 2002, pp. 158-182。

做《陔余丛考》《二十二史札记》,为史学家。袁枚为文学家也,三人皆有卓出时辈之见解,故不为经学也。读《札记》之书,则明赵翼存亡兴废之理,非拙劣经学家之可及,亦可谓史神之人也。"① 这段议论,显现大田锦城之治学,涉及各科,对清代学术的走势,有自己独特的见解。他对经学家的评论,更值得重视,将在下面再议。

考证学家吉田篁墩、大田锦城推崇和追随清代著述,其实也是对清朝统治中国的认可。比他们早一代的片山兼山,尚认清代中国为"旧华胡清",这种看法有自大、偏傲之病,不过明亡对东亚文化的震荡效应,的确让当时的众多士人哀叹中华文明在本土的衰落,所以片山兼山的议论,似乎也情有可原。但康熙、雍正和乾隆三朝的文治武功,特别是乾隆朝文运之发达,让日本学者对清朝的统治刮目相看。大田锦城推崇清代学术,让当时不少人诟病,但他反唇相讥、毫不退让。② 的确,与那些对清代统治持有偏见的人相比,大田如此欣赏清学,似乎有点不可思议。但对大田这些熟读清代著作的人来说,清朝虽然是异族统治中国,但文化成就上已经形成一高峰。大田锦城有这样的评语:"清祖宗,虽出夷狄,其功德与汉族唐宗无异,而其重道尊德,则有过焉。是故开二百年之太平,而学问文物之盛,有超于前古。非北魏若金元之所能及也。"他用天命说来解释明清易代,认为明末的党锢之祸,已经造成天命之丧,所以清代得以入主中国。③

---

① 中山久四郎:《清朝考证学风与近世日本》,连清吉译,载《中国文哲研究通讯》,第 10 卷第 2 期,2000,第 7 页。

② 同上,第 8 页。

③ 见 Benjamin A. Elman, "Sinophiles and Sinophobes in Tokugawa Japan: Politics, Classicism, and Medicine during the Eighteenth Century"(18 世纪在德川日本的"颂华者"和"贬华者"的问题:以中医及汉方为主), *East Asian Science, Technology and Society: An International Journal*, 2:1 (2008), pp. 114-115。

第十六章　传统与近代的互动与折衷

如上所述,"唐书"源源不断地流入日本,使得日本儒学在观念和方法上都产生了明显的变化。折衷、考证两个学派的兴起,便是显例,因为它们都想用古书来证古书,没有丰富的藏书便无从谈起。但书籍的大量流入,也对日本儒学的传统教育产生了冲击。1790年的"宽政异学禁"便是在这样的背景下出现的。不少学者指出,这一禁止"异学"的措施,以树立朱子学的权威为目的,虽然其矛头主要针对古学和阳明学,但折衷学和考证学也在扫荡之内。换言之,力图维护朱子学的幕府老中松平定信(1758—1829),已经看到了折衷学和考证学方法对程朱理学的毁坏作用。不过"宽政异学禁"的实施,并不很成功。罗伯特·巴克库斯(Robert Backus)通过细致的考察,指出在江户(如昌平坂学问所——昌平黉)、京都之外的地方学校,所谓"异学"的教育一仍其旧,并没有受到强烈的冲击。[①] 而且公开反对"宽政异学禁"的声浪也不小。所谓"异学五鬼"(龟田鹏斋、山本北山、市川鹤鸣、丰岛丰洲、冢田大峰)便是一例。其实反对的人中还包括其他折衷学、考证学的人士,如细井平洲和吉田篁墩。金培懿指出,"宽政异学禁"到了文化年间(1804—1817),便显得有点不了了之,因为幕府的统治届时已经有点力不从心,只能听之任之了。[②]

"宽政异学禁"没有持续,其中一个原因就是考证学有其实用性。研究日本的考证学,不少学者都注意到它与日本传统医学之间的紧密关联。不仅是大田锦城,而且以后被人誉为日本考证学嚆矢的狩谷掖斋(1775—1835),也曾利用医官多纪家的藏书,而多纪家几代都是日本医学考证学的重要人物。再往前溯的则有折衷学的关

[①] Robert L. Backus, "The Kansei Prohibition of Heterodoxy and Its Effects on Education", *Harvard Journal of Asiatic Studies*, 39:1 (June 1979), pp. 55-106.

[②] 金培懿:《江户宽政年间以降学术态势与安井息轩之学风》,见国际儒学联合会编:《国际儒学研究》第5辑,北京,中国社会科学出版社,1998。

键人物井上金峨,其家族也世代行医。艾尔曼已经指出,在江户日本,儒生和医家的谋生手段有些类似,都需要掌握从中国传来的学问,也即汉籍和汉方。但两者相较,医家在掌握阅读、理解汉籍、汉方的本事之后,可以直接运用到行医实践之中,所以致富相对更为容易。① 顺便提一下,前述乾隆朝中期以后,中国书籍流入日本的增多不少。多纪家在 1765 年开设跻寿馆,接收学生,购入图书,并要求学生熟读四书五经和医学著作,恐怕不是巧合。以后跻寿馆为官方接收,成了江户医学馆,但仍由多纪家族主持。跻寿馆不但是重要的医学教学机构,也刻印了大量的书籍。为此目的,校勘、考证无疑成了必要的工作。考证学(校勘学、书志学)因此也是培养医家的重要手段。②

但这种考证研究,有着强烈的实用主义倾向。廖育群观察到,日本医学的考证派,注重汉代的张仲景的《伤寒杂病论》(《伤寒论》《金匮要略》),如此可以说是尊崇汉学的表现,但却并非一味尊古,愈古愈好,因为在这以前,还有《黄帝内经》等典籍。更重要的是,为了医疗的需要,他们还博采后世方剂,对阴阳五行、脏腑经络、四诊八纲的理论,兼收并蓄。因此日本医学史的研究著作,常常将折衷派和考证派合为一体讨论,以"折衷派(考证学派)"为题。③ 易言之,纯粹考证学问可以不读唐以后书,但行医若如此便成了作茧自缚了,所以日本的医学考证学,其方法与清代考证学相类,而其精神则是折衷主义的。

---

① Benjamin A. Elman, "Sinophiles and Sinophobes in Tokugawa Japan: Politics, Classicism, and Medicine during the Eighteenth Century", pp. 102-103.

② 参见廖育群:《汉方医学的落日余晖:江户考证派的学术与社会》,见郑培凯主编:《九州学林:2006·夏季》,上海,复旦大学出版社,2006。

③ 参见同上书。小曽户洋的《汉方の历史:中国、日本の伝统医学》(东京,大修馆书店,2014)亦介绍了折衷派的医学及其代表人物,见第 188—190 页。

那么日本儒学中的考证学,是否也有同样的特点呢?笔者认为也是如此。首先,如同上述,日本的考证学由折衷学延伸出来,两者之间有很深的渊源甚至师承关系(譬如井上金峨和吉田篁墩)。其次,18世纪日本考证学在儒学和医学中同时兴起,相互之间关系密切。大田锦城、狩谷掖斋等与医官多纪家的密切来往,便是例证。大田锦城视多纪元简为同志,评价甚高:"吾友刘君、字廉夫(元简),敏洽该博,天下无比……生平常抱奇书之癖,异本怪册以为甘酥。"①大田锦城的赞誉,并非无中生有,因为多纪一家几代,都是医学考证学的核心人物。多纪元简之父元德(1732—1801),与井上金峨结交甚好,并请后者教授元简儒学。多纪元简的儿子元胤、元坚,则从大田锦城求学,以后亦成为医学考证学的中坚。② 儒学者与医学者之间相互砥砺、切磋,观念上自然也相互影响。

大田锦城虽说是普及清代考证学的重要人物,但他本人的治学,则颇有折衷学派之风。他的弟子海宝渔村对其师的评价如下:"先生说经,于汉宋之学,无所偏党,可者从之,不可者改焉。平生之言曰,吾于汉儒推郑玄,而宋儒推朱子矣。然而郑玄朱子之所误,则亦排诋纠驳,不遗余力。"大田锦城自己也说道:"三代以后人物,私服者二人。诸葛孔明之德与朱晦庵之学问。"可见他虽然崇尚清代考证学,但也十分尊崇宋学,并佩服宋儒注重发掘、解释义理的做法。所以他一方面承认,"圣人没二千年,其遗意唯在言语文辞之间。故不精字句,则不能知圣人之妙意也。字句考证之学是清人之所长也"。但另一方面,大田锦城又指摘清代考证学,"近世清人考据之学行焉,人好獭祭,学问之博,过绝前古。然不论义理当否,而唯欲援

---

① 连清吉:《日本江户时代的考证学家及其学问》,第30—31页。
② 参见廖育群:《汉方医学的落日余晖:江户考证派的学术与社会》,见郑培凯主编:《九州学林:2006·夏季》。

据之多……义理本也,考据末也。考据之精,欲得义理之微也"。大田锦城晚年,更对清代考证学批评甚多。总之,作为日本推崇、普及清代考证学的主要人物,大田锦城在理念上,并无全面挑战宋学之意,更多的是想折衷调和。在《九经谈》总论中,他概括古今经学,认为产生了三大变:汉学、宋学和清学。饶有趣味的是,他又用折衷的态度来看待清学:"清人有为汉学者,有为宋学者,有混汉宋之学而自为一家者焉。然要皆清学。而其所长则考证也。"①易言之,大田锦城认为清学融合了汉学和宋学。

那么,清代学问是否如此呢?也许我们可以参考一下皮锡瑞的描述:

> 国朝经学凡三变。国初,汉学之萌芽,皆以宋学为根底,不分门户,各取所长,是为汉宋兼采之学。乾隆以后,许郑之学大明,治宋学者已尠,说经皆主实证,不空谈义理,是为专门汉学。嘉道以后,又由许郑之学,导源而上,易宗虞氏以求孟义;书宗伏生、欧阳、夏侯;诗宗鲁、齐、韩三家;春秋宗公、穀二传。汉十四博士今文说,自魏晋沦亡千余年,至今日而复明。实能述伏、董之遗文,寻武、宣之绝轨,是为西汉今文之学。②

如此看来,中日儒学发展的"时间差",在18世纪中期以降虽有缩短,却仍然存在。大田锦城虽然了解清代考证学,但对乾隆以后"专门汉学"的深入发展,有可能不甚了了。他的考证研究,更类似清初的顾炎武、毛奇龄。还有一个可能是,前述日本考证学的实用主义倾向,也让他属意兼采众家、取长补短。大田锦城晚年对考证学提出强烈的批评,而批评的主要矛头似乎就是其"为学问而

---

① 连清吉:《日本江户时代的考证学家及其学问》,第38页。
② 皮锡瑞:《经学历史》,周予同注释,北京,中华书局,1959,第341页。

学问"的倾向。他指斥考证学"无用"甚至"愚惑",因为在他眼里,"清人之学可感服。否则唯物知而已,于心身无用"。① 这些批评,是否因为晚年的大田锦城,已经像皮锡瑞所描述的清人一样,开始对注重解释的今文经学产生了兴趣,我们不得其详,但恐怕不是主要原因。

大田锦城之后,考证学在日本还是代有传人,如狩谷掖斋、松崎慊堂(1771—1844)和安井息轩(1799—1876)便是例证。但是他们的考证研究,与清代钱大昕等人的学问,尚有明显的区别。日本当代学者滨口富士雄曾有专著,指出钱大昕、戴震等人考证的卓越之处,在于他们在音韵学上面的突破性研究,如钱大昕发现古人无唇音等,由此解决了许多以往的疑难。② 而这些成就,对那时的日本学者而言,想来是可望而不可即的。所以日本江户时代的考证学,主要路径是博览群书,搜集文本,通过它们之间的精细比较对照来获得对经典的理解。而且这种折衷的态度,在"宽政异学禁"之后,非但没有被抑制,而且更为强化。金培懿这样写道:"宽政'异学之禁'的结果,其实是让学术更往相互融合的途径上发展。"日本江户后期儒学的发展,不是往"纵向"发展,希图建立独特的学派,而是"横向"发展,综合各种学派。他引町田三郎的评语,指出这是一个必然的趋势:"在短短两百多年间,为因应朱子学、阳明学、汉唐注释学、清朝考证学等接踵而至的学术泛滥状况,所产生的必然结果。也因此形成了不拘传统或学派,择善为是的学术研究观点。"③

换言之,日本江户时代中后期的儒学,由于受到清学的影响而似

---

① 连清吉:《日本江户时代的考证学家及其学问》,第 54 页。
② 滨口富士雄:《清代考据学の思想史的研究》,东京,国书刊行会,1994。
③ 金培懿:《江户宽政年间以降学术态势与安井息轩之学风》,见国际儒学联合会编:《国际儒学研究》第 5 辑。

乎产生了从折衷派到考证派的转变,但日本考证学与清代考证学其实貌合神离,而其精神则仍以折衷派为主。广濑淡窗认为江户后期,折衷派的学者占据当时"高名的儒者"中之"十之八九",显然并非虚言。日本帝国时代的佐藤文四郎更高傲地强调,中日儒学的发展大有不同,而折衷学派是日本儒学史上独有的现象,而中国没有"折衷派"之称的学派。他同意大田锦城的看法,认为中国的儒学经历了"训诂的汉学、义理的宋学和考据的清学之三变",而且视其为必然,因为自古以来,春秋三传、今文古文学之争,在中国执拗顽强,互不妥协,永久对峙。① 与佐藤文四郎同时写作的中山久四郎也持相似的态度,认为妥协调和是日本儒道之特点。他希望日本儒学家能承袭清初顾炎武、毛奇龄实事求是的学风,"利用考证学风之优点而已,即如清朝诸儒不陷纷冗烦琐、支离繁杂之弊,而常保持尊道义、重教化之日本儒道精神。亦即采其所长而不取其短,当存续日本儒道之本领者也"。②

佐藤文四郎对中国儒学的评论是否妥当,另当别论。但我们考察日本近代史学的兴起,则不得不考虑到德川儒学中折衷学派的传统。简而言之,日本开埠之后,经历了欧风美雨的洗礼,导致明治维新的变革,但虽然西化的风气一度盛行,但在学术界中,传统学问仍然受到尊重。而同样重要的是,儒者出身的史家如重野安绎和久米邦武等,亦没有竭力排斥西学,反而努力在传统和西学之间调和折衷,从考据出发与兰克的批判史学接轨,主要以德国为模式革新历史研究的手段,同时也接受其他西方史学流派的治史风格,让人看到德川儒学折衷学派观念和实践的影响。

---

① 佐藤文四郎:《折衷学概括》,见《近世日本の儒学》下册,第674—675页。
② 中山久四郎:《考证学概说》,见《近世日本の儒学》下册,第729页。

二、明治日本学术的折衷取向：以东京大学、修史局和古典讲习科为例

以明治日本文化的变革而言，教育的改革，尤其高等教育的改革，堪称一面有效的镜子，从中折射出了日本学术走向近代的轨迹。下面笔者将着重东京大学的建立及其早期所经历的一系列变革，做一些相对深入的描述和探究，为分析和解释日本史学的近代走向，提供一个学术文化的背景。1877年正式建立的东京大学，其前身有三所学校，亦即开成学校、医学校和昌平学校。这三所学校又各自有其前期的历史，但重要的是它们分别代表了德川幕府末期日本出现的三大学术传统：兰学或洋学、医学（以吸收引进西方西学为主但也有汉医的传统）和汉学。三者之间比较，似乎以推进西化为主，因为开成学校和医学校都倾向引进西方学术，但其实代表汉学的昌平学校，后来在东大建立的时候，其作用十分重要。更值得一提的是，以传统学问为主体的汉学，又有国学和汉学两派，相互之间时有矛盾。简单言之，汉学派侧重中国古典学问，而国学派在德川幕府统治的中期开始崛起，带有民族主义的意识，希望将学问的重点从古代中国移到古代日本。不过，虽然两派的治学对象不同，但采用的方法却颇为一致——为了振兴古典学问，他们都必须采取考证的手段，由此两派之间也表现出一种折衷的精神。更值得一提的是，因为日本文化从古代开始，便与中国文化有着千丝万缕的联系，国学派虽然强调日本文化的独特性，但其研究也必须注重汉文的传统。

明治维新的成功，以王政复古为口号，在尊王的旗帜下推翻了德川幕府的统治，之后又竭力将神道国教化，这些主要都是国学派的作为。但明治政府在东京确立其统治之后，传统的汉学派不甘示弱，复兴了昌平坂学问所（也即之后的昌平学校），与以京都为基地的国学

派抗衡。在神道与儒道之外,又有洋学者的一派,后者复兴了开成所,之后成为开成学校。总之,明治政府的文化政策,仍然还是以折衷各派为宗旨。1869年东大的前身东京大学校成立,明治政府为之所订的学校规则指出,为遵从天地自然之理,让人人各得其所,必须根据"三纲五常",而其做法就是"政刑教化"。"和汉西洋诸书"对此有详尽的描述,学校的目的就是以它们为学习对象,因为中国的"孝悌彝伦之教"是"治国平天下之道",与西洋的"格物穷理"和"开化日新之学",都阐述了人生之道,学校应当适当地对它们"讲究采择"。这一《学校规则》,充分体现了明治政府在学术和教育上的折衷立场。此后这一《学校规则》经过了几次修订,但设置初衷未改,基本原则如旧。更重要的是,东京大学在明治时期的发展,也基本遵循这一方向前行。①

那时的东京大学校,其实如同日本政府的文化部,除了教育之外,还主管其他方面,如新闻出版、各级学校和医院、编制日历年历和国史编纂。而国史编纂这一部分,不但与本文讨论的内容紧密相关,而且似乎也最能展现在欧风美雨的侵袭下,传统学问如何在明治日本生存转化。明治维新、王政复古之后,如何重修国史自然地被提上了议事日程,因为传统的《六国史》,以唐代官方史学为模本,围绕皇朝的统治而写,而德川幕府时期修撰的《大日本史》则与之不同,反映的是德川时代日本政治的面貌。明治二年(1869),明治天皇给辅相三条实美下达了御笔诏书,其中指出:

> 修史乃万世不朽之大典,祖宗之盛举,但自三代实录以后绝而未续,岂非一大缺憾?今已革除镰仓以来武门专权之弊,振兴政务,故开史局,欲继祖宗之绪余,广施文教于天下。任总裁之

---

① 《东京大学百年史·通史》卷一,东京,东京大学出版社,1984,第99页。

职,须速正君臣名分之谊,明华夷内外之辨,以树立天下之纲常。①

显然,此一诏书将日本那时重修国史的政治意图,明确地告诉了世人,那就是剔除"武门专权",重新确立天皇的地位。如此看来,明治日本虽然一心向西方看齐,力促西方化,但其采取的王政复古的方式,又让其政府必须重拾传统,在文化政策上不能一边倒,推行全盘西化。

不过,说起来容易,做起来则并不易。明治日本官修国史的过程,一波三折,连修史机构的名称也一改再改。起初明治政府在旧和学讲谈所设立了史料编辑国史校正局,次年改为国史编辑局。该局在移到东京大学校之后又由于国学、汉学两派的论争,人浮于事,工作搁浅,遭到休局的命运。1871年东京大学校废止,其大部分功能为新设的文部省所接管,修史的工作转到太政官直辖的历史、地志两课间断地进行。1875年历史课又变成修史局,两年后、也就是东京大学正式成立的1877年变成了修史馆,其工作渐渐步入正轨,也就是以收集当代史的资料为主,可是进展缓慢。② 不过日本官修历史与东京大学的发展,则似乎有不解的关联,我们将在下面再述。

上述官修历史的种种起伏,不但与修史的目的(续修《六国史》还是《大日本史》)和修史者的人事纠葛相关,也与明治初期日本的政局动荡相连。明治政府甫一成立,其主要成员便参加了岩仓使节团出洋考察近两年,国内的政事则由西乡隆盛、板垣退助等人处理。而岩仓使节团离开之前,明治政府推行了废藩置县的政策,使得武士

---

① 坂本太郎:《日本的修史与史学》,沈仁安、林铁森译,北京,北京大学出版社,1991,第166页。

② 坂本太郎:《日本的修史与史学》,第166—167页。并参见《东京大学百年史·通史》卷一,第133—134页。

阶层非常不满。西乡隆盛、板垣退助等人制定征韩的政策,希望缓解这些不满,但岩仓使节团仓促回国,发动明治六年(1873)的政变而加以阻止。但此事并未结束,反而进一步发酵,造成了西南战争。虽然明治政府获胜、西乡隆盛自刎,但此阶段屡屡发生的政治危机,对修史工作自然产生了重大影响。①

如果上述是外部的因素,修史工作的迟缓还有内部的因素,那就是对历史性质和方法认识的变化。东京大学成立前后,历史教育的重要为学界人士所认可,比如东京开成学校的入学考试,在国书文章、英语、地理、数学以外,还要考历史(万国史大意),也即世界史,当然其内容以西洋史为主。这一项目的设置,可见当时日本希求开国、了解世界的诉求。但其中也间接反映出当时的日本官方和教育界,在希望学生求取对西方和世界的历史知识之外,还未对如何研究历史,特别是对日本历史的研究和教学,产生一致的意见。1877年东京大学成立之后,建立了法理文三个学部,文学部中原来考虑在哲学、政治学之外,还设史学科,但在1879年文学部正式成立的时候,史学为经济学(用旧名理财学)所取代,在文学部中"消失"了。文部省的一份文件给出了一些理由:

> 与欧美各国学校的史学不同,本国的史学只经常见到欧美的历史,而不研究日本、中国、印度、东洋各国。这一现象的出现是因为人才的缺乏,熟悉日汉东西古今,了解其变迁沿革兴亡盛衰,并有哲学思考能力、能求索内外的人不多,有志从学的学生也寥寥无几。而与之相较,经济学的主义以西洋为基础,教授也很充足……现在正好不久之前加设了经济学,所

---

① 参见 Margaret Mehl, *History and the State in Nineteenth-Century Japan*, New York, St. Martins' Press, 1998, pp.16-34。

以史学去掉了。这是权宜之计,以后是否再设史学,还取决于将来的状况。①

这一段解释,既描述了当时日本历史教学的状况,也说明欧风美雨的强劲,比如那时东大的授课,便以英文为主,如果历史讲授也如此照搬,那么史学教授人才难得便可以理解了。简言之,日本史学界此时对历史如何研究,一时没有清晰一致的认识,于是史学科暂时搁置。那时官修历史所遇到的艰难处境,想来也与此些许相关。

但有趣和重要的是,虽然史学科搁浅,但并不表示东大那时摒弃了传统学问。就在上述事情发生的同一年,法理文三学部的总理加藤弘之便向文部省提出要在文学部增设"古典讲习科",以帮助学生提高日本和中国的古典学问,为研修政治学等提供必要的基础。1882年"古典讲习科"正式成立,向外招生,第一期一共收了40名学生,其中官费生22名、自费生18名。② "古典讲习科"的教授阵容包括中村正直、三岛毅(1831—1919)和岛田重礼(1838—1898),助教授为井上哲次郎(1856—1944),都是当时学界的杰出之士。颇有意思的是,上述三位教授似乎代表了不同的治学路数,所以将他们同时聘用,显然也有综合各种学问的折衷意图。更有意思的是,他们三人的学问,其实也穿梭于洋学、儒学、国学、考证学等诸种学派之间,充分表现了折衷学派的深远影响。以中村正直而言,他大致代表了洋学的方面,不但曾在英国留学,也翻译了萨缪尔·斯迈尔斯的《自助论》,译为《西国立志篇》一书,一时洛阳纸贵(售出一百万册以上)、

---

① 《东京大学百年史·通史》卷一,第456页。不过该书也指出,虽然史学"消失",但其实在高年级的时候,史学还是学习的科目。此段日文由北京大学历史系研究生郭欣韵初译,特此感谢。

② 《东京大学百年史·通史》卷一,第462—463页。

声名鹊起。其实中村正直也在昌平坂学问所接受了多年的儒学教育,在思想上亦不主张全盘西化,而是特别强调汉学的重要,希望在西化的风气下复兴汉学。他在东大"古典讲习科"也主要讲授汉学。在复兴汉学的方面,三岛毅(中洲)是中村正直的同志,更是他在昌平坂学问所的同学,但以儒学著称,曾师事朱子学大儒安积艮斋(1791—1861),后来与重野安绎、川田瓮江(刚)(1830—1896)同被誉为明治三大文宗。而岛田重礼(篁村)则是考证学派的后人,为德川时代大儒海宝渔村的弟子,以后又与三岛毅一样,从学安积艮斋,所以其学问也结合了考证学和朱子学。同样,助教井上哲次郎洋学出身,毕业于开成学校,东大第一期学生,以后又留学德国的海德堡和莱比锡大学,翻译了多部西方典籍,堪称将西方哲学引入日本的首要人物。但井上哲次郎也研究儒学,在东大讲授东洋哲学史,出版了有关日本阳明学、朱子学的专著,致力开展和提升东方哲学的研究。

东大的"古典讲习科"在西化的浪潮中诞生,社会上支持者甚少,后来的发展亦不顺畅,称得上是惨淡经营,步履维艰,最后还是在1888年被废止。可是尽管生命短暂,"古典讲习科"却培养了日本汉学界的一代名家,比如研究甲骨文的林泰辅、研究东洋史学的市村瓒太郎、《史记会注考证》作者的泷川龟太郎、研究日本汉学史的冈田正之、研究中国文学史的儿岛献吉郎、研究艺术史的长尾胜太郎等都出于其门下,连中途肄业的西村天囚和安井小太郎也写出了著名的日本儒学史的著作。[①] "古典讲习科"之所以能培养众多人才,其原因与其说是教授得法,毋宁说是日本汉学传统源远流长,虽然在明治初期受挫,但基础、人员和兴趣还在。"古典讲习科"招生的时候,报名者众多(160名),四倍于预定录取的人数(40名),竞争颇为激烈,

---

① 参见町田三郎:《明治の汉学者たち》,第12—13、128—150页。

便是一个显例。① 之后东大的"古典讲习科"虽然废止,但文学部中的汉文教学仍然持续,并陆续培养出如狩野直喜、服部宇之吉、桑原骘藏这样的汉学家或东洋学者。

不过明治日本西化的风气,还是对汉学研究产生了不小的冲击。譬如"古典讲习科"建立的时候,倾向西化的史家山路爱山(1865—1917)便表示不满,认为是一种反动、复古的思潮的反映。② 就当时的社会风气而言,尤其在年轻人中间,自然是以学英文、走西化道路为崇。"古典讲习科"招生时吸引了不少年长者入学,似乎也间接反映了这一现象。但饶有趣味的是,在一片西化的浪潮中重振汉学,虽然困难重重,却也使得汉学从业人士特别注重资料的收集和整理以及汉文经典的注释和普及。1909 年开始由服部宇之吉(1867—1939)挂帅编辑的《汉文大系》,即是一例。《汉文大系》共有 22 卷,由富山房出版,收入中国经史子集典籍 38 种,从四书、史记(仅列传)到毛诗、诸子和唐诗、孔子家语等,选题广泛,意在为日本学子提供中国古典文化的常识。该丛书的解题和导读的工作,大都由东大毕业生担任,如冈田正之、儿岛献吉郎、井上哲次郎、安井小太郎等,而史部的解读则由重野安绎和星野恒担任,两位均曾是修史馆的史官。同年,早稻田大学出版社也开始编辑《汉籍国字解全书》,最终出版有 45 册,主要收录日本儒学家对中国典籍所做的注释和整理。换言之,东大在明治时期培养的汉学家,除了他们自己的专著之外,上述两套丛书是他们的集体成果,而编纂这两套书,特别是《汉文大系》,必须继承和发扬清代考证学的传统和方法。参与解读工作的安井小太郎曾就读"古典讲习科",后又成为老师岛田重礼的女婿。他在为岳父的遗文集作跋时写道:日本儒学的盛衰,无非步中国学术的后

---

① 参见町田三郎:《明治の汉学者たち》,第 132 页。
② 参见町田三郎:《明治の汉学者たち》,第 12 页。

尘,一般迟上一二百年,考证折衷学派也不例外。① 顺便一提的是,岛田重礼的儿子岛田钧一也参与了《汉文大系》的解题工作。

三、修史馆如何折衷东西学术

町田三郎在介绍、评论《汉文大系》的编辑时观察到,该系列所收史部的汉籍不多,仅《史记》的列传部分、《战国策》和元朝曾先之所撰的《十八史略》三种。② 当然任何丛编都会有偏好,无法面面俱到、一应俱全。《汉文大系》少收史部的著作,也许与服部宇之吉本人注重经学、哲学有关。但中国古代史籍汗牛充栋,《汉文大系》不收《汉书》,节选了《史记》,却不节选《资治通鉴》,还是让人玩味、费解。其中必有多种原因。但有一点似乎比较肯定,这一选择与日本的历史研究走向近代的过程,或许有着不小的关联。我们因此还是得回到明治日本的修史事业,分析重野安绎等官方史家,寻求一些解答。

如上所述,明治政府成立之后,立即将修史列为一项首要任务。但对如何修史(官修还是由学者编纂),用什么体裁(编年史抑或纪传体),用何种观念、方法和手段,乃至何种文字(中文还是日文)修史,却一时没有形成统一的意见,因此起步不久,便面临种种挑战。

---

① 有关《汉文大系》和《汉籍国字解全书》的编纂,参见町田三郎:《明治の汉学者たち》,第185—230页。安井小太郎的评语原文如下:"本邦经术盛衰,与汉土同其辙,而每后于彼,或百年或二百年。虽豪杰之士而不能免也。盖注疏之学盛于平安。及南北朝,洛闽说始入。至元禄亨保之际,仁斋氏、徂徕氏,倡古学于东西,击排程朱,而后折衷考证二家出,以至今日矣。平安则姑不论焉,洛闽之入在元大德以后。仁斋徂徕虽其说各异,不能脱明儒之余习则同矣。折衷考证,则剿说焉耳,雷同焉耳。夷考之,皆不过袭汉土之旧说,追其后尘。"见岛田篁村:《篁村遗稿》卷下,岛田钧一编,东京,准桂精舍藏,1918,第41—42页。

② 町田三郎:《明治の汉学者たち》,第190页。

1875年修史局成立之后，重野安绎便加入其中，而与他同为"明治文宗"的川田刚(瓮江)也在修史局。他们两人都出身汉学，接受了考证学的传统，因此在搜集史料的工作上，有较为一致的看法。但他们对历史功用的认识，则有很大的不同。川田认为史料的收集是为了帮助阐明"名教道德"，为将来修史做准备，而重野则认为收集史料固然重要，但他也有兴趣修史，因此更注重如何处理、编排史料并利用它们构成历史叙事。① 重野与川田两人加入修史局之后，对修史局的工作造成了重要的影响。从官方修史的(中国)传统出发，修史局必须从史料收集开始，其中包括前朝史和当代史。明治维新以王政复古为口号，因此《复古记》便成了修史局的一个工作重心。与此相关的还有《政治史要》《西征始末》和《皇亲谱》等计划，都在修史局逐渐开展。但有关前朝史的资料收集，则有了明显的改变：如果要续修《六国史》，则需要收集自10世纪之后的史实，但《大日本史》叙述了自神武天皇至1392年的历史，已经对此有了概括。修史局后来决定征集自后小松天皇(1377—1433)到仁孝天皇(1800—1846)之间的史实，也即《大日本史》之后的史料，希望写就一部接《大日本史》至《复古记》(也即明治维新时期)的史书。②

但这一决定其实并不简单。从政治层面而言，从续修《六国史》转变到延续《大日本史》，其实反映了明治政府对前代的态度。如果要结束"武门专权"，那么续修《六国史》就顺理成章。但明治初期的一系列政治动荡和官方修史人事上的种种变动，包括明治六年(1873)发生的一场皇城火灾，烧毁了太政官厅和国史编辑的图书等数据，均对此举造成了障碍。而政治变动的一个结果是，原来几乎势

---

① 参见永原庆二：《20世纪日本历史学》，王新生等译，北京，北京大学出版社，2014，第11—12页。

② 参见清原贞雄：《增订日本史学史》，东京，中文馆书店，1944，第196页。

不两立的倒幕派及其对手,相互之间也逐渐达成了妥协,由此也或许让人感到对于已经沦为"前朝"的德川时代,不能一笔抹杀。从文化层面而言,官方修史的事业,在原来塙保己一的和学讲谈所开始,而该讲谈所的主要工作,是为了收集德川时代日本"国学派"的起源和发展。国学派的人士、包括塙保己一的孙子塙敬太郎(忠韶)也参与了初期的修史工作。从"国学派"的立场和影响来看,也不会无视的德川时代的文化成就。再从史学传统来看,《六国史》基本沿袭了唐代官方史学的模式,而《大日本史》虽说是用的纪传体,但"其中也有根据自己的看法而开创的新例"①。换言之,后者有更多日本的特色,比较符合国学派的立场。如上种种,都可能是明治时代的官方修史从续修《六国史》转到延续《大日本史》的原因。

还值得考虑的是,1875年修史局成立的时候,招进了一批新人,如重野安绎、久米邦武以及之后的星野恒等,川田刚则比他们略早进入。他们的加入,替代了明治政府原来在国史校正局供职的人员,如木村正辞、小中村清矩等,虽然这些人之后还从事历史写作和研究。但上述这些离开的人士,加上塙忠韶,均是国学派人士,所以从大致趋向来看,1875年修史局的建立,代表了汉学派地位的上升。② 从治学方法考虑,汉学派和国学派都希望发扬考证学的传统,从古代的史书和其他文献中发掘养料,然后对之仔细考核。但两派的观念不同,国学派希望发掘和发扬日本的国粹,展现日本独特的精神文化,与之相较,汉学派则更倾向于相对纯粹的考证。

当然汉学派的态度也不完全划一,比如川田刚与重野安绎相比,便相对重视史学的礼教功用。他比重野安绎更早加入修史局,在修

---

① 坂本太郎:《日本的修史与史学》,第133页。
② 有关明治政府修史事业此时的人员变动,参见 Margaret Mehl, *History and the State in Nineteenth-Century Japan*, pp. 19-39。

史局颇有势力。修史局决定延续《大日本史》而不是续修《六国史》，应该与他颇有关系，因为他任修史局第一部一等修纂，负责征集《大日本史》之后，也即南北朝到德川时期的史料。而重野安绎则担任第二部一等修纂，负责收集德川时期的史料。如上所述，川田刚认为历史应该注重礼仪名分，以朱子学原则编辑的《大日本史》为他所重，看来并非偶然。不过，川田刚性格上比较强势，不容妥协，与重野安绎等同事相处不快，最后于1881年离开转任宫内省，此后基本没有再从事历史写作和教学。

重野安绎则更具领导才能，也会折衷妥协。他是修史局的副编修，两年后修史局改组成了修史馆，他实际上负责了全馆的工作。此次改动，主要是因为明治政府财政困难，无力支持修史局，将其经费和人员均减去一半以上。为此重野安绎向政府写信，从各个方面指出此举的不妥。他首先指出为前朝修史，是中国历代的传统，而且必然在新朝建立之初便着手进行，因为"其必于国初者，欲事实之不泯灭也"。如果旷日持久，编修人员更动，那么便会造成"气脉不接，体例纷更。终至乎迁延岁月，而不见成功，是可虞焉耳"。他在信中承认政府削减经费，是不得已之举，但他还是强调，"史馆不常置，馆员不常任"，乃一时的事功。如果经费充足，使其一蹴而就，对国家则有百利，否则半途而废，会让"天下后世有议之"。①

重野安绎这番慷慨陈词，并没有达到预期的效果，但却足以证明他在修史馆中所扮演的角色举足轻重、无可或缺。他的地位和成就也为后世史家所认可和重视。比如1961年沼田次郎为毕斯利和蒲立本所编的《中日史家》一书撰写有关日本明治时期的史学时，就以重野安绎为中心来分析日本史学走向近代的过程。町田三郎《明治

---

① 重野安绎：《论修史事宜疏》，见《成斋文集·初集》卷三，东京，富山房，1898年初版、1911年再版，第15—17页。

的汉学家们》一书中,有"重野成斋(安绎)之人及其学问"一章。玛格丽特·梅尔(Margaret Mehl)的明治日本官方史学研究,也指出在川田刚离开修史局之后,重野安绎是首屈一指的人物,主持了修史馆的工作。① 重野的领导才能,也从他的工作中可窥一斑。川田刚离开之后,他并没有否认《大日本史》的"正史"地位,虽然以他希望新修一部"正史"的意愿来看,重野并不会认为《大日本史》是一个值得效仿的模式。因此重野安绎想在修史馆编一部《大日本编年史》,为将来编修新"正史"做准备。日本史学史家大久保利谦指出,明治政府的修史事业从续修《六国史》到延续《大日本史》,承认后者的"正史"地位,也认可了《大日本史》的编修者对史料的慎用,但是重野安绎等人对"近世"的日本史学,并不想全面继承,而是采取了批判的态度。大久保利谦的说法也得到了沼田次郎的支持。② 这一点其实也反映了重野安绎和川田刚之间根本的分歧所在。

换言之,在欧风美雨的冲击下,汉学出身的重野安绎,虽然十分尊重中国文化传统,但并不守旧,而是希求折衷东西文化,采用新的方法和手段,编撰出日本的"正史"。他的这一态度,与他早年的教育背景和参加修史工作之前的经历,都有一定的关系。重野安绎于1827年出生于鹿儿岛的武士家庭,幼年在萨摩藩的造士馆求学时,便才华出众,展露了头角。青年时代他到江户游学,在昌平黉从学安井息轩、盐谷宕阴等儒学大家,而他们则是考证学家松崎慊堂的弟

---

① 见 Jiro Numata, "Shigeno Yasutsugu and the Modern Tokyo Tradition of Historical Writing", in *Historians of China and Japan*, eds. W. G. Beasley & E. G. Pulleyblank, pp. 264-287;町田三郎:《明治の汉学者たち》,第 83—99 页;Mehl, *History and the State in Nineteenth-Century Japan*, p. 44 以降。

② 大久保利谦:《日本近代史学史》,东京,白杨社,1940,第 249—250 页;Jiro Numata, "Shigeno Yasutsugu and the Modern Tokyo Tradition of Historical Writing", in *Historians of China and Japan*, eds. W. G. Beasley & E. G. Pulleyblank, p. 270。

子。由此而言,重野安绎是考证学的嫡系传人。但他还有与西洋文化接触的经历。他回到萨摩藩之后,曾代表藩主为萨英战争与英人谈判,赔偿了英国的伤亡,由此而招人嫉恨。但重野安绎还是主张开国,可见他还是开明人士。1865年他从中文翻译了丁韪良(W. A. P. Martin)的《万国公法》,即为一例。就历史编纂而言,重野曾以《大日本史》为基础,编就了编年体的《皇朝世鉴》四十一册。他在修史馆主持《大日本编年史》,也反映了他早年的治史经历和经验。同时,他对用新方法写作历史,也充满了兴趣。1878年王韬访日,重野安绎与之交往甚多,并为之提供宿舍和膳食,常常与之饮酒交谈,畅谈学问。重野器重王韬,除了王韬的传统学问深厚之外,更因为王韬是《普法战记》的作者。《普法战记》一书突破了原来的编年和纪传的体裁,部分吸纳了西方叙述体的因素,出版之后为当时求新思变的史家所推崇。①

从表面上看,重野安绎之编纂《皇朝世鉴》,似乎显示他未脱传统史学的藩篱。但该书的书名虽然显示了司马光的影响,但其实为藩主所定。而重野安绎在编纂的过程中,虽然也效仿了司马光的做法,从正史中抽取史料,按编年顺序重新排列,以展现历史的连贯性,但这一工作也让他看到用纪传体编修的《大日本史》的缺陷,那就是一件史实往往在数个地方重复出现。更重要的是,《皇朝世鉴》的编纂让重野安绎看到了《大日本史》的许多不足之处。他之后在修史馆主持编纂《大日本编年史》,渐渐便以修正和批判《大日本史》为一

---

① 有关重野安绎的早年经历,见町田三郎:《重野成斋の人と学问》,见《明治の汉学者たち》,第83—85页。有关王韬《普法战记》在史学体裁上的革新,参见 Q. Edward Wang, *Inventing China through History: The May Fourth Approach to Historiography*, pp. 36-42。

项主要的任务了。①

从延续《大日本史》到批判纠正《大日本史》，体现了重野安绎与川田刚之间的不同。他们虽说都是汉学派，但显然重野更想继承和发扬考证学的传统。这个转向，也由于川田刚的离开变得可能。的确，修史馆的种种人事变动，使得重野安绎得以主持全局。与他合作的同事如星野恒，是他在昌平黉求学时的同学，而久米邦武曾参加了岩仓使节团，对吸收新知、改造传统更有热情。他们几位堪称是修史局志同道合的同志，均致力用考证的手段，纠正以往史书的谬误。但这一导向以后给他们带来了麻烦——他们对旧有的传统的不敬态度，受到了神道派的竭力攻击，对此笔者将在下面再表。

如同上述，重野安绎与川田刚之间的不同，还表现在重野有编纂一部"正史"的兴趣。换言之，《大日本编年史》只是重野安绎主持的修史馆工作的一步，他的最终目的是想重修一部日本历史，取代《大日本史》。由此来看，重野安绎不但想考证、考订史料，而且还有写作通史的兴趣。他之推崇王韬的《普法战纪》，与此有关。在《普法战记》以外，重野安绎还研读了魏源的《海国图志》。显然，魏源《海国图志》作为中国人写的第一部世界史及其所采用的"志"而不是纪传体的体裁，都是引起重野安绎兴趣的原因。但重野安绎还想更进一步。他在为冈本监辅所撰的《万国史记》写序时，对《海国图志》提出了严厉的批评：

> 近时有魏默深者，常论海防，能通天下之故。然其著书题曰《海国图志》，是以五洲诸邦为海国也。夫大瀛寰之，何往而不然，虽汉土亦一海国而已，何问大小哉？寝处乎方数万里之中，

---

① 参见 Jiro Numata, "Shigeno Yasutsugu and the Modern Tokyo Tradition of Historical Writing", in *Historians of China and Japan*, eds. W. G. Beasley & E. G. Pulleyblank, p. 270 以降。

目不接海波,而自外来者,皆帆于海,竟概称海国,而自称中土,是童观耳,井蛙之见耳。默深以识达著称,犹局于素习,而不自察,则其他可知已。今子博(冈本字——引者)我魏默深,《万国史记》其《海国图志》也。而体制之得宜,命名之不谬如此。盖效丘明国别,而大其规模。拟默深海防,而袪其偏心,此是书卷第一义也。①

此段评论,主要批评魏源历史观上的狭隘和偏见,但其中"体制之得宜,命名之不谬"两句,虽然用来称赞冈本监辅,但其实反映的是重野安绎本人对历史写作体裁的重视和兴趣。

重野安绎对撰写通史的兴趣,还与修史馆的一项任务有关。1889年法国在庆祝攻占巴士底狱一百周年之际,准备在巴黎召开万国博览会。力求跻身万国之林的日本,显然也想参加。为此目的,明治政府在1877年决定让修史馆编出一部日本通史,名曰《日本史略》,综述日本的"制度、学艺、风俗、物产等事物的起源沿革"。但此书编成之后,重野安绎等人并不满意,认为它在详略取舍等方面,颇有欠缺;史料的搜集和考订,也有问题。所以重野安绎、久米邦武和星野恒三人对此重新修订,在1890年编就《稿本国史眼》七卷,由大成馆出版。重野为此作序,指出"史眼如炬,读史者贵眼尚矣",但"后世乃贵耳而贱眼",喜欢道听途说。为了纠正这一陋习,于是他们"斯编就六史以下,时势变迁,制度沿革,风俗文物等项,摘抉其要,以示史家着眼之法"。②

这里的"六史",显然就是《六国史》。因此《稿本国史眼》的编

---

① 重野安绎:《成斋文集·初集》卷一,第28—29页。
② 重野安绎、久米邦武、星野恒:《稿本国史眼》卷一,东京,大成馆,1890,重野安绎序及第1页。另见小泽荣一:《近代日本史学史研究:明治篇》,东京,吉川弘文馆,1968,第342页。

撰,实际上是恢复了明治天皇原来交给修史馆的任务,以延续《六国史》为己任。由是,我们也可看出重野安绎等人对《大日本史》的不满和批判;他们编撰《稿本国史眼》,在一定程度上表现了他们希图取代《大日本史》的吁求。与纪传体的《大日本史》相比,《稿本国史眼》在写作体例上,有着明显的创新。该书先列一张"天皇继统表",而整本书的内容,则分别在"卷""纪"和"章"下展开,在"章"之下的叙述,则用的是纪事本末体。换言之,此书的写作吸收了西方叙述史学的传统,已经有点类似当今历史写作常见的章节体。① 当然,从此书命名为"稿本"来看,这还只是他们的尝试。

的确,《稿本国史眼》的编撰,体现了重野安绎等人改造传统历史写作体裁的志向。日本在德川时代就有兰学的传统,明治维新开埠以来,西书更是纷至沓来。从对重野安绎的影响而言,沼田次郎认为英国外交官奥古斯图斯·蒙西(Augustus Mounsey)的《萨摩叛乱记》(The Satsuma Rebellion: An Episode of Modern Japanese History)最为重要。② 此书作者蒙西是一位职业外交家,曾在大英帝国的许多海外殖民地任职。1876年蒙西到了日本,正好遇上了西乡隆盛发起的西南战争,于是他马上动笔做了描述,1879年就出版了此书,因此此书既是当代史,亦堪称一手史料。重野安绎对此书产生兴趣,也理所当然,因为他在修史馆主要负责德川时代的历史,而他又出生于萨摩藩,还与西乡隆盛认识。

蒙西一书的写作,对于当今史家来说并不陌生,因为它采用的就

---

① 有关《稿本国史眼》体例的变化,笔者已经在《中国史学的西"体"中用:新式历史教科书和中国近代历史观之改变》中有所评论,载《北京大学学报》2014年第1期,2014,第104—114页,特别是第107—108页。另见坂本太郎:《日本的修史与史学》,第168页。

② Jiro Numata, "Shigeno Yasutsugu and the Modern Tokyo Tradition of Historical Writing", in *Historians of China and Japan*, eds. W. G. Beasley & E. G. Pulleyblank, pp. 276-277.

是常用的叙述体裁,按年代顺序,将内容分章陈述。作者在序言中指出,西南战争这个事件,西方人鲜有知晓,但此事对于近代日本,则举足轻重,非常值得记述。他的书共有十九章,分三部分,分别是日本明治维新的简单回顾、萨摩藩在明治维新过程中的角色和作用、西南战争前两边重要人物的活动乃至战争的爆发,然后他又用两章描述战争的后果及影响(包括西乡隆盛的同学、同乡和后来战争中的对手大久保利通的被杀等)。蒙西在序言中也交代了他如何在东京任职期间,努力搜集书面和口述史料,以此作为写作的基础。从整本书的结构来看,作者虽然文笔平实,似乎不带感情,但其实对萨摩藩、西乡隆盛及其追随者寄予同情。① 这一点可能也是重野安绎重视、看好此书的原因,不过从重野安绎以后公开出版的论著来看,他的政治倾向是站在明治政府一边的,并将西南战争视为萨摩藩的叛乱。②

重野安绎对蒙西书更感兴趣的是其写作风格,因为传统亚洲历史写作的体裁,如纪传体、编年体乃至最接近叙述体的纪事本末体,都不能像西方的叙述史学那样,充分展现和解释历史事件发生的因果关系,而蒙西对萨摩叛乱,也即西南战争的描述,恰恰侧重分析这一历史事件的因果关系。重野安绎对此印象特别深刻。他在以后发表的《论国史编纂的方法》一文中说到,蒙西的书虽然以萨摩叛乱为主要内容,但对战争的过程用墨甚少;作者反而用了大量的篇幅分析叛乱(战争)爆发的原因,也即萨摩藩的武士、特别

---

① Augustus Mounsey, *The Satsuma Rebellion: An Episode of Modern Japanese History*, London, John Murray, Albemarle Street, 1879, pp. v-xv. 笔者未找到此书的日本翻译版,但重野安绎似乎可以用英语。他在1902年德国史家里斯回国的告别会上,代表日本史学会用英语致辞。见 John Brownlee, *Japanese Historians and the National Myth, 1600-1945*, Vancouver, UBC Press, 1998, p. 80。

② 重野安绎以后为台湾编就《大日本史略》(台北,"台湾总督府民政部学务课",1898)两卷,称西乡隆盛及其支持者为"叛徒"。见该书下卷,第65—66页。

是西乡隆盛如何在明治维新中扮演了重要的角色,以及他们之后为何又在废藩置县中感到不满等。重野也看到在简单描述了战争的过程之后,蒙西讨论了战争对日本政治和社会的影响。与此相对照,重野指出中国和日本的传统史家似乎只重视如何字斟句酌,流于简单的事实陈述。① 这段评论说明,重野安绎等人后来在编纂《稿本国史眼》中尝试革新史学写作体裁,并非空穴来风,而是由来有自。更有意思的是,在《稿本国史眼》之后,重野安绎对此还不断有新的尝试。

四、成矣?败矣? 明治日本官方史学改造的结局

有关重野安绎等明治官方史家革新史学的努力,日本和西方学者大致都认为他们没有成功。如沼田次郎在他的英文论文中指出,"虽然重野安绎有意学习西方历史写作的方法,但他自己的历史写作,特别是《大日本编年史》的编纂中,没有显现出这方面的直接影响"。小泽荣一在其巨著《近代日本史学史の研究:明治篇》,更用"启蒙史学的变质"来形容明治日本官方史学向学院派史学的转变。加拿大学者约翰·布朗里(John Brownlee)以日本近代史家研究日本古代史为例,指出他们的"科学史学"的尝试,从一开始便遇到了严重的挑战,而到了 1930 年代更"背叛"了初衷,全面溃退。永原庆二在 2003 年完成的《20 世纪日本历史学》中也指出,在神道派的攻击下,实证主义史家"后退"了。欧洲学者玛格丽特·梅尔对明治日本的官方史学著有专著,其最后一章比较了日本修史馆和德国的普鲁士学派,认为他们都在不同程度上向政治势力屈服了。

---

① Numata, "Shigeno Yasutsugu and the Modern Tokyo Tradition of Historical Writing", in *Historians of China and Japan*, p. 277.

以上种种研究所得出的结论,如果从修史馆本身的工作,特别是《大日本编年史》的编辑而言,无疑是基本正确的。为此目的,笔者需要再回到修史馆,简单讲述一下它之后的演变以及官方史家如重野安绎等人如何进一步与西方史学互动的过程。就前者而言,修史馆在搜集和编辑当代史料方面,取得了一些进展,如编成了《复古记》298卷和《明治史要》16卷,同时修史馆的成员还在全国各地进行史料采访的工作。① 1886年明治政府实施了内阁制度,废除了修史馆,代之以临时修史局。此后(1888年)修史局转入了东京大学,挂名"临时编年史编纂处",继续从事《大日本编年史》的史料收集工作。由是,修史局的人员如重野安绎、久米邦武和星野恒,均成为东京大学的教授。绝非巧合的是,修史局转到东京大学的前一年,东京大学又决定开设史学科,并延聘了德国人路德维希·里斯担任了历史教授。日本聘请外国学者担任东大的历史教授(里斯得到的是日本政府的官方合同),显示出政府和学界改造传统史学的决心。里斯曾担任德国史家利奥波德·兰克的誊写员,亦算兰克的弟子,尽管他好像只见过兰克两面。里斯是犹太人,未能在德国找到正式的工作,来日本前在英国从事一些研究工作,其专攻是英国中世纪史,因此英语甚佳。

但为什么聘请一位在英国的德国学者,特别是兰克学派的后人到日本担任历史教授,依沼田次郎的意见,也与重野安绎有不小的关系。重野读了奥古斯图斯·蒙西的《萨摩叛乱记》之后,对英国史家的成就颇有兴趣,因此他代表修史馆,委托日本驻英国使馆的文官末松谦橙(1855—1920)在英国物色一位史家,写作一本详细介绍西方史学史的著作。末松谦橙参加了几次英国皇家史学会的活动,听到了匈牙利流亡英国的学者乔治·策尔菲的讲演,便与之商谈,将写作

---

① 坂本太郎:《日本的修史与史学》,第166—167页。

这样一本总结、介绍西方史学演变发展的任务交给了后者。策尔菲在接受了日本修史馆的委托之后,用较短的时间便完成了《史学》(*The Science of History*,直译则为《史之科学》)一书,在英国印刷了三百本,其中一半被运回到了日本。然后修史馆先委托中村正直将之译成日文,但中村由于事忙,只译了第一章,余下的各章后来由嵯峨正作完成。①

以策尔菲此书的内容而言,可谓毁誉参半。末松谦橙请他写作的时候,为他提供了详细的要求,重点是介绍西方近代史学科学化的过程。从策尔菲将之命名为《史学》或《史之科学》而言,他似乎的确想以此为重点来写作。但完成之后整本书的架构,却并不以近代为主。据说策尔菲在写作之前,对日本的历史和史学传统略有涉猎。他也许了解到日本是一个历史悠久的文明,因此他在回溯西方史学科学化的过程中,也决定从古代希腊、罗马开始,娓娓道来、细细描述。最后该书有773页,却只有在最后一章,也就是第七章才描述自文艺复兴和宗教改革以来的欧洲近代史学。而且在该章中,德意志的史学只占其中很少的部分。不过策尔菲指出,德意志地区的文化,一向落后于英法,但到了19世纪,德意志地区的历史研究突飞猛进,在欧洲首屈一指,虽然其成绩还不为英法所特别重视。他特别强调19世纪的德意志史家出版了不下254种"重要的历史著作",其作者名单中包括了兰克,不过将兰克与兰克的一些弟子和其他同时代的史家放在了一起,并没特别突出兰克的地位。②

虽然在篇幅安排上有明显的欠缺,策尔菲的书达到了让日本学

---

① 沼田次郎:《明治初期における西洋史学の输入について》,见伊东多三郎编:《国民生活史研究3:生活と学问教育》,东京,吉川弘文馆,1963,第404—422页。

② 见 George Gustavus Zerffi, *The Science of History*, London, 1879, pp. 746-769。该书扉页上写明是"printed as manuscript"(按原稿付印)。

者认识到德意志史学成就的作用,对之刮目相看。不过是否一定导致邀请兰克的弟子到日本教学,还是有些偶然的因素。比如当时里斯在英国研究,得以让诸如末松谦澄等日本外交人员方便接触,或许是其中的一个方面,但从东大学生的角度考虑,里斯作为德国学者,又能熟练使用英语,无疑让他成为一个理想的人选——虽然日本那时医学院的学生基本都学习德语,但英语还是其他科目学生主修的外语。于是,东大学生既能与里斯用英语沟通,又能通过他的授课而了解当时欧洲最先进的德意志史学。里斯到东大之后,也主要用英语讲课,开设了"史学方法论"等课程,传授兰克学派注重史料批判的方法。东大的史学科不但用外国人教学,也以西洋史和东西交流史为主要授课内容。不过修史局在 1888 年转入东大,也与东大想开设国史科有关。果不然在一年之后,东大就创设了国史科,而所用教材正是重野安绎等人撰写的《稿本国史眼》。①

按照约翰·布朗里的看法,里斯在日本的讲授以史学方法为主,既满足了日本师生希望了解近代西方史家的治史方法,也与里斯本人对兰克史学的理解相关。布朗里指出,兰克本人对历史的演进有一种宗教和精神上的理解,但兰克史学传到其他国家的时候,人们往往只注意其方法论的部分。对于日本史家之接受兰克史学,布朗里有这样的观察:

> 从兰克的弟子里斯接受了科学方法的日本史家们并不对精神的方面特别感兴趣。他们不信基督教,而且已经接受了儒家的学说,认为历史有道德功用。但他们想从这一儒家的传统中走出来,所以对兰克纯粹的科学方法感兴趣,而不是他的形而上学。他们的老师里斯与他们也有共同之处,因为他也不是基督

---

① 《东京大学百年史·通史》,第 1035—1036 页。

徒,而是犹太人。就这一点来说,日本的这些史家与同时代的美国史家相似,后者那时也想将历史研究变成一种学术研究。美国史家们也认为兰克史学是经验科学,而不是哲学。虽然像兰克一样,那些美国史家是基督徒,但他们忽略了兰克史学偏重政治权力,特别偏好如德意志那样的君主政权。①

布朗里指出里斯在日本教授"史学方法论"的时候,忽略了兰克史学形而上学,也即理论的关怀。但以里斯本人对史学研究方法的理解来看,他并不像布朗里说的那么片面。笔者未能看到里斯在东大讲授"史学方法论"的英文讲义,但里斯在1912年出版了《史学理论:历史思想和研究的工具论》(*Historik: Ein Organon geschichtlichen Denkens und Forschens*)一书,其中的大部分内容都在讨论历史学"形而上学"的层面,如史学的宗教性、史学的精神、史学的特性等,纯粹讨论考订史料的部分反而并不多。②

不过里斯在日本讲授"史学方法论",还是有可能像布朗里说的那样,考虑日本学生的需要和文化背景而偏重史料考订的方面。如前所述,里斯在东大用英文授课,效果毁誉参半。③ 但他培养了一个助手,即以后接替他上"史学方法论"课程的坪井九马三(1859—1936)。坪井九马三以后去欧洲留学,回来以后再到东大任教,讲授欧洲史和史学方法论等课程。1903年坪井九马三出版了他的《史学方法论》讲义,共分四个部分,分别是"总说""史料编""考证编"和

---

① Brownlee, *Japanese Historians and the National Myth*, pp. 74-75. 有关美国史家对兰克史学的片面理解,参见 Georg G. Iggers, "The Image of Ranke in American and German Historical Thought", *History and Theory*, 1962(2), pp. 17-40。

② Ludwig Riess, *Historik: Ein Organon geschichtlichen Denkens und Forschens*, Berlin, G. L. Goschen, 1912.

③ 里斯的日本学生对其授课,有的评价极高,也有的则说他英语发音不好,讲话也不流畅。见 Brownlee, *Japanese Historians and the National Myth*, p. 77。

"史论编",中间讨论史料的两部分占该书的大半。① 更值得一提的是,坪井九马三之后的一代日本西洋史家,以今井登志喜(1886—1950)为佼佼者,而后者的《历史学研究法》则更侧重方法的层面。该书共有六部分:(一)序说——历史学的方法论,(二)历史学的辅助学科,(三)史料学,(四)史料批判,(五)综合,(六)方法的作业之一例。显而易见,今井登志喜之讲授"史学方法论",更加注重历史学的实践。② 上述例子证明,日本近代的史家,对于西方,特别是兰克史学的接受,的确侧重方法论,而且随着时代的推移,偏向愈益明显。他们的这一取舍,显然与德川时代逐渐形成和兴盛的考证折衷学的传统,关系颇大。

里斯到了日本之后,不但传授西方近代史学的方法,而且还帮助日本史家将历史研究变为一门专业化的近代学术。在修史馆转到东京大学的次年(1889),日本成立了日本历史学会,并出版了《史学会杂志》,以后该杂志改名为《史学杂志》,是日本第一本专业历史研究的刊物。史学会成立之初,重野安绎被选为第一任会长。但日本史学会的成立,与里斯的"建议"(助言)直接有关,而且《史学会杂志》出版的论文,在第五期之后,以考证论文居多,据说也是出于里斯的"忠告"。1939年在史学会成立50周年之际,今井登志喜应邀写了《西洋史学对日本史学的影响》(西洋史学の本邦史学に与へたる影响)一文,颇带自豪地指出:日本历史研究的专业化,与欧洲几乎同步,因为最早的历史专业刊物于1859年在德意志地区出现,法国略晚一些,而《英国历史评论》发行于1886年,仅比日本早三年,《美国

---

① 坪井九马三:《史学方法论》,东京,早稻田大学出版,1903。
② 今井登志喜:《历史学方法论》,东京,东京大学出版社,1950。作者在序言中说他最初于1935年为《岩波讲座日本历史》写了该书,之后不断修正后由东京大学出版社再版。

历史评论》还比日本的《史学杂志》晚了六年。①

日本史学向近代的转化,因此与德国关系甚大。但德国兰克学派之所以有此重要影响,又与日本史家的考证折衷学的背景有关。重野安绎在就任日本史学会会长的时候发表演说,强调历史研究需要有"至公至平之心",完全从事实出发来校订史实。他说道:"史局的工作,就是依据西洋历史研究的方法采集史料,又参用我国的考证事迹的手段,希求于国家有所裨益。"②换言之,日本的近代史学的建立,便是希求折衷、融合西方兰克批判史学和东方考证学传统的一个产物。由此我们甚至亦可如此推断,里斯在日本讲授兰克史学,特意强调其史料批判(Qullenkritik)的一面,也许是故意为之,其目的是力求让兰克史学与日本的学术传统顺利有效地接轨。日本以后的史家在回顾这段变化的时候,也大都接受这样的观点,即日本近代学院派的史学,建立在源自清朝的考证学传统和从西方引进的德国兰克史学两者相结合的基础之上。③

里斯希望日本史家注重考据的"忠告",显然是出于好意。但最终的结果却导致了本节起始所说的一系列挫折。从《史学会杂志》的论文来看,最初几卷还有不少"史论"的内容,但在里斯的劝说下(其意见发表于第四卷),第五卷开始便以考据史实为重。重野安绎、久米邦武和星野恒都发表了一系列言论,指出传统史学的作品如《太平记》和《大日本史》,均因为注重道德训诲而损害了历史的真实

---

① 今井登志喜:《西洋史學の本邦史學に與へたる影響》,见《本邦史学史论丛》下卷二,东京,富山房,1939,第1455页。

② 今井登志喜:《西洋史學の本邦史學に與へたる影響》,见《本邦史学史论丛》下卷二,东京,富山房,1939,第1448页。

③ 参见门胁祯二:《官方アカデミズムの成立》,见《日本历史讲座》第八卷,东京,东京大学出版会,1968,第163—186页。另见家永三郎:《日本近代史学的成立》,见《日本の近代史学》,东京,日本评论社,1957,第67—91页。

性。因此他们对之抱持激烈的批评态度,并采用了考证的手段,指出了上述史书的重大错误,如儿岛高德人物的真实性、神功皇后的地位等。久米邦武还从历史研究的角度出发,揭去了神道教的神圣性,直言其为"祭天的古俗"。如上种种,引起神道派和其他保守势力的极度不满,久米邦武失去了教职,重野安绎之后也遇到了相同的遭遇。更重要的是,他们所从事的《大日本编年史》的修纂工作,也于1893年宣告寿终正寝。如此,明治日本的官方修史,经历了种种变迁,最后不了了之,中途夭折了。①

不过笔者以为,如果仅以修史的任务来衡量重野安绎等人的工作,似乎流于简单化,亦不恰当。首先,从史学近代化的目的来看,官方修史代表了一个旧传统,或许本来就是不合时宜的。修史的人员最终放弃此项工作,虽然在当时看了似乎有点可惜,但从长远来看或许恰恰显现出历史研究走向近代化、专业化的一种必然,因为学院派史学的建立和发展,必须以学术研究的自主性和独立性为前提。

其次,《大日本编年史》的半途而废,亦不能说明日本近代史家融合东西学术的努力,也已付之东流。本文起始已经指出,日本学术直至今天,仍然以考证精细为特点,可见明治史家吸收和借助兰克批判史学,让德川时代的考证折衷学,得以在近现代日本进一步发扬光大,构成了日本学术研究的一个特色。1897年建立的京都大学及其东亚史、中国史的研究,更有意继承和发扬清代的考证学,并取得了独特的成就,成为国际史学界研究的对象。由此看来,日本近代史学与清代考证学的关系,远非《大日本编年史》是否编就、官修正史是否开展而能概括的。

最后,修史工作的结束,并不代表了重野安绎等人的史家生涯也

---

① 参见门胁祯二:《官方アカデミズムの成立》,见《日本历史讲座》第八卷,第170—176页。

随之终止。如久米邦武被东京大学解聘之后,转到了东京专门学校,也即后来的早稻田大学任教,继续其历史教学而终老。星野恒则仍在东大任教直到退休。重野安绎对日本传统史学的批评,被人讥为"抹杀博士",不过他在1892年之后,也即为所谓的"久米邦武笔祸事件"牵累离开东大之后,还继续写作历史书籍,如在1898年为台湾的学校写了《大日本史略》,次年他又出版了《大日本维新史》。这两本著作本为普及历史知识而作,并不足以展现重野安绎的考证方法,不过细细阅读它们,却能看出不少新意。如上所述,重野安绎、久米邦武和星野恒在写作《稿本国史眼》的时候,已经尝试革新历史写作的体裁,吸收叙述体的成分。而重野安绎《大日本史略》和《大日本维新史》,则在体例创新上更进一步;两书的写作,均无纪传体、编年体的痕迹,而是通篇叙述、一气呵成,因此它们也不像现在常见的章节体,而只是在每页的上端留白处,用小字标出叙述的重点。更值得一提的是,当时尝试用这种手法写作的人远不止重野安绎一人,足见日本明治史家对传统史学的改造,已经渐渐构成了一种共同的努力。史学方法的沟通东西、推陈出新为其一面,史学写作体裁的革新改造则是另一面,而后者对于清末中国史学的改造,亦有明显的影响。[①]

载黄自进、潘光哲主编:《近代中日关系史新论》,台北,稻乡出版社,2017

[①] 参见笔者:《中国近代"新史学"的日本背景:清末的"史界革命"与日本的"文明史学"》,载《台大历史学报》2003年第32期,亦收入本书。

第十七章 科学史学在近代日本和中国的兴起及其异同

——兼论中日史学的相互交流与影响

有关中国近代史学与史家的研究,虽然说不上汗牛充栋,但也数量颇为可观。史学在近代学术发展中所扮演的重要角色,也使得史学史、史学思想的研究,在近年颇为发达的学术史研究中,得到许多重视。① 中国近代史学的发展演变,与西方史学的引进与影响,息息相关,因此不少学者比较侧重中西史学之间的关联,也对日本史家在其中扮演的中介角色,有所涉及。② 但学界对日本近代史学本身及其对中国史学的具体影响,则似乎重视不够。半个多世纪以前,周一良先生在其大学毕业论文《〈大日本史〉的史学》一文中,已经有所感叹:"近年我国学术界颇能留意欧美各国,举凡政治、社会、经济、学术等莫不专精探讨,而成就卓然,足以使彼本国学人心服者不乏其

---

① 陈平原以章太炎和胡适入手探究中国现代学术史,便是一例。而章、胡两人,都在史学上贡献殊多。见陈平原:《中国现代学术之建立:以章太炎、胡适之为中心》,北京,北京大学出版社,1998。

② 许多研究中国近代史学的著作,都会提到中国近代史家如梁启超如何借助日本史学,了解和引进西方史学。梁启超的《新史学》与浮田和民的《史学通论》的相似之处,更是常为人提到,如蒋俊的《梁启超早期史学思想与浮田和民的〈史学通论〉》,载《文史哲》1993 年第 5 期。但较为全面的研究,则还不多。桑兵的《国学与汉学:近代中外学界交往录》(杭州,浙江人民出版社,1999)有一章专门处理梁启超与日本的关系。在这方面更为具体的研究,则数日本学者狭间直树在京都大学领导的研究计划,其成果有《梁启超·明治日本·西方》(北京,社会科学文献出版社,2001)。

人。乃于相距最近,关系最深之日本,反似漠然。"①近年的状况,已经与那时相比有了很大的不同。但就史学研究来说,似乎仍有待改进。本文的写作,有意在中日史学的比较方面,做一些探讨,以助读者更为全面地了解中国近代史学的发展。但必须指出的是,由于篇幅所限,又不想重复已有的有关中国近代史学论著的观点,本文将注重描述日本近代史学的演化,并不详述中国近代史学,只是在必要的时候,略述两者之间的异同及其相互交往,不周之处,还望读者方家见谅。

一、日本科学史学的渊源

日本对外来文化的吸取和引进,是日本历史的重要特色之一。如果说7世纪的大化改新,标志了日本对唐代中国文化全面引进的开始,那么1868年的明治维新,则开启了日本历史上第二次大规模引进外来文化的高潮。值得重视的是,日本虽然对吸收外来文化表示出相当大的热情,但同时也致力将外来文化与本土文化相结合,"相当快地形成了本国特有的文化"。② 要想相当快地将外来文化与本土文化融合,其前提是必须相当快地吸收外来文化。日本近代史学的科学化,便是一个显例。应该说,日本近代史学的专业化,与欧美各国几乎是同步进行的。若与中国近代史学的进程相比,要提早至少二十年。③ 1939年日本史学会编辑出版了《本邦史学史论丛》

---

① 周一良:《〈大日本史〉的史学》,见《周一良集》第4卷,沈阳,辽宁教育出版社,1998,第3页。
② 周一良:《关于日本文化》,见《周一良集》第4卷,第212页。
③ 尽管坊间有关中国近代史学史的著作,如吴泽主编的《中国近代史学史》(南京,江苏古籍出版社,1989),大都将鸦片战争作为中国近代史学的开端,但同时也承认中国"资产阶级史学",则要在20世纪初梁启超的"新史学"提出之后才真正开始。

两卷,其序中提到,日本史学以德国和法国的近代史学为榜样,很早就成立了史学研究的学会(1889),出版了类似德国的《历史杂志》、《历史年鉴》(*Historische Jahrbuch*)和法国的《历史评论》(*Revue Historique*)等史学研究的专业刊物——《史学会杂志》(1889),后改为《史学杂志》(1892)。日本《史学杂志》的出版,比英国的《英国历史评论》(1886)只迟了三年,而比《美国历史评论》(1895)还早了六年,"足见史学会对史学研究的贡献之大,而东京帝国大学开展的大日本史料、大日本古文书的编纂工作的成绩,也不相让于'德意志文献集成'(Monumenta Germaniae Historica)的成就"。① 这些说法,自然有洋洋自得之意,特别考虑到该论丛的出版,正值日本对亚洲各国侵略走向高潮之时,因此这些言词,也有为"大日本帝国"吹嘘、吹捧之嫌。但就其所举事例而言,却也是无可置疑的。专业研究学会和专业学术刊物的出版,向来被认为是学科专业化的重要标志。就历史研究而言,更是如此。② 中国史家在这些方面,工作做得较迟。史学会和专门史学研究的刊物,都要在20世纪20年代才出现。③

那么,日本史家为何较早地进行史学科学化、专业化呢?要想寻求这一问题的答案,我们必须考虑明治维新时期文化思潮的变化,特别是日本史学与中国史学、西方史学的关系及其转化。如所周知,日本的传统史学,与中国史学有着紧密的联系。日本最早的两部历史著作《古事记》和《日本书纪》,都用汉文写成。而《日本书纪》,则更是仿造了荀悦的《后汉纪》。由于唐代文化的影响,日本的当政者也

---

① 日本史学会编《本邦史学史论丛》上卷《序》,东京,富山房,1939,第2页。

② 有关欧美史学的专业化,可见 John Highametal. ed., *History: the Development of Historical Studies in the U. S.*, Englewood Cliffs, Pretence Hall, 1968。

③ 参见张越、叶建:《近代学术期刊的出现与史学的变化》,载《史学史研究》2002年第3期。有关中国史学的专业化,可参考罗志田主编:《二十世纪的中国:学术与社会·史学卷》,济南,山东人民出版社,2001。特别是下卷刘龙心、王晴佳所撰的两章。

在朝廷设立了史馆,编撰了实录和国史,由此就有了包括《日本书纪》的"六国史",其体例与唐代的实录和国史多相似。① 9世纪末以后,日本停派遣唐使,中国史学的影响逐渐式微。日本于是开发出自己独特的史学,以"军记物语""荣花物语"等为代表,史学写作受到当时开始兴盛的文学创作的影响。同时,由于佛教的传播与影响,日本史家写作了一些堪称历史理论的著作,其中著名的有《愚管抄》《神皇正统纪》等。这一时期(10世纪到16世纪),日本战乱频仍,国家权力衰落,官修国史无法进行,却也造成了各种史学体裁的出现,因此被称为"物语风的历史和宗教史论的时代"。②

17世纪初日本统一以后,德川幕府与中国的王朝统治者一样,很快就认识到历史的重要性,官修历史因此又重新开始,中国的"正史"于是就被奉为模仿的对象。17世纪开始编写的《本朝通鉴》,就是一个例子,虽然其体裁遵照的是司马光的《资治通鉴》,也参考了朱熹的《通鉴纲目》,而不是中国"正史"通常用的纪传体。但是到了17世纪末,德川家康之孙德川光圀主持编纂《大日本史》,就采用了纪传体的体裁,其体例与中国"正史"大致相似,有本纪、列传和志表。③ 德川幕府的时代,是日本重新引起中国文化的高潮时代,其标志是日本朝野对理学,也即"朱子学"的浓厚兴趣。德川家康的顾问

---

① 参见坂本太郎《六国史》(东京:吉川弘文馆,1970)。有关唐代官修史学的专题研究,可见 Denis Twitchett, *The Writing of Official History under the T'ang*, Cambridge, Cambridge University Press, 1992。但是,唐代的实录和国史,多已不存(韩愈的《顺宗实录》,其真实性尚待确定),因此日本的"六国史",也从一个侧面为我们提供了唐代官修史学的面貌。

② 坂本太郎:《日本の修史と史學》,东京,至文堂,1936,第58—146页。

③ 有关《大日本史》与中国史学关联的研究,除了上引周一良《〈大日本史〉的史学》以外,尚可参考加藤繁《大日本史と支那史学》一文,见《本邦史学史论丛》下卷,第865—908页。加藤繁的研究,参考了周一良的论文。

林罗山,便是一位著名的理学家。德川幕府对官修历史的兴趣,与林罗山有关,《本朝通鉴》的编纂,也主要由林主持。《本朝通鉴》采用为朱子所欣赏的编年体,因此也就理所当然。像司马光一样,林罗山立意要在以往历史的兴衰中寻求长治久安的良方,因此其历史观被认为是"合理主义"的,与以前的"宗教史论"有明显区别。于是,日本史学史家一般把林罗山奉为"近世史学的始祖"。①

但是,林罗山的"合理主义",受其儒家思想的束缚,因此在历史研究上表现不够彻底。在编纂《本朝通鉴》时,他虽然也对所用的史料,如《六国史》,加以甄别和批判,但他的主要兴趣仍在利用历史进行道德教育,因此《本朝通鉴》还是保存了不少自相矛盾、漏洞百出的神话和传说。与之相比,新井白石(1657—1725)就是一个"纯粹的合理主义者"。② 新井白石对史实的考证,特别是从字义、词源加以训诂研究,比较重视,对近代日本史家有许多启发。同时,新井白石还是一位杰出的历史理论家,写有《读史余论》等论著。

新井白石生活的 18 世纪,也是考证学在日本走向发达的时期。考证学一般认为起源于清代,在德川幕府时代传入日本。但是,考证

---

① 参见坂本太郎:《日本の修史と史学》,第 147—161 页;小泽荣一:《近世史学思想史研究》,东京,吉川弘文馆,1974;小泽荣一:《近代日本史學史の研究:幕府編》,东京,吉川弘文馆,1966,第 19 页;大久保利谦:《日本近代史學の成立》,东京,吉川弘文馆,1986。"近世"与"近代"不同,是日本学者创造的名词,如汉学家内藤湖南就把中国的宋代,视为中国的"近世"。但在英文中,"近世"和"近代"都用"modern"一词。因此林罗山就被视为"founder of modern historical scholarship"(近代史学的开山),见 John Brownlee, *Japanese Historians and the National Myths, 1600-1945*, Vancouver, UBC Press, 1998, p. 15 以降。

② John Brownlee, *Japanese Historians and the National Myths, 1600-1945*, p. 42 以降。有关新井白石,日本和西方学者有大量的研究,此不赘列。周一良亦有《新井白石论》和《新井白石——中日文化交流的身体力行者》(见《周一良集》第 4 卷,第 424—466 页),或可参考。

学在日本的发展,又与日本本身的学术文化的变迁有关。"朱子学"到了17世纪末、18世纪初,其统治地位在日本学界开始受到挑战。人们不再满意理学家对儒家经典的解释,而试图回到原典,即汉代和汉代以前儒家的经典,以此来挑战"朱子学"对儒家的诠释霸权。比新井白石略早的伊藤仁斋,就从孟子的研究出发,来批驳理学家的一些说法。伊藤仁斋的研究,创立了所谓"古学派"。他的后继者荻生徂徕,则与新井白石一样,希图从字义的训诂出发,来取得对经典的理解。值得一提的是,伊藤仁斋和荻生徂徕的许多见解,与清代考证学大师戴震的研究与结论,多有相同之处,而提出的年代则更早。因此可见,儒学在日本,已经开始形成自己的传统,与清代的考据学一样,对宋明理学的传统有所反省。更有甚者,"古学派"之后,又有以本居宣长(1730—1801)等人领导的"国学派",虽然研究手段相近,都以考证见长,但"国学派"的宗旨则是抵制、批判中国学术的影响,提倡挖掘日本本土的学术资源。

德川幕府时代的史学研究,包括考证学的发达,都对日本近代史学的开展有许多影响。换言之,"近世"与"近代"之间,有着一种承继的关系。坂本太郎指出,所谓"近世的学问",以两种"独立"为标志,一是日本儒学的独立,不再拘泥于中国儒学之后,而是将研究的重点移到了日本本身。二是史学与文学的分离,走向独立,由此而与以前的"物语风时代"相区别。① 如果说日本儒学的"独立",代表了日本民族意识的增长,那么这种民族意识,根据大久保利谦的意见,则是构成日本近世和近代史学发展的一个重要方面。② 的确,从世界各国历史研究的近代化来看,科学主义和民族主义是其主要动力。欧洲的近代史学,一方面标榜科学方法、客观态度,另一方面则以民

---

① 坂本太郎:《日本の修史と史學》,第147页。
② 大久保利谦:《日本近代史學の成立》,第18—19、44—51页。

族国家为中心,是最为明显的例子。日本为岛屿国家,对亚洲大陆既有觊觎之意,又时抱警惕之心,因此比地处亚洲"中央"的中国,更容易形成民族意识。而中国人的世界观,一向以"天下"为范围,直到20世纪初年由于梁启超等人的猛烈批判和清朝的多次战败,才把眼光从"天下"转到"国家",由此而推动了民族—国家观念的正式形成。①

如果说日本原有的民族意识,使得日本史家较易接受西方近代史学的观念,那么日本考证学的传统,也有助于日本史学的科学化。日本近代史学的发展,大致循着两条轨道进行,构成两种主要倾向。一是历史观的变化,其标志是"文明史"的兴起,进而对日本历史在进化论的基础上重新认识。二是历史研究方法的科学化,在发扬考证学传统的基础上,汇合德国兰克学派,形成"学院史学"(アカデミズム史學)。② 这两大倾向,其实与日本的近世史学,即德川幕府时期的史学,亦有明显的联系。虽然文明史观取代了儒家的道德史观,但在史学研究必须经世这点上,还是相同的。而日本近代的科学史学,与其说是德国兰克学派影响的产物,毋宁说是德川时期考证学的延续。日本近代史学名家狩野直喜直言,明治以后日本对中国的研

---

① 中国人的民族意识,从"民族"一词的广泛流行迟至20世纪初年来看,的确晚于日本,难怪梁启超在《清议报》上大声疾呼民族主义意识之必要。见韩锦春、李毅夫:《汉文"民族"一词的出现及其初期使用情况》,载《民族研究》1984年第2期。有关中国民族主义的起源,沈松侨撰有多篇论文,如《我以我血荐轩辕:黄帝神话与晚清的国族建构》,载《台湾社会研究季刊》1997年第28期;《振大汉之天声:民族英雄系谱与晚清的国族想象》,载《"中研院"近代史研究所集刊》2000年第33期。沟口雄三认为从"天下"到"国家"的转变,是中国近代思想一个重要方面,见氏著:《作为"方法"的中国》,林右崇译,台北,编译馆,1999,第52—53页。

② 家永三郎:《日本近代史學的成立》,氏著《日本近代的史學》(东京:日本评论新社,1957),第67—91页。另见芳贺登《批判日本近代史学思想史》(东京:柏书房,1974),第55—57页。

究,其性质实系"清学",由此可见考证学在近代影响之一斑。①

二、日本和中国史学的科学化

日本近代史学出现的这两种倾向,充分说明文化的传播,从本质上来说总是一种文化与另一种文化之间的交流,而不是一种文化对另一种文化的全面取代。在近代社会,西方文化高歌猛进,似乎一路凯旋,但实际上非西方地区在接受西方文化的时候,还总是从自身原有的文化传统出发,加以选择性地接受和引进,然后进行融合改造。这些道理,近年由后殖民主义理论家加以充分阐述,已经慢慢为学界所接受,并为我们理解近代文化的变迁,提供了新的研究视角。② 日本向来以善于吸收外来文化著名,但从其史学近代化的过程来看,也表明它在引进西方文化的时候,有所取舍,并从自身的传统出发,加以改造。

饶有趣味的是,虽然日本在引入西方文化方面,在总体上看要比中国干脆、彻底和迅速得多,但在一开始,也即明治维新以前,日本还是主要通过中国来认识西方。这一方面是由于中国与西方在19世纪的接触,早于日本——鸦片战争的结果,不但震惊中国朝野,而且也让日本和其他亚洲国家看到了西方的强势。另一方面也是日本传统使然,德川幕府的时期,是日本与中国文化交流的盛期,日本通过中国人的论著认识西方,十分自然。因此,魏源的《圣武记》和《海国

---

① 引自周一良:《〈日本学者研究中国史论著选译〉序言》,《周一良集》,第4卷,第516页。

② 有关后殖民主义的理论介绍,已有不少论著,此不赘列。至于后殖民主义理论与史学研究的关系,可见 Shelley Walia, *Edward Said and the Writing of History*, Cambridge, Icon Books, 2001. 中文或可参见王晴佳:《后殖民主义与中国历史学》,见《中国学术》第3辑,北京,商务印书馆,2000。

图志》,很快就为日本所进口,并加以翻刻,广泛传布。王韬的《普法战记》,也是当时日本人爱读之书。① 为了实地调查中国开埠以后与西方列强的交往,德川幕府还在1862年派遣负责财政的官吏来华,这是自17世纪日本锁国以来,第一次遣使来华。在这以后,不少日本人士通过各种渠道来到中国,但他们的总体印象,却十分不佳。虽然他们对中国受到西方列强欺负,颇有不平之意,但对中国人麻木的精神状态、散漫的生活作风和肮脏的卫生环境,也产生许多鄙意。真实的中国与他们在书本上读到的"礼仪之邦",在这些日本人士的心目中留下了十分强烈的反差印象。这些人的总的感觉是,日本必须迅速走向富强,免蹈中国的覆辙。②

在幕府遣使来华的同时,日本也派遣使团去西方访问。与他们的对中国的不良印象相反,日本人对西方的强盛十分羡慕。曾三次随团访西,并曾担任翻译官的福泽谕吉,就是日本必须走向西方化的主要鼓吹者。福泽谕吉的畅销书《西洋事情》记录了他对欧美各国的美好印象。在他的心目中,西方代表了"文明开化",非洲等一些地区则代表了野蛮,而东方(包括日本和中国)则尚处在半开化的状态,亟需"启蒙"。福泽谕吉于是成为日本明治维新时期最重要的启蒙思想家。福泽谕吉的启蒙思想,以"文明史观"为中心,见于氏著《文明论之概略》。③ 他从阅读法国史家基佐和英国史家巴克尔的文

---

① 王晓秋:《近代中日文化交流史》,北京,中华书局,2000,第27—35页;周一良:《十九世纪后半叶到二十世纪中日人民友好关系和文化交流》,见《周一良集》第4卷,第347—349页。

② Joshua A. Fogel, *The Literature of Travel in the Japanese Discovery of China, 1862-1945*, Stanford, Stanford University Press, 1996;王晓秋:《近代中日文化交流史》,第118—126页。

③ 福泽谕吉对"文明""半开"和"野蛮"的界定,可见氏著:《文明论之概略》,见《福泽谕吉全集》第4卷,东京,岩波书店,1959,第17—18、39—41页。

明史得到启发,认为世界历史的演化,以各地文化走向文明为主要路线;西方各国已着先鞭,东方国家必须赶快跟上。从这一史观出发,福泽对中日传统的道德史学,包括新井白石的《读史余论》,加以严厉的批判,认为就社会的进步、文明的开化而言,王朝的兴亡、统治者的道德水平之高下,并无多大关联,不值得史家如此重视。相反,史家应该扩大视野,研究整个社会的发展、民智的开发和经济的前进。①

福泽谕吉的《西洋事情》,写于明治维新的前夕的1866年,成为当时日本人自己写作的有关西方的一部重要书籍。但若就了解西方的历史而言,福泽并不是首倡者。由于"兰学"的传统,日本一向有人研究西方,学习西方语言和文化。西村茂树(1828—1902)就是一例。他在福泽谕吉写作《西洋事情》的同时,翻译了荷兰文的《百代通览》、英文的《万国史略》和《万国通史》等书。自幕府末期开始,像西村茂树这样的"兰学家"的翻译,还有许多。②但是就历史观念的改变而言,这些"兰学家"并没有太多的贡献。他们的工作,类似中国的林则徐、魏源,其目的是想帮助国人了解西方。福泽谕吉的《文明论之概略》,因此就有特别的意义,其重要性如同梁启超的《新史学》,虽然不是一部标准的历史著作,但却在史学史上,意义重大,因为他们都指出了史学观念改变的必要,提倡史学革命。

如果说梁启超写作《新史学》,参考了日本学者的历史论述,那

---

① 福泽谕吉对"文明""半开"和"野蛮"的界定,可见氏著:《文明论之概略》,见《福泽谕吉全集》第4卷,东京,岩波书店,1959,第151—152页。

② 有关西村茂树的译作,见小泽荣一《近代日本史學史的研究:明治编》,东京,吉川弘文馆,1968,第34—64页。有关幕府末期的"兰学家"所译西方历史书籍,大久保利谦的《日本近代史学史》(东京,白杨社,1940)有所统计,见该书第162—163页。

么福泽之写作《文明论之概略》,则采用了基佐和巴克尔的许多观点。① 福泽之接触基佐和巴克尔的著作,与他创办庆应义塾(1868)和写作《劝学篇》(学问のすすめ)有关。福泽认为,虽然明治维新的成功标志了国家的建立,但民智还有待开发,文明还有待开化。为此目的,他创办私学,选用基佐和巴克尔等论述文明进化的书籍作为教材。也正是基于这样的认识,他指出原来的历史著作,无法为开发民智服务,而必须采用新的历史观念,采取新的历史撰述形式来研究、写作历史。福泽虽然没有身体力行,但他却对"历史"这一观念,进行了重新的界定。首先有关历史研究的对象,据福泽的意见,应该是"人民"和"文明",这样的历史研究才有意义。具体而言,史学应该以揭示"时势"为重点。所谓"时势",也即某一特定历史时期的风气、人心和国俗。② "时势"这一词语,为中日传统史家所常用,日本的赖山阳(1780—1832)等人也有较详细的讨论,但福泽借用这个词,则推陈出新,把历史研究的对象,从贤明君主和战争英雄转到全体社会和一般文化。

这一历史研究对象的改变,表明福泽谕吉对于历史研究的目的,也有了新的看法,这是《文明论之概略》的第二点贡献。福泽指出,以往的历史研究,以描述王朝兴亡、政权更替为宗旨,而从"文明史"的观点出发,应该加以改变。历史研究的宗旨应以描述"文明"的"进步"为目的。而且,这一文明的进步,并不是一个抽象的概念,而

---

① 小泽荣一已经指出,《文明论之概略》的前半部分,特别是第二、第三章,与基佐文明史的第一讲有不少雷同之处,而《文明论之概略》之后半部分,则参考了巴克尔的文明史来分析世界文明的进化与智德的开发。见氏著:《近代日本史學史の研究:明治编》,第154—155页。

② 福泽谕吉提出圣人之作用,只是顺应"时势"而已,因此群体比个人更重要,见氏著:《文明论之概略》,见《福泽谕吉全集》第4卷,第59—65页。

是具体有所指的,那就是如何开化日本,向西方文明看齐。于是,福泽在书的末尾,写了《西洋文明的由来》和《日本文明的由来》这二章,将日本的落后和西方的先进加以比较,由此来揭示日本文明今后进步的方向。①

《文明论之概略》于史学观念改变的第三点贡献,在于指出了如何进行文明史研究的方法。在福泽看来,衡量文明进步的标准,应该是"人心"的进步和"智德"的开发。正是"人心"的开发和"智德"的进步,才是历史走向文明的动因。福泽举例指出,明治维新虽然是一种政权的转化,但其实是"智德"的开发使然,而不仅仅是"王政"的复古,也即政治力量的成功。这一看法,虽然就明治维新的研究本身来说,显得有些抽象,但却与福泽在那时倡导教育的普及以开发民智的做法,十分一致。

福泽谕吉的《文明论之概略》,出版于1875年,比梁启超连载于《新民丛报》上之《新史学》(1902),要早近三十年左右。两者比较,不但影响相似,而且在内容上也有不少相同之处。梁启超在《史学之界说》这一章中指出:第一,历史应以万物的进化为对象;第二,历史应叙述人群之进化;第三,历史应探究人群进化之公理、公例。②这三点,与福泽在《文明论之概略》所讨论的方面,正好一致,涉及历史研究的对象、历史研究的目的和历史研究的方法,虽然福泽的《文明论之概略》,并不是专为史家而写的。有事实证明,在梁启超流亡日本以前,已经读过福泽谕吉的《文明论之概略》,并且欣赏福泽的观点,由此而构成了梁自己对文明的看法。但就福泽对梁启超历史

---

① 有关福泽谕吉历史认识之具体目的,请参见小泽荣一:《近代日本史學史の研究:明治编》,第165页。本文有关福泽谕吉历史观的讨论,也参照了小泽荣一的看法。

② 梁启超:《新史学》,见《梁启超史学论著三种》,香港,三联书店,1980,第10—15页。

观的影响而言,现有的研究注意不多。①

在追溯梁启超史学观念的时候,一般人注意到《新史学》与浮田和民《史学原论》(或《史学通论》)的关系——后者是浮田在东京专门学校(早稻田大学前身)的讲义,大约出版于1898年。的确,浮田《史学原论》有《历史与地理》一章,梁启超在《新民丛报》上曾发表有《地理与文明之关系》一文,其中雷同之处颇多。② 但若就《新史学》的写作而言,则与浮田的《史学原论》关系并不密切。《新史学》《史学之界说》一章,对历史研究的对象和目的提出新的看法,与浮田书中的第一、第二章的论点略有相似之处,但浮田的第一章,以"历史的特质及其范围"为题,从四个方面讨论"历史的意义":客观的意义、主观的意义、记录的意义和史学的意义。他认为历史虽然从客观事实出发,但在记录上又有主观的一面。同时,因为进化是历史研究的主题,而进化以人类与自然环境的互动关系为主,因此历史研究也应以此为对象,而不能完全以人类为中心。③ 这些讨论,除了历史研究应同时考虑自然与人类的关系这点外,并不是梁启超"史学之界说"的重点。

---

① 石川祯浩:《梁启超与文明的视点》,见狭间直树编:《梁启超·明治日本·西方》,第100—106页。石川在文中还讨论了梁渡日之后对文明看法的改变及其原因。狭间直树的书中对梁启超史学观与日本的关系,付诸阙如。萧朗《福澤諭吉と中國の啟蒙思想:梁啟超との思想の關連を中心に》(载《名古屋大学教育学部记要》,第40卷第1号,1993),对梁启超与福泽的思想关联叙述甚详。郑匡民的《梁启超启蒙思想的东学背景》(上海,上海书店出版社,2003)更详细地讨论了福泽谕吉对梁启超思想的影响(第44—82页)。但这些论著都没有专门讨论中日史学之间的交流与影响。

② 石川祯浩:《梁启超与文明的视点》,见狭间直树编:《梁启超·明治日本·西方》,第108页。就在梁启超写作《新史学》的时候,浮田和民的《史学原论》已有两个中文译本,见王晓秋:《近代中日文化交流史》,第411、413页。

③ 浮田和民:《史学原论》,东京,东京专门学校藏版,无出版日期,第1—10页。

浮田和民《史学原论》的第二章,以"史学的定义及其困难"为题①,与梁启超"史学之界说"相近,但浮田的讨论,虽然也强调历史有自然的历史(万有の历史)和人类的历史(人类の历史)两种,与梁启超的论点一样,但他引经据典,从古希腊的狄奥尼修斯"历史是以事实为训的哲学"、英国马考莱"历史是诗和哲学的混合"、卡莱尔"世界历史是英雄的传记"到弗里曼"历史是过去的政治、政治是现在的历史",来讨论史学是不是科学,显然与梁启超的视角相当不同。② 总而言之,浮田的《史学原论》,在福泽谕吉文明论的基础上,就西方史家的论著,对历史研究的对象和史学的定义,做了更深入的探讨。如果说梁启超受其影响,那么浮田本人则受到了福泽的影响。的确,浮田为东京专门学校讲课,已是 1890 年代,届时福泽谕吉的文明史观,已经在思想界成大气候。浮田以此观点来讨论史学,十分自然。

浮田和民之接受福泽谕吉的文明史观,还有一层原因,那就是他像福泽一样,都称不上专业史家,而是所谓"新闻史家"。③ 从浮田和民的生涯来看,虽然他曾在大学教授史学课程,但主要是一位政论家。事实上,在那时追随福泽谕吉倡导文明史观的人物,大都与浮田和民相似,如比他更为著名的三宅米吉、德富苏峰、山路爱山等。他们都欣赏孔德、斯宾塞的科学实证史观,将历史看作一个进化的过程,并企图在其中寻找出某种规律。由于他们在政治界和新闻界所扮演的活跃角色,因此他们研究历史,都带有强烈的政治意图,有明

---

① 浮田以《史学通论》为题的著作,其内容与《史学原论》无大区别,但第二章的题目则仅为"史学的定义",没有"及其困难"这几个字。《史学通论》亦无出版日期。可见两书均为浮田在东京专门学校的讲义而已。
② 浮田和民:《史学原论》,第 10—20 页。
③ 大久保利谦:《日本近代史学の成立》,第 95 页以降。

显的经世意向，由此而形成了日本近代史学发展的一大倾向。至于代表另一倾向的"学院派"史学，我们将在下节讨论。

像福泽谕吉一样，梁启超也同样想用新的史观——文明史观来观察中国历史。于是他写了《中国史叙论》，但仅一章，未能继续。福泽在这方面也并不强多少。他之比较西洋与日本文明，只是一种粗线条的勾画。但他们都有后继者将他们的观点，加以阐发。梁启超《新史学》出版三年之后的1905年，他的朋友夏曾佑写了《最新中学中国历史教科书》，采用进化史观、章节体裁，将中国古代历史，加以重新整理和描述。虽然夏的著作也没有写完，但他"民智决定论"的观点，则对当时学界影响甚大。① 可见夏与梁一样，都服膺福泽谕吉的文明史观，欣赏福泽有关"民智"为历史动因的论点。

有趣的是，福泽谕吉的《文明论之概略》出版的二年之后，也即自1877年开始，也有田口卯吉的《日本开化小史》一书陆续出版。田口以福泽的文明史观来考查日本历史，采用章节体的形式写作，成为文明史观最典型的历史著作。田口写作此书的时候，年仅23岁，以后他也没有成为专业历史学家，他与所有追随福泽谕吉的人物一样，是一个"新闻史家"。像福泽一样，田口认为历史研究，应以"社会""人心"为对象，而不是个别英雄人物。由此出发，田口强调历史研究必须注意历史事实背后的规律，也即历史认识的"一个定说"。他个人的意见是，历史的进化是财富的积累和人心的变化互动的结果。小泽荣一因此认为田口卯吉的历史观，有唯物论的倾向。② 的

---

① 吴泽主编：《中国近代史学史》下卷，第132—133页。

② 小泽荣一：《近代日本史学の研究：明治编》，第206页。田口卯吉的《文明开化小史》，因其首创，在体例上仍有传统的痕迹，与传统史学的"志"，就有相似之处。但其视野的广泛和章节体的形式，还是让人耳目一新。见氏著：《文明开化小史》，东京，岩波书店，1934。

确,提倡文明史观的史家,主张历史学与社会学相结合,以社会为研究对象,因此比较注意一般民众的历史。这一特点在1880年代到1890年代出现的"民间史学"中,也即德富苏峰、竹越与三郎、山路爱山的历史论著中,表现特别明显。这一传统在战后又因马克思主义史学的影响,继续有所发展。①

三、考证史学与科学史学

文明史家虽然在19世纪后半叶的日本社会,影响甚大,但如果从史学专业化的角度来衡量,他们所代表的并不是史学界的"正统",而是一个"在野"的学派。② 那么,那时什么人才代表日本史学界的"正统"呢? 我们还得从幕府时期"考证学"的发达谈起。如前所述,考证学主要由清代学者发起,但其在日本的传播,也有其特殊的背景。伊藤仁斋、荻生徂徕和以后由本居宣长所代表的"国学派"对朱子学主导地位的挑战,都是重要的线索。他们力图超越朱子学

---

① 参见家永三郎:《日本近代史学の成立》,见《日本の近代史學》,第74—80页。有关"民间史学"的研究,可见 Peter Duus, "Whig History, Japanese Style: the Min'yūsha Historians and the Meiji Restoration", *The Journal of Asian Studies*, 33:3(1974), pp. 415-436;Stefan Tanaka, "Alternative National Histories in Japan: Yamaji Aizan and Academic Historiography", in *Across Cultural Borders: Historiography in Global Perspective*, eds. Eckhardt Fuchs & Benedikt Stuchtey, Lanham, Rowman & Little field, 2002, pp. 119-140。这一史学传统在战后的延续,则见 Carol Gluck, "The People in History: Recent Trends in Japanese Historiography", *The Journal of Asian Studies*, 38:1(1978), pp. 25-50。

② 前引大久保利谦、家永三郎等人的著作,都指出了这一点。沈仁安、宋成有的《近代日本的史学和史观》,也采同一说法,见《日本史论文集》,北京,三联书店,1982,第417—448页。唯有小泽荣一在写作《近代日本史學史の研究:明治編》时,力图将文明史学,也即启蒙史学,扶为正统,以此来观察日本近代史学的变迁,但他还是承认这两种倾向的存在。

对儒家经典的诠释,从更原始的意义上理解儒家经典,因此就必须了解孔子及其时代的历史背景,由此而带动了历史研究的开展,逐渐形成了日本的"汉学"传统。在幕府时期,这一传统主要由一批文化精英所维持和推崇,而在一般学校的历史教育中,朱子学的经世意向,仍然占主导地位,学习历史还主要是为了建立道德的人生观,了解治乱兴亡的道理。[①] 这一史学必须经世的传统,在文明史学和以后的民间史学中,显然也有明显的体现。由此可见日本近代史学与其文化传统之间千丝万缕的联系。

如果带有强烈西方色彩的文明史学,尚且与旧有的传统存在某种联系,那么以学院史学为代表的科学史学,则与传统的考证史学更有一种剪不断、理还乱的关系了。这一传统与现代相互交融的状况,是日本近代社会的一个明显特征,而在史学研究上也有明显的表现。明治维新的翌年(1869),日本政府立即颁布修史诏书,声称"修史乃万世不朽之大业,祖宗之盛举",既然新式政府已经成立,因此"须早日正君臣名分之谊,明华夷内外之辨,以树立天下之纲常"。[②] 这些言词和用意,与中国古代新兴王朝的修史诏书,并无二致。发表诏书的同年,日本成立了史料编辑国史校正局。1872年在太政官正院设历史科。三年后改称太政官修史局,又两年后,改为修史馆。值得一提的是,修史诏书提到日本自三代实录(887年)以后,修史的传统中断了,而三代所修的实录,也即"六国史"的部分,与唐代的官修历史十分相似。为了延续这一传统,明治政府在其中央机构设立修史馆,其做法也直接继承了唐代官方史学的模式。按照唐代官方史学的模式,修史馆的主要任务是搜集、整理史料,写成实录,再成国史,为后

---

① 参见大久保利谦:《近世における歴史教育》,见《日本近代史学の成立》,第376—405页。
② 中文译文见沈仁安、宋成有:《近代日本的史学和史观》,见《日本史论文集》,第424页。

代正式撰修历史,提供准备。① 因此明治政府修史馆的任务,也以此为主。修史馆的目的,是为了编纂《大日本编年史》。为此目的,修史馆必须任用以此见长的史家。于是,以考证著名、继承幕府时期"汉学"传统的重野安绎、久米邦武等人,便成了首选。明治日本的官方史学,于是延续了旧有的汉学考证的传统。

但是,如果将这一官方的史学传统,与"在野"的文明史学,完全对立起来看待,似乎也不十分妥当。② 因为这两个学派,虽然传承不同,研究重点相异,一个注意史料的考订、史实的确认,一个则强调史学必须为社会所用,但由于明治政府提倡"文明开化",因此两者之间也有共同之处。这一共同之处在于,他们都对西方的史学,表示出浓厚的兴趣。事实上,西方近代科学史学的发展,按照克律格(Leonard Krieger)的观点,也存在两大倾向。一是希求在历史的演化中,发现某种规律性的东西;二是强调批判的、科学的方法,对史料加以考订。前者以基佐、巴克尔等人的实证主义史学为代表,而后者则以德国著名的兰克学派为典型。③ 由于日本文明史学与考证史学的终极关怀不同,于是他们虽然都对西方史学发生了兴趣,但在引进的时候,则根据自己的偏好,加以选择与取舍。

---

① 有关唐代修史馆的地位和位置及其撰修史学的程序,见 Denis Twitchett, *The Writing of Official History under the T'ang*。

② 家永三郎认为这是两大对立的传统,见《日本近代史學的成立》,见《日本近代の史學》,第 67 页以降。沈仁安、宋成有甚至认为这两者存在一种"对抗"的关系,见《近代日本的史学和史观》,见《日本史论文集》,第 424 页。但小泽荣一则认为,如果两者真正对立,那么日本近代史学也无法成立,见氏著:《近代日本史學史的研究:明治編》,第 614 页以降。笔者倾向小泽荣一的观点。其实家永三郎也指出,这两者之间在反封建史学这一点上,也有契合之处,见上引第 83 页以降。

③ Leonard Krieger, "European History in America", in *History: The Development of Historical Studies in the U. S.*, ed. John Higham, pp. 255-267. 这里的"实证主义史学",指的是孔德等实证主义(positivism)思潮在史学上的反映,与中文里"实证的",也即强调事实的用法,不能混淆。

第十七章　科学史学在近代日本和中国的兴起及其异同

修史馆的久米邦武,曾随明治维新的领袖之一的岩仓具视出使访问西方,对西方社会与文化都有所了解。重野安绎虽然没有出过国,但也受当时风气影响,对西方史学颇有兴趣。他在编史的工作中,读到英国人奥古斯图斯·蒙西的《萨摩叛乱记》一书,而萨摩藩正是重野的故乡。重野注意到,与中日传统史家相反,西方史家并不仅仅满足于史料的考证、史实的排列,而是力求解释历史的因果关系,对历史的演变也加以仔细描述。重野认为,这种历史研究的方法,值得借鉴。① 因此,他在1878年委托那时赴英的末松谦澄,帮助引进西方史学。末松受此委托,不敢怠慢,在聆听了几场当时流亡在英的匈牙利人策尔菲有关科学史学的演讲之后,就约请策尔菲为日本史家写一本介绍西方科学史学的书。策尔菲并非专业史家出身,而是一位流亡英国的匈牙利政治人物,因为无法归国,于是以历史研究为业,居然也有所成就,成为英国皇家史学会的成员,并在伦敦大学授课。② 当然,策尔菲绝非当时英国第一流的史家。但是,正如家永三郎指出的那样,当时日本急于引进西方,对西方学术界又不甚了解,因此并不特别在乎对方水平是否一流。如福泽谕吉介绍洛克、卢梭的"民约论"思想,却用的不是洛克、卢梭本人的著作一样。但所产生的效果,却并不相差许多。③ 联想起来,严复在中国宣传进化

---

① John Brownlee, *Japanese Historians and the National Myths*, p. 82.

② 有关末松谦澄与策尔菲的交往,见 Margaret Mehl, *History and the State in Nineteenth-century Japan*, New York, St. Martin's Press, 1998, pp. 74-75。有关策尔菲的生平学术,见 Tibor Frank, *From Habsburg agent to Victorian scholar: G. G. Zerffi, 1820-1892*, Boulder, Social Science Monographs, 2000。有关末松谦澄的生平,可见松村正义《ポーツマスへの道—黄禍論とヨーロパの末松謙澄》(东京,原书房,1987)。

③ 家永三郎:《日本思想史における外来思想の受容の問題》,见《家永三郎集》第一卷,东京,岩波书店,1997,第328—329页。王晓秋也注意到中国人在翻译日文书的时候,也常常把作者最主要的著作遗漏在外,见氏著:《近代中日文化交流史》,第418—420页。

论,也主要靠的是赫胥黎(Thomas Huxley)的一本演说集。

但是末松谦澄之约请策尔菲,却还是有慎重之处。他在约请的信中,希望策尔菲在写作的时候,特别注意十二项内容,包括历史研究的重要性、史家的质量、西方史学的发展渊源、当时西欧领先的史家、历史研究的各种流派、研究历史演化的方法、历史研究与政治的关系以及西方史学值得日本史家学习的地方等。① 策尔菲在写作的时候,的确遵照了这些要求。他以《历史科学》为题的著作在1879年完成以后,在伦敦印了三百部,其中一百部被直接送到了日本的修史馆。修史馆立即找了当时知名的翻译家中村正直翻译。但中村名气太大,手头事情太多,因此译完第一章之后,就中断了。1886年末松谦澄回国以后,才又找了嵯峨正作在1888年将全书译完,但届时修史馆正处于结束的时期,从政府转移到了东京大学,其工作性质也已有了改变。总之,策尔菲的《历史科学》(当时日译为《史学》),并没有对修史馆的工作,产生预想中的巨大影响。其中的原因,有许多人做了猜测分析,但并不完全知晓。或许是因为策尔菲用773页的篇幅,介绍西方史学,而其叙述的重点则是古代希腊、罗马和中世纪基督教的史学,文艺复兴以来的近代史学,只占了一章,因此对急于了解西方近代史学成就的重野和久米等人,吸引力并不太大。②

但在修史馆之外,策尔菲的著作却有意料不到的影响。如岩仓具视就可能读了中村正直的译稿,并将其推荐给编撰《大政记要》的人员。由于岩仓具视的地位,策尔菲的书或许对当时日本政界展开的"国体论"的讨论,有间接影响。《史学》的翻译者之一嵯峨正作,

---

① 见 Margaret Mehl, *History and the State in Nineteenth-century Japan*, pp. 73-74。
② 见今井登志喜:《西洋史學の本邦史學に與へたる影響》,见《本邦史学史论丛》下卷,第1445页。其他研究可见 Margaret Mehl, *History and the State in Nineteenth-century Japan*, pp. 77-80。

以后采用了策尔菲的观点，写了《日本史纲》一书，为许多学校所采用，为普及科学史学做了贡献。甚至末松谦澄本人，也可能受到该书的影响，在晚年转向了历史编撰。①

即使是对修史馆的史家，策尔菲的书也不是毫无影响。重野安绎就十分欣赏西方自古希腊以来的"求真"传统，而这正是策尔菲在书的前言和第一章讨论史家的职责与质量的重点，在修史馆迁往东京大学之前就由中村正直译就。更重要的是，响应末松谦澄的请求，策尔菲列举了近代西方重要的史学流派与史家，而对兰克学派格外推崇。由此缘故，重野等人聘请了兰克的再传弟子里斯于1887年到日本任教。② 这是日本考证史学与西方兰克史学结合的开始。值得注意的是，修史馆原来希望学习的是英国史学，而且巴克尔文明史的影响在日本也正方兴未艾，策尔菲的《历史科学》，也有类似文明进化的论述，但最终修史馆的重野安绎等人却决定采用德国的模式。这显然与他们考证学的背景有关。在他们眼里，兰克史学所代表的，正是西方的考证史学，因此与他们的兴趣正好契合。由此可见，外来文化的输入，往往是在呼应本土文化的情况下，才容易被接受并且发扬光大。其实，山路爱山指出，兰克史学的引入，也在某种意义上拯救了日本的汉学考证传统，使其在汹涌而来的西方学术和文明史学的冲击下，得以生存下来，并且发扬广大，转型为近代专业化的科学史学。③

---

① 见大久保利谦《明治宪法の制定过程と国体论》及其附论《ゼルフィイの"史学"と岩仓具视》，见氏著：《日本近代史学の成立》，第291—329页。又可见小泽荣一：《近代日本史學史の研究：明治編》，第388—396页；Margaret Mehl, *History and the State in Nineteenth-century Japan*, p. 80。

② 今井登志喜：《西洋史学の本邦史学に与へたる影响》，见《本邦史学史论丛》下卷，第1445页。

③ 同上，第1453页。

里斯在日本执教共十五年,的确帮助了日本史学的专业化。他到日本的时候,正是修史馆史家由政府官员转为大学教授的前夕,也即日本史学专业化起步的契机。东京大学于1877年成立,起初在文学部设立了史学科,但那时也是欧风美雨十分迅猛的时候,因此史学的教授,以西洋历史为主要,而传统的史学,因为与西方历史的内容不同,所以被弃之一旁。两年之后,由于学生兴趣寥寥,加上学校当局也认为仅仅讲授西洋历史,忽略日本、中国和印度等亚洲历史,十分不妥,因此干脆停办史学科,代之以理财学科。1886年东京大学改为帝国大学,出于建设民族国家的需要,又在翌年成立了史学科。里斯也就被聘为该校第一位历史教授。1888年修史馆撤销,重野安绎、久米邦武等人也被聘为帝国大学的史学教授。翌年,史学科又添国史科。国史科的建立,并非偶然。正是在这个时期,三宅雪岭、志贺重昂等人开始鼓吹"国粹"思潮,批评明治初期的西化思潮。而国史科成立的1889年,也是日本宪法公布的一年。日本宪法强调,日本近代国家的定位,将建立在自身传统的基础上。①

　　里斯和当时执教日本的外国学者一样,也主张日本人不能完全抛弃自身的文化传统,像福泽谕吉的"脱亚入欧论"建议的那样,一味追随西方。东京帝国大学国史科的建立,与里斯的帮助分不开。首先,他对指导学生的方针、辅助学科的设立及其史学科与国史科的关系,都提供了意见,②虽然就他的专长而言,他主要讲授的是西洋史,而重野和久米则负责国史,也即日本史的讲授。

　　其次,里斯将兰克史学的方法,传授给了日本学者,帮助建立了日本的"学院派史学"。他不但自己在东京帝国大学和早稻田大学

---

① 见 Margaret Mehl, *History and the State in Nineteenth-century Japan*, p.33。
② 今井登志喜:《西洋史学の本邦史学に与へたる影响》,见《本邦史学史论丛》,第1449页。

第十七章 科学史学在近代日本和中国的兴起及其异同

教授历史,开设"史学方法论"的课程,倡道兰克的所谓"如实直书"(ありしかまま)的客观史学,而且还培养了坪井九马三作为他的助手。学习科学出身的坪井,后来到了德国攻读历史,取得博士学位后回国,成为里斯的同事。坪井九马三不但接替了里斯讲授"史学方法论",而且还根据总结兰克学派史学方法的主要著作、德国伯伦汉的《史学方法讲义》,写成了自己的《史学研究法》。

最后,里斯帮助了他在东京帝大的同事重野安绎等人,在1889年成立了日本史学会,并发行了以后成为《史学杂志》的历史研究专门刊物,使得日本史学的专业化,与欧美国家几乎同步进行。在《史学杂志》之外,还有《史海》等多种史学刊物出现。可以设想,如果没有里斯,日本史学的专业化,并不会在这个时候便已经开始。今井登志喜指出,史学科与国史科的建立、史学会的成立和杂志的发行,对日本建立自己的史学传统,"有决定的意义"。①

里斯在东京帝大讲授的是西洋史学,用的也是英语,但其历史研究的态度,对他在东京帝大的同事,却有明显的影响。作为兰克的再传弟子,里斯本人与兰克仅见过两面;他的主要工作是帮助誊写兰克的手稿。也许是这个缘故,里斯所介绍的兰克史学,并不全面,而是像当时美国史家对兰克史学的认识一样,认为兰克史学是一种强调史料批判的客观主义史学,却忽略了兰克史学内部的宗教和政治意涵。②

有趣的是,这一"客观"的兰克形象,正是吸引日本史家的所在。首先在方法论上,兰克史学注意原始史料,并强调对史料的审订批

---

① 今井登志喜:《西洋史学の本邦史学に与へたる影响》,见《本邦史学史论丛》,第1456页。
② John Brownlee, *Japanese Historians and the National Myths*, pp.74-75. 有关兰克史学的不同形象,见 Georg Iggers, "The Image of Ranke in American and German Historical Thought", *History and Theory*, 2(1962), pp.17-40。

判,与日本旧有的考证学传统,以及重野安绎、久米邦武等人当时编辑《大日本编年史》的工作,一拍即合。如前所述,除了《大日本编年史》,重野等人还在搜集编辑《大日本史料》和《大日本古文书》。而且,与旧有的考证学传统相比,兰克史学在考订史料方面,除了加以训诂考证,还借用各种历史学辅助学科的方法,因此其工作显得更为全面和深入。

更重要的是,对照兰克史学的"客观态度",重野安绎等人发现考证学家虽然注重实事求是,但其考辨的目的,仍然是为了宣扬儒家的道德观,而不是像兰克史学那样,"如实直书","为史学而史学"。于是,重野安绎、久米邦武等人像文明史家一起,开始对中日的传统史学,做严厉的抨击。正是在这一点上,学院史学与在野的文明史学,走到了一起。久米邦武和重野安绎在那时都主张史学的"独立",也即要摆脱道德观念和政治理念的束缚,以客观的态度考订史书的真伪、史料的真假。而文明史学的代表之一三宅米吉,也在那时写作了《日本史学提要》(1886)。该书虽然由于三宅的出国而没有完成,但却被誉为"史学独立的宣言"。① 当然,同样强调史学的独立,同样认为史学应摆脱封建道德观念的束缚,文明史学与学院史学的目的还是有所不同的。受孔德、斯宾塞的影响,三宅米吉、田口卯吉希望史学能提供社会发展的大势,而继承考证学传统并接受兰克史学的重野安绎、久米邦武,则希图建立"纯粹的史学",提倡"为史学而史学"的态度。换言之,他们各自攻击传统史学的方法和角度,存在一些不同。如果说文明史学批判的是传统史家君主中心的写作模式,那么学院史学针对的则是传统史学的道德主义。学院史学的这种尝试是否能成功,我们将在下面再谈。现在让我们来看一下中国史学。

---

① 小泽荣一:《近代日本史學史の研究:明治编》,第354页。

在梁启超流亡日本的时候,他还主要是一位政治人物,因此没有对日本史学会的杂志,加以特别注意,而把眼光主要集中在文明史家所编辑的刊物和论著上。因此,梁之接受文明史观,理所当然。他编辑《新民丛报》,与田口卯吉等人一样,走的是新闻和政治双栖的道路。与他同时留日的章太炎和建立"国粹保存会"的刘师培等人,都有同样的倾向。换言之,那时的中国史坛,还没有出现专业化的趋势。研究历史的人物,包括在《国粹学报》上发表历史论文的刘师培(刘光汉)、黄节、邓实等人,都称不上专业史家,虽然他们的论著,对批判封建道德史学和民族主义史学的建立,有重要的贡献。应该指出的是,他们虽然接受了进化论和民族主义的观念,但他们的史学实践,还主要停留在理论的层面,与他们当时所处的"非专业史家"的地位有关。如黄节在《国粹学报》上连载但未完成的《黄史》,可视为中国第一部民族主义史学的论著,但其形式则一仍其旧,还是纪传体。① 于是,夏曾佑在那时写的《最新中学中国历史教科书》,不仅吸收进化论的观念,而且采用章节体的形式,在中国史学史上便有更大的创新意义。但是在该书出版以前,中国留日学生已经翻译了大量日本史家有关"东洋史"和"支那史"的著作和教材,因此夏的创新,不能不受到日本史家的启发。

虽然有《国粹学报》和《新民丛报》在理论上鼓吹"新史学"的必要,又有留日学生和维新人士在教科书的编写、编译中,实践"新史学"的主张,以应当时学制改革、开办新学之需,但在那时代表中

---

① 有关"国粹学派"的专题研究,当属郑师渠的《晚清国粹派:文化思想研究》(北京,北京师范大学出版社,1997)等书。"国粹学派"在中国史学史上的贡献,则可见胡逢祥、张文建:《中国近代史学思潮与流派》,上海,华东师范大学出版社,1991,第272—308页;Q. Edward Wang, "China's Search for National History", *Turning Points in Historiography: A Cross-Cultural Perspective*, eds. Q. Edward Wang & Georg G. Iggers, Rochester, University of Rochester Press, 2002, pp. 185-208。

国史学正统的,也即官方史学的代表,则以王先谦、曾廉、缪荃孙、柯劭忞(1848—1933)等人的国史或前朝史研究为主。他们的做法,延续了中国史学的正统,而就他们的史观而言,则几乎没有丝毫改变,仍然希图加强君臣名分,实施道德惩戒,企求治乱兴亡之道理。柯劭忞曾任清朝国史馆纂修,以后任教于京师大学堂,民国成立以后又任清史馆总纂,其地位与工作与日本的重野安绎相埒,但并没有对中国史学的传统,做批判的反省。1924年柯劭忞获得东京大学文学博士学位,这由日本驻华公使提议,而非由东大发起,显然政治因素大于学术考虑。① 如果有学术方面的因素,也主要因为柯以其《新元史》著名,而对蒙古史的研究,由于日本"东洋史"的元老那珂通世、白鸟库吉的身体力行,已经成为当时日本东洋史界的一个热点。

中国近代史学专业化,要到1910年代晚期学制大幅改革以后才正式开始。晚期的学制改革,与京师大学堂(1898)的兴办密不可分。但早期的京师大学堂,属于洋务运动的一个部分,在学制上强调"中学为体、西学为用",因此在史学改造方面并无成就。庚子之后,晚期政府立意改革,并以日本为榜样,因此史学在课程设置方面走向独立,不再依附于经学,如京师大学堂的文科有"中国史学门"和"万国史学门"两类,但由于师资缺乏,万国史学门了无声气。② 这一师资缺少的情形,在民国成立、京师大学堂成为北京大学以后,仍然存在。如民国初年公布的《大学规程》,规定大学文科应设文学、史学、哲学、地理学四门学科,但在1917年以前,北大没有史学门。个中原因与日本东大当年初设史学门、不久却取消一样,一是师资缺乏,二

---

① 桑兵:《国学与汉学》,第245页。
② 刘龙心:《学术与制度:学科体制与现代中国史学的建立》,台北,远流出版公司,2002,第57—58页。

是学生寥寥。① 1917年蔡元培入主北大，为充实文科，建立了史学门。同时，他还将1914年由胡汉民等人建议成立、但又形同虚设的国史院，改名国史编纂处，移入北大，以此来支持北大史学门的兴建。这一做法，与三十年前日本将修史馆从政府移到东京帝国大学，如出一辙。国史编纂处不但支持了北大史学门的建设，而且还定期举行史学讲演会，帮助推动中国史学的专业化。

在蔡元培之外，另一位对中国史学专业化贡献殊多的是曾留学日本早稻田大学的朱希祖。1919年北大改史学门为史学系，翌年由朱希祖接任主任。想来是受到坪井九马三的影响（后者曾在早稻田大学教课，其著作《史学研究法》也由早稻田大学出版），朱希祖对史学方法、史学通论和史学史兴趣颇浓。而这一兴趣，又使得他特别注意西方史学的动向，提倡科学史学。朱出掌北大史学系之后，一方面将甫自芝加哥大学毕业的陈衡哲请来北大任教西洋史，另一方面又请毕业于普林斯顿大学的何炳松翻译美国史家鲁滨逊的《新史学》，作为史学导论和史学方法论的教材。虽然陈衡哲因怀孕而辞职，只在北大任教了一个学期，但还是北大历史上第一位女教授。而何炳松翻译的《新史学》，影响极为深远，被谭其骧认为是"本世纪初的一部著名史学译著"。② 由于该书的影响，史学开始被视为社会科学的一种，与晚清史学仍然依附经学的状况相比，俨然有天壤之别。同时，朱希祖还于1922年在北大成立了史学会，这是中国最早的历史研究专业学会，但似乎未有杂志发行。③ 1929年朱希祖又在南京参与发起中

---

① 刘龙心：《学术与制度：学科体制与现代中国史学的建立》，第120—122页。

② 见谭其骧以此为题的纪念文章，见刘寅生等编：《何炳松纪念文集》，上海，华东师范大学出版社，1990，第74—75页。

③ 参见桑兵：《晚期民国的国学研究》，上海，上海古籍出版社，2001，第73—74页。

国史学会,出版《史学杂志》,这些都是中国史学史上值得一书的事情。总之,朱希祖在民国成立以后,先是作为北大国史纂修处的成员,以后又以北大史学系主任的身份,推动中国史学的科学化、专业化,其作用与地位和日本的重野安绎、久米邦武和坪井九马三相似,而其做法也有日本影响的蛛丝马迹。

四、尾声——中日科学史学的影响与挫折

行文至此,已经十分冗长。但在结束以前,还必须简略交代一下科学史学在中国和日本建立以后的情形。

在蔡元培和朱希祖以后,对中国科学史学有显著贡献的人,毫无疑问要数胡适和他的弟子顾颉刚、傅斯年等人。值得一提的是,1917年北大开设史学门,同年胡适归国任教。胡适虽然以史学为其主要成就,但兴趣却并不限于史学。就其学术背景而言,史学亦非其本行。他在美国留学的时候,也并没有上过许多历史课程。他之所以能对中国史学的科学化有所贡献,是因为在胡适留学美国的时候,虽然已是20世纪初年,但离被称为"历史学的世纪"的19世纪,并不相隔多远,而且美国在西方国家中间,属于后起之辈,其历史专业杂志的出现晚于日本,就是明证。因此,胡适留学期间,美国学术界正在德国影响之下,运用科学考证的方法从事社会科学的研究,此种研究方法十分流行,以致持反对意见并提倡人文主义的白璧德,长时期处于孤立无援的地位。由此可见,聪明的胡适,很能审时度势,得风气之先。[①]

[①] 有关胡适留学时期美国学术界、教育界的状况,可见王晴佳:《白璧德与"学衡派"——一个学术文化史的比较研究》,载《"中研院"近代史研究所集刊》2002年第37期,亦收入本书。

胡适归国以后，将这种科学考订的方法，与乾嘉的考证学相联系，同时又以留洋博士的身份，顺理成章地成为科学主义在中国的代言人。于是，胡适很快崭露头角，甚至独傲于那些留学日本的同事中间。那些留学日本的北大同仁，虽然年资比胡适高，但其西学，因为转自日本，毕竟有二手之嫌，不及胡适的"正宗"。胡适请其哥伦比亚大学的老师杜威来中国访问，更加固了胡适在学术界的"科学"地位。于是胡适得以在中国史学史上，引进一个新的转折，把进化论从一种理论的观点，转而成为一种科学方法，也即研究事物的进化。于是考证学的方法，被推陈出新，成为科学方法而独霸当时的中国学术界。[①]

但是，也许因为胡适并非史学专业出身，因此尽管他用历史的方法研究学问，却没有对史学的专业化，表现出特别的热情。相反，他提倡性质与历史研究类似的"国学研究"，虽然他在界定所谓"国学"，也即"整理国故"的时候，直截了当地说："整理国故只是研究历史而已，只是为学术而作功夫，所谓实事求是是也，从无发扬民族精神感情的作用。"[②]这一说法，与重野安绎等人追求"为史学而史学"，如出一辙。由是，胡适与顾颉刚讨论古史，用考订的方法，界定古书的真伪，进而否定中国的上古时代，将五千年的文明截去了很长的一段。这种做法，虽然有害于民族主义的感情，但他们也在所不惜。"古史辨"的讨论，在当时引起巨大争议，但胡适、顾颉刚还是没有动摇。"尊重事实"的胡适，一直要到他的另一弟子傅斯年用考古的方法，证明商代文明的先进，才改变了他"疑古"的立场。[③]

---

① 参见王晴佳：《论二十世纪中国史学的方向性转折》，载《中华文史论丛》，第62辑，2000，特别是第17—29页。
② 胡适致胡朴安，见张崇山等编：《胡适来往书信选》上册，香港，中华书局，1983，第499页。
③ 顾潮：《历劫终教志不灰：我的父亲顾颉刚》，上海，华东师范大学出版社，1997，第136—137页。

与此相比,久米邦武、重野安绎之追求"独立的史学",却经历了重大的挫折。他们用科学考订的方法审订古书,本来是为了辨别史料的真伪,但引发了与顾颉刚"古史辨"相似的结果,那就是把原来视为理所当然的日本古代历史与神话,做了甄别。但日本古代的神话,正是日本政界在当时强调日本"国体"特殊、王室"万世一系"的重要依据。于是重野安绎的做法,使他得到了"抹煞博士"的讥讽。保守的政客和神道家们不满他在历史研究中,把一些原来视为英雄的人物,以史实为根据作了"抹煞",并进而对一些原来视为经典的史书如《太平记》《大日本史》和《日本外史》的可靠性,提出了严重的怀疑。于是,他们在久米邦武发表了《神道乃祭天的古俗》一文以后,群起而攻之,认为否定神道的宗教性,就是否定日本的国体。虽然久米的做法,得到了文明史家田口卯吉的支持,后者在他所编辑的《史海》杂志上,转载了久米的论文,并加了赞语。但久米还是由于政治的压力,被迫去职,离开了东京帝大。以后他的同事重野安绎,也不得不离开了东京帝大。在此之后,虽然学院派史家仍然坚持采用考证的方法,进行历史研究,但却对一些敏感的问题,视为畏途,不敢涉及。由此之后,日本的学院史学便陷入一种"思想的真空"(家永三郎),对日本军国主义者和法西斯主义者之歪曲历史,不敢置一言,以致造成了一种"歪曲的历史"(ゆがめられた歴史——大久保利谦)的状况。① 这种状况要一直持续到二战以后,才有所改变。但日本政府对历史教育的严密控制,还是对日本史学界的思想自由有所限制。这从日本在战后与其他亚洲国家有关其历史教科书的不断

---

① 家永三郎:《日本近代史學の成立》,见《日本近代の史學》,第86页;大久保利谦:《日本近代史學の成立》,第135页以降。与大久保利谦的用词相近,小泽荣一称学院史学为"启蒙史学的变质",见氏著:《近代日本史學史の研究:明治編》,第430—451页。另见John Brownlee, *Japanese Historians and the National Myths*, p. 92以降。

纷争中,可见一斑。

以胡适为代表的"史料学派",因傅斯年"史学即是史料学"这句口号闻名,但其实并不是没有企图的。从胡适提倡"整理国故"就可看出,他们的目的是用科学考证的方法,在可靠史料的基础上,建设中国的民族主义史学。[①] 但到了 1930 年代,由于日本侵略中国,这种以史料批判为中心的学院史学,开始受到各种"史观学派"的挑战,并且最终丧失了其在史学界的主导地位。由此看来,中国近代的科学史学,也同样存在与日本近代史学相似的两大倾向。当然,其中的演变发展,还是有明显的不同的,此处无法深谈。本文的写作,只是就中日近代史学的比较,做一粗浅的尝试,以便抛砖引玉,引起有关人士的兴趣,并加以深入探讨。

载《中华文史论丛》2004 年第 77 期

[①] 参见 Laurence Schneider, *Ku Chieh-kang and China's New History: Nationalism and the Quest for Alternative Traditions*, Berkeley, University of California Press, 1971; Q. Edward Wang, *Inventing China through History: the May Fourth Approach to Historiography*, Albany, State University of New York Press, 2001。

第十八章 记住过去,调和未来
——对中日共同历史研究的批判性分析

宗 雨 译①

自从19世纪后期以来,历史书写已经与民族塑造融为一体。迄今为止,历史书写主要受民族国家的框架所限,同时又在塑造民族精神中发挥着重要作用。② 在近代东亚,历史书写与民族主义的努力的密切关系也表现在另一层面——它也依靠官方历史编撰和王朝历史编撰的长期传统,在这一传统之中,一个统治王朝发起编修前朝官方历史的计划,以期从过去的经验中吸取有用的教训,同时增加新王朝的荣耀。例如,明治政府(1868—1912)和中华民国政府(1912—1949)刚一掌权就启动编纂国家官方历史的工作。同时,政府还向

---

① 本文的最初版本是作者在2010年3月12—13日在哥伦比亚大学召开的题为"史学:比较的视角"的会议发言。作者在此要感谢埃拉扎尔·巴坎(Elazar Barkan)教授的邀请,以及达尼·博茨曼(Dani Botsman)、格奥尔格·伊格尔斯(Georg Iggers)、卡洛·格鲁克(Carol Gluck)、杨大庆(Daqing Yang)、范发迪(Fa-ti Fan)、埃拉扎尔·巴坎(Elazar Barkan)、吉田野崎(Yoshida Nozaki)、杰姆斯·奥尔(James Orr)、马克·塞尔登(Mark Selden)和《中国历史评论》(*CHR*)对最初版本的阅读评论。作者要对他在2010年春季作为普林斯顿高等研究院研究员,在那里撰写会议论文时热情友好的氛围表示感谢。这篇文章就是在那篇论文的基础上完成的。译者宗雨为北京大学历史系研究生。

② 见Stefan Berger, Mark Donovan & Kevin Passmore eds., *Writing National Histories: Western Europe since 1800*, London, Routledge, 1999;Stefan Berger ed., *Writing the Nation: A Global Perspective*, Houndmills, Palgrave Macmillan, 2007。

国内引进机制管理历史教育。这两个举动合并成一个协调的尝试,确保了公众接受政府准许的历史知识。在明治日本,其政府编史馆的一个编纂者木村正辞(1827—1913)参与合著了1827年出版的第一本官方教科书《史略》。

日本和中国在这半个世纪发生了许多变化。然而,政府仍然关注着历史教育和历史书写。例如,中国政府在2002年支持了一个浩大的三千万字的清史(1644—1911)编纂工程,这实际上是将王朝历史编纂延伸到了新的千禧年。① 两国在历史教育等领域,教科书的编写要接受政府的审阅和批准,有时教科书的编写还直接由政府机构发起。因此,不管教科书中所写的内容是什么,都被视为是政府观点和政策的反映。② 官方组织编写历史教科书已经导致了近几十年来东亚国家间的不信任,甚至彼此间的敌意。因为读者大众和媒体都把学校教科书中所传达的知识看作各自政府授权或至少同意的。因此,从1980年代早期到现在,日本对其在殖民与战争时代(1895—1945)与东亚邻国关系在教科书中的修改,已经引起了中国、韩国和其他亚洲邻国的密切关注。一些日本教科书作者的尝试,例如西尾干二所著、1999年由扶桑社出版的《国民的历史》,试图粉饰日军在

---

① 见"Qingshi (Qing History): Why A New Dynastic History?" *Chinese Studies in History*, 43, no. 1(Winter 2009); Zhao Ma, "'Writing History during a Prosperous Age': The New Qing History Project", *Late Imperial China*, 29, no1(June 2008), pp. 120-145。

② 对历史在全球背景下如何被用来促进公民意识和民族主义的分析,见 Laura Hein & Mark Selden eds., *Censoring History: Citizenship and Memory in Japan, Germany and the United States*, Armonk, M. E. Sharpe, 2000。具体在亚洲,见 Yoshiko Nazaki, *War Memory, Nationalism and Education in Postwar Japan, 1945-2007*, London, Routledge, 2008; Gerrit W. Gong ed., *Memory and History in East and Southeast Asia: Issues of Identity in International Relations*, Washington, The CSIS Press, 2001; idem ed., *Remembering and Forgetting: The Legacy of War and Peace in East Asia*, Washington, Center for Strategic & International Studies, 1996。

其挑起的战争中的军事暴行的行为无疑引起了日本的这些亚洲邻国的强烈反应和严厉谴责。① 确实,战争怎样被记忆、在教科书中如何表述,从某种程度上已经成为卷入战争的所有国家对建立一个和谐的东亚共同体的态度的试金石。正如 H. 理查德·尼布尔(H. Richard Niebuhr)所说:

> 没有集体记忆,没有共同体认的过去,就没有真正的共同体。要想形成共同体,必须建立共同记忆……共同记忆的多寡决定我们之间联接的程度。②

一、中日共同历史研究计划:政治介入历史

中国有句俗语"解铃还须系铃人"。也就是说,在历史教科书的编写和历史编撰中掺杂了官方色彩的地方,比如在东亚,政府领导人如果想改善与邻国的关系,就有义务主动提出改变。本着这种精神,中日共同历史研究计划在 2006 年年底启动。在那之前,日本首相安倍晋三于同年 10 月访问中国,他和中国国家主席胡锦涛达成协议,效仿日韩几年前的双边计划,组织一个对中日关系历史的双边研究

---

① 见 Takashi Yoshida, "Advancing or Obstructing Reconciliation? Changes in History Education and Disputes over History Textbooks in Japan", in *Teaching the Violent Past*, eds. Elizabeth A. Cole, Lanham, Rowman & Littlefield, 2007, pp. 51-80; Yoshiko Nozaki & Mark Selden, "Japanese Textbook Controversies, Nationalism, and Historical Memory: Intra- and Inter-national Conflicts", *The Asia-Pacific Journal*, vol. 24-5-09, June 15, 2009; Yinan He, *The Search for Reconciliation: Sino-Japanese and German-Polish Relations since World War II*, Cambridge, Cambridge University Press, 2009, pp. 206-233。

② 引自 Yinan He, "History, Chinese Nationalism and the Emerging Sino-Japanese Conflict", *Journal of Contemporary China*, 50:16 (Feb. 2007), p. 24。

计划。① 在中日共同历史研究计划之前,两国历史学家已经尝试着合著历史。由中、日、韩三国历史学家合著的《东亚三国的近现代史》于2005年在三国同时出版就是一个非常典型的例子。② 过去也有中日双边的写作计划,由日本学者(例如东京大学已故中国近代史教授井木赖寿)和在日本或其他地方的海外华人学者参与,这样的一个例子是于2006年以日文、中文出版的《超越国境的历史认识》③。此书由在日本受教育、现执教于早稻田大学的华人学者刘杰、东京大学日本近代史教授三谷博、乔治·华盛顿大学中国史和国际关系教授杨大庆三人联合主编。

因此,由安倍晋三提议、胡锦涛发起的中日共同历史研究计划,建立于之前两国学术界成员之间的学术交流之上,并有所延伸。它也可以算是日本政府对学术界调和历史写作不同立场的兴趣的回应。④ 中日共同历史研究的细节很快被中国前外交部部长李肇星和日本外交大臣麻生太郎于2006年11月理顺。很显然,日方在推动中日共同历史研究中采取主动态度,并且这是事出有因的。在2005年,日本文部省审定通过了新历史教科书编撰会编、名为《新历史教

---

① Cf. Kazuhiko Togo, "Japan's Historical Memory: Reconciliation with Asia", *The Asia-Pacific Journal*, vol. 52-4-08, Dec. 23, 2008; Gavan McCormack, "Facing the Past: War and Historical Memory in Japan and Korea", *The Asia-Pacific Journal*, vol. 50-4-08, Dec. 9, 2008.

② 《东亚三国的近现代史》共同编写委员会:《东亚三国的近现代史》,北京,社会科学文献出版社,2005。还有 Zheng Wang, "Old Wounds, New Narratives: Joint History Textbook Writing and Peacebuilding in East Asia", *History and Memory*, 21:1 (Spring/Summer 2009), pp. 101-126。

③ 刘杰、三谷博、杨大庆:《超越国境的历史认识:来自日本学者及海外中国学者的视角》,北京,社会科学文献出版社,2006。

④ Cf. Kazuhiko Togo, "Japan's Historical Memory: Reconciliation with Asia", *The Asia-Pacific Journal*, vol. 52-4-08, December 23, 2008.

科书》的中学历史教科书,引发了中国不少城市的一系列反日抗议活动。其中,个别青年学生采取了暴力行为,包括冲击日本大使馆、毁坏日本财物等。令中国学生愤怒的另一个原因是日本政府争取成为联合国安理会常任理事国的行为。这使他们相信日本不仅拒绝对过去的战争罪行进行忏悔,而且采取了一切手段试图抹掉这一历史记忆。中日关系因此降至冰点。声势浩大的反日抗议活动令日本非常担忧,日本前首相小泉纯一郎决定派他的外务大臣町村信孝于同年晚些时候访华,希望表达两国民众对这一交织的历史的态度分歧,或者说观念差异。发起中日共同历史研究的想法,就是町村在这次访问期间与中国官员的谈话中提出的。①

总体而言,正如现有的学术研究所示,中国领导人并不将一个麻烦的或有争议的中日关系视为国家的最佳利益,他们也不希望促进中国社会和谐的目标出现任何闪失。② 因此,胡锦涛积极回应了安倍的提议。日本学者希望得到的两国共同的历史叙述也已经得到中国史学界的回应。由于中国在1978年迎来了改革开放,中外学者之间开始了频繁的交流。但交流仍然显得有点不对称,因为尽管到国外学习的中国学生的人数近几十年来一直很稳固并在逐年增加,但外国学者到中国的人数仍然要多于中国到外国的人数。这种交流的益处在中日共同历史研究中是显而易见的。在中日共同历史研究委员会的日本参加者中,特别是那些日本近代史专业的学者,大多数经常来中国,例如写作关于1895年至1911年这段时期历史的论文

---

① 作者在此感谢杨大庆提供这一信息。

② 见 Yinan He, *The Search for Reconciliation: Sino-Japanese and German-Polish Relations since World War II*。曾参与修建位于南京的侵华日军南京大屠杀遇难同胞纪念馆的叶浩回忆说:"中国政府对修建、扩大纪念馆非常谨慎,以免日方担忧,致使中日关系紧张。"《南京大屠杀纪念馆与中日关系》,载《新华文摘》,2010-7-13。

(《中日关系的关键转折点》)的川岛真在中国大陆和台湾地区曾逗留很长时间,并且参与写作《超越国境的历史认识》中的一章。该计划的中方负责人步平和他在中国社会科学院近代史研究所的同事荣维木都参与了写作《东亚三国的近现代史》。步平成为中方负责人(首席委员),一方面因为他从2004年以来一直是中国社会科学院近代史研究所所长,另一方面也因为他之前有与日本历史学家共同工作的经验。荣维木是抗日战争史专家、中国《抗日战争研究》的主编,负责关于战争部分的写作,他从2001年以来就已经与日本学者合作过一些项目。①

在2006年领导人达成协议之后,中日共同历史研究经历了第一阶段,并举行了四次双边会议。这些会议分别于2006年12月26—27日在北京举行、2007年3月19—20日在东京举行、2008年1月5—6日在北京举行、2009年12月23—24日在东京举行。此外,前近代(由古代、中世纪、近代早期直到19世纪中叶构成)和近代(包括1945年之后或当代阶段)的小组委员会在此期间分别会见过几次。委员会由中日双方各10名学者组成。日方的一名成员庆应大学法学教授小岛朋之于2008年去世,致使日方仅剩下9名成员,但是还有其他人参与撰写论文。② 这点双方都一样。北冈伸一为日方负责人,他是东京大学法学教授,一位法律史学家。除了步平和荣维木,中方成员还包括一些他们近代史研究所的同事以及中国社会科学院和北京大学世界历史研究所、日本史研究所的学者。③ 很显然,双方委员中都没有女性学者,正如我们下面将提

---

① 作者在2010年7月29日与荣维木的访谈中得到这样的信息。
② 例如川岛真(Kawashima Shin)和服部龙二(Hattori Ryuji)都不是日方成员,但是他们都是各自领域的知名专家并且参与近代中日关系历史的写作。
③ 尽管中方委员会成员都来自北京,但他们委托了北京以外地区的学者撰写论文。

到的,这是可能导致中日共同历史研究第一阶段工作中出现严重疏忽的一个因素。

总结中日共同历史研究第一阶段的工作,双方同意将以公开形式于 2008 年 8 月发布由双方共同完成的一份联合报告以及若干论文。然而,2009 年 12 月,在东京召开第四次全体会议之后,只在日本外务省的网站上可以见到报告和部分论文。这再次表明:历史问题是一个复杂现象,因为它是三个层面的反映——政策外交、公众敏感、学术研究。"因此,领导人须要着眼于两国未来的前景,学者必须不带个人感情色彩地看待历史问题——二者都要努力实现为两国公众、市民提供"正确"的历史知识,增进彼此理解的终极目标。① 换言之,为了改善中国民众对日本过去、现在的态度,在将来努力实现更好的中日关系,日方政府领导人和学者必须首先发起并参与中日共同历史研究。

二、走向一个"共同的叙述"

国家间的和解要求对他们共同的历史经验建立共同的叙述,这似乎也是中日共同历史研究公开宣称的目标。② 中日共同历史研究的第一阶段是否接近这一目标? 我的初步判断是尽管障碍依然存在,但它已经初见成效。进展首先表现在:双方达成了一个研究的总体框架,即双方建立了勾画两国从古代到现代的关系及互

---

① 中日共同历史研究第一阶段的报告,可访问 http://www.mofa.go.jp/mofaj/area/china/pdfs/rekishi_kk_j-1.pdf.(链接已失效);现可参见步平、(日)北冈伸一 主编:《中日共同历史研究报告》(两卷本),北京,社会科学文献出版社,2014。

② 见 Elazar Barkan, "Truth and Reconciliation in History", *American Historical Review*, 114:4(Oct. 2009), pp. 899-913。

动的历史轨迹的共同时期划分。这一时期划分的框架于20世纪晚期由各自的学术团体效仿欧洲范例建立,尽管在运用中存在修正和变化这类固有的问题,它仍然盛行于两国的历史叙述中。[1] 双方还就两国文化和历史的某些特征达成共识。比如,在前近代时期,中方详细描述了日本人如何接受和拥抱来自中国的文化影响——这点日方也同意,它还讨论了日本在吸取、运用中国文化时的"创造性",以及"创造性"是怎样造就了前近代时期日本的"文化自主"形式。此外,中方承认虽然中国在诸如治国之术、城市设计、农业、哲学和文学领域对日本产生了相当大的影响,但是这种文化传播不是一个单向的过程,中国也对日本文化实践非常感兴趣,例如,俳句的书写和中国人用日文写诗。[2]

此外,中方还对日本政治秩序的独立发展给予了足够的关注,这自然也是日方关注的重点。例如,北京大学历史学教授王新生撰写的论文《15、16世纪的东亚国际秩序与中日关系》,不是简单地看待日本,而是把其具体到在足利义满(1368—1394)统治时期、作为一个附属国的日本,王新生描述了足利是怎样机智地把明制转化成自身的优势,以及丰臣秀吉(1536—1598)统治下日本的崛起如何最终破坏、改变以中国为中心的东亚世界秩序。王的论文在提及侵扰明朝中国沿海地区的日本海盗(混有中国人)时,也避免了使用传统的

---

[1] 这一分期以欧洲历史"古代—中世纪—近代"的框架为基础。因此,中日历史学家很难进行历史分期,他们对从一个时期到另一时期的过渡,特别是对"中世纪"时期的开端和结束无法达成一致。但是,从20世纪晚期到现在两国教科书的编写者在编写教科书时一直使用这个框架。

[2] 蒋立峰等:《古代东亚世界中的中日关系》,可访问http://www.mofa.go.jp/mofaj/area/china/pdfs/rekishi_kk_c.pdf.链接已失效);现可参见《中日共同历史研究报告》(古代史卷),序章。

贬义词汇"倭寇",相反,他称其为"海商集团"。① 总之,在处理中日两国20世纪中叶之前的文化和政治关系时,中方学者毫不迟疑地把日本看作中国重要的合作伙伴,尽管双方在地域大小、文化以及物质资源上差距甚大。

如果中日共同历史研究在描述中、日前近代时期的历史特征时,建立了一个共同的主题,那么两国便在文化交流上形成了彼此的联系或至少是双向联系,包括文化、佛教、哲学和制度上的输出与接受。这种双向联系在描述近代时期的历史时明显缺乏,特别是1895—1945年的半个世纪。原因主要在于从1894—1895年中日战争之后对台湾的殖民统治开始,到1932年建立"伪满洲国"、1937—1945年间全面战争,日本不断地侵略并占领中国领土。中方始终强调日本帝国主义侵略的框架。乍一看,日方表面上接受这一框架,实际上,日方在费尽心力地通过限制和遗漏来修改这一框架(下文将提及)。在处理长期存在的阻碍两国建立共同历史叙述的一系列关键问题时,也许是因为分歧太严重,双方避免提及其他,所以能够就某些事件达成一致。最敏感的问题包括1894—1895年的中日战争、1931年日本入侵中国东北、1937年日本全面侵华、南京大屠杀、"慰安妇"、731部队、1937—1945年对农村的大扫荡以及三光政策。(共同历史研究的)论文处理了上述除"慰安妇"和731部队之外的所有事件。虽然没有提及731部队在东北的暴行,双方大体上也都承认日军在战争中曾使用生化武器。

在考察这些论文是如何表述这些问题之前,让我们首先看看日本和中国从20世纪至今历史演变轨迹的时间顺序框架。近代史小

---

① 王新生:《15、16世纪的东亚国际秩序与中日关系》,可见于以上各网站。2010年7月30日,王在作者在北京大学对他的采访中说,他不是接受使用新名词的唯一中国学者。

组委员会完成了12篇论文,双方各6篇。这些论文按规定的历史分期分为两组写就。第一组,双方各三篇,描述了从19世纪中叶至1931年日本入侵东北、1932年建立"伪满洲国"的变化。第二组,也是双方各三篇,处理了从1931—1945年这段时期的历史。第一组的撰写又分为三段时期:(1)从19世纪中叶至1894—1895年中日战争前夕;(2)从1895年至中国1911年革命、清王朝覆灭;(3)从1911年至1913年。类似地,第二组也分为三段时期:(1)从1931年至1937年,日本军事行动升级为全面侵华战争;(2)从1937年至1941年日军袭击珍珠港,太平洋战争爆发;(3)从1941年至1945年战争以日本战败而结束。① 我认为中方强调这一时间排序也许传达了这样的信息:在前近代时期,当中国强大时,没有利用自身的强大欺凌日本,然而在近代时期,日本则利用自身优势欺凌、迫害中国人民。换句话说,中方叙述近代中日两国共同历史的核心主题是日本对中国的侵略和迫害,这与(两国)前近代时期的历史强调两国或多或少的平等伙伴关系的特征形成了鲜明的对比。

我认为达成一致的时期划分对双方来说都是至关重要的一步。它表明因为这一时期划分证实了中方强调的侵略者对受害者的主题。划分历史阶段的每一个重要或次要的转折点都由涉及日本侵略的战争所标识。像1894年中日战争、1931年9月18日九一八事变、1937年7月7日卢沟桥事变以及最后直接针对美国的行动(1941年12月7-8日袭击珍珠港),这些行动使日本占领了东南亚的大部分地区。此外,日本发动的一系列侵略行动最终以1945年日本战败而结束的这种阶段性描述,暗示读者历史给日本以惨痛的教训——侵

---

① 中日共同历史研究第一阶段的报告的目录,可见于http://www.mofa.go.jp/mofaj/area/china/pdfs/rekishi_kk_j-1.pdf.(链接已失效);现可参见《中日共同历史研究报告》(两卷本)的目录。

略往往适得其反,不仅导致日本皇室的解体,而且破坏了本土岛屿并使其被占领。就中国而言,1840—1945年的历史则先后经历了战败、外国入侵、失去大量生命、打败侵略者,随后由中国共产党统一全国。也就是说,这种对日本历史叙述的时期划分,用中国的谚语"搬起石头砸自己的脚"来表述正合适。顺便提一句,中国政府在官方谴责日本战后行为(篡改教科书、扩大军事预算等一系列活动)时频繁引用这句谚语。

尽管如此解读近代时期的历史暗含了中国历史学家对日本的谴责,但似乎日方已经接受了这种谴责。很显然,日本共同历史研究的参加者愿意与他们的同行一起工作的原因有二:(1)在过去不久发生于两国间、损害两国关系的大部分事件确实是事实,尽管他们在如何解释细节上仍有异议,但很难否认;(2)日方完全明白无法就那些历史事件的描述达成共识将意味着中日共同历史研究的彻底失败。如之前所说,中日共同历史研究是日本政府向中国提议的。共同研究的任务之一,如北冈伸一所预计和描述的,是通过共同研究为将来两国之间就"历史问题"可能出现的任何争端提供"一种保险"。也即,日本政府希望利用共同研究解决"历史问题",同时包含其在学术层面可能的反响。否则这些问题将对两国在其他领域的合作造成更严重的损失,2005年反日示威游行就是一个例子。①

日方虽然接受了叙述两国近代历史的时期划分,却把焦点锁定在历史的特异性上,并借此试图修改谴责的或侵略者对受害者的主题,缓和这种责难的叙述。否则的话,日本近代的历史进程将呈现出可鄙的、毫无救赎的特征。日方描述了其于19世纪晚期在世界舞台

---

① 这是日方委员会委员、防卫省的国家防卫研究所军事史教授庄司润一郎在《对中日共同历史研究委员会的展望》的简要备忘录中的回忆。"国家防卫研究院新闻"2008年12月27日,第2页。

上的最初崛起。通过这么做,他们已经得出了中日在应对19世纪中叶东亚近代时期到来时的鲜明对比,通常以两个事件为标志:1839—1842年中英鸦片战争和1853年美国海军准将马修·佩里访日。北冈伸一撰写了研究共同历史研究时期划分框架下的近代时期的第一篇论文——《近代中日关系的开端》。北冈解释了面对西方入侵,日本如何成功成为亚洲强国,相反清朝拙劣的现代化怎样导致其在中日战争中的惨败。北冈得出的原因简要陈述如下:(1)西方列强并不认为日本同中国一样重要,因此对日本施加的压力较小;(2)日本从中国的鸦片战争吸取了教训,对西方冲击做出了更充分的准备;(3)日本的上层集团武士集团很快学会了西方军事技术;(4)德川日本已经是一个统一的社会经济共同体;(5)由于教育普及的缘故,日本在佩里到来之前就已经形成了统一国家的观念;(6)由于较轻地陷入种族优越感中,日本能够迅速察觉出世界历史的变化趋势,制定出有效的策略并加以利用。①

　　这六点不但粗略,而且以今度昔,没有太多独创性,因为其主要论点早已被学术界公认。有趣的是,中国学者也大致同意他对这一时期的对比,他们一致认为在西方入侵之后,清朝治下的中国和明治日本为适应变化中的东亚世界秩序做出了不同的调整,最终日本更成功。但是他们对日本道路的评价仍然反映出其愤恨的态度。例如,在讨论福泽谕吉著名的"脱亚论"时,以北京大学徐勇为首的中方作者群写道:福泽谕吉运用"极其侮辱的言语煽动日本人仇视中国人、韩国人",以强调日本须要加入欧洲国家,使文明现代化。中方作者在叙述19世纪晚期日本占领之前的琉球群岛与中国的关系

---

① 北冈伸一:《近代日中関係の発端》,见于http://www.mofa.go.jp/mofaj/area/china/pdfs/rekishi_ kk_j-2. pdf. (链接已失效);现可参见《中日共同历史研究报告》(近代史卷),第一部第一章。

时,如预期一样与日方出现分歧,北冈断言琉球群岛在19世纪早期实际上就已被控制;与北冈的论断不同,中方强调,在1895年中日战争中国战败之前,中国从来没有失去过对琉球的领土主权。①

三、悬而未决的问题

因此,尽管有了共同的总体框架,双方对描绘两国历史演变的细节仍有大量分歧,1931—1945年这段时期尤为如此。从1931年九一八事变开始,接着1937年日本通过卢沟桥事件扩大侵略战争,日方在解释战争的起源和进程时,主要强调国内和国际因素。具体来说,在承认日本对这些事件总体上负有责任的同时,他们认为有些因素不受日本政府的控制。其隐含的信息是日中之间的战争或第二次中日战争的发生确实是悲剧性的,但这在当时不是日本领导人所希望发生的。②

由此可见,双方对第二次中日战争存在明显的分歧。尽管对卢沟桥事件,中方成员多少有些同意日方所认为的卢沟桥事件的发生不可预期,但中方强烈坚持日本早已显示出了侵略中国的野心并计划入侵中国。他们特别强调九一八事变作为第二次中日战争的序幕,是由关东军和日本陆军总部蓄意策划的。无论是否由日本内阁和天皇下令,他们很快便抓住机会建立了"伪满洲国"。荣维木承认

---

① 徐勇等:《近代中日关系的开端》,见于 http://www.mofa.go.jp/mofaj/area/china/pdfs/rekishi_kk_c.pdf.(链接已失效);现可参见《中日共同历史研究报告》(近代史卷),第一部第一章。

② 按荣维木所说,当双方就战争起源交换意见时,特别是在公开场合,北冈伸一反复强调日本并没有入侵中国的系统计划,中方则强烈反驳这一观点。最终,荣维木写道:日方"接受了中方的意见,但是分歧仍然存在"。见荣维木:《中日共同历史研究中历史认识的异同:以南京大屠杀为例》,未出版的手稿,第7页。非常感谢荣维木让作者翻阅这篇论文。

"卢沟桥事件是一个个案,它的发生很可能存在偶然性"。同时他强调了一个历史事实,它的发生是因为日本的侵略政策。更重要的是,这一事件很快演变成日本对中国的大规模战争,从历史的长时段考虑,它存在必然性。①

如果中日历史学家在分析 1930 年代日本入侵中国的原因时存在分歧的话,那么他们对南京大屠杀将存在更大的争议。② 然而令人惊讶的、也令人鼓舞的是,共同历史研究双方成员的论文对大屠杀的描述表现出明显的一致性。南京师范大学历史系教授、南京大屠杀研究中心主任张连红所撰写的关于南京大屠杀的论文引用了战后东京、南京国际法庭所使用的数据,坚持说超过 30 万的中国人丧生于大屠杀之中,中国政府于过去几十年中几乎在所有官方场合频繁地使用这一数据,并且该数字还被刻在南京的侵华日军南京大屠杀遇难同胞纪念馆的入口处。③ 日方对这一事件做出一些妥协:(1)他们承认曾屠杀中国战俘、民众,强奸中国妇女;(2)他们注意到了受害人数的差异,并指出南京国际法庭估计的人数高达 30 万;(3)他们承认大屠杀是由日军的纪律失误所致,并把一部分责任推给了中

---

① 荣维木:《日本的全面侵华战争与中国的全面抗日战争》,见于http://www.mofa.go.jp/mofaj/area/china/pdfs/rekishi_kk_c.pdf.(链接已失效);现可参见《中日共同历史研究报告》(近代史卷),第二部第二章。

② Iris Chang, *The Rape of Nanking: The Forgotten Holocaust of World War II*, New York, BasicBooks, 1997; Daqing Yang, "Convergence or Divergence? Recent Historical Writing on the Rape of Nanjing", *American Historical Review*, 104:3 (June 1999), pp. 842-865; Takashi Yoshida, *The Making of the "Rape of Nanking": History and Memory in Japan, China and the United States*, New York, Oxford University Press, 2006.

③ 荣维木:《日本的全面侵华战争和中国的全面抗日战争》,第3—4页。

国军队指挥官，认为他们在城市被围困时，未能及时转移部队。① 尽管日方对在该事件中遇难的人数提出了其他的估算，但在文本中还是引用了 30 万作为数据之一，并声称日方的估算在 2 万—20 万之间。然而，这些估计（20 万和 30 万）在由中日韩三国学者联合撰写的《东亚三国的近现代史》中却没有提及，尽管该书对暴行的描述同样是谴责性的。荣维木认为，相较于对受害人数的估计存在差异，更为重要的是双方不仅承认了大屠杀的存在，而且对它的结果持批判性立场，他们只是对暴行是如何发生的存在分歧。②

　　日方历史学家已经接受了中方对南京大屠杀的一些重要结论，然而尤为引人注目的是，中方、日方都没有文章提及"慰安妇"或者说日军在战争开始之后所经营的军事妓院，其中数以千计的中、朝以及其他亚洲地区的妇女被强迫为日军提供性服务。自从 1980 年代以来，"慰安妇"问题在亚洲已经引起了学者、媒体、公众相当大的关注。《东亚三国的近现代史》对此也有描述和谴责。③ 令人费解的是，中日共同历史研究的成员都没有注意到这一争议。这是不是双方的妥协，日方承认中方关于南京大屠杀的立场，中方同意不提"慰安妇"？笔者在采访中了解到，步平和荣维木都否认有这样的行为。然而，荣承认如果共同历史研究双方有女性学者参与，这样的疏忽也许就不会产生。作为中方委员会的负责人，步平给出了不同的解释。他强调也许这根本就不是疏忽，因为"慰安妇"很可能代表着日军对中国妇女犯下的罪行，但是它并不能代表发生在第二次中日战争中

---

　　① Hatano Sumio 和 Shōji Junichirō:《日中战争——日本的侵略战争和中国的反抗战争》，见于 http://www.mofa.go.jp/mofaj/area/china/pdfs/rekishi_kk_j-2.pdf（链接已失效）。

　　② 《东亚三国的近现代史》，第 130—131 页；荣维木：《中日共同历史研究中历史认识的异同》。

　　③ 《东亚三国的近现代史》，第 136—137、148—149 页。

日军的所有性暴力形式。① 如果这是一个合理的解释,那么无疑它只适用于中方。我认为日方不提"慰安妇"是出于对他们历史研究的完整性的严肃考量,因为对日本政府来说,从 1990 年代以来,已经承认参与招募"慰安妇"并于近些年对此进行了公开道歉和赔偿,尽管是通过非官方渠道——亚洲女性基金。② 总之,没能承认日本军队利用"慰安妇"是中日共同历史研究的一个主要遗憾。

在双方得出共识的同时③,日方还努力减轻谴责日本侵华战争的叙述(并且在一定程度上有所成功)。这些叙述包括讨论中的框架问题和像对待"慰安妇"这样避开某些有争议的关键问题。但总体上,我认为他们文章中的某些限制和忽略与该计划的整体结果的关联性,比日方所希望的要低。双方已经就近代中日关系历史的时期划分框架达成了共识,勾勒出了刻画、描述两国近代史的总体框架,所以详细的语境化和有意的忽略并不能改变侵略者对受害者的主题或者说主流叙述。

日方负责人北冈伸一总结第一阶段的工作,认为其结果有积极意义。他说:"我们已经看到了大量的进展,开展第二阶段这样的研究是有意义的。"④他的言辞得到了日本政府的回应。外交大臣冈田克也说道:"如果考虑到中国政治结构和系统,一些妥协是不可避免

---

① 作者在中国社会科学院近代史研究所分别于 2010 年 7 月 13、19 日对步平和荣维木的采访。

② Wada Haruki, "The Comfort Women, the Asian Women's Fund and the Digital Museum"(《慰安妇:亚洲女性基金和数字纪念馆》), translated and introduced by Gavan McCormack, *The Asia-Pacific Journal*(《亚细亚太平洋月刊志》), vol. 6, issue 2, 2008, 见于 http://japanfocus.org/-Wada-Haruki/2653(2020 年 4 月 27 日)。

③ 一般认为外务省或日本政府不像文部省那样传统。见 Yoshiko Nozaki, *War Memory, Nationalism and Education in Postwar Japan*, London, Routledge, 2008, pp. 107-121。

④ 《中日共同历史研究观念上的显著差异》,载《日本经济新闻》,2009-12-24。

的。但这个计划仍值得进行。"然而,日方一些成员在评价中存在明显分歧。在一次采访中,一个委员公开声称:"我理解启动这个计划是出于我们自己国家利益的考虑,但这仍然是在浪费我的时间。我不会再做了,我受够了。"①北冈(对该计划)似乎很满意,因为他把中日共同历史研究当作为政府的一种服务。像之前提到的,他希望利用这个计划把日本政府从中日"历史问题"中解放出来。因此,他和日方对共同历史研究,尤其是第一阶段的希望非常低。北冈在其他地方引用过这句话——"(中日共同历史研究)的目标不是为了建立共同的历史认识,而是希望由历史学家描绘出两方分歧的真实程度,并推断出所谓的观念差距。"②如果目标仅此而已,共同历史研究确实可以被看作一个成功。因为它不仅摆出了双方的分歧,而且展现了双方是怎样就主要问题达成共识的。总而言之,双方就两国共同的历史形成了一个统一的叙述结构。

四、展望未来

关于中日共同历史研究第二阶段的发展,很难预测双方将会并且能够完成什么。如果日方希望利用共同历史研究影响中国公众的态度,中方或中国政府迄今为止不会同意与他们合作。事实上,日本对这项计划的预期相对较低,参与仅是为了让双方表达出分歧,所以他们依然很乐观。日方一直努力通过共同历史研究为某些历史事件是如何发生的提供具体情境的解释,像庄司润一郎所预计的,他们希

---

① 《观念困境中的历史努力:在中日政治差异遮蔽下的共同报告》,载《读卖新闻》(东京),2010-2-2。

② Vaughan Yarwood, "The Politics of Memory", http://www.asianz.org.nz/newsroom/regional-matters/nanjing, 2010-2-4(链接已失效)。

望这一践行了近代日本史学经验传统的成果,可以用一种关于两国战争和冲突的"正确"历史知识来影响中国民众的态度。但中国政府没有明确表示过这种"期望"。同时,由于中国经济强劲发展,已经成为日本经济复苏的催化剂,两国关系在近年来明显改善。既然中日共同历史研究是为了解决影响两国外交关系的历史认识问题,那么对这项工作的需求不再像2005年那么迫切和引人注目了。事实上,与其声明相反,日方并没有主动启动第二阶段的共同历史研究计划。① 然而,近年来发生的领土争端和钓鱼岛冲突也许会促使双方政府重拾这项工作。

尽管中日共同历史研究的未来不可预知,其潜在的影响仍不确定,但我已经从成果中发现了一些鼓舞人心的迹象。首先,诚然中日共同历史研究的启动是出于中日两国国家利益的考量,日方已经采取了重要措施来调和与中方的分歧。他们这样做显然是冒着在国内受到来自右翼政治势力的谴责和攻击的危险。也即,尽管日方宣称他们仅希望摆出分歧,他们还是超越这一目标,尝试着从取得一个共同的时期划分开始与对方达成一致,并取得了一定的成功。交流和调和分歧是走向和解关键的一步。其次,除了中方关于近代时期的论文,双方完成的其他论文都采用了一种不含个人偏见的形式,这表明了他们为展现"解释的"历史叙述的共同努力,也是实现杨大庆等人所希望创建的一个"史学的话语沟通团体"②的重要步骤。这无疑

---

① 步平和荣维木在采访中都告诉作者,他们没有听说政府将何时启动中日共同历史研究的第二阶段。

② http://hyi.hmdc.harvard.edu/files/uploads/Yang_Daqing_History_Dialogue.pdf(链接已失效)。作者在位于马萨诸塞州坎布里奇市的哈佛燕京学社举办于2008年9月12—13日的"东亚的历史对话与和解:近年的实践与未来的展望"座谈会上提过这篇文章。还有,Elazar Barkan, "Engaging History: Managing Conflict and Reconciliation", *History Workshop Journal*, 59 (2005), pp.229-236。

是两国学术界走向成熟的标志。再次,尽管中国尚未公开出版双方论文,但在2010年1月31日召开的以中日共同历史研究第一阶段工作完成的新闻发布会上,已公开了双方报告。最后,正如日本媒体已经注意到的,中日共同历史研究的成果将对日本教科书的编写产生一定影响,特别是关于他们对卢沟桥事变、南京大屠杀、日军在1940年代中日战争中所实行的"三光"(烧光、杀光、抢光)政策的处理,所有这些在许多日本现行使用的教科书中要么不提,要么被表述得截然不同。① 尽管这项计划由外务省启动,这些论文也许会影响到历史教科书的编写,从而帮助改善未来的两国关系。正如文章开头所说,历史教科书中所表述的关于两国交织的历史内容,代表了日本政府的态度,这是中日两国近年来冲突的重要原因。如果这一根源被清除,两国关系的改善将成为可能。

载《抗日战争研究》2011年第3期

---

① 《中日共同历史研究对教科书的影响以及对卢沟桥事件和南京大屠杀的妥协》,载《产经新闻》(Sankei shimbun),2010-2-1。教科书对两国交织的历史的记述更详细的描述请见 Yoshiko Nozaki, *War Memory, Nationalism and Education in Postwar Japan*。